KB212408

대통령이 들려주는
우리 역사

대동고대사론 | 명림답부전 | 천개소문전 | 발해태조건국지 | 몽배금태조

박은식 지음 | 조준희 옮김

❸ 박문사

책머리에
대통령이 들려주는 우리 역사

　누군가 내게 내 삶에 가장 큰 영향을 끼친 책을 한 권만 들라고 하면, 나는 서슴없이 백암 박은식 대통령의 『몽배금태조』를 들겠다.

　1997년, 우연히 70년대 월간지 부록으로 나온 『몽배금태조』를 읽던 어느 날에 서양과학도의 길을 걷던 내 인생의 방향은 금태조의 '불호령' 대목에서 180도 바뀌어졌다.

　"조선 인민의 정신이 자기 나라 역사가 없고 다른 나라 역사만 있으니, 어릴 때부터 머릿골 속에 노예정신이 깊게 뿌리 박혀 평생의 학문이 다 노예 학문이고 평생의 사상이 모두 노예 사상일 것이다. 이처럼 비열한 사회에 있다면, 이른바 영웅이 누구며 유현이 누구며 충신이 누구며 공신이 누구며 명류가 누구든, 필경 노예의 지위에 있을 뿐이다. 너는 십분 주의하여 실행을 게을리 하지 말라."

  신선한 충격과 함께 백암의 저서야 말로 청소년이 읽기 쉬운 형태로 널리 알려야겠다는 열망이 일었다. 하지만 생략된 번역과 옛 문체, 세로쓰기 등으로 읽기에 불편했다.

  2004년, 국학인물 학술대회 참가차 동창학교(1911년에 설립한 서간도 회인현의 대표적 민족학교)와 설립자 윤세복을 연구하는 과정에서 백암을 다시 만났다. 그는 동창학교 교사로서 국혼(민족혼)의 부활을 염원하며 고대사 저서 집필에 혼신의 힘을 기울였다. 그리하여 6개월 만에 『대동고대사론』을 비롯해서, 『동명성왕실기』·『명림답부전』·『천개소문전』·『발해태조건국지』·『몽배금태조』 6권의 책을 완성했다. 각 권의 주인공은 국조 단군 아래, 고구려 동명성왕, 명림답부와 연개소문, 발해 태조 대조영, 그리고 금나라 태조 아골타다. 유실된 『동명성왕실기』를 제외하고 현전하는 다섯 작품은 백암 사상의 핵심으로서, 그의 역사의식과 영웅관이 뚜렷이 담겨있다.

  2006년, 고구려·발해 TV대하사극 열풍을 접하면서 새삼 백암의 혜안에 감복했다. 이미 90여 년 전에 주몽·연개소문·대조영을 다룬 전기를 남겼고, 모두 그가 심도 있게 다룬 주제들이었기 때문이다. 드라마는 영상콘텐트로 원전의 충실한 반영이 생명이다. 그런 의미에서 백암의 전기물은 중요한 원전임이 분명했다.

  하루는 동창생 이서진이 주연한 발해 배경 무협영화 '무영검'을 보며 많은 자극과 영감을 받았다. 곧장 백암박은식전집의 『발해태조건국지』를 정독해 보았다. 그런데 원문과 번역문을 대조하니 오자가 적잖이 눈에 띈다. 혹시나 하는 생각에 나머지 저서들을 차례로 살펴본 결과 오역과 오탈자를 무려 천 군데나 발견했다. 비록 전체의 1% 분량이지만 이대로는 백암 연구가 제대로 이루어질 리 없겠다는 판단이 들었다.

  이에 원문을 전면 검토하고 새로 전산입력을 시작한 지 6개월에 10만

3천 6백여 자 전 권의 작업을 끝냈다. 전해오는 판본의 상태가 좋지 않은 탓에 해독이 곤란한 부분은 한글자만 가지고 며칠 고심한 날도 있었다. 문자 그대로의 해석에만 매달리지 않으려고 백암의 자취를 찾아 상하이 임시정부청사를 답사하고, 그가 추앙했던 금태조릉을 참배하였다. 서양 영웅상을 알고자 유럽 순례도 떠났는데, 과연 백암의 표현대로 "영웅의 한마디 말만 들어도 평생의 지극한 영예로 과장하며, 영웅이 걸쳤던 옷의 한 오라기 실만 구해도 천하의 지극한 보배로 여기는" 서양 사람의 영웅 숭배열을 체감했다. 이렇게, 백암 사상을 신조로 받들고 이를 바로 전하기 위한 사명감으로 완역을 마쳤다.

우리 헌법 전문에 "대한국민은 대한민국 임시정부의 법통을 계승한다"고 명시되어 있다. 법적 구실을 들어 역대 대통령 명단에 임정 대통령이 들어갈 수 없다손 치더라도, 임정의 역사는 엄연한 대한민국의 역사다. 우리는 이제 백암이 남긴 옥고를 통해 '대한민국 임시정부 제2대 대통령'을 기억하고, 조국 역사의 긍지와 진정한 영웅, 가치 있는 삶이 무엇인가를 확인할 수 있을 것이다.

끝으로, 백암의 손자이신 박유철 광복회 회장님과 백암 자료 발굴자 연세대 김도형 교수님, 흔쾌히 사진 자료를 제공해 주신 고구려발해학회 한규철 회장님, 금태조릉 답사를 지원해 주신 (사)한국역리학회 양종 부회장님 내외, 그리고 박문사 윤석현 사장님과 조성희 차장님, 한새벽 대리님께 감사의 마음을 전한다.

2011년 8월 6일

조 준 희

이 책의 번역에 대하여

1. 『대동고대사론』은 독립기념관 소장본을, 『명림답부전』과 『발해태조건국지』는 『동방학지』 114집(연세대 국학연구원, 2001)의 영인본을, 『천개소문전』과 『몽배금태조』는 『박은식전서』(단국대 동양학연구소, 1975)의 영인본을 저본(底本)으로 삼았다.

2. 부록의 한자 원문은 원본 그대로 입력한 것이며, 탈자나 불분명한 곳을 □로 표시했다.

3. 원본은 본래 삽화가 없고, 『대동고대사론』과 『몽배금태조』의 경우 차례가 나뉘어 있지 않다. 독자의 이해를 돕기 위하여 사진과 그림을 적절히 실었고, 『대동고대사론』·『몽배금태조』에 한해 옮긴이가 임의로 장을 나누었음을 밝혀 둔다.

4. 사진출처 (인물명/화백/소장처)

   강감찬/월전 장우성(1912~2005)/낙성대

   강수/동강 권오창(1948~)/충주시립미술관

   광개토대왕/일랑 이종상(1938~)/국립현대미술관

   설총/동강 권오창/국립현대미술관

   성왕/동강 권오창/부여정림사지전시관

   세종대왕/운보 김기창(1913~2001)/여주 영릉

   안유(안향)/미상/영풍 소수서원

   양만춘/손연칠(1948~)/국립현대미술관

   우륵/일랑 이종상/국립현대미술관

   원효/일랑 이종상/국립현대미술관

   을지문덕/운보 김기창/한국은행

   의천/석영 최광수(1932~1990)/국립현대미술관

   이이/이당 김은호(1892~1979)/강릉오죽헌

   이제현/(元)陳鑑如/국립중앙박물관

   이황/현초 이유태(1916~1994)/한국은행

   정약용/월전 장우성/한국은행

   최무선/신영상/국립현대미술관

   허준/석영 최광수/국립현대미술관

   요시다 노리가타/마쓰우라 쇼토(1837~1862)/일본 야마구치현 문화관

차 례

대통령이 들려주는 우리 역사

책머리에

해 제 ▎박은식 대통령, 서간도 6개월의 신화 / 조준희
　Ⅰ. 머리말　　　　　　　　　　　　　13
　Ⅱ. 동창학교의 수수께끼　　　　　　　18
　Ⅲ. 대통령의 역사이야기　　　　　　　40
　Ⅳ. 맺음말　　　　　　　　　　　　　86

제1편 ▎대동고대사론
　서 론　　　　　　　　　　　　　　　91
　제 1장　단군조선　　　　　　　　　　95
　제 2장　기자조선　　　　　　　　　　103
　결 론　　　　　　　　　　　　　　　109
　논 평 / 윤세복　　　　　　　　　　　110

제2편 ▎명림답부전
　서 론　　　　　　　　　　　　　　　111
　제 1장　명림답부의 출생지와 시대　　115
　제 2장　명림답부의 초년행동　　　　　117
　제 3장　조의대선의 지위　　　　　　　120
　제 4장　수성왕의 역사　　　　　　　　121
　제 5장　대선 사무의 선견　　　　　　125
　제 6장　수성의 찬위　　　　　　　　　128
　제 7장　대선 사무의 피화　　　　　　130
　제 8장　명림답부의 활동　　　　　　　132
　제 9장　왕군과 민군의 충돌　　　　　135
　제10장　수성왕 시해와 신대왕 즉위　　137
　제11장　명림답부의 세력과 정치　　　138
　제12장　명림답부의 무공　　　　　　　140
　역사가　　　　　　　　　　　　　　　142

제1부
대통령,
국혼을
말하다

제1편 ▌ 천개소문전

서 론		145
제 1장	천개소문이 유년에 품은 뜻	150
제 2장	천개소문의 활동	154
제 3장	당나라와 전쟁을 시작함	157
제 4장	안시성주의 대승첩	161
제 5장	당나라 군사의 재침과 패전	166
제 6장	각 나라와 경쟁함	168
제 7장	당나라 장군이 패해 돌아감	170
제 8장	천개소문의 종교사상	172
제 9장	천개소문의 죽음	172
결 론		173
역사가		176

제2편 ▌ 발해태조건국지

서 론		177
제 1장	발해 이전의 고구려 말운	184
제 2장	태조의 가계와 인격	187
제 3장	고구려 유민의 생기	189
제 4장	영웅의 은둔	191
제 5장	활동시기	193
제 6장	천문령의 대승첩	196
제 7장	태조의 건국	199
제 8장	발해의 강역	205
제 9장	발해의 종교와 풍속	208
제10장	발해의 문학	210
제11장	태조의 외교	211
제12장	태조의 후손	212
결 론		219
역사가		220

제2부
대통령,
영웅을
말하다

제3부 대통령, 희망을 말하다

제1편 ▌ 몽배금태조

서 론/ 윤세복 223
제 1장 무치생이 만주에서 나라를 걱정함 226
제 2장 무치생이 꿈에서 금태조를 배알함 231
제 3장 금태조가 자강의 당위성을 역설함 238
제 4장 모화 사대주의와 금태조의 불호령 243
제 5장 금태조가 망국의 원인을 일깨워줌 256
제 6장 교육과 신국민 양성이 국가회생길 261
제 7장 과감성과 자신력과 모험심을 논함 271
제 8장 단합심과 활동심은 민족자존의 길 286
제 9장 대동중학교와 각 대학교를 시찰함 293
제10장 사명을 자각하고 금태조와 고별함 308
제11장 무치생이 깨어나 동포들에게 고함 311

부록 1 『대동고대사론(大東古代史論)』 원문 313
부록 2 『명림답부전(明臨答夫傳)』 원문 323
부록 3 『천개소문전(泉蓋蘇文傳)』 원문 347
부록 4 『발해태조건국지(渤海太祖建國誌)』 원문 373
부록 5 『몽배금태조(夢拜金太祖)』 원문 405

대통령이 들려주는 우리 역사

제1부 대통령, 국혼을 말하다
제2부 대통령, 영웅을 말하다
제3부 대통령, 희망을 말하다

박은식 대통령, 서간도 6개월의 신화

대 통 령 이 들 려 주 는 우 리 역 사

I 머리말

백암 박은식 대통령을 폴란드 대통령 파데레프스키에 비유했던 『기려수필』1*의 한 구절을 떠올려본다.

"(선생은) 갑자년 봄 임시정부 대통령에 추대되셨다. 세간에 폴란드 대통령 파데레프스키를 연상하는 이도 있는데, 피아노 대가 대통령이 마땅치 않은 것처럼 학자 대통령도 그러하다고 하니, 어찌하면 좋으리오."2*

1* 『기려수필(騎驢隨筆)』: 경북 영주의 선비 송상도(1871~1946)가 일제강점기에 목숨을 걸고 방방곡곡을 누비며 애국자들의 행적을 담은 기록물이다. 지은이 생전에 빛을 보지 못하고, 1955년 국사편찬위원회에서 발굴, 활자본으로 출간했다.

2* [원문] 甲子(西紀一九二四)春臨時政府推爲大統領, 人聞之有聯想其波蘭大統領페데레프스키者, 又曰피아노大家大統領(피아노西洋音樂家)人爲之不當, 今朴殷植之爲學者大統領, 謂粗有其如何也(송상도, '박은식·임시정부대통령', 『기려수필』(재판), 국사편찬위원회, 1985, 265쪽).

근대 국학자 위당 정인보(1893~1950)는 "음악 대통령 파데레프스키가 어울리지 않는 것처럼 학자 대통령 박은식도 그러하다는 세간의 주장에 대해 자신은 감히 파데레프스키는 폴란드 태생의 피아니스트로서 유럽과 미국에서 명성을 떨쳤다. 1919년 폴란드 정부가 수립되자 외무장관직을 겸한 총리가 된 인물이다. 비정치인으로서 국가 정상에 오른 점, 고매한 인품과 문예 소양이 두 사람의 공통점으로 꼽힌다. 둘 다 짧은 임기 동안 정치에서 큰 업적을 남기진 않았지만, 전자는 세계인의 아름다운 추억 속에 전해오나, 후자는 국내에서조차 알아주는 이 없이 역사와 함께 묻혔다. 그나마 학계에서 간

이그나치 파데레프스키
(폴란드 제2공화국 총리)

간히 이어지는 연구 덕분에 언론인으로서, 사학자로서의 위상이 정립되고 있음은 다행스런 일이다.

박은식은 황해도 황주 사람이다. 흔히 황해도인의 부지런하고 꾸준하며 인내심이 강한 기질을 '자갈밭을 가는 소'에 비유하곤 한다. 그는 1859년 음력 9월 30일, 황주 남면의 서당훈장 박용호와 어머니 노씨 사이에서 태어나 고향에서 21세까지 살았다.[3*] 본관은 밀양, 호는 겸곡(謙谷)·백

그런 말을 못하겠노라"며 박은식을 변론했던 사실이 있다(정인보, 「개결무구의 박은식 선생··」, 『개벽』 제62호, 개벽사, 1925). 송상도의 기록은 이 정인보의 기고문을 토대로 한 것이다.

3* 황주는 황해도 중앙 북단의 대동강 하류에 위치하는 군이다. 평원으로 형성되어 있고 온화한 기후다. 남면은 지금의 주남면으로 황주강 유역에 위치하며, 비가 적게 내리지만 농경에 큰 지장을 받지 않고, 황주 사과가 유명하다. 남쪽으로 가면 험준한 정방산(해발 481m)에 고려 말 홍건적을 막아냈던 정방산성이 있으며, 도선국사가 창건하고 가곡으로도 유명한 성불사, 고려 명장 최일(최영) 장군 사당인 극성당이 있다.
박은식의 출생지는 황주 남면까지만 알려져 있어서 상세한 동리를 모른다. 이에 대해 신용하는 박은식이 지은 『한국통사』, 「결론」의 "나는 단군개국 4190년 황해지빈(黃海之濱)에서 태어났다"라는 구절을 근거로 "황해도 바닷가" 정도로 추정했

박은식 대통령(1859~1925)

암(白巖)이다.(이하 '백암'이라 적음.) 백암은 국운이 기운 참담한 현실 앞에서 1911년 4월 망명길에 오른 뒤 영영 고향 땅을 밟지 못했다. 그가 첫 망명지인 서간도에서 혼신의 힘을 다해 완성한 6권의 책이 『대동고대사론』·『동명성왕실기』·『명림답부전』·『천개소문전』·『발해태조건국지』·『몽배금태조』다.

세상의 무관심 속에서도 학계에서 『천개소문전』·『발해태조건국지』·『몽배금태조』 관련 논문이 몇 편 발표되었다.[4*] 물론 유학자로서의 삶과 애국계몽 운동, 유림계의 친일화에 대항해

다(신용하, 『박은식의 사회사상연구』, 서울대학교출판부, 1998, 2쪽). 그런데 황주군 지도를 보면 군 서쪽에 대동강과 재령강 하구가 위치하고, 바닷가는 더 서쪽의 용천군이나 은천군으로 나아가야 한다. 더구나 주남면은 내륙 쪽에 위치하고 그 북쪽에 황주천과 지류가 흐른다. '밀양 박씨'는 주남면 북단 이우리와 서단 순천리에, 교하 노씨는 순천리에 집성촌이 있었는데, 이우리쪽에 황주강이 인접함이 주목된다. 요는 '빈(濱)=바닷가'란 풀이가 옳지 않으며, '황해지빈=황해도 황주강가'가 정확한 가리킴이다. 고려 유적지를 비롯한 고향 주변의 환경은 청소년기 백암의 심성에도 영향을 미쳤으리라 본다.

4* 역사학계 성과로는, 김홍수, 『朴殷植의 救國思想의 一研究 : 그의 「夢拜 金太祖」를 中心으로』, 경희대학교 석사학위논문, 1981. ; 김홍수, 「朴殷植의 新民論 : 「夢拜金太祖」를 중심으로」, 『경희사학』 9·10합집, 경희대학교 사학회, 1982. ; 한영우, 「「大東古代史論」 解題」, 『한국학보』 18-2, 일지사, 1992. ; 신용하, 「朴殷植의 愛國啓蒙思想과 民族主義歷史觀」, 『한국민족운동사연구』 10, 한국민족운동사연구회, 1994. ; 김도형, 「1910년대 朴殷植의 사상 변화와 歷史認識 : 새로 발굴된 자료를 중심으로」, 『동방학지』 114, 연세대학교 국학연구원, 2001. ; 윤병석, 「朴殷植의 민족운동과 한국사 서술」, 『한국사학사학보』 6, 한국사학사학회, 2002. ; 임상선, 「朴殷植의 『渤海太祖建國誌』의 검토」, 『한국사학사학보』 10, 한국사학사학회, 2004. ; 박걸순, 「朴殷植의 古代史 認識과 大東史觀」, 『백암학보』 1, 백암학회, 2006. ; 유영옥, 「白巖과 丹齋의 연개소문 인식」, 『역사와 경계』 71, 부산경남사학회, 2009. 등이 있다.

창시했던 대동교(大同教)에 대한 성과물은 적지 않게 축적되어 있다. 그렇지만 과거 행적에 대한 천착만큼 사상전환기 이후의 활동은 바르게 규명되지 못했다. 그것은 백암 저서의 정신적 배경이 종교 신념과 밀접한 관계가 있음에도 불구하고 배경 연구가 부족했고, 그렇기 때문에 심도 있는 연구가 진행되지 못했던 까닭으로 여겨진다.

백암의 삶은 종교 행보에 따라 전통유교기, 개혁유교기, 대종교영향기로 구분된다.[5*] '전통유교기'란 백암이 조선조 여느 유학자와 마찬가지로 주자학을 신봉하여 유교 가치를 정신적 토대로 삼던 시기다. '개혁유교기'란 을사늑약을 기점으로 현실지향적인 양명학과 공자의 대동(大同)사상으로써 유교 개혁을 부르짖던 시기다. '대종교영향기'는 국어·역사·철학 각 분야에서 민족의 구심점이던 대종교(大倧教)[6*]에 귀의하여 유교 잔재와 중화사관을 버리고 민족주의 사학자로서의 본 모습을 찾고 활동한

국문학계의 성과로는, 류양선, 「朴殷植의 思想과 文學」, 『국어국문학』 91, 국어국문학회, 1984. ; 이경선, 「朴殷植의 歷史·傳記小說」, 『한국학논집』 8, 한양대학교 한국학연구소, 1985. ; 이상원, 「泉蓋蘇文傳 연구」, 『한국문학논총』 8·9합집, 한국문학회, 1986. ; 최준운, 『幻夢小說의 類型構造와 創作動因』, 대구대학교 박사학위논문, 2002. ; 강준철, 「夢拜金太祖 硏究」, 『어문학교육』 25, 한국어문교육학회, 2002. ; 황재문, 「서간도 망명기 박은식 저작의 성격과 서술 방식」, 『진단학보』 98, 진단학회, 2004. ; 홍경표, 「백암 박은식의 역사문화의식 : 『몽배 금태조(夢拜 金太祖)』에 나타난」, 『한국말글학』 22, 한국말글학회, 2005. ; 김진균, 「박은식의 역사전기에 나타난 인물형상 : 『明臨答夫傳』과 『泉蓋蘇文傳』을 중심으로」, 『백암학보』 2, 백암학회, 2007. ; 홍순애, 「근대계몽기 단군신화 담론의 서사적 재현 : 박은식을 중심으로」, 『한민족문화연구』 27, 한민족문화학회, 2009. 등이 있다.

5* 김동환, 「백암 박은식과 대종교」, 『백암학보』 1, 백암학회, 2006, 204-217쪽.

6* 대종교는 1909년 음력 1월 15일, 국조 단군을 교조(教祖)로 받들고 한민족 구심점으로서의 기치를 내걸어 청산리대첩 승전과 대한민국 임시정부, 조선어학회 활동으로 독립운동사에서 중요한 비중을 차지한 종교다. 대종교인들은 독립운동뿐만 아니라 한글운동, 개천절 국경일 제정, 민족교육(홍익대, 단국대 설립), 의학, 예술 분야에도 공헌한 바가 적지 않았다. 대종교의 사상은 종교다원주의 성격을 지녀 이에 적극 공감한 기독교인으로 김약연, 안창호, 이동휘와 같은 지사들이 있었으며, 아예 대종교에 귀의한 주요 인사로 주시경을 위시하여 안재홍, 우덕순, 이동녕을 손꼽을 수 있다.

시기를 말한다. 이는 넓은 의미로
디아스포라(diaspora)기라 바꿔 말
할 수 있다. '디아스포라'란 "(정치,
경제, 법 같은) 어떠한 이유로 인해
자기가 원래 속해 있던 곳으로부터
떨어져 다른 데 살 수 밖에 없게 된
사람이, 그 기원 장소와 강한 사회,
문화 연대를 인위적으로 만들어 내
려고 하는 삶의 형식"으로 정의되
는 현대 사회학 용어다.[7] 이 같은
개념에서 일제강점으로 인해 국외
로 망명하여 죽는 날까지 민족혼을
사수하고자 했던 백암의 삶은 전형

백암의 스승 운암 박문일(1822~1894)

적인 디아스포라였다고 평가될 수 있다.

본고에서는 디아스포라기 백암의 염원이 문학[8]으로 처음 실현되는 서
간도 동창학교에 초점을 맞춰, 고대사 집필 배경과 저서의 내용과 그 사
상을 조명해 본다.

7* 삿사 미츠아키(佐佐充昭), 「예관 신규식의 종교사상과 민족독립운동」, 『국학연구』
　10, (사)국학연구소, 2005, 46쪽에서 재인용.
8* '디아스포라 문학'은 "자신의 기원인 민족국가의 영토를 벗어나 '바깥'에 거주하는
　이산인의 문학"으로 정의된다. 이 정의는 국문학계에서 '이민문학', '실향소설', '간
　도문단', '교민문학' 등으로도 논의되고 있다(정은경, 『디아스포라 문학』, 이룸,
　2007, 10-26쪽 참조. ; 이명재, 「日帝下 北間島 지방의 亡命文壇」, 『동북아연구』1,
　중앙대학교 동북아연구소, 1994, 98-103쪽). 그런데 역사적으로 만주는 우리나라
　옛 영토였기 때문에 엄밀히 말할 때 만주망명자를 디아스포라로 규정하기에 한계
　가 있다. 한편, 백암의 『대동고대사론』은 '문학'의 범주가 아닌 '사론(史論)'이기
　때문에 백암 저술 전체를 아우르기 위해서는 '디아스포라 저작'이라는 새로운 용어
　를 사용해야 하지만, 필자는 일단 학계의 최신 담론을 따르고자 한다.

Ⅱ 동창학교의 수수께끼

동창학교는 경남 밀양의 우국지사 윤세복(尹世復, 1881~1960)이 설립한 서간도 회인현(懷仁縣) 최초의 민족학교다.[9*] 백암과 쌍벽을 이룬 국수주의 사가 신채호, 한국 불교의 현대화에 지평을 넓힌 운허스님, 주시경의 제자 김영숙, 월북 국어학자 이극로 등 이름난 인사들이 이 학교의 교사진으로 활약했다.

백암의 저서를 소개하기에 앞서 그 집필 장소였던 동창학교의 이해가 필요하다. 먼저 동창학교 설립 과정을 알아보고, 학교 위치와 교육 내용, 그리고 교사진을 살펴보자.

▌ 동창학교 교사진 ▌

단재 신채호   단총 이시열(운허스님)

9* 윤세용·윤세복 형제가 동창학교를 함께 설립한 것이 정설처럼 되어 있다. 물론 재산관리를 같이 했겠으나, 둘은 동시에 망명하지 않았다. 즉, 1911년 봄(음력 2월경) 윤세복이 단신으로 서간도에 정착했고, 같은 해 겨울(음력 11월[양력 1912년 1월]) 형 윤세용이 가장으로서 가산을 정리한 뒤 가족들을 인솔하여 망명했다. 따라서 설립자는 윤세복이며, 윤세용 가족이 오기 전까지 백암이 윤세복과 지내면서 집필이 가능했던 것이다.

(좌) 백주 김영숙
(우) 물불 이극로

1. 동창학교의 설립배경

1) 서간도 정황

간도는 크게 서간도(압록강 대안·백두산 서쪽 송화강 상류)와 북간도(백두산 동쪽·두만강 대안)로 나뉜다. 특히 서간도는 고대 국가의 발원지이자 민족문화 형성의 일대 거점이다. 압록강만 건너면 언제나 국내 진입이 가능한 곳이었기 때문에 독립운동 기지로서도 최적이었다.

구한말 서울의 권문세가였던 이회영·이시영 일가가 비밀결사 신민회의 국외 독립운동기지 건설계획에 따라, 1910년 12월말부터 1911년 1월에 걸쳐 유하현 삼원포에 정착했다. 삼원포로 가기 위해서는 중간거점인 회인현 항도촌(恒道村)을 거쳐야 하는데, 안동유림의 연고자들(의성 김씨, 고성 이씨, 평해 황씨 문중)이 항도촌에 집결해 있었다. 회인현은 청나라 광서 3년(1877)에 신설되어 흥경청(興京廳)에 예속되었다. 산서성(山西省)에도 회인현이 존재하여 중복된 이름을 피하기 위해 1914년 환인현(桓仁縣)으로 개칭되었다. 환인의 '환'은 고구려 환도(桓都)·발해 환주(桓州)에서 따온 것이다. 항도천(恒道川)은 횡도천(橫道川)이라고도 불렸다.

훗날 백암의 뒤를 이어 임시정부 국무령에 오르는 이상룡(李相龍, 185
8~1932)도 1911년 3월부터 2개월간 이곳에 머무르면서 한국·만주관계
역사서를 집필한 뒤 유하현으로 거처를 옮겼다. 서간도 개척사에서 비중
있는 인물 김대락(金大洛, 1845~1914)은 이상룡과 처남 매부 지간이다.
그는 같은 해 4월 삼원포 이도구에 도착해서 나라를 빼앗긴 분통함을
토로하고 복수와 광복의 꿈을 노래한 「분통가(憤痛歌)」를 지었다.

> 남주월에 북주호에 사면팔방 살펴보니
> 그리해도 나은곳이 장백산하 서간도라
> 단조당년 개국처요 구려태조 창업지라
> 결정하고 단정하여 용왕직전 하자할제…10*

가사대로 서간도가 '단군의 개국처이자 고구려의 창업지'였기 때문에
망명지로 택한다는 명분이 분명했다. 김대락은 식민지에서 절대 후손을
해산할 수 없다는 강한 민족의식으로 만삭의 손부와 손녀를 이끌고 망명
길에 올랐다. 실제로 외증손자의 이름을 '주몽의 고장에서 태어났다'는
뜻으로 기몽(麒蒙)이라 지었다. 이후 공리회를 발기해서 만주 동포의 단
결을 꾀했는데, 이 공리회가 독립운동기지 건설을 위해 조직한 자치기관
인 부민단과 한족회의 모태가 되었으며, 광복군사령부 등의 용맹스런 독
립군 기관으로 발전했다.

2) 이주 동포의 종교

1912년 경 회인현 이주 동포수는 1,670호, 10,050인에 이르렀다.11*

10* 김용직, 「분통가의 의미와 의식」, 『한국학보』 15, 일지사, 1979, 205-206쪽.
11* 『不逞團關係雜件-朝鮮人ノ部-在滿洲ノ部』(2), 「鴨綠江對岸懷仁縣附近ノ移住
鮮人ノ件」, 朝憲機 第989號, 朝鮮駐劄憲兵隊司令部, 1912.7.22.

1914년 통계에 따르면 압록강 인근 안동현 다음으로 집안현의 인구분포
가 높고, 다음 통화현 〉 환인현(구 회인현) 순으로 조사되었고, 인구밀도는
통화현 〉 집안현 〉 환인현 〉 장백현 순이었다.

▌「표1」 1910년대 서간도 이주 동포수(1914년 조사)[12*] ▌

① 서간도 6현

지역	관전현	환인현	집안현	통화현	임강현	장백현
면적 (=㎢)	295 (=4,720)	260 (=4,160)	221 (=3,536)	90 (=1,440)	171 (=2,736)	225 (=3,600)
인구 총 90,451명	5,000	18,000 (▽7,000)	30,000 (▽20,000)	20,000	2,451 (▽10,000)	15,000 (▲2,300)
분포 %	3.7	13.2	22.1	14.7	1.8	11.0
인구밀도	1.1	4.3	8.5	13.9	0.9	4.2

* 면적 단위: 방리(方里, 사방 1리). 1리는 0.4km가 아닌 4km로 계산.
* ▽ : 감소수, ▲ : 증가수. 괄호 안 수치는 과거 조사와의 증감 비교.
* 분포% : 서간도 전체 동포 135,963명에 대한 지역별 백분비.
* 인구밀도 : 1㎢당 인구수.

② 기타 지역

지역	안동현	흥경현	유하현	해룡현	무송현
인구 총45,512명	20,000	7,000	10,000	4,000	4,512
분포%	14.7	5.2	7.4	2.9	3.3

※면적·인구밀도 미상

서간도 동포의 종교는 기독교, 천도교, 단군교, 시천교가 대표적이었
다. 기독교는 집안현과 통화현 신자 2,000명(집안·통화 한인의 4%)에 달했
으며, 천도교는 집안현에 신자 200명, 단군교(대종교-옮긴이 주)는 환인현

12* 「국경지방시찰복명서(國境地方視察復命書)」, 『백산학보』 9, 백산학회, 1970, 174
쪽, 185쪽의 통계수치를 옮긴이가 다시 정리함.

에 신자 약 400명(환인 한인의 2.2%), 시천교는 유명무실하다고 보고되었다. 기독교 외에 교세가 유력치 않다고 판단한 일제의 보고서[13] 대로, 집안과 통화는 기독교의 세력이 강했고, 유하는 유림들이 개척해 나가는 상황이었다. 따라서 이 유하행 중간거점 '환인'은 대종교 시교(施教 : 선교의 의미 — 옮긴이 주)상의 최적지였다.

그런데 초기 대종교단은 내부에서 호남·호서 인맥이 주도했다.

「표2」 대종교 초기 구성원의 출신지

지역	이 름(출신지)	비율
서울·경기	김윤식, 유근(용인)	20%
호남	나인영(전남 낙안[보성]), 오기호(전남 강진), 최동식(전남 순천), 김인식(전북 임실), 이기(전남 구례)	50%
호서	강석기(충남 부여), 정훈모(충남 홍성)	20%
미상	김춘식	10%

도사교(교주) 자신도 1910년 10월 25일 북간도 삼도구에 지사를 설치하고서[14] 북간도 시교에 주력했다. 이러한 종단 구조상 영남 지사들이 많이 정착한 서간도 지역에 시교 공백이 있었고, 이 공백을 메울 수 있는 적임자가 바로 '윤세복'이었다.

윤세복은 대종교 시교사[15] 자격으로서 1911년 음력 2월에 막대한 가산을 정리한 뒤 서간도 회인현 항도촌에 망명해, 음력 5월 동창학교를 설립하는데 성공했다. 훗날 그는 학교 설립의 감회를 「복당서정(福堂抒情)」 시로써 회상한다.

13* 위의 책, 222-224쪽.
14* 대종교종경종사편수위원회, 『대종교중광육십년사』(이하 '중광육십년사'라 줄여 적음), 대종교총본사, 1971, 165쪽.
15* 시교사(施教師): 기독교 선교사에 해당하는 대종교 성직자.

대종사의 도덕지식 사흘밤에 훈도받고
대종교에 헌신코저 시교사로 남만출장
환인성 신해오월에 교당학교 병설해.[16]

백암이 『몽배금태조』에서,

"단군대황조강세 4368년 5월 여름, 무치생이 회사의 벗들과 고별하고 슬하의 자녀를 두고서 망망한 천지에 한 조각 뜬구름이 되어 아무 연고와 정처도 없이 압록강 일대를 표연히 건너가니 바로 요심 대륙의 흥경 남쪽 경계다. 파저강을 거슬러 항도천에 도착하니 산속에 들녘이 펼쳐지고 들녘 가운데 냇물이 흘러 별개의 한 동천을 이루었다.

근년에 우리 동포들이 이곳에 이주해 오는 것이 점차 늘어나자 동지 제현이 뒤따라 정착하여 학숙을 개설하고 자제들을 교육시키니 문명풍조가 이에서 파급됨은 실로 위안이 되고 흡족한 일이며, 우리 동포의 앞길을 위하여 마음 속 간절히 축하할 바다."

라고 고백한 내용도 동창학교의 설립 배경을 파악할 수 있는 중요한 진술이다. 백암이 언급한 대로 동창학교 재학생은 망명 지사의 자제들로 구성되었다. 학생의 연령은 6세 이상 15세 이하로 제한되고, 3개 반으로 운영되었다.[17] 검은색 제복에 교모를 착용했고, 학교에서 학생들의 기숙비와 피복비와 가족생계비를 보조하면서까지 교육을 장려했다. 재학생 명단이 남아 있지 않지만 윤세용(설립자 윤세복의 친형)의 5째 아들 윤창선이 이 학교를 다녔고, 1925년에 조직된 신민부의 군자금모집에 관여해 독립운동을 한 자취가 확인된다.

16* 『중광육십년사』, 앞의 책, 551쪽.
17* 「국경지방시찰복명서」, 앞의 책, 232-233쪽.

2. 동창학교의 위치

일제는 동창학교 설립 직후부터 학교 동향에 관한 첩보를 입수해 예의 주시했다. 1911년 6월 5일자 봉천총영사가 일본 외무대신 우치다(內田康哉)에게 보낸 기밀문서에는 '박기정(朴箕貞)' 곧 백암의 신상과 활동이 낱낱이 보고되었다.[18] 압록강 연안의 위생 시찰 임무를 맡았던 야마네(山根正次)는 관전현, 회인현, 집안현 등지에서 보고 들은 사실을 기록해 「야마네촉탁시찰보고서」(1911.7.13)를 작성했다. 이 보고서에는 "회인현 횡도천에 단군연호를 사용하는 배일(排日)학교가 설립되어 있다"는 정보가 담겨 있다.[19]

1912년 5월 24일자 조선주답헌 병대사령부 발송 데라우치 총독 수신 기밀문서에서는,

"윤세복(회인 동문 밖 거주, 32세)은 조선인 수괴로서 알려지기에 앞서 횡도천에 학교를 설립해 아동을 교육하고 또 작년 12월 중 상기 땅에 이전, 학교를 설립해 휘하에 4,50명의 학생이 있다. 늘 조선인 사이에서 기맥을 통해 이주 조선인 권유에 대한 충당을 하며, 동인은 자산 14,5만원을 가지고 있어서

「야마네촉탁시찰보고서」 횡도천 첩보 부분

18* 「회인재주 선인 박기정 외 1명 행동 보고 송부」, 『청국국경부근사건관계철(淸國國境附近事件關係綴)』, 총무관방외사국, 1911~1912.

19* 「만주 및 압록강연안 정황의 건」, 『청국국경관계(淸國國境關係)』, 총무부외사국, 1911.

일반 이주 조선인에 대한 자금을 융통하는데, 그 세력이 경시될 가능의 여지가 있다."[20]

고 보고 되었다. 9월 19일자 기밀문서에는,

"윤세복 등은 회인현성 동문 내 지나인의 가옥을 매수해 학교를 마련했고, 자신은 그 교장이 되어 교사 3명을 두고, 학동은 85,6명으로 20세 미만이다. 교과서는 전부 조선에서 압수처분되어 금지된 것을 사용한다. 윤세복 등이 학동을 모집하고 지나(支那, 중국)로 귀화를 권유하고 있다."[21]

고 적혀 있다. 일제는 윤세복의 부하로 함능관·조택제(평북 초산 출신), 신필수(충남 천안 출신), 김병준(평북 의주 출신), 이성규(서울 출신) 등의 인물을 지목했는데, 특히 김병준이 이석대(李碩大)의 부하라고 했다. 1912년 7월 22일자 일본 외무대신 우치다에게 발송한 기밀문서에도 "윤세복·이석대 2인이 그 두목으로서 회인성 안에서 조선인 학교를 경영하고 있다"라고 보고 되었다.[22] '이석대'는 누구일까? 본명은 이진룡(李鎭龍, 1879~1918)으로, 석대(錫大)는 그의 자(字)다. 그는 신출귀몰했던 황해도 평산의병장으로서 부하들을 데리고 1911년 10월경 서간도 관전현에 이르러 새로운 독립운동 기지를 개척한 바 있다.

이상의 기록을 종합해 보면, 윤세복은 1911년 2월 서간도에 망명하여 회인현 횡도천에 정착한 뒤 동문(東門) 내에 있는 중국 사람의 가옥을 매수했다. 5월에 동창학교를 설립하는데 성공했고, 1911년 12월 동문 밖

20* 『불령단관계잡건-조선인의 부재만주의 부』(1), 「압록강대안상황」, 조헌기 제698호, 조선주답헌병대사령부 1912.5.24.
21* 『불령단관계잡건-조선인의 부재만주의 부』(2), 「압록강대안상황」, 조헌기 제186호, 조선주답헌병대사령부, 1912.9.19.
22* 『불령단관계잡건-조선인의 부재만주의 부』(2), 「압록강대안 회인현 부근의 이주선인건」, 조헌기 제989호, 조선주답헌병대사령부, 1912.7.22.

으로 이전했다. 동창학교의 초기 교사는 3명, 학생수는 4,50명이었는데 85,6명까지 증가함에 따라 교사(校舍)를 확장·이전한 것이다. 학교는 이 진룡(이석대)이 보호했고, 평안도 등지에서 망명한 지사들도 윤세복의 휘하로 참여했다.

백암이 활동했던 동창학교터 부근(현 중국 환인시)

동창학교의 위치는 일제의 3가지 조사 기록—"회인현성 동문 내[조헌기 제186호, 1912], 회인 동문 밖[조헌기 제698호, 1912], 환인 서문 내[국경지방시찰복명서, 1915]"—과 오늘날의 현지 증언—"환인현성 동문 밖"—간에 혼동된다. 그것은 동창학교가 1911년 5월 동문 내(또는 서문 내)에 설립되었다가 6개월 후 동문 밖으로 이전해 운영하였던 까닭에서 연유하는 것으로 보인다. '환인 서문 내'란 옛 중심가였던 현 환인시 정양가도 서관가 민족백화점 인근으로 추정된다.[23]* 백암이 당시 기거하며 집필했던 교사터가 바로 이 부근이었다. 그리고 일제측 기록과 현지인의 증언이 일치하는 '환인(회인)현성 동문밖'은 현재의 환인진 정양가 67번지 농부산품비발시장 건물을 지칭한다.[24]

3. 동창학교의 교명과 교육 내용

1) 동창학교의 교명
동창학교의 설립취지는,

> "한민족의 선조가 백두산록에서 나왔고 중화민족과 대화민족은 그 가지에 불과하다. 그렇기 때문에 우리들이 노력해 국권을 회복시켜 부여민족 부여국의 독립과 발전을 도모하자!'

는 것이다.[25] 윤세복은 『대동고대사론』 논평에서 "종교와 역사가 우리 민족의 정신"이며, "대동민족은 신성한 종교를 보유하고 신성한 역사정신을 발휘하여 만고에 오직 으뜸으로 삼아야 한다"고 밝혔다. 그는 동창학교에서 이주 동포와 학생들의 민족의식을 고취시켰다. 이처럼 '동창(東昌)'이라는 교명은 대동민족의 무궁한 발전과 나라를 되찾자는 기약의 의미에서 지어졌다.

2) 동창학교의 교육 내용
동창학교의 교과는 '단군'을 민족사의 정통으로 삼는 것을 원칙으로, 역사·국어·한문·지리 등을 가르쳤다. 교재는 역사에 『초등대동역사』

23[*] 국가보훈처 민족정기선양센터 국외독립운동시설 정보 참조.
24[*] 박환, 『만주지역 항일독립운동 답사기』, 국학자료원, 2001, 53쪽.
25[*] 「국경지방시찰복명서」, 앞의 책, 224쪽.

를, 국어에『초등소학』을 사용했
다.[26]

『초등대동역사』는 1909년 8월
에 간행된 국사교과서로서 홍사
단 편집장 박정동이 지었다. 이
책은 통감부의 교과용도서검정
규정(1908)을 통과한 것이다. 당
시 검정을 통과한 교과서가 일본
과의 친선을 강조하는 것이 일반
적이었지만, 일본 관계를 언급하
지 않고 이민족과 항쟁에서 승리
한 내용을 많이 다뤄 민족의 자주
성을 은연 중에 드러내고 있다.

동창학교 교재『초등대동역사』

전체 41과 가운데 단군을 첫 장에
두고, 기자, 삼국, 통일신라, 고려, 조선시대 순으로 유명한 인물을 다루고
융희황제의 즉위를 맨 마지막에 실었다. 태백산을 묘향산으로 해석했고,
단군이 단목 아래에 내려와 왕이 된 시점을 대한개국기원 3,727년 전이라
고 기술한 특징이 있다.[27]

『초등소학』은 1908년 정인호가 편찬한 것이다. 대한제국이 문명국임
을 내세우면서 역사, 인물, 지리, 사회, 과학, 교양 등 온갖 주제의 내용을
담고 있다. 이 밖의 교재는 원영의의『국문과본』(1908), 안종화의『초등

26* 위의 책, 233쪽.
27* 박정동,『초등대동역사(初等大東歷史)』, 동문사, 1909. ; 대종교에서는 태백산을
　　 백두산으로 해석하고, 단군의 즉위는 단기연호 내지 개천연호로 표기했다. 따라서
　　 기존 교과서로써 종단 내에서 교재로 사용하기에 무리가 없지 않았다.

수신교과서』(1910), 현채의 『대한지지』(1899), 정인호 편집의 『초등대한
역사』(1908), 원영의의 『소학한문독본』(1907) 내지 백암의 『고등한문독본』
(1910)으로 추정된다.[28] 이들 대부분 우리말과 지리와 역사 방면에서 자
긍심을 북돋우는 내용을 담고 있으며, 일제에게 금서화되었다.

┃ 「표3」 동창학교 교육일람표[29] ┃

학급	요일	9-10시	10-11시	11-12시	1-2시	2-3시
제1급	월 화 수 목 금 토	수신 이과 지지 이과 지지 역사	한문 국어 한문 산술 국어 산술	체조 체조 창가 체조 체조 작문	산술 역사 산술 역사 작문 -	도서 습자 습자 창가 도서 -
제2급	월 화 수 목 금 토	산술 역사 산술 수신 산술 산술	국어 한문 국어 이과 한문 이과	체조 체조 창가 체조 체조 역사	지지 작문 지지 작문 역사 -	도서 습자 습자 창가 도서 -
유년급	월 화 수 목 금 토	국어 국어 국어 국어 국어 국어	복습 복습 복습 복습 복습 복습	체조 체조 습자 체조 습자 습자	산술 습자 산술 습자 체조 -	수신 산술 창가 산술 창가 -

역사와 국어 외에 특별히 체조가 강조되었는데, 이는 민족의식 고취와
더불어 대일군사훈련을 준비하기 위함이었다. 방학기간에는 교사의 인도

[28] 동창학교 폐교 후 교사 김규환과 이시열은 1915년 6월 흥경현에 일신학교(1916년에
흥동학교로 개명)를 설립했다. 일신학교의 교재가 국어독본·국문독본·유년필
독·수신·초등소학독본·대한지지·대한역사·산술·한문독본·지나어독
본·동삼성지지였는데(「재외조선인경영 각 학교 서당일람표(在外朝鮮人經營各
學校書堂一覽表)」, 『현대사자료(現代史資料)』 27, みすず書房, 1966, 158쪽), 지
나어독본·동삼성지지를 제외하곤 동창학교 교재와 크게 차이 나지 않았을 것이다.
[29] 「국경지방시찰복명서」, 앞의 책, 232쪽.

하에 학생들이 고적답사대를 조직해 집안현 광개토대왕릉을 답사하는
현장 교육도 실시되었다.[30]

한편 종단에서 세운 학교 특성에 걸맞지 않게 교리서가 전무했다. 교재
로 사용한 『초등대한지지』의 경우도, 「종교」편에서 기자를 중심에 두었
기 때문에[31] 단군을 교조로 숭봉하는 대종교의 교리와 불일치하는 면을
보였다. 그런데도 부득불 불충분한 교재를 사용할 수밖에 없었던 이유는
핵심 경전인 『삼일신고』[32]조 차도 1912년 4월에 이르러서야 뒤늦게 출
간되었기 때문이었다.

3) 동창학교의 실체

북간도 쪽의 대종교 관계 기록을 보면, 한 유림이 "대종교의 취지가
우리의 조국정신을 고동시켜 외교에 대비해 국혼을 잃지 않게 하는 것이
고, 교리가 유교와 일맥상통한다"는 공감에서 입교하는 과정이 묘사돼
있다.[33] 이와 마찬가지로 서간도 지역의 시교도 민족정신을 표방하는
유사한 방법으로써 공감대가 먼저 형성되었을 것이다.

윤세복이 시교사로서 종교운동을 개시한 1911년도의 상황은 종단 내
부에서 환인·환웅·단군을 삼신(三神)으로 규정한 '삼신일체(三神一體)
신관(神觀)'이 정비되고 대·내외 조직이 강화되던 시기다. 그런데 대종
교의 신관이 정리된 중요 경전인 『신리대전(神理大全)』을 1924년이 되어
서야 접했다는 윤세복의 고백이 있다.[34] 그러므로 당시까지 교단에서

30[*] 이극로, 『고투사십년(苦鬪四十年)』, 을유문화사, 1947, 9쪽. ; 이극로, 「나의 이력
　　서 : 반생기」, 『조광(朝光)』 4권10호, 조선일보사출판부, 1938, 74-75쪽.
31[*] 안종화, 『초등대한지지(初等大韓地誌)』, 휘문관, 1907, 12쪽.
32[*] 김교헌 편수 겸 발행, 『삼일신고(三一神誥)』, 대종교본사, 1912.
33[*] 윤병석, 「용연 김정규의 생애와 야사(野史)」, 『한국독립운동사연구』 5, 독립기념관
　　한국독립운동사연구소, 1991, 119, 126쪽.

널리 보급된『단군교포명서』정도
만 열람한 한계가 있었다.『단군교
포명서』는 보편적 진리보다 민족 특
수성의 관점에서 반포한 문건으로,
단군시대, 부여, 고구려, 발해로 연
결되는 단군신앙의 정통 도맥과 단
군의 신화(神化)가 공간상 요동, 만
주, 몽골 지역으로, 시간상 숙신, 여
진, 말갈, 거란, 선비, 청, 일본에까지
영향을 끼쳤음이 언급돼 있다.

『단군교포명서』표지

  1908년 무렵부터 단군에 대한 존
칭은 한민족 전체의 조상 개념인 '단
군성조(檀君聖祖)'로 불렸고,[35] 1911년 초까지도 단군성조의 줄임말인
'단조(檀祖)'라는 표현이 널리 통용되었다.『단군교포명서』에서 유래한
'단군대황조(檀君大皇祖)'는 단군의 극존칭 개념이다. 이 용어가 1911년부
터 1920년대까지 서간도에 넓게 전파되었던 것은 어려운 여건에도 불구
하고 윤세복의 소임과 노력이 지대했던 결과다.

  일제는 윤세복이 설립한 동창학교를 대종교가 포교 교당으로써 적극
활용한다고 관찰했다.[36] 횡도천에서 윤세복 외에 한선균, 김윤혁 등이
포교에 임하는 사실에도 신경을 곤두세웠다. "본 교사(敎司)와 지교사(支
敎司)와 교당 내에 강실(講室)을 설치"하라는 대종교단의 방침[37]으로 볼

34* 윤세복, 「회삼경(會三經)」'서문', 『역해종경사부합편』, 대종교총본사, 1949, 106쪽.
35* 삿사 미츠아키, 『한말·일제시대 단군신앙운동의 전개 : 대종교·단군교의 활동
    을 중심으로』, 서울대 박사학위논문, 2003, 42쪽.
36* 「국경지방시찰복명서」, 앞의 책, 224쪽.
37* 「대종교내규(大倧敎內規)」제10장, '강실(講室)'편(『단조사고(檀祖事攷)』, 1912

때, 학교를 세우고 교당을 둔 것이 아니라, 교당을 설치하고 부속 기관으로 강실(교실)을 둔 것임을 알 수 있다. "단군교를 신앙하는 교당을 윤세복의 집에 설립하고 배일사상을 주창한다"는 일제측 정보[38] 대로 동창학교의 실체는 다름 아닌 윤세복의 자택 겸 민족 고유종교라는 대종교를 지키고 전파하는 시교당(施敎堂 : 개척교회의 의미 ─ 옮긴이 주)이었던 것이다.

동창학교의 운영 상태는, 윤세복이 자신의 전 재산 '2천석'을 독립운동에 희사했다는 증언[39]과 일제가 그의 자산을 '14∼15만원'으로 파악했다는 기록에서 간접적으로나마 짐작할 수 있다. 그러면 당시 2천석 내지 14∼15만원을 현재 화폐가치로 환산하면 얼마만한 재정규모일까? 1919년에 창립한 백산무역주식회사 자본금이 100만원이었고, 무역회사 자본금이 통상 10만원에서 수십만 원에 이르렀던 사실에 비추어 그에 버금가는 큰 액수였다. 1911년도의 2천석을 환산하면 약 5억원이고, 만일 14∼15만원이라면 20억원이 넘는 엄청난 금액이다.[40] 학교 설립을 위해 매수한 중국 가옥이 동창학교 기본재산으로 있었고, 윤세용 · 윤세복 형제가 희사한 현금으로써 매우 안정적인 재무구조를 유지했음을 알 수 있다.

4. 동창학교의 교사진

동창학교의 교원은 교주(校主, 경영자)와 교장, 교사로 구분되었다. 명단은 다음과 같다.

[고려대 소장본의 부록]).

38* 『불령단관계잡건-조선인의 부-재만주의 부』(2), 「不逞朝鮮人ニ關スル件」, 公第 533號, 落合謙太郎, 1912.8.29. 참고로 원문에 윤세복이 윤서복(尹瑞福)으로 잘못 기록돼 있다.

39* 이인희, 「이수원 일가와 독립운동」, 『알소리』 2, 한뿌리, 2006, 23쪽.

40* 한국은행 경제통계시스템 화폐가치계산 정보에 의함.

「표4」 동창학교 교원 명단[41*]

직위	교원명		생몰연도	출신지	관여 시기	종교관계
	호	성명(이명)				
?	백암	윤세용	1868~1941	경남 밀양	1911.11	1914.5.13참교
?	기천	이진룡 (이석대)	1879~1918	황해 평산	1911	유실
교주/ 시교사	단애	윤세복	1881~1960	경남 밀양	1911.2	1910.12.27입교/ 1911.1.21참교/ 1914.1.30지교/
교장	백농	이원식 (이동하)	1875~1959	경북 안동	1911	1911.1.21참교
교사	백암	박은식 (박기정, 박소종)	1859~1925	황해 해주	1911.5	1913.4.20참교 1914.5.13지교
교사	물불	이극로	1893~1978	경남 의령	1911.5	유실
교사	백주	김영숙 (김형, 김진)	1886~1952	충남 논산	1911.8	1912.10.3입교/ 1914.1.30참교
교사	검군	김규환 (김이대)	1892~?	평북 선천	1912	1913.9.10참교
교사	단총	이시열 (이학수)	1892~1980	평북 정주	1913	1914.5.13참교
교사	중파	김진호	1890~1962	평북 선천	1914	1914.3.15입교/ 1914.윤5.3참교
교사	단재	신채호	1880~1936	충남 대덕	1914	1913.4.20참교
교사	동평	김석현*	?~?	충남 논산	?	1913.9.10참교/ 1916.4.15지교

* 일제측 첩보에는 김동평의 오기인 김동석으로 잘못 기재돼 있다.

41* 【대종교측 기록】 '倧令」(1911), 『倧門榮秩』(연도미상), 『大倧敎人과 獨立運動淵源』(이현익, 1962), 『大倧敎重光六十年史』(1971). 【일본측 기록】 '國境地方視察復命書」(朝鮮總督府, 1915), '不逞團關係雜件－朝鮮人ノ部－在滿洲ノ部」(日本外務省編綴文書, 1910~1926). 【개인기록】 『苦鬪四十年』, 『耘虛禪師語文集』(동국역경원, 1992). 【기타】 『무송윤씨대동보』, '독립유공자공적자료'를 분석·도표화함.

「표5」 연령/출신지별 분류(괄호 안은 교사 경력)

출신지 연령대	서북	영남	호서
20대	김진호, 이시열, 김규환(선천대명학교)	이극로	김영숙 (경성 승동소학교)
30대	이진룡	윤세복(밀양신창소학교, 대구협성학교), 이원식(경성계산학교, 대구협성학교, 예안보문 의숙)	신채호 (박달학원)
40대		윤세용	
50대	박은식(한성사범학교, 오성학교, 서북협성학교)		
미상			김석현[42*]

　동창학교를 거쳐 간 교원은 총 12명이 확인된다. 1912년을 기준 삼아 연령별로 구분해 보면, 20대 5명(41.7%), 30대 4명(33.3%), 40·50대 각각 1명(각 8.3%), 미상 1명이며, 평균연령은 31.6세다. 출신지별로는 서북인 (황해도·평안도) 5명(41.7%), 영남인 4명(33.3%), 호서인 3명(25%)이다. 교사 이력을 살펴보면, 윤세복, 이원식, 백암, 김규환, 김영숙, 신채호 6인 (50%)이 교사 경력이 있었고, 나머지는 학교에 임용되면서 처음 강의를 맡았다. 백암과 윤세복과 이원식의 교육 경험이 풍부했던 이력을 볼 때, 이들이 교과과정을 기획했으리라 본다. 이로써 서북·영남·호서 사람들이 동창학교의 구성원을 이루며, 20대가 교육 전선에, 30·40대가 배후에서 공조하는 구조였음을 알 수 있다.

　다음, 「표4」에서 교원의 교질[43*]을 비교해 보면, 윤세복과 이원식의

42* 일제 기밀문서-『불령단관계잡건-조선인의 부-재만주의 부』(5), '배일선인비밀단체 상황취조건」, 통제14호(통화주재梅澤순사 발송-古藤안동영사관경찰서장 수신, 1916.7.17.)에 '환인현/김석현/30세'로 조사한 기록이 남아 있다. 1912년 당시 20대 후반 정도였을 것으로 추정된다.

참고 지수[44]* 일자가 가장 빠르고, 백암(교명 : 박소종 옮긴이 주)·신채호, 김석현, 김영숙, 윤세용·이시열, 김진호 순이다. 백암은 이원식보다 참교 지수 일자가 늦었었지만 1914년에 먼저 지교로 승질되었다. 교질의 승질 기준은 '대종교 교리의 조예 정도'에 근거하여 도사교가 판단을 내리는 것이다.[45]* 그렇기 때문에 백암의 교질 승질이 빨랐던 사실은 종단 내

백암(朴紹宗)의 참교 기록(좌열 중간)

에서의 비중과 업적을 인정받았다는 점을 시사한다.

　윤세용의 경우 참교 지수 일자가 다른 인물들에 비해 늦은 것으로 보아 동창학교의 목적인 종교 활동을 동생에게 일임시키고, 자신은 학교 경영에만 관여했던 것으로 파악된다. 그는 후에 대한독립단의 무기운송과 임시정부 직할 군단 참의부의 참의장에 선임되는 등 무장독립투쟁의 일선에 나선다.

43* 교질(敎秩): 대종교인의 교력(敎歷)을 나타내는 것으로, 사교(司敎)〉정교(正敎)〉상교(尙敎)〉지교(知敎)〉참교(參敎)의 서열로 한다. 1911년도에는 교직(敎職)이라 했는데 후에 교질로 용어가 통일되었다.

44* 지수(祗受): 본래 '임금이 내려 주는 물건을 공경히 받는다'는 뜻으로, 대종교에서 교질을 내려 받는 것을 말한다.

45* 「대종교내규」 제2장 제4조, "본교 교직은 교리의 조예를 따라 도사교가 선임하되, 직명은 다음과 같음…(후략)…."

이원식은 학교 교장의 소임을 다하면서 회인현 내에서 독립운동을 위한 연락기관으로서 동창점(東昌店) 여관을 운영했다. 그는 실제로 이극로와 함께 군자금 모집과 군수품 확보에 주력하였다.[46*]

백암은 동창학교 내 최고령 강사로서 한문을 가르치면서 고대사 저술에 전념했다.[47*] 일제는 이를 정확히 파악하여,

백농 이동해(이원식)
(며느리 오묘연 여사 제공)

"박기정(朴箕貞)이 윤세복과 공히 주거를 함께 하고 등사판을 비치, 여러 가지 인쇄물을 발행해 각 분교 사람에게 배포하고 있다."[48*]
"박인식(朴寅植)이 회인현 체류시 단군교 교적으로『동명왕실기』,『친화론』,「경고주만동포문」각 1책을 지었고, 1912년 5월경 북경에 가서 모의를 하고 있다."[49*]

고 보고했다. 또 "단군교(대종교)의 포교가 회인현에서 가장 성한데 윤세복과 박기정 2인이 그 대표로서 포교에 열광하여 신도가 이미 360명에

46* 이극로,『고투사십년』, 앞의 책, 7-8쪽, 17쪽.
47* 학계에서는 백암이 1912년과 1913년 두 차례에 걸쳐 도산 안창호에게 보낸 간찰에서 "6·7종의 책자를 저술했다"는 구절과「백암선생약력」(『독립신문』제189호, 1925.11.11.)에 의거하여 '7번째 저서'를『단조사고』로 추정해 왔다. 그러나 일제 군사첩보에 백암이『친화론(親華論)』내지「경고주만동포문(警告住滿同胞文)」을 지었다는 정보(『불령단관계잡건-조선인의 부-재만주의 부』(2),「불령조선인에 관한 건」, 공제533호, 落合謙太郎, 1912.8.29)가 있다. 따라서 백암이『단조사고』를 지었다는 증거자료가 빈약한 상황에서 제7의 저서로 단정하기 곤란하다. 다만 첩보에 언급된 '교적'도 그 실체가 알려진 바 없기 때문에 조사가 더 필요하다고 본다.
48* 『불령단관계잡건-조선인의 부-재만주의 부』(2),「압록강대안상황」, 조헌기 제186호, 조선주답헌병대사령부, 1912.9.19.
49* 『불령단관계잡건-조선인의 부-재만주의 부』(2), 불령조선인에 관한 건, 공제533호, 落合謙太郎, 1912.8.29.

달했다"는 첩보도 입수했다. '박기정',
'박인식'은 모두 백암의 이명이다.

김영숙은 주시경의 제자로서 조선
어 연구에 관한 참고서적을 많이 가지
고 있었고, 동료 교사였던 이극로의
한글연구에 깊은 영향을 주었다.[50]

이극로는 교원 가운데 가장 나이가
어렸다. 그는 청운의 뜻을 품고 서간
도 신흥학교(뒤의 신흥무관학교)로 가
던 중 1911년 5월 20일경 이원식이 경
영하는 동창점 여관에 들렸다.[51] 이
원식과의 인연으로 동창학교 교사진

동창학교의 회고가 담긴 이극로의 자서전
『고투사십년』

에 합류해 백암 밑에서 한학을 배우면서 백암의 저서 등사일을 도왔다.[52]
동창학교 시절 백암의 저서들은 모두 이극로의 손을 거쳐 탄생한 작품인
셈이다.

1913년 중국 남경 제2차 혁명전쟁의 기회에 편승하여 윤세용은 이극로
와 함께 7월 19일 상해에 도착해 신채호를 비롯한 여러 동지들과 상봉했
다.[53] 이때 신채호는 윤세용만 대면했고 비밀회동 성격상 이극로까지
만나볼 수 없었던 듯싶다. 윤세용은 신채호에게 동창학교 교원 초청의
뜻을 전달했고, 이를 기회로 신채호는 1914년부터 동창학교에서 교편을
잡았다. 이극로는 1913년 12월 유하현·북만주·러시아를 유람한 뒤

50* 이극로, 『고투사십년』, 앞의 책, 9쪽.
51* 위의 책, 7쪽. ; 원문에 '1912년 3월 20일'이라 했으나 정황상 '1911년'의 착오이며,
    3월(三月)도 '5월(五月)'의 오식이었을 가능성이 높다.
52* 위의 책, 8-9쪽. ; 이극로, 「나의 이력서 : 반생기」, 앞의 책, 74-75쪽.
53* 위의 책, 9쪽. ; 정원택, 『지산외유일지(志山外遊日誌)』, 탐구당, 1983, 76쪽.

1914년 8월에 학교로 돌아와서 신채호를 첫 대면했다.[54*] 신채호는 동창학교에서 국사를 가르치는 한편, 고구려 옛 영토를 답사한 뒤 『조선사』 집필에 착수했다.

이시열의 본명은 이학수로, 평북 정주 사람이다. 그는 조국광복의 뜻을 두고 대성중학교를 다니다가 105인 사건이 발생하여 부득이 중퇴하였다. 고향 후배 승회균(승진)과 도만하여 김규환·김진호를 만나 1913년 봄부터 이듬해 겨울까지 동창학교 교원으로 근무했다. 민족교육에 투신하여 1915년에 흥동학교, 1918년에 배달학교를 설립하고, 「새배달(구 한족신보)」 사장 등으로 활동하던 중 일본 경찰의 추적을 피하는 과정에서 불교에 귀의하였다.[55*]

김규환은 평북 선천 사람이다. 대성학교를 졸업한 뒤 망명하여 1912년부터 1913년까지 동창학교에서 교원으로 일했다. 그는 김이대(金履大)로 개명한 뒤 흥경현 흥동학교, 한족회, 대한통의부, 정의부에서 활동했다.[56*] 훗날 백암이 타계할 때 호상(護喪)위원에 임명되어 동창학교 교원으로서 유일하게 옛 동료의 장례를 주관하는 운명을 맞는다.

김진호는 김규환과 동향 사람이다. 그는 동창학교에서 교사를 지낸 뒤, 독립운동 전선에서 흥업단(興業團) 간부, 정의부 요원으로 활약했다.

김석현은 의병대장이라는 것 외에는 잘 알려져 있지 않다. 그는 윤세복의 수행원으로서 홍범도 부대와 연락을 취하던 중 서간도에서 일경에게 체포돼 옥고를 치르다 세상을 떠나고 말았다.

대종교에 대한 일제의 탄압이 1911년 종교취체[57*]로 본격화되고, 동창

54* 위의 책, 17쪽. ; 이극로, 「서간도시대의 단재(丹齋)」, 『조광』 2권 4호, 1936.4.
55* 「자초연보(自抄年譜)」, 『운허선사어문집』(재판), 동국역경원, 1992.
56* 「김이대(金履大) 자필이력서」, (※독립기념관 소장).
57* 취체(取締): 규칙, 법령, 명령 따위를 지키도록 통제하고 단속하는 것. 일제는 본격적인 조선 강점에 들어서기 전 1906년 11월 17일 재한일본인을 대상으로 통감부령

동창학교 설립자 단애 윤세복(앞줄 2번째)과 교원 중파 김진호(뒷줄 오른쪽)

학교의 활동도 줄곧 감시를 받았다. 1914년이 되자 회유와 협박을 거듭하

제45호 「종교의 포교에 관한 규칙」을 시행했다. 대종교(단군교)는 1909년 7월부터 공개적인 포교 활동을 개시하자마자 경시청(警視廳)의 탐지와 조사를 받는 수난이 시작되었다. 포교에 관한 법규 제정이 구체적으로 언급된 것은 조선총독부에서 발간한 『조선총독부시정연보(朝鮮總督府施政年報)』 1911년판에서다. 치안 부문에서 종교취체항을 설정하여, 종교단체의 활동과 포교 현황을 조사 정리하면서 법규에 따른 종교 통제 방침을 거론했다. 내용은, "종교취체에 관해서는 명치39년 통감부령 제45호로 내지인의 종교선포수속 절차를 정한 바 있다. 하지만 조선인과 외국인의 종교에 관한 것은 하등의 법규도 없어서 그로인해 포교소가 함부로 설치되고 있어 그 폐해가 크다. 특히 조선인의 조직과 관계되는 것으로 천도교·시천교·대종교·대동교·태극교·원종종무원·공자교·경천교·대성종교 등 여러 종이 있는데, 그 종류가 너무 많고 잡다할 뿐 아니라, 그 움직임도 정치와 종교를 서로 혼동하여 순연히 종교라 인정하기 어려운 것이 많아 그 취체가 불가피하다 (『조선총독부시정연보』, 조선총독부, 명치44년[1913], 76-77쪽)"는 것이다. 종교취체항으로 본격화된 일제의 박해는 1915년의 '종교통제령'으로 더욱 가혹해졌다.

던 일본영사관은 중국관헌과 교섭해 학교폐지령과 교사축출령을 내렸다. 이로 인해 동창학교는 끝내 강제 폐교되었다.[58] 그러나 윤세복은 불굴의 투지로 민족의 영산인 백두산을 향해 무송현으로 이주했다. 그는 백산학교(白山學校)를 통해 서간도 동포의 정신 통일을 기하고, 흥업단을 조직해 한층 정비된 독립군의 위용으로써 응수하였다.

Ⅲ 대통령의 역사이야기

"국체(國體)가 비록 망했어도 국혼(國魂)이 불멸하면 부활이 가능하지만, 지금 국혼인 국사책마저 불태워 없애지니 통탄을 금할 수 없구나. 말 한마디 글자 한 자의 자유가 없으니 오로지 해외에 나가서 4천년 문헌을 모아 편찬하는 것이 우리 민족의 국혼을 유지하는 유일한 방법이다."[59]

1911년 음력 5월 백암은 국혼 사수를 마음속으로 다짐하고 비장한 각오로 압록강을 건넜다. 그는 동창학교에서 기거하면서 민족혼의 부활을 꿈꾸며 고대사 저서 편찬에 온 힘을 쏟았다. 아래는 백암이 1912년 12월 15일 안창호에게 보낸 편지 내용이다.

"…5월에 강을 건너 서간도에 8개월 머물며 6,7종의 책자를 저술했습니다. 이를 등사판으로 인쇄하여 교육의 보조로 활용해 왔지요."[60]

58* 『중광육십년사』, 앞의 책, 384쪽.
59* [원문] "國體는 雖亡이나 國魂이 不滅하면 復活이 가능한데 지금 國魂인 國史冊마저 焚滅하니 痛嘆不己라. 一言一字의 自由가 없으니 오로지 海外로 나가서 四千年 文獻을 모아서 編纂하는 것이 吾族의 國魂을 유지하는 唯一한 方法이다."(김영호, 「박은식선생해적이」, 『나라사랑』 8, 외솔회, 1972, 19쪽.)
60* [원문] "五月渡江,留西間八朔,有六七種冊子之述,以騰板印出,資教育之補助焉"(「與島山安昌浩書」, 『도산안창호전집』 2, 도산안창호선생기념사업회, 2000, 107쪽.)

　동창학교 보조교재라던 '6,7종의 책자'란 단군과 기자를 다룬 『대동고
대사론』, 고구려를 다룬 『동명성왕실기』·『명림답부전』·『천개소문전』,
발해를 다룬 『발해태조건국지』, 금나라를 다룬 『몽배금태조』를 말한다.

▌「표6」동창학교에서 펴낸 백암의 저서 ▌

	저서명	집필시기	면수	전래경위
1	대동고대사론	?	20쪽	도산안창호문서→독립기념관 기증→서울대 신용하 교수 입수→한영우 교수 소개
2	동명성왕실기	?	?	실전
3	명림답부전 (부록:역사가)	대황조강세기원 4368년 9월	44쪽	흥동학교 소장본→연세대 김도형 교수 발굴·공개(2001)
4	천개소문전 (부록:역사가)	대황조강세 4368년 9월	50쪽	유족 박시창 소장본→김영호/단국대 동양학연구소 영인(1975.8)
5	발해태조건국지 (부록:역사가)	단군대황조강세 4368년 10월	66쪽	흥동학교 소장본→연세대 김도형 교수 발굴·공개(2001)
6	몽배금태조	대황조강세* 4368년 11월	126쪽	유족 박시창 소장본→김영호/신동아 (1975.9)공개→단국대동양학연구소 영인(1975.8)

* 윤세복은 「서문」에서 연호 표기를 '대황조강세'로 적었는데, 백암은 본문에서 『발해태조건국지』와
똑같이 '단군대황조강세'로 적었다.

　『명림답부전』,『천개소문전』,『발해태조건국지』,『몽배금태조』4책
은 그 서문에 집필날짜에 대한 기록이 있는데 비해,『대동고대사론』은
시기를 적지 않았으며,『동명성왕실기』는 유실되어 알 수 없다.
　우선 순한문체로 된 『대동고대사론』이 국한문 혼용으로 쓰인 다른 저
서들에 비해 가장 먼저 착수된 것이 분명하다. 다음 순서로『동명성왕실
기』를 7~8월경에 집필했을 것이다. 그 이유는, 10월에 작업한 『발해태
조건국지』에서 "동명성왕실기를 찬술하고 이어서 발해태조건국지를 기
술하여"라고 밝힌 내용대로『동명성왕실기』가 이미 완성된 상태였다. 9
월에『명림답부전』과『천개소문전』두 권을 지었기 때문에 6월에서 8월

사이에 공백이 있다. 다만, 『명림답부전』·『천개소문전』의 경우 같은 '9월 모일'로만 적혀 차례를 알기 어렵다. 여기서 각 저서에 기록된 연호 표기(「표6」 참조)에 주목해 보면, 『명림답부전』에는 '대황조강세기원', 『천개소문전』에는 '대황조강세', 『발해태조건국지』와 『몽배금태조』에는 '단군대황조강세'라고 쓰여 있다.

1903년에 집필된 『대종교신원경』을 살펴보면 '대황조강세기원'이라 했는데, 1909년부터 '단군강세(檀君降世)'로 표기했고, '대황조강세'도 혼용했다. 『명림답부전』은 '기원'이 삭제된 『천개소문전』을 포함한 다른 저서들에 비해 대황조강세기원으로 적혀 있기 때문에 집필시점이 이른 것으로 여겨진다.

정리하면, 『대동고대사론』→『동명성왕실기』→『명림답부전』→『천개소문전』→『발해태조건국지』→『몽배금태조』 순이다. 바꿔 말하자면, 백암이 고대사 저술을 기획함에 있어서 단군·기자→고구려→발해→금나라의 역사를 염두에 두고 시대 순으로 집필해 나갔음을 알게 된다. 이들 책자는 6개월이라는 단시일에 완성되었다. 유실된 『동명성왕실기』를 제외한 다섯 책이 총 306쪽, 10만 3천 6백여자. 이는 하루도 거르지 않고 매일 600여자씩, 한 달에 한 권씩 저서를 완성하고 등사해낸 속도다. 실로 민족혼을 되살리겠다는 집념으로 이룩한 역작이라 아니할 수 없다.

1. 『대동고대사론』

1) 대동고대사론을 전해준 경위

『대동고대사론』은 안창호 소장본을 그의 후손이 독립기념관에 기증하면서 1992년 학계에 알려졌다.[61] 독립기념관에는 이 외에도 1929년에 간행된 1종의 책이 더 소장돼 있다. 후자는 백암 사후 2년 뒤인 1927년

6월 4일에 박용만(朴容萬, 1881~1928)이 서문을 붙이고 원문을 다시 옮겨 대조선독립단(大朝鮮獨立團) 북경지부 명의로 펴낸 것이다. 대조선독립단은 1919년 박용만이 해외와 중국 독립군단의 전략적 통일을 위해 하와이 호놀룰루에서 조직한 항일단체다. 간도 지방과 백두산에 관한 책인『북여요선(北興要選)』(김노규 지음, 1904), 그리고『제창조선문화일이어(提倡朝鮮文化一二語)』(박용만 지음)와 같이 엮은 것으로

박용만이 펴낸 『대동고대사론』과 합책 표지

보아, 대륙사관과 고토수복의 관심에서 기획한 점이 돋보인다.

2) 대동고대사론의 구조와 내용

『대동고대사론』은 표지 1쪽, 서론 4.5쪽, 본론 12.5쪽(단군조선 6.5쪽, 기자조선 6쪽), 결론 1쪽, 논평 1쪽으로 구성돼 있다.

백암은 먼저 "'대동'이란 만주와 대한을 통틀어 부르는 명칭[大東,滿韓統稱]"이라고 정의 내렸다. 만주는 오랫동안 그 지역을 삶의 근거지로 삼은 '만주족'에서 유래한다. 남방 퉁구스계 종족인 만주족은 숙신·읍루·물길·말갈·여진으로 불려왔다. 12세기에 금나라가 만주와 중국 북방을 지배했으며, 17세기에 후금을 세운 뒤 국호를 청(淸)으로 바꾸고

61* 한영우, 「대동고대사론 해제」,『한국학보』 18-2, 일지사, 1992, 252쪽. ; 해제자의 주장에 따르면, 서울대 신용하 교수가 복사본을 자신에게 전달해 주었고, 이를 해제와 함께 공개했다. 독립기념관 소장본은 '자료번호 1-A00603-000(도603), 15.5× 21.0, 면수 20'이다.

다시 중국을 300년 가까이 지배했다.

『대동고대사론』을 풀어 말하면, "만주와 대한의 고대사를 사료로써 규명한 논문"이라는 뜻이다. 전문은 장절이 나뉘어 있지 않지만 내용상 서론·본론(단군조선, 기자조선)·결론의 논문 형식을 명확히 갖추고 있다. 단군조선의 강역 문제를 탐구한 백암 최초의 단군 연구 성과물이다.

『대동고대사론』 표지

▌「표7」 대동고대사론의 구성 ▌

구성	장명	원문분량	내용
서론	(서론)	4.5쪽	문제제기와 연구의 목적
본론	단군조선	6.5쪽	황제와 단군, 단군의 후예, 단군의 교화, 단군조선의 강역 분석
	기자조선	6쪽	중국 문헌상 기자조선의 위치, 국내 기자조선 위치설 비판, 국내 기자 유적 비판
결론	(결론)	1쪽	단군에서 유래한 만주와 대한의 역사, 문화, 민족정신
	-	1쪽	(공백)
논평	(논평)	1쪽	교열자 윤세복의 평가
		총20쪽	

백암은 서론에서 '역사는 민족정신'이라고 전제하였다. 그런 다음, 민족주의 시대인 오늘날 중국 한족은 "황제의 신성한 자손이자 4억 형제"라 소리 높이며 조상의 역사를 받들어 자강과 자주정신을 내세우는데, 우리 민족은 유구한 역사를 지녔음에도 불구하고 의미를 찾지 않고 다른 민족에 동화될 위기에 처했다며 문제 제기를 했다.

"지금 우리 대동민족은 세력으로 승리를 도모할 수 없는 데다가, 종교와 역사정신도 사람들 마음 속 깊이 뿌리내리지 않았다. 그렇다면 시간이 오래 지나 다른 민족에 기어이 동화될 것이며, 세계역사에서 우리 민족의 명칭이 사라지고 말 것이니 이 얼마나 두려운 일인가?"

연구의 목적은 "만주와 대한의 민족 정체 — 고대 강역과 혈통과 국교(國敎) — 를 확인하여 독립정신을 고취시키고, 민족사 정립을 거쳐 우리 민족이 나아가 천하에 자립할 수 있도록 하는데 이바지하기 위함"이라고 밝히고 있다.

본론은 크게 '단군조선'과 '기자조선'장으로 나뉜다. 전자는 황제와 단군, 단군의 후예, 단군의 교화, 단군조선의 강역, 후자는 중국 문헌상 기자조선의 위치, 국내 기자조선 위치설 비판, 국내 기자 유적 비판으로 세분해 다루었다. 연구목적에 따라 논문의 쟁점도 강역문제, 혈통문제, 종교문제에 대한 3가지 결과에 초점이 맞추어져 있다.

우선 강역문제는, 백두산 남북의 만주와 한반도를 한민족의 고대 영역으로 규정하였다. 참고 문헌으로 『수산집(修山集)』, 『성호사설(星湖僿說)』, 『동사강목(東史綱目)』과 같은 조선조 실학자들이 펴낸 사료에 근거했다.[62*] 그 결과 요심 대륙의 북쪽 강역부터 벽해·황해·현해 연안의 동·서·남쪽 경계가 모두 고대 조선의 전역이었던 사실을 규명해 냈다. 또한 『위서』, 『당서』, 『명일통지』 등 중국 문헌을 참고하여 기자조선의 위치를 비정(比定)하고, 기자와 그 후손들이 단군조선에 귀화되는 과정을 논증하였다. 백암은 단군조선과 기자조선에 대한 위의 2가지 고찰로부터

62* 『대동고대사론』 '단군조선' 편에서 인용한 국내 문헌은 구체적으로 아래 4종이다. 이종휘, 『수산집』 권11, 「동사세가」 '부여세가'조. ; 이종휘, 『수산집』 권11, 「동사열전」. ; 이익, 『성호사설』 권17, 「인사문」 '부열축북해'조. ; 안정복, 『동사강목』 부록 「잡설」 편 '조선명호'조.

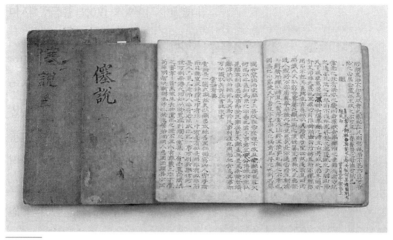

『성호사설』

'만주와 대한이 고대에 한 강역이자 한 민족'이라는 결과를 도출한다.

　다음 혈통 문제는, 백두산 단목 아래에 내려온 '신인 단군'을 민족의 시조로 전제하였다. 단군의 후예를 주체족으로, 중화인[華人, 漢族]인 기자의 후예를 객족으로 보았다. 백암은, 서로 간에 수천 년간 피가 섞이고 동화되었지만 단군이 기자보다 먼저고 단군의 후예가 기자의 후예를 동화시켰기에 모두 단군의 후예로 인식하는 것이 옳다고 했다. 한편으로 옛 사서에서 부여, 예맥, 동옥저, 비류, 숙신이 다 단군의 후예라고 언급한 기록에 근거하여 '언어와 풍속이 달라졌어도 만주와 대한의 여러 종족이 같은 핏줄이었다'는 결과를 이끌어 냈다.

　끝으로 종교 문제는, 종교와 역사의 정신이 확고하고 변함없으면 다른 민족에 동화되지 않고 정신으로 승리를 도모할 수 있다고 주장했다. 이어서, 단군의 신교(神敎)가 한민족의 국교였고, 이것이 고구려의 선교(仙敎), 신라의 신덕(神德), 조선의 대종교(大倧敎)로 이름이 달라졌어도 고대 종교의 맥이 고스란히 이어져 왔다고 예시했다.

이상에서 백암이 내린 결론은 다음과 같다.

첫째, 단군조선의 북쪽 경계는 북평군, 유주가 있던 요서·요동 대륙까지, 동·서·남쪽은 동해, 서해, 남해 연안까지가 다 단군조선의 강역이었다.

둘째, 단군조선과 기자조선의 혈통은 만주와 대한이 원래 한 나라였으니 그 백성도 원래 한 겨레였다.

셋째, 대동민족은 엄연히 시조(단군)가 있고, 신성한 문화, 무풍도 있었으니 신성한 정신이 없을 수 없다. 신성한 민족은 신성한 정신 곧 역사가 있다. 이에 시조에게 귀의하여 단기연호(단군기원)를 사용하고, 역사를 알아야 민족이 바로 선다.

끝맺음은 결론과 잇달아 있지만 논문과 별개의 글이다. 원고 교열자인 윤세복은 백암의 연구 성과를 찬양하는 논평으로 말미를 장식하였다.[63*]

3) 대동고대사론의 의의

학계에서는 신채호의 「독사신론(讀史新論)」(1908), 김교헌의 『신단실기(神檀實記)』(1914), 유인식의 『대동사(大東史)』와 같은 민족주의 사가들의 논저에 주목하면서, 특히 「독사신론」을 근대민족주의 역사학의 성립으로 본다. 백암이 만주와 한반도에 살던 대동민족을 동일문화권으로 보고 모두 단군조선의 동족이라고 주장한 점도 「독사신론」의 영향으로 이해하려고 한다. 물론 신채호가 주창한 단군-부여-고구려-발해로 이어지는 부여족정통설이 근대민족사 인식에 영향을 끼쳤을 수 있다. 그러나 신채호는 논설에서 동국인종을 선비족, 부여족, 지나족, 말갈족, 여진족, 토족

63* 윤세복은 백암보다 나이가 어리고 학식도 부족했지만, 종단 내에서 그 서열로 볼 때 시교사(윤세복)와 일반 교인(백암)의 격은 차이가 컸다. 윤세복이 시교사이자 교열자로서 감수를 했다는 점은 저서에 종교적 권위를 부여한 의미가 있다.

의 6종으로 구분했는데, 이는 백암의 인식과 일치하지 않는 내용이다.

백암이 『대동고대사론』에서 참고한 주요 사료는 수산 이종휘(李種徽, 1731~1786)의 『수산집』, 성호 이익(李瀷, 1681~1763)의 『성호사설』, 순암 안정복(安鼎福, 1712~1791)의 『동사강목』이다. 안정복은 이익의 제자로서 성호학파에 속하며, 이익은 미수 허목(許穆, 1595~1682)의 역사인식에 영향을 받은 남인계 실학자다. 18세기에 단군의 존재를 강조한 사상가 이종휘는 소론 계열이다. 이러한 남인·소론 계열의 학자는 당대 집권층에서 소외된 지식인들로서, 주체적인 역사인식과 고증과 비판을 중시했다. 이들의 역사인식은 근대민족주의 사학에 큰 영향을 주었고,[64*] 백암도 이를 적극 수용하였다.

만주와 대한을 한 겨레로 보는 백암의 대동사상은 실상 「독사신론」 발표 전후 대종교단에서 공개한 『단군교포명서』·『단군교오대종지포명서』와 밀접한 관계가 있다. 『단군교포명서』는 1904년 10월 3일에 백두산에서 수도하던 도인 백봉(白峯)과 그를 위시한 13인의 도인이 반포한 선포문이다. 이는 백봉의 제자 홍암 나철(1863~1916)을 중심으로 1909년 음력 1월 15일 서울에서 개최한 대종교 중광(重光 : 부활의 의미―옮긴이 주)의식에서 다시 공표되었다. 내용은 단군시대부터 부여·고구려·발해로 연결되는 정통을 세우고 청나라·조선까지 4천여 년 간을 신교(神敎, 대종교)의 역사로 인식했다.[65*] 그리고 단군을 혈연 조상이자 교조(敎祖)로 숭봉하여 단군대황조가 단군교(대종교)의 개창자임을 밝히고, 단군의 종교 감화가 동북아 전역에 고루 퍼치고 민족사 속에 연면히 흘러

64* 삿사 미츠아키, 『한말·일제시대 단군신앙운동의 전개 : 대종교·단군교의 활동을 중심으로』, 앞의 논문, 18-19쪽.

65* "본교(本敎)는 내사천년(乃四千年) 아국고유(我國固有)흔 종교(宗敎)" ; "4천년(四千年) 전래(傳來)흔든 대교대도(大敎大道)" ; "4천여년(四千餘年) 구교(舊敎)의 회이부명(晦而復明)이 기재금일(其在今日)이며"(『단군교포명서』, 6쪽, 12쪽.)

왔다는 점을 설파하였다.[66*] 『단군교오대종지포명서』(이하 '오대종지서'라 줄여 적음)는 1909년 10월 3일 백봉이 반포한 문건으로 「대황조신손원류지도(大皇祖神孫源流之圖)」에 한민족의 계보가 한데 정리돼 있다.[67*] 또한 단군조선의 강역을 표시한 상상도인 「배달신국삼천단부도(倍達神國三千團部圖)」가 첨부돼 있다.

대종교 서도교구(西道敎區) 관할인 서간도에서 백암의 주도로 『대동고대사론』이 집필될 시기, 한반도 관할인 남도교구(南道敎區)에서는 김교헌(1868~1923)과 유근(柳瑾, 1861~1921)의 주도로 『단조사고(檀祖事攷)』가 완성돼 갔다. 『단조사고』는 관찬사서부터 재야사서에 이르기까지 단군 관계 자료를 집대성한 자료집이다. 근대 민족사서로 유명한 김교헌의 『신단실기』와 유인식의 『대동사』도 이 『단조사고』에 기초한 것이다. 「배달신국삼천단부도」는 『단조사고』 편찬시에 그대로 삽입되었다.

『단조사고』 표지

그런데 『단조사고』는 결정적으로 환인·환웅·환검(단군)이 삼신이

66* 김동환, 「기유중광의 민족사적 의의」, 『국학연구』 1, 국학연구소, 1988, 98-99쪽.
67* 대황조로부터 이어진 동족을 배달족이라고 하며, 일명 조선족(또는 퉁구스족, 삼천단부족)이라고 했다. 배달족은 북부여족, 숙신족, 예맥족, 반배달족(기자의 후조선족)으로 분파하였다. 다시 북부여족은 동부여족→고구려족·백제족으로, 고구려족은 다시 발해족→여진족→금족→후금족→청족으로 이어졌다. 마한족은 탐라족으로, 진한족은 신라→고려→대한족으로 이어졌다. 변한족은 가락족으로, 위만조선의 규봉족은 맥이 끊겼다. 숙신족은 선비족→거란족→요족이 되었다. 예맥족은 읍루족→물길족→말갈족으로, 반배달족은 서마한족→정안족이 되었다는 내용이다.

자 한몸이라는 '삼신일체' 이론을 내세워서 소위 이종휘와 정약용의 환인-환웅-단군이 3세라는 '3대설'을 강력히 비판했다.[68] 이면을 살펴보면 흥미로운 점이 발견된다. 나철의 스승 운양 김윤식(1835~1922)은 노론의 대표 학자였던 유신환과 박규수의 제자였다. 종단의 실세이자 2대 교주까지 지낸 김교헌 역시 소론 가문이었지만 노론 편에서 세도를 이룬 명문 거족이었다. 반면 이종휘의 학설을 수용한 백암은 청년 시절에 정약용의 저서를 섭렵했었고, 중립 성향의 평안도 화서학파와 소론 계열의 강화학파에도 영향을 받았기에 김윤식-나철-김교헌과 계열상 차이가 있었다.

대종교 신관에 관해서도 백암은 1906년 12월 『서우』에 기고한 「삼성사」 글에서, "무릇 아득한 옛날 우리 동방이 시작될 때 환인씨는 처음 무렵에 나오신 신인이오, 신시씨의 이름은 환웅이니 환인씨의 세자다.…(중략)…단군의 이름은 왕검이니 태백산 단목 아래에 강림하시어 지나의 당요 무진에 나라를 세워 임금에 오르시니…(중략)…국호를 조선이라 하였다."[69]라고 하여 3대설을 받아들였고, 이후에도 객관적 시각에서 '삼신설'을 맹목적으로 따르진 않았다. 더욱이 대종교단은 1914년부터 김교

무원 김교헌(1868~1923)

헌의 학설을 좇아 '신단민족(神檀民族)'을 내세우고 1922년에 '배달족(倍達族)'으로 교체했다. 이 역시 백암이 주창한 '대동민족' 개념과 차별된다. 그렇기 때문에 『단조사고』를 백암의 저술 내지 참여자로 보려는 주장은

68* 김동환 역, 『단조사고』, 한뿌리, 2006, 18-20쪽.
69* 박은식, 「삼성사(三聖祠)」, 『서우』 제1호, 서우학회, 1906.12, 33쪽.

무리가 있다.

　백암은 비록 대종교에 귀의하였으나 도그마[70*]에 빠지지 않고 학자로
서의 객관적 자세와 학문적 독창성, 그리고 자신만의 확고한 사관을 견지
한 점이 높이 평가된다. 아울러 대종교 내에서 단군조선의 강역에 중점하
여 다룬 시점이 1923년 이원태의 『배달족강역형세도』에서였으니, 10여
년 앞서 강역 문제를 다루었던 사실 또한 백암의 선견지명이 뛰어났음을
보여주는 것이다.

2. 『명림답부전』

1) 명림답부전을 전해준 경위

　『명림답부전』은 그 동안 「백암선생약력」[71*]
에서 목록으로만 확인돼 왔다. 그러던 중 연
세대 사학과 김도형 교수가 한 원로사학자의
후손으로부터 진본을 입수, 2001년 『동방학
지』에 공개하여 빛을 보았다.[72*] 이듬해에 현

『명림답부전』 표지

70* 도그마(dogma): 종교에서 이성적이고 논리적인 비판과 증명을 허용하지 않는 교리,
　　교의, 교조 따위를 통틀어 이르는 말. 교회가 신에 의한 계시라고 인정하여 받아들
　　인 진리로서 최고의 권위가 있다. 자칫 독단적인 신념이나 맹목적인 학설에 사로잡
　　힐 염려도 있다.
71* "[저술] 학규신편, 왕양명실기, 단조사고, 한국통사, 안중근전, 동명성왕실기, 발해태
　　조건국지, 몽배금태조, 대동고대사론, 천개소문전, 명림답부전, 이준전, 이순신전,
　　독립운동혈사, 발해사, 금사 등 다수 서적을 저술하고 근년[挽近]에 대동민족사를
　　저술하다가 미필(未畢)하다."(『독립신문』, 1925.11.11일자.)
72* 『대한매일』, 2002.3.20일자, '박은식선생 역사서 渤海太祖建國誌 공개'. ; 김도형,
　　「1910년대 박은식의 사상변화와 역사인식 : 새로 발굴된 자료를 중심으로」, 『동방
　　학지』 114, 연세대학교 국학연구원, 2001. ; 표지에 홍동학교(興東學校) 소장 직인
　　이 찍혀있는데, 동창학교 교사 이시열과 김규환이 홍동학교에서 활동했기에 이들
　　이 동창학교 폐교 후 지참해 갔던 것으로 생각된다.

대문으로 번역해서 『백암박은식전집』에 원본과 함께 수록함으로서 세상
에 널리 알려졌다.

2) 명림답부전의 구조와 내용

『명림답부전』은 표지 1쪽, 서론 6쪽, 본문 38쪽에, 「역사가」 2쪽이 부
록으로 별첨돼 있다.

▎「표8」 명림답부전의 구조 ▎

구성	장명	원문분량	내용
도입부	서론	6쪽	고구려 역사 숭배와 기념의 당위성
전개부	제1장 명림답부의 출생지와 시대	2.5쪽	명림답부의 출생지와 시대
	제2장 명림답부의 초년행동	4쪽	명림답부의 성장과정
	제3장 조의대선의 지위	2.5쪽	조의대선 명림답부와 시대
	제4장 수성왕의 역사	5.5쪽	왕제 수성의 위세와 음모
	제5장 대선 사무의 선견	3쪽	대선 사무의 해몽(예언)
	제6장 수성의 찬위	3.5쪽	수성의 왕위 찬탈
	제7장 대선 사무의 피화	2쪽	수성의 박해와 대선 사무의 순교
	제8장 명림답부의 활동	5쪽	명림답부의 거병 명분
	제9장 왕군과 민군의 충돌	2.5쪽	수성과 명림답부의 결전
	제10장 수성왕 시해와 신대왕 즉위	2쪽	수성왕 단죄와 신대왕 즉위
	제11장 명림답부의 세력과 정치	2.5쪽	명림답부의 고구려 대권 위임
	제12장 명림답부의 무공	3쪽	한나라 침략을 병술로 물리침
		총44쪽	
부록	역사가	2쪽	고구려, 발해 위업 찬가

백암이 『명림답부전』을 구상하면서 소재로 삼은 출전은 『삼국사기』,
「고구려본기」와 「열전」 '명림답부'다.[73] 필요에 따라 자신의 정치소설

---

[73] 구체적으로 『삼국사기』, 「고구려본기」 '태조대왕 69년·80년·86년'조, '차차대왕 3
년·20년'조, '신대왕 8년·15년'조, 그리고 『삼국사기』 권45(열전5), 「명림답부」를
활용했다.

『서사건국지』(1907)의 내용도 따랐고, 유교 경전인『시경』·『주역』·『주례』를 비롯해서,『사기』,『좌씨춘추』의 문장을 적재적소에 활용하였다.

『삼국사기』에 기록된 명림답부(67~179)는 고구려 연나부 출신으로 서기 165년 당시 조의의 벼슬 등급을 가지고 있었다. 그는 고구려 7대 군주 차대왕(次大王, 71~165)의 폭정에 반대하여 정변을 일으켜 신대왕(新大王, 89~179)을 내세우는데 결정적 구실을 했다. 그 공로로 패자를 받고 국상에 임명되었으며, 중앙과 지방의 군사통수권을 장악했다. 또한 한나라에 대한 강경정책을 실시하여 168년 유주와 병주 지방을 선제공격하도록 하였다. 이를 구실로 감행된 172년 11월 후한의 대규모 무력침공때 청야수성 전술을 주장하여 관철시켰으며, 백세가 넘는 노인의 몸으로 갑옷을 입고 출전하여 퇴각하는 적들에 대한 대포위전을 벌여 좌원에서 완전히 소멸하였다. 이 전투에서 한나라 침략군은 말 한 필도 돌아가지 못했다. 그는 좌원대첩을 승리로 이끈 공로로 좌원과 질산을 식읍으로 받았다. 그가 113세로 타계하자 왕이 직접 조상하고 7일간 조회를 중지하고 질산에 장사 지냈으며, 20여호의 묘지기를 두게 하였다.

『명림답부전』은 이러한 명림답부에 관한 역사전기소설이라는 의미로, 대중에게 친근한 매개체로써 전통 문학양식인 '전(傳)'형식을 빌려쓴 것이다.『명림답부전』도입부(서론)와 전개부(본문)에서 명림답부의 행적을 충분히 논평하였고, 독자들이 이해하기 쉬운 내용이라는 지은이의 판단에서 종결부(결론)가 생략돼 있다.

3) 명림답부전의 의의

『명림답부전』부록의 「역사가」는 백암이 옛 고구려 땅 일대를 둘러보고 무량한 감개를 적은 노래다. 원문의 고구려 부분만 의역해 보면 다음과 같다.

"기운차게 흐르는 혼강 일대를 바라보니, 동명성왕께서 북쪽에서 오시어 고구려를 건설하시고 큰 뜻을 품고 살피시던 천하가 굉장하다. 옛 환도성을 찾아보니 인근에 광개토대왕비문이 있고 남정·북벌 가는 곳마다 대륙을 흔들었던 내용이구나. 또한 세상을 뒤엎던 영웅 개소문은 지나의 산해관 고묘에 묻혔다고 전한다."

백암은 애국계몽운동을 전개하면서, 고구려에서 조선에 이르기까지 나라를 구한 명장들을 약전(略傳) 형태로 다룬 경험이 있었다. 동명성왕, 온달, 을지문덕, 양만춘, 김유신, 장보고, 강감찬, 김방경, 이순신, 김경서 등이다. 그가 「역사가」에서 동명성왕을 첫 손으로 꼽은 대로, 『대동고대사론』에서 단군을 다룬 뒤 곧바로 착수한 저서가 바로 『동명성왕실기』다. 과거에 이미 「동명성왕의 유적」이라는 글을 쓴 적이 있었고,[74] 유교개혁의 일환으로 『왕양명선생실기』를 펴낸 경험도 있었다. 이를 바탕으로 짧은 시간에 '실기(實記)' 형식을 갖추어 『동명성왕실기』를 집필하는 데 어려움이 없었을 것이다.

다음으로 광개토대왕을 주제로 위인전을 집필하기에는 사료가 부족하여, 백암이 세 번째 대상 선정에 고민했을 것으로 짐작된다.[75] 부분노와 온달과 을파소 같은 후보들도 있었다. 과거에 을지문덕도, 양만춘도 다루었으나 후자는 『천개소문전』에 삽입하였고, 전자는 신채호의 『을지문덕』(1908)과 중복하였다. 백암은 문득 고구려 무장으로서 지금까지 다루어진

74* 「동명성왕의 유적」, 『서우』 3호, 서우학회, 1907, 30쪽.
75* 「신가(神歌)」의 유래에서 "옛 역사 기록에 고구려 동명왕의 제천시 이 곡을 항상 부르고 또 광개토대왕이 매번 진중에 나아갈 때에 병사들이 불러 군사적 사기를 진작했다"는 구절이 있다. 백암이 충분히 검토했을 사료이지만, 활용하지 않고 있음을 눈여겨 볼 필요가 있다. 다시 말해 백암은 대종교 시교사였던 윤세복에게 편의를 제공받고 입교도 하였지만, 앞서 설명했던 대로 종교적 도그마에 빠지지 않고 자신만의 역사관(대동사상)을 견지해 나갔다. 이는 민족주의 사학자이면서 종교가인 김교헌이 대종교 교리에 맞춰 역사를 서술한 방식과 차이나는 점이다.

적이 없고, 영국의 크롬웰과 같은 국가 영웅이면서, 신교의 명맥을 잇는
종교지도자로서 면모를 두루 갖춘 그의 주장처럼 "종교출신으로 나라와
백성을 구한 이념이 최고조에 달했던" 명림답부를 떠올렸을 것이다.

『명림답부전』 본문 12장 가운데 '제2장 명림답부의 초년행동', '제4장
수성왕의 역사', '제8장 명림답부의 활동'이 다른 장에 비해 많은 지면이
할애돼 있다. 백암은 먼저 단군대황조로부터 동명성왕을 거쳐 명림답부
로 전해진 교맥(敎脈)을 강조하였다. 그는 고구려의 첫 도읍 졸본을 지금
의 흥경 남쪽 경계라 보고,[76*] 명림답부의 출생지도 흥경 남쪽 경계의
백두산 지파라고 했다. 명림답부의 청년기 선도(仙道) 수련 내용은 사료
에 없는 것인데, 지은이가 종교 체험과 소설같은 허구를 절묘하게 조합해
종교인으로서의 위상을 그려내고자 한 것이다. '수성왕의 역사'는 『삼국
사기』, 「고구려본기」의 태조대왕 69년조(한나라 대 고구려 전투)와 80년조
(신하들이 수성을 회유)와 86년조(백고의 간언)를 각색한 내용이다. '명림답
부의 활동'은 「고구려본기」 차대왕 3년조(수성이 태조대왕 왕세자를 시해)
와 20년조(태조대왕 승하와 명림답부의 수성왕 시해)의 구절을 한데 모아 편
집한 것이다. 차대왕 시해의 종교 명분 역시 사료에 없는 것이기에 지은
이가 상상력을 더하고 사건을 합리화시키는데 노력한 흔적이 엿보인다.
한마디로 백암은 명림답부를 신교의 명맥을 이은 인물이자 고구려 선교
(仙敎)를 이끈 종교지도자로서 독자에게 각인시켰다. 그런 다음 국혼 사
수의 명분으로써 나라를 구한 사실에 역점을 두어 애국명장의 본보기로
제시하였다.

76* 졸본(홀본)은 "옛날에 시조 추모왕께서…(중략)…비류골의 홀본 서쪽 산 위에 성을
쌓고 도읍을 세우셨다[惟昔始祖鄒牟王…(中略)…於沸流谷忽本西城山上而建都
焉]"는 「광개토대왕비문」의 구절과 고고학 성과에 근거해 현 중국 환인시 오녀산성
으로 비정되고 있다.

당시 백암은 53세의 노년 논객으로서 조국의 운명을 바로 잡고자 필봉을 높이 든 시기였다. 한편 그의 망명 전후 시기 대종교는 수난의 연속이었다. 백암은 『한국독립운동지혈사』(1920)에서 일본 잡지 『태양』에 실린 「대종교 처지방법」을 따와서,

> ""저 교는 자기 나라의 옛 종교(古敎)로서 그 믿는 무리가 많기는 하나, 모두 손에 촌철(寸鐵)도 없다. 설혹 탈선하는 행동이 있을지라도 먼저 종교를 간섭한다는 원망과 비방을 불러일으킬 필요가 있겠는가?"하여 그 논의(대종교 폐교-옮긴이 주)가 드디어 중지되었다. 그러나 경찰과 탐정하는 졸개들이 교직자의 미행을 잠시도 그치지 않으며 또 까닭없이 체포하는 사례가 많아 포교의 자유와 교당 건설을 허가하지 않으며,…(중략)…교도들에 대한 그들의 주목은 날로 심해져 갔다."

며 일제의 박해를 폭로하고 정면으로 비판하기에 이른다.[77] 대종교에 입교하길 원했던 한 승려의 생생한 증언도 이목을 끈다.

> "나의 주제넘은 생각에는 민족적 색채를 띄인 이 교에서 자가의 보물을 좀 찾아볼 도리가 행여 있을까 함이었습니다. 그러나…(중략)…대종교에 대한 감시야 실로 끔찍하였지요! 빈약한 살림살이에 고정한 회당조차없이 이집 저집으로 돌아다니는 곤경에다가 설상가상으로 그들의 핍박이 날이 갈수록 더욱 심하여 심지어 종사 원고까지 빼앗기는 등 실로 피가 뛰고 이가 사리는 비분한 경우도 많이 당하였습니다. 나는 이 교의 교리를 연구하여보는 한편에 그 종사 즉 조선사 배우는 것이 또한 큰 목적이었던 것이나 주위의 사정이 그러하고 보니 나는 그만 떡심이 풀리고 점점 회당에 다니기가 싫어졌습니다."[78]

77* 박은식, 「한국독립운동지혈사」, 『백암박은식전집』 2, 앞의 책, 483-484쪽.
78* 해경거사, 「나의 불교 믿게 된 경로 : 유교, 천도교, 대종교로 예수교, 무종교주의로 불교에」, 『불교』 77, 불교사, 1930.11. 47쪽.

　　백암은 대종교를 국교로 인정했고,[79] 국교의 위기를 곧 국혼의 위기로
이해했다. 그는 결코 관념론에만 머물지 않았다. 그에 대한 해결책으로
일제를 악으로 규정하고 육탄혈전의 대일항전 의지를 표명한「대한독립
선언서」에 39인 중 한사람으로 서명했다. 그럼으로써 명림답부와 같이
박해자의 악행을 단죄하는 애국을 몸소 실천하고자 했다. 또한 노장 영웅
을 소개함으로써 장래 나라를 구할 청소년의 애국심 고취뿐만 아니라,
그들을 뒷받침할 수 있는 노년층의 헌신을 독려하는 면모도 보인다. 실제
로 백암은 강우규처럼 훌륭한 열사를 배출한 '노인단'을 조직하고「노인
동맹취지서」를 작성하는 솔선수범을 보이기도 한다.

　　『명림답부전』 말미에서 명림답부가,

　　　　"우리나라는 본래 무력으로써 성립한 것입니다. 지금도 사방 강적의 요
　　　충지에 있어서 무력이 아니면 하루라도 보존치 못할 것입니다. 만일 우리
　　　국민이 한나라 사람의 풍류를 숭모하여 점차 문약에 빠지면 필연코 쇠망을
　　　면치 못할 것이니 어찌 강국을 희망하겠습니까."

라고 외친다. 외세의 침략뿐만 아니라 정신상 굴레로부터 국혼을 살리고
자 하는 지은이 자신의 강렬한 소망, 그리고 명분과 방향을 제시해 주는
영도자의 모습도 투영돼 있다. 백암은 국교를 비롯해서 국어·국문과
국사도 국혼의 범주라고 말한다.[80] 『명림답부전』은 강대국에 둘러싸인

79*　신용하,『박은식의 사회사상연구』, 앞의 책, 223-225쪽. ; 대종교는 1909년 음력
　　　10월 3일(11.15.) 서울에서 개극절(開極節, 후에 개천절로 개칭) 경축행사를 개최
　　　하여 민족 구심점을 태동시켰다. 이듬해『대한매일신보』논설에서는 대종교를 천
　　　도교와 함께 한국 고유의 국성(國性)에서 비롯한 '국교'로 인정하기에 이른다(『대
　　　한매일신보』, 1910년 5월 18일자,「논설」 '한국종교계의 장래(속)').
80*　'국혼(國魂)'은 동양전래의 혼백(魂魄)사상에서 착상하여 창조한 백암의 대표 사상
　　　이다. 1910년 이전부터 언급했으나 일제강점 이후 훨씬 강도높게 빈번히 사용했다
　　　(신용하,『박은식의 사회사상연구』, 앞의 책, 212-220쪽). 그런데 서간도 망명기

현재 정세뿐만 아니라, 외래문화 사대주의가 만연한 우리 사회에도 교훈을 준다.

3. 『천개소문전』

1) 천개소문전을 전해준 경위

『천개소문전』은 영웅관이 담긴 백암의 대표저서다. 국사계의 선구자로 이름난 장도빈(1888 ~1963)의 『천개소문실기(泉蓋蘇文實記)』(1920)보다 9년 앞선다. 백암의 장남이자 한국광복군 지도자였던 박시창(1903~1986)이 프린트본으로서 보관해 오던 것을 1975년 『박은식전서』에 영인·출간함으로써 공개했고, 그로부터 10년 뒤 국문학계에서 조명했다.[81]* 1989년 독립기념관에서 번역하여 단행본으로도 출간하였다.[82]* 『백암박은식전집』에 수록된 『천개소문전』은 이를 그대로 실은 것이다.

박시창 장군(백암의 장남)

백암의 저서에서 국혼이라는 단어는 『발해태조건국지』와 『몽배금태조』에서 2번밖에 등장하지 않는다. 그 마저도 문맥상 '자주독립'과 별반 차이 없이 사용하고 있음이 확인된다. 백암이 국혼 개념을 체계적으로 정립한 시점은 『한국통사(韓國痛史)』를 펴낸 1915년이며, 이 때 국교·국학·국어·국문·국사를 국혼의 범주로 정의했다. 본고는 독자의 이해를 위해 1915년에 정립된 개념을 앞당겨 적용하고 있음을 밝힌다.

[81]* 류양선, 「박은식의 사상과 문학」, 『국어국문학』 91, 국어국문학회, 1984, 114-115쪽. ; 이경선, 「박은식의 역사·전기소설」, 『한국학논집』 8, 한양대학교 한국학연구소, 1985. ; 이상원, 「천개소문전 연구」, 『한국문학논총』 8·9합집, 한국문학회, 1986.

[82]* 박은식/장석홍 역, 『천개소문전/몽배금태조』, 독립기념관 한국독립운동사연구소, 1989.

2) 천개소문전의 구조와 내용

『천개소문전』은 서론 9쪽, 본문 35쪽, 결론 5쪽으로 구성되고, 「역사가」 2쪽이 부록으로 별첨돼 있다.

▌ 「표9」 천개소문전의 구조 ▌

구성	장명	원문분량	내용
도입부	서론	9쪽	영웅혼의 부활을 촉구함
	-	1쪽	(공백)
전개부	제1장 천개소문이 유년에 품은 뜻	7.5쪽	연개소문의 성장과정
	제2장 천개소문의 활동	4쪽	연개소문의 정권장악
	제3장 당나라와 전쟁을 시작함	5.5쪽	당나라와 고구려의 대결
	제4장 안시성주의 대승첩	7.5쪽	안시성주 양만춘과 승전보
	제5장 당나라 군사의 재침과 패전	4쪽	당나라의 재침략과 패전
	제6장 각 나라와 경쟁함	2쪽	고구려의 거란과 신라 정벌
	제7장 당나라 장군이 패해 돌아감	2.5쪽	당나라의 패전
	제8장 천개소문의 종교사상	1쪽	연개소문의 종교 행적
	제9장 천개소문의 죽음	1쪽	연개소문의 죽음과 영웅 맥이 끊김
종결부	결론	5쪽	독립자주는 영웅의 자격
		총50쪽	
부록	역사가*	2쪽	고구려, 발해 위업 찬가

* 『박은식전서』(하권, 274~275쪽)에 『천개소문전』 원문과 별개 장으로 분리되어 있다.

백암은 『삼국사기』, 「고구려본기」와 「열전」 '개소문'을 토대로 『천개소문전』을 저술했다. 먼저 제목에서 연개소문(淵蓋蘇文)의 성이 '천(泉)'씨로 바뀐 점에 대해 살펴보자. 『삼국사기』, 「열전」에서 "개소문의 성은 천씨"로 시작한다. 『동사강목』, 「천개소문」 조에서, "『당서』, 『삼국사기』 등에 '천'으로 기록돼 있는 것은 '연(淵)'자가 당나라 고조의 이름인 '이연

(李淵)'과 같아서 피휘를 하기 위함에서 비롯된다"고 했다. 백암이『동사강목』의 설명을 따른 점은, 신채호가 안정복을 뛰어난 역사가로 찬양하고『동사강목』을 높이 평가했던 점과도 일맥한다.

주인공 연개소문은 고구려 말엽 재상이자 장군으로서 영류왕을 시해하고 보장왕을 옹립한 뒤 대막리지가 되어 정권을 장악했다. 그는 대외적으로도 강경책을 써서 수년에 걸친 당나라의 침략을 격퇴시킨 민족 영웅이다.

『천개소문전』 본문

도입부(서론)에서는 연개소문의 인물됨과 업적을 이끌어 내기 위해 국민의 영웅숭배열이 식은 원인을 예리하게 진단 내렸다.

"우리나라 사람들의 영웅 대우가 냉담한 것은 자기 앞길에 영웅 사업이 있기를 바라지 않는 것이요, 자기 자식도 영웅 자격을 드러내기를 바라지 않는 것이요, 일반 정계·학계 등 각 사회에도 영웅이 이어지기를 바라지 않는 것이니, 그 나라에 어찌 영웅의 혈통이 끊겨 부족하지 않겠는가.…(중략)…이와 같은 나쁜 풍조 속에서 그 나라 백성이 어찌 고상한 사상과 뛰어난 의지와 기개로 영웅을 숭배하고 원하여 배우려는 자가 있겠는가? 이처럼 5백 년 동안 영웅의 씨를 말리고 베어 없애 백성의 슬기를 굳혀 막아버리고 민족정기를 속박한 결과가 마침내 어떠한가? 20세기 오늘에 이르러 우리 단군대황조의 자손 2천만 민중이 광대한 천지간에 붙어 살 곳을 잃고 말았을 뿐이다."

이에 '우리나라 4천년 역사에 절대 제일의 영웅'인 연개소문의 정신을 본받자고 주장하면서, 연개소문의 활동과 업적, 고구려의 대외투쟁, 그리고 연개소문의 죽음을 소개했다. 전개부(본문)는 「표9」에서 보는 바와 같이 영웅의 일대기에 맞춰 역사를 재구성하였다. 특히 연개소문의 성장 과정이 많은 비중을 차지하는데, 고귀한 혈통('동부대인의 아들'), 비정상 외모('키가 9척이 넘고 구레나룻의 길이가 3척'), 탁월한 능력('고금에 무쌍한 검술의 신선') 같은 표현은 영웅소설의 전형적인 요소이기도 하다. 종결부인 결론에서는 자주독립을 강조하며 자신의 영웅관을 덧붙이고 있다.

3) 천개소문전의 의의

백암의 『천개소문전』에는 동료 신채호의 영향이 배어있다. 신채호는 국난을 극복하기 위해 '영웅'이 출현하여야 한다고 줄곧 강변했다. 그는 대한매일신보 논설 「한국의 제일호걸대왕」에서 고구려 광개토대왕(영락대왕)을 서양의 알렉산더 대왕에 비견하고, 『을지문덕』을 지어 을지문덕을 찬양하고 자신의 영웅관을 담아 내었다. 『을지문덕』의 부제목은 "대동 4천년 제일의 대위인(大東四千載第一大偉人)"이다.[83] 그런데 『을지문덕』과 같은해에 발표한 「독사신론」에서는 '연개소문'을 "4천년 이래 동국 제일의 영웅"이라고 칭송한다.[84] 백암이 연개소문을 "우리나라 4천년 역사에 절대 제1의 영웅"이라고 표현한 점은 신채호의 영향이다. 더욱이 『천개소문전』 서론의 『태평광기』, 류공권의 건필, 여연거사의 「패담」 내

---

[83] 신채호, 『(대동사천재제일대위인)을지문덕』, 휘문관, 1908.

[84] "천개소문(*원문에 천합소문으로 오자가 있음·옮긴이 주)은 우리 동국 四千지 이리로 예1지를 가히 굴흘 영웅이라"(대한국인 일편단생, 『독사신론』, 재미한인소년서회, 1911, 56-57쪽.)

용은 신채호가 「독사신론」에서 다루었던 문장 그대로다. 그런데 신채호는 "이러한 말들이 우리 연개소문의 실제 자취인지에 관해서는 단정을 내리지 못하겠으나, 이미 그 당시 중국 사람들이 연개소문을 아주 두려워했다는 증거를 미루어 알 수 있다"며 조심스럽게 부연했다. 그렇지만 백암은 이를 사실로 전제하고 글을 써 내려 갔다.

백암은 정사(正史)에 기초했으나, 역사가로서 보다 역사작가로서 사료를 재해석하고 연개소문을 민족영웅으로 부각시켰다. 이 과정에서 심지어 당태종이 고구려에 대패하여 도주하다가 안시성 인근 계관산에 숨어 하룻밤을 지낸다는 내용의 '계관산 전설'과 당태종이 화살에 눈을 다쳤다는 '야사'와 근거가 불확실한 '양만춘'을 다루기조차 했다. 안시성주 양만춘의 경우 본래 『삼국사기』에 그 실명이 없고, 『성호사설』, 「안시성주(安市城主)」편의 내용을 따온 것이다. 연개소문이 중원에 들어가 이세민을 만났다는 이야기도 당나라 『태평광기』의 '야담'인 「규염객」전에 실렸던 내용이다.[85*]

신채호와 백암의 영웅관 차이는, 산채호가 약육강식·우승열패의 논리에 치우쳐 민중과 괴리되는 단점이 있었고 '을지문덕주의'를 주창해 그 결말이 제국주의(강토개척주의)를 향해 있었다.[86*] 이에 비해 백암은 영웅개인보다, 영웅을 대하는 자세와 정신을 강조해 국민 각성을 목표한 차이점이 있다. 즉 영웅숭배열이 국력의 성쇠와 관계있다고 확신하고 뭇 대중의 정신 속에 내재한 '영웅혼'을 일깨우는데 『천개소문전』의 집필 동기를 두었던 것이다. 백암은 『천개소문전』을 지으면서 당의 고구려 정벌 이유

85* 이상원, 「천개소문전 연구」, 앞의 논문, 220쪽.
86* "乙支文德主義는 何主義오 曰此卽帝國主義니라."(신채호, 『을지문덕』, 앞의 책, 31쪽.) ; 이원석, 『애국계몽기 영웅론 연구 : 신채호의 영웅론을 중심으로』, 경희대 교육대학원 석사학위논문, 2006, 48-51쪽.

에 대해 연개소문과 당태종 두 인물의 대결 구도로 설정하였고, 모든 불리한 기록을 배제시켜 고구려의 승리만을 강조하는 특징을 보인다. 이는 전투장면을 강조함으로써 현실에 당면한 과제인 일제에 대한 저항에 대해 자주독립정신을 유도하는 지은이의 의도로 볼 수 있다.

4. 『발해태조건국지』

1) 발해태조건국지를 전해준 경위

『발해태조건국지』는 『명림답부전』과 합본 상태로 발견되었고, 2001년 『동방학지』에서 공개하였다. 이듬해 『백암박은식전집』에 수록되면서 첫 번역이 이루어졌고, 2004년 역사학계에서 의의를 조명했다.[87]

2) 발해태조건국지의 구조와 내용

『발해태조건국지』표지 (김도형 소장본)

『발해태조건국지』는 서론 11쪽, 본문 51쪽, 결론 3쪽으로 구성되고, 「역사가」 2쪽이 부록으로 별첨돼 있다.

본문은 크게 두 주제로 나뉘는데, 먼저 고구려의 멸망 상황부터 대조영의 발해 건국까지 30쪽 분량으로 다룬 제1장~제7장, 그리고 발해의 관제와 행정구역, 강역과 특산품, 종교와 문화, 해동성국(海東盛國)을 이루기까지 태조 이래 왕들의 치적을 21쪽 분량으로 소개한 제7장 마지막 단락~제12장까지다.

---

[87] 임상선, 「박은식의 『발해태조건국지』 검토」, 『한국사학사학보』 10, 한국사학사학회, 2004.

「표10」 발해태조건국지의 구조

구성	장명	원문분량	내용
도입부	서 론	11쪽	발해사 저술의 당위성
	-	1쪽	(공백)
전개부	제1장 발해 이전의 고구려 말운	4쪽	고구려의 멸망 상황
	제2장 태조의 가계와 인격	4쪽	대조영의 가계와 성장과정
	제3장 고구려 유민의 생기	3쪽	고구려 유민의 저항
	제4장 영웅의 은둔	3.5쪽	대조영 일가의 복국 준비
	제5장 활동시기	4쪽	영주 탈출과 대조영의 지휘
	제6장 천문령의 대승첩	3.5쪽	천문령에서 당군을 대파
	제7장 태조의 건국	10쪽	대조영의 발해 건국
	제8장 발해의 강역	4.5쪽	발해의 행정구역과 특산품
	제9장 발해의 종교와 풍속	2.5쪽	발해의 신교와 풍속
	제10장 발해의 문학	2쪽	발해의 문학 발달
	제11장 태조의 외교	1쪽	발해의 외교 정략
	제12장 태조의 후손	9쪽	해동성국에 이르는 발해 왕계
종결부	결 론	3쪽	발해 건국의 의미
		총66쪽	
부록	역사가	2쪽	고구려, 발해 위업 찬가

1905년 일제가 을사늑약으로 대한제국의 외교권마저 **빼**앗자, 백암은 이에 대응하여 스위스의 전설적 영웅 빌헬름 텔을 소재로 한『서사건국지』(1907)를 출간했다. 『서사건국지』는 독일 희곡작가 쉴러의『빌헬름 텔(Wilhelm Tell)』(1804)을 1902년 청나라의 정철(鄭哲)이 소설로 개작한 것에 다시 한글 토씨를 달고 옮겨 펴낸 것이다. 일제는 한국을 강점하면서 모든 결사와 언론기관을 통제한 뒤 구국계몽도서 박멸에 착수하여 1911년 7월 10일자로『서사건국지』의 발매와 반포를 금지시켰다.

백암은 이에 굴하지 않고, 밖으로 서양 영웅 빌헬름 텔을 바라보았던 시선을 안으로 돌려 텔에 비견할 동명성왕과 발해 태조를 숭모했다. 그가

『서사건국지』에서,

　　"…위급한 존망의 무렵을 당하
면 많고 많은 영웅과 호한(好漢)이
그 사이에 나서 위급한 가운데서도
다시 평안을 되찾으며, 망하는 가
운데 다시 흥하며, 죽어 가는 속에
도 다시 삶을 이루나니, 이것이 다
영웅과 호한의 본령이고 국가의 큰
행복이다."

라고 밝힌 영웅관은 『발해태조건국
지』에 구체적으로 나타난다.

『서사건국지』(백암의 정치소설)

　　"한나라가 사군을 둔 날에 2천여 년 조선역사가 세계상에 말살됨을 당하
였으나 동명성왕이 나와 고구려를 건설하여 우리 조국을 광복하였으며, 당
나라가 도호부를 둔 날에 7백여 년 고구려 역사가 땅 밑으로 가라앉음을
보게 되었으나 발해 고왕이 나와 해동성국을 건설하여 우리 민족을 구제하
였다. 그러므로 이 기념과 이 은혜는 그 위엄과 덕망과 큰 공을 우리 국민이
어찌 기념하고 어찌 은혜를 말하든지, 언덕이 옮겨가고 골짜기가 바뀌며
산이 무너지고 바다가 마를지라도 다하여 없어질 날이 없을 것이다."
　　　　　　　　　　　　　　　　　　　　　　　　　　－『발해태조건국지』 서론에서

　　『서사건국지』는 대중에게 민족정신과 자주독립 의식을 불어넣는 작품
으로, 주인공 빌헬름 텔이 나라와 민족을 구할 영웅의 이상형이었다. 이
소설은 자유, 민권회복, 공화정치 이념이 강조돼 있으며, 군비확장, 의병,
격문, 연설, 애국가를 구체적인 구국 방법으로 제시했다.[88]『발해태조건

88* 최석희, 「한국에 있어서 Schiller 문학의 수용: 『Wilhelm Tell』과 『서사건국지』의
　　비교」, 『독일문학』, 한국독어독문학회, 1987, 172-173쪽.

국지』는,『서사건국지』가 1200년 경 오스트리아의 압제 하에서 스위스의 독립 쟁취 과정을 소개한 것과 비슷한 체재로, 7세기말 당나라의 핍박 하에서 고구려 유민과 말갈족 세력의 독립 투쟁 과정을 엮어낸 것이다.

서기 668년 고구려 멸망 이후 고구려 땅은 당이 평양에 설치한 안동도 호부의 지배를 받았으나, 고구려 유민들은 요동 지방을 중심으로 저항을 지속해 나갔다. 영주(營州)로 강제 이주되었던 걸걸중상(대중상)・대조영 부자 집단은 당의 통제력이 약화된 틈을 타 걸사비우가 이끄는 말갈 집단 과 영주를 탈출해 동부 지역으로 이동했다. 당 측천무후는 걸걸중상과 걸사비우를 회유하기 위하여 봉작을 내렸으나 거절당하고 도리어 강경 태도로 나오자 이해고(李楷固)에게 토벌을 명했다. 이에 이해고는 요하를 건너 걸사비우를 격파하였다. 대조영은 걸걸중상마저 병사하는 상황에서 그의 계승자로서 모든 무리를 이끌고 천문령(天門嶺)을 넘어 이동을 계속 했다. 이해고는 추격하여 천문령을 넘어섰으나, 대조영이 반격하여 대패 해 간신히 몸만 살아 돌아갔다.

마침내 당나라와 전쟁에서 승리한 대조영은 동모산(東牟山)에 수도를 정하고 나라를 세워 진국(振國)이라 하였다가 뒤에 발해(渤海)로 교체했 다. 대조영 치세 기간의 발해 영토는 지금의 동만주 지역에서 벗어나지 못했으나 아들 대무예(大武藝, 무왕)가 왕위를 계승하면서 영토를 확장하 고 국가의 기틀을 굳게 다졌다. 손자 대흠무(大欽茂, 문왕)는 선대에 쌓아 놓은 기초를 바탕으로 국력 신장에 힘썼다. 발해의 전성기 영역은 동쪽으 로 연해주, 서쪽으로 요동 지방, 북쪽으로 송화강까지 미쳤고, 남쪽으로 대동강과 용흥강(龍興江)을 잇는 선을 경계로 신라와 대치했다. 13대 대 현석 재위기(871~893)에 이르러 '해동성국'으로 이름을 떨쳤다.

백암은 이와 같은 발해 태조의 업적과 3백년간 문명이 빛났음에도 불 구하고 '발해사'의 부실함에 문제의식을 느꼈다. 발해의 유물과 유적이 부족한 현실을 접어두고, 그 대안으로 건국의 정신적 배경을 찾고자 고심했다. 그는 발해 건국의 원동력을 첫째, 영웅 '대조영의 무략', 둘째, 날래고 용감한 '발해 민족의 성질', 셋째, 망국의 통한을 넘어선 '고구려 유민의 기상'의 3가지 관점에서 보았다. 그는 '발해 태조'를 부각시켜 망국의 상황에서도 나라와 민족을 구할 영웅의 표상으로 마음에 새기도록 하고 더불어 민중의 단결을 호소했다.

그는 외형상 전통 문학양식의 틀에 얽매이지 않고[89*] 동포 자제들을 위한 교육용 목적의 교재로서 『발해태조건국지』를 펴냈다. 고구려·발해의 옛 땅을 찾아온 동포들에게 당면한 국권 회복의 실천 방략을 제안하고, 희망을 잃지 않게끔 강한 메시지를 전달하고자 함이었다. 나라를 빼앗겼더라도 '혼'이 살아있으면 언젠가 나라를 되찾을 수 있다는 그의 신념이 있었기에 출간이 가능했던 것이다.

3) 발해태조건국지의 의의

대종교의 역사관을 보면, 독특하게 '7회 비운(悲運)'을 골자로 단군 이래 고대부터 근대까지 겪은 종교 사건을 신교사(神敎史)로 정리하는 점을 확인할 수 있다. 7회 비운이란 우리 역사상 일곱 가지 종교 사건을 일컫는 것으로, 『오대종지서』에 근거가 있다.

> 최초 비운 : (서기전 1209년) 서울(평양) 천도 문제를 두고 삼천단부 간에 극한 분열과 대립이 나타나 단부의 일체감이 급속히 약화된 사태.
> 2회 비운 : (서기전 1,104년) 기자의 팔조교 허용 이후 여러 종교가 들어와 분열이 심해져 단부의 우두머리 중 단군에게 내조(來朝)하는 자가 전무해진 사태.

89* 황재문, 「서간도 망명기 박은식 저작의 성격과 서술 방식」, 『진단학보』 98, 진단학회, 2004, 164-165쪽 참조.

3회 비운 : (서기전 232년)기자왕조(번조선)말 기준(箕準) 재위기 서북 단부
가 궤멸하여 동남 단부들과 언어·풍속이 점차 달라져 버린 사태.

4회 비운 : (서기전 108년)위만조선 말 한나라의 침범으로 단군조의 거점이
유린당하고 한사군이 설치된 사태.

5회 비운 : (서기 668년)고구려말 영류왕 이후 불교가 퍼지고, 보장왕 재위
기 당나라가 그에 항거하던 신교 세력 만 여명을 중국 각지로 이주·해산시
킨 사태.

6회 비운 : 고려 말 몽골 침입 이후 신교 제례를 소홀시하고 그 명칭마저
사라진 사태.

7회 비운 : 조선 말 교문의 제사가 없어지고, 만주 고묘·고적이 황량한 폐
허로 남은 사태.

대종교의 역사관대로라면 동명성왕과 대조영은 각기 '4회 비운(단군조
선 멸망)'과 '5회 비운(고구려 멸망)'을 극복해낸 인물이다. 대종교단에서는
동명성왕 못지않게 대조영이 중요한 비중을 차지하는데, 나철이 1914년
10월 5일 만주 화룡현 청파호 총본사에 고령사(高靈祠)를 설치하고 신교
의 대성인 14인에게 제례를 올렸을 때, 대조영이 그 중에 포함된 기록90*
으로도 알 수 있다.

『오대종지서』에서 언급한 고구려 시대 다섯 종지(宗旨)91* 가운데 '애

90* '14성인'은 부루대왕, 부여대왕, 원보 팽우공, 상신 고시공, 사관 신지공, 예국군
여수기공, 남해장 비천생공, 해모수대왕, 혁거세대왕, 동명성제, 발해태조고왕, 대금
태조황제, 비서갑신후, 동신성모다(『중광육십년사』, 앞의 책, 166쪽, 169-170쪽).

91* 『오대종지서』에서 기록한 대종교 5대종지의 역사는 단군 시대에 '염조신(念祖
神)·연명성(演明性)·합동류(合同類)·수단부(守團部)·근의식(勤衣食)'이 고
구려 시대에 '경천조(敬天祖)·감영성(感靈性)·애족우(愛族友)·완기토(完基
土)·흥산업(興産業)'으로 발전했고, 조선조에 '경봉조신(敬奉祖神)·감통영성
(感通靈性)·애합족우(愛合族友)·안고기토(安固基土)·근무산업(勤務産業)'
으로 이어졌다. 1909년 음력 12월 1일 나철은 이 5대종지를 종단 내에서 발표하고,
1910년 4월 27일자 『대한매일신보』('宗旨와 任員')와 5월 25일자 『황성신문』('檀君
教說筆記')에 각각 기사화시켰다. 그러나 일제강점으로 인해 당시 고토회복과 관
련하여 민감한 종지인 안고기토(安固基土)를 정구이복(靜求利福)으로 교체시키면
서 수정을 가한 것이 현재 전하는 '경봉천신(敬奉天神), 성수영성(誠修靈誠), 애합

족우(愛族友)'는 단군대황조 후예들끼리 서로 화합하라는 뜻이다. '완기토 (完基土)'는 옛 단군조선 시대 삼천단부의 영역을 회복하라는 의미로, 고구려의 고토수복 기치 '다물(多勿)'에 해당한다. 이후 고구려가 멸망하자 고구려 유신 걸걸중상의 아들 대조영이 을지가현(乙支家賢)과 동지를 규합해 신교 경전과 서책들을 품고 태백산에 제단을 쌓고 하느님께 빌어 신교를 일으키고자 결의를 다졌고, 이내 하늘의 도움을 받아 뜻을 펼쳐 나라를 세워 신교의 명맥을 잇고, 종지를 지켰다고 말한다.

윤세복을 보좌했던 이현익(1896~1970)은 대종교를 "한배검[단군]의 우주 진리와 홍익인간의 이상 실현을 목적으로 고토(故土) 삼만리에 배달국을 건설하여 세계를 지상천국으로 만들려는 고유 신교"로 정의했다.[92*] 따라서 배달국 재건이라는 민족 사명과 홍익인간이라는 보편 진리의 구현이야말로 대종교인들이 추구한 공통의 목표였음을 확인할 수 있다.

그런데 백암은 신자이기에 앞서 학자로서 객관성을 잃지 않으려고 했다. 예를 들어, 그가 대조영의 혈통에 대해 "마한종족이 백두산 동부에 뻗어 내린 것"이라고 한 점은, 마한족이 탐라족이 되었다는 종단 사료— 『오대종지서』, 「대황조신손원류지도」의 기록과 배치되는 내용이다. 발해 문화에 관해서도, 『단군교포명서』에 발해 가정에서 아이를 낳았을 때 부모가 단군 사당에 몸소 찾아가 "보수명(保壽命, 명을 길게 지켜주옵소서)"·"거질병(祛疾病, 질병을 물리쳐 주옵소서)"의 글자를 오색 긴 베조각에 써서 아이 머리카락에 매달고 영계(靈戒)를 받았다는 단계(檀戒)식이 기록돼 있다. 김교헌은 이를 적극 수용하여 자신의 저서 『신단실기』, 「고속습유(古俗拾遺)」 편에서 '댕기'의 유래라고 밝혔다. 백암은 김교헌과 달리

종족(愛合種族), 정구이복(靜求利福), 근무산업(勤務産業)'이다.
92* 이현익, 「대종교인과 독립운동연원」, 『대종교보』(통권 제288호), 대종교총본사, 2000, 80쪽.

이 기록을 받아들이지 않은 대신, 발해 관계 사료 중 하나인『송막기문(松漠紀聞)』(1156)의 '10자매(十姉妹)' 풍속에 주목했다. 10자매란 일부일처가 당연시 된 발해 사회에서 왕족 부녀들이 대(大)씨와 9개의 다른 성 간에 서로 10자매의 의를 맺은 제도로, 각 구성원 남편들이 부인 이외의 여자에게 관심을 가지면 그 여자를 독살하고, 그 남편의 아내가 알지 못하면 그 죄를 꾸짖어 알린 것이다. 백암은 "발해 부인계에서 단체로 힘을 한데 모아 남자계의 축첩과 축창을 제지하였으니 이로써 보면 발해 남자만 강하고 용감하며 지혜가 많을 뿐 아니라 곧 여자계도 또한 그러하였다"고 설명한 뒤, 이를 확대해석하여 남자들이 단합함이 없이 남의 속박을 받는 현실을 강하게 비판했다.

이처럼 백암은 자료를 인용하는데 신중을 기하면서도, 발해 종교가 고구려와 같은 "단군대황조의 신교"라는 기록을 남겨둠으로써 대종교의 영향을 염두에 두었다. 그러나 실제 발해의 종교는 광대한 영토에 백성을 통치하기 위해 '유교'가 지배적이었으며, 중앙 최고기관인 정당성의 6부 명칭도 충·인·의·예·지·신의 유교 덕목으로 명명하였다. 수많은 발해 사신과 유학생들이 당 왕조에서 유교 경전과 문화와 제도를 배웠으며, 귀국 시 많은 서적들을 휴대하고 돌아왔다. 발해의 역대 왕들은 유교 문화의 발전을 중시하고 유학자들을 등용하였다. 또한 '불교'가 성행하여 현재도 화룡, 훈춘, 연해주에 이르기까지 불교 유적이 드러나고 있다. 당대의 시구와 묘비에서는 '도교'사상도 나타난다. 이 같은 백암의 주장과 고증 간 불일치는 오직 '발해의 고구려 계승성'에만 초점을 맞춘 데서 비롯한 차이로 보인다.

우리나라에서 발해를 고구려 영토 계승 국가로 인식한 시기는 17세기에 한백겸의『동국지리지(東國地理誌)』가 선구였고, 18세기에 이익의『성호사설』이 뒤를 따랐다. 조선 후기에 접어들면서 이종휘가『수산집』,「발

해세가」 편에서 발해를 신라와 대등한 독립국가로 다루었다. 한치윤(1765
~1814)은 『해동역사(海東繹史)』, 「발해」 편에서, 홍석주(1774~1842)는
『동사세가(東史世家)』, 「발해세가」 편에서 발해를 한국사의 한 독립국으
로 인식했다. 유득공(1749~1807)은 『발해고(渤海考)』에서 발해-신라 남
북국시대론을 앞장서 주장했다. 조선 후기에 한껏 고조된 발해사 연구는
정약용의 지리고증서인 『아방강역고(我邦疆域考)』, 「발해고」로 이어졌
다가 19세기 중반 이후 소강상태에 접어들었다.[93*]

　20세기 초 발해사의 관심은 민족사학자들을 중심으로 다시 고양되었
다. 신채호는 「독사신론」, '발해국의 존망'편에서 발해의 역사가 전하지
못한 점이 국민의 영웅숭배심이 감쇄하고 후인이 뿌리를 망각한데서 비
롯되었다고 비판한 뒤, 발해와 신라를 '양국 시대'로 설정하였다.[94*] 백암
은 한발 더 나아가 단군-기자-고구려-발해를 정통으로 하고 신라를 다른
나라로 보았던 이익의 관점을 충실히 따르면서, 한치윤-유득공-정약용의
제반 발해인식을 받아들였다. 대종교를 이해하고 문학적 상상력을 가미
해 마침내 『발해태조건국지』라는 작품으로 창작해 냈다. 지리 비정의
경우 옛 주장을 그대로 따르는 과정에서 오늘날 고고학 성과가 반영된
정설과 차이가 나는 한계도 드러난다. 「역사가」의 "용천부를 돌아보니"
가사도 고구려 구절과 달리 실제 답사가 아닌 상상력을 발휘했던 표현임
을 알 수 있다. 이러한 면에서 백암의 글이 실증적인 뒷받침 없이 사론에
머무른 수준으로 평가될 지 모른다. 그렇더라도 그는 조선조 실학자들의
발해 인식을 고스란히 계승한 뒤 발해와 신라를 '남북조시대'로 규정하고,
실학 시대 이후 최초의 발해사 전론으로서[95*] 후학의 체계적인 연구를

93* 송기호, 『발해정치사연구』, 일조각, 1995, 3-4쪽 참조.
94* 대한국인 일편단생, 『독사신론』, 앞의 책, 71-76쪽 참조.
95* 임상선, 「박은식의 『발해태조건국지』 검토」, 앞의 논문, 88-89쪽.

촉발시켰다. 이러한 점은 근대사에 차지하는 백암의 비중이 결코 적지 않음을 시사하는 의미를 지닌다.

5. 『몽배금태조』

1) 몽배금태조를 전해준 경위

『몽배금태조』는 "꿈[夢]에서 금나라 태조[金太祖]를 배알[拜] 함"이라는 뜻이다. 주인공 무치생(無恥生)이 용맹무쌍했던 금태조를 알현하여 민족이 처한 현실과 장래에 대해 묻고 답을 구하는 내용의 소설이다. 조선 건국 서사시 「용비어천가」 48장에서도 금태조의 영웅 일화에 비유하여 이태조의 초인적인 지략과 용맹함을 찬양하고 있음이 주목된다.

현전하는 『몽배금태조』는 『천개소문전』과 합본되어 전해왔다. 박은식선생해적이(연보)를 집필

『몽배금태조』 본문

했던 김영호가 처음 번역하여 『신동아』 1975년 9월호에 기고했고,[96] 원문은 같은 해 단국대 동양학연구소에서 발간한 『박은식전서』에 영인되었다. 1989년에 독립기념관 한국독립운동사연구소에서 완역본을 출간했

96[*] 김영호, 「새자료발굴 : 몽배금태조」, 『신동아』 9월호, 동아일보사, 1975, 222-252쪽.

고, 책 제목을『조선동포에게 고함』으로 바꾼 단행본도 출간되었다.[97*]
『백암박은식전집』에는 독립기념관 완역본이 채택되었다. 이러한『몽배금
태조』는 백암의 사상을 풍부히 담고 있어서 학계의 관심이 높은 편이다.[98*]

2) 몽배금태조의 구조와 내용

(1) 몽배금태조의 구조

『몽배금태조』원문은 윤세복의 서문 5쪽과 본문 120쪽으로 구성된다.
본문은 몽유록 소설[99*] 형식상 '현실-입몽-꿈-각몽-현실'의 순서로
구분돼 있다. 본래 차례가 나뉘어 있지 않기에 임의로 장을 나누어 표로
정리해 보면 아래와 같다.

「표11」 몽배금태조의 구조와 내용

구성	장명	원문분량	내용
서문	(서문)	5쪽	교열자 윤세복의 서문(사상가로서의 백암과 저서의 가치를 높이 평함).
	-	1쪽	(공백)
현실 ~ 입몽	(제1장 무치생이 만주에서 나라를 걱정함)	9쪽	[무치생] 만주에서 역사와 지리를 살피며, 조상의 영예회복과 영웅출현과 민족성 계발을 궁리함~[무치생] 개천절에 대종교신리를 되새기다 잠이 듦

97* 박은식/장석흥 역,『천개소문전/몽배금태조』, 앞의 책. ; 박은식/김효선 역,『조선동포에게 고함』, 배영사, 1989.
98* 김홍수,「박은식의 신민론:『몽배금태조』를 중심으로」,『경희사학』9·10합집, 경희대학교 사학회, 1982. ; 신용하,「박은식의 애국계몽사상과 민족주의역사관」,『한국민족운동사연구』10, 한국민족운동사연구회, 1994. ; 강준철,「몽배금태조 연구」,『어문학교육』25, 한국어문교육학회, 2002. ; 최종운,『환몽소설의 유형구조와 창작동인』, 대구대학교 박사학위논문, 2002.
99* 몽유록(夢遊錄) 소설: 오래 전에 실재했던 인물과 꿈속에서 만나 겪은 이야기를 구성 형식으로 삼은 소설.『구운몽』처럼 일장춘몽 성격이 강한 '몽자류 소설'에 비해, 몽유록 소설은 현실 비판의식이 강하여 교술성(敎述性, 자신이 체험한 내용을 바탕으로 깨달음을 전달함)과 서사성이 드러나는 차이가 있다.

꿈	(제2장 무치생이 꿈에서 금태조를 배알함)	11쪽	[무치생] 꿈속에서 금태조를 배알한 뒤 천도의 불공평함을 토로함→[금태조] 훈계와 방도를 전함
	(제3장 금태조가 자강의 당위성을 역설함)	8.5쪽	[무치생] 상제의 '일시동인(一視同仁)'과 성인의 '만물일체설'에 회의를 느낌→[금태조] 사회진화론에 의거, 국제관계에서 '자강'의 필요성을 금나라 건국의 예로써 설명.
	(제4장 모화 사대주의와 금태조의 불호령)	18쪽	[무치생] 성리학을 논함→[금태조] 모화 사대주의로 인해 노예근성 즉, 태만·문약·허위)의 망국병이 발생함을 진맥하고, 자신의 가훈이자 치료법인 근로·무강·진실을 알려줌.
	(제5장 금태조가 망국의 원인을 일깨워줌)	8쪽	[무치생] 망국과 국토 황폐화의 원인을 물음→[금태조] 학정으로 인한 국민의 의무와 정신의 결여. 산업에 충실과 자제 교육이 해결책임을 알려줌.
	(제6장 교육과 신국민 양성이 국가회생길)	16.5쪽	[무치생] 민족경쟁 시대에 신국민 양성을 위한 교육방법을 물음→[금태조] 국가의 운명과 백성의 행복은 과감성과 자신력을 갖추어야 함을 일러줌.
	(제7장 과감성과 자신력과 모험심을 논함)	22쪽	[무치생] 4천년 역사의 과업을 빛낼 방법을 구체적으로 물음→[금태조] 우환과 곤란이 곧 기회임을 알려줌. [무치생] 조선 청년의 장점과 결점을 고함→[금태조] 대업은 조국과 민족만을 생각하는 모험심에서 이루어짐을 설명함.
	(제8장 단합심과 활동심은 민족자존의 길)	11쪽	[무치생] 단합심과 활동심 부재의 해결책 질문→[금태조] 비루한 풍속에서 민족 존멸의 근본 문제가 발생, 학교 설립과 교육이 해결책임을 설명하고 학교를 소개함.
	(제9장 대동중학교와 각 대학교를 시찰함)	11쪽	[무치생] 학교 시찰-천설학교(청년양성 목적), 해상·대륙보통학교(국민성 계발 목적), 4천여년 역사학교(수치심과 원통심 자각 목적)
	(제10장 사명을 자각하고 금태조와 고별함)	4.5쪽	[무치생] 천도와 신리와 사명을 깨달음→[금태조]'태백음양일통' 6자 하사→[무치생] 금태조에게 하직을 고하고 전각문을 나섬.
각몽~현실	(제11장 무치생이 깨어나 동포들에게 고함)	0.5쪽	금계가 세 번 울고 해가 떠오름~삼라만상이 '마음먹기'에 달려, 꿈에서라도 진정으로 구하면 하늘의 감응을 받는다는 이치를 동포들이 깨닫길 희망함.
		총126쪽	

 (2) 몽배금태조의 습작 -「몽배을지장군기」

 백암이 펴낸 다른 저서의 평균 분량은 45쪽이다. 그에 비해『몽배금태조』는 2배가 넘는다. 어떻게 짧은 시간 동안에 집필이 가능했을까? 그 실마리는 「몽배을지장군기」와『몽견제갈량』에서 찾을 수 있다. 전자는 백암이 대치자(大痴子)란 필명으로 1908년 3월『서우』제16호에 기고한 기사 제목이다. 후자는 유원표(1852~?)가 짓고 신채호의 서문과 홍종은의 교열을 거쳐 같은 해 8월 광학서포에서 출간한 소설책 이름이다.

 「몽배을지장군기」는, 대치자가 평양에 가서 고구려 을지문덕을 경모(敬慕)하고, 이 시대에 영웅이 없음을 탄식하며 흐느껴 울다 잠든다. 꿈속에서 충무사(평양에 을지문덕을 배향한 사당 - 옮긴이 주)에 당도하자 긴 칼을 찬 을지문덕이 등장한다. 을지문덕은 대치자를 불러 고구려의 패업이 자신만의 공이 아니라 고구려 전 인민의 민족적 역량이었다고 설명한다. 이어서 오늘날 대한 민족이 고구려 시대에 비해 나약하고 열등해진 원인이 오직 '교육의 결핍'에 있다고 지적한다. 따라서 풍전등화와 같은 각축장에서 교육을 장려하여 한마음 한뜻으로 뭉친 단체를 양성하면 무수한 영웅이 배출될 것이라고 조언하고, '국성국혈지강무적(國性國血至强無敵, 나라의 바탕과 혈맥이 강해지면 천하무적이니라!)' 8자를 하사한다. 등이 흠뻑 젖을 정도로 식은땀을 흘리며 잠에서 깨어난 대치자는 꿈 내용을 기억해 적어 널리 청년에게 알린다는 내용이다.

 『몽견제갈량』의 주인공은 밀아자(蜜啞子, 꿀먹은 벙어리란 뜻의 지은이 호-옮긴이 주)다. 그가 하던 일을 그만두고 낙향한 뒤 나라 걱정을 하면서 독일사 책을 읽다가 잠이 든다. 꿈속에서 중국 호북성 형주부 양양현 와룡강에 가 제갈량을 만난다. 밀아자와 제갈량의 긴 대화가 시작된다. 사적인 토론이 청나라 장래에 대한 논의로 발전하고, 서로의 문답이 동양 전체로 확대되었다가 조선 문제로 귀착된다. 청과 조선의 관제·법률·

문학·풍속에서 일본의 행태에 대응할 개혁방안을 논쟁한다. 토론이 끝나고 제갈량이 이별을 고하자 긴 탄식과 함께 갑자기 몸이 공중에 떠올라 잠에서 깬다.

『몽배금태조』는 「몽배을지장군기」의 영웅관을 기본으로 하고『몽견제갈량』의 형식과 현실 개혁 내용을 곁들여 탄생하였다. 주인공은 대치자에서 무치생으로 이름이 바뀌었다. 대치자란 '매우 어리석은 이'이고, 무치생은 '나라를 빼앗겨도 부끄럽거나 반성하지 않는 이'를 뜻하는데, 글자만 다를 뿐 의미는 서로 같다. 「몽배을지장군기」에서 을지문덕이 고별하면서 국성국혈지강무적 8자를 강색지에 써주는 장면과『몽배금태조』에서 금태조가 태백음양 일통(太白陰陽一統) 6자를 금화전에 써주는 내용도 매우 흡사하다.

「몽견제갈량」 삽화
(밀아자와 제갈량의 대담 장면)

(3) 3가지 화두와 3가지 깨침

백암은 망명 동포와 자제들에게 조국 독립의 꿈과 희망을 간직하도록『발해태조건국지』탈고를 마치고 서둘러『몽배금태조』를 집필했다. 무치생이 개천절에 대종교의 신리(神理)를 되새기다가, 꿈 속에서 금태조를 알현하여 국권회복의 방도를 깨닫는다는 줄거리다.

백암은 무치생으로 분(扮)하여 선조들이 피땀으로 지켜냈던 옛 땅에서 조국을 바라보았다. 나라를 잃어버린 현실에 통회하면서, '조상의 영예회복'과 '영웅 출현'과 '민족성 계발'이라는 화두를 놓고 밤낮으로 고민한다.

> "역사와 지리와 민족의 관념으로 이리 저리 생각해보며, 어떤 방법으로 우리 선조 시대의 영예를 회복할 수 있을까? 어떤 방법으로 이 아름답기 그지없는 강산에 무수한 영웅아를 불러낼 수 있을까? 어떤 방법으로 그 민족 성질에 대해 장점은 이용하고 단점은 개량하여 문명의 정도에 이끌어 나갈 수 있을까? 이 같은 생각으로 앉으나 서나 밥을 먹거나 쉬거나 끊임없이 생각을 거듭한 지 5, 6개월이 지났어도 끝내 좋은 방법을 얻지 못했다."
> ─「제1장 무치생이 만주에서 나라를 걱정함」에서

그는 망국의 원인을 '집권층(정치계)의 학정·무능'과 '지식인들(학자계)의 수수방관'과 '인민의 노예근성' 세 가지로 진맥했다.

> "5백년 이래 이러한 불평등을 개선시키고자 한 정치가가 한 사람도 없었던 이 나라가 하루아침에 사변이 생겼을 때 적을 무찌르고 나라를 지킬 일을 누구에게 맡길 것인가?…(중략)…귀족집안은 단지 정권 쟁탈과 백성의 피를 빨아 자신의 가문만 살찌우고 기름지게 하려는 생각만 있다. 유학파들은 단지 예설과 학설의 차이에 따라 다투거나 저마다 문호를 세워 명예만을 쟁취할 정신뿐이니, 일반 평민은 관리의 학정 밑에서 그 고통이 이루 감당하기 어려웠다. 자제 중에 총명하고 준수한 이가 있으면 시부와 간찰 쓰는 기술로써 관리의 길을 도모하고 권세가와 귀족들에 섞겨 자신의 가문을 보존하려는 생각뿐이니 어찌 국가를 위하여 그 의무를 이행하려는 정신이 있을 수 있겠는가?…(중략)…정치가 잘 되는 나라는 관리들이 인민의 생명과 재산을 보호하는데 온 힘을 기울이는데, 조선의 관리들은 인민의 생명과 재산을 침해하고 양탈하는데 온 힘을 기울였다."
> ─「제5장 금태조가 망국의 원인을 일깨워줌」에서

> "과거 50년 전부터 일본 사람이 조선을 침범했는데 이를 살피지 않고 오로지 '존화'를 논하였으니 그 어리석음이 얼마나 심했던 것인가?…(중략)…오늘날 조선 사람들은 다른 나라의 문화가 자기 나라에 적합한지 적합하지 않은지를 살피지 않을 뿐 아니라 그 옳음과 그름, 장단점을 가려내지

않은 채 지나 땅에서 난 것이라 하면 모조리 선망하고 부러워하고 기쁜
마음으로 따라 남의 술찌꺼기를 좋은 술로 여기고 남의 연석을 보물로 착각
하니, 이는 다 '노예근성'이다."
— 「제4장 모화 사대주의와 금태조의 불호령」에서

백암은 금태조의 몸을 빌어 '자강과 교육'을 대안으로 말하며, 무치생은
'신국민 양성'이 국가회생길이라는 사실을 깨닫는다.

> "한 마디로 말해 조선 민족은 종전의 '태만'과 '문약'과 '허위'의 병을 뿌리
> 째 뽑고, '근로'하고 '무강'하고 '진실'한 '신국민'을 양성치 않으면 실로 다시
> 살아날 기회가 없을 것이니 어찌 통탄치 않겠는가?"
> — 「제4장 모화 사대주의와 금태조의 불호령」에서

> "지나간 암흑시대와 부패사회에 태어나 자란 노후한 자들은 공덕이 무엇
> 인지 공익이 무엇인지 국민의 자격이 무엇인지 국민의 책임이 무엇인지
> 본래 듣지도 알지도 못합니다. 그럼에도 불구하고 습성이 이미 고질화 되어
> 깨우쳐 바로 잡을 수도 없고, 이미 기백이 쇠퇴하여 채찍질할 수도 없습니
> 다. 책망해도 효력이 없고 설득해도 소용이 없으니 조국과 민족의 앞날을
> 위하여 어찌 이들에게 바람이 있겠습니까? 이는 오로지 청년자제를 교육하
> 여 '신국민'을 양성하는 것 밖에 다른 방법이 없습니다."
> — 「제7장 과감성과 자신력과 모험심을 논함」

무치생이 신국민 양성을 위한 구체적인 방법을 묻자, 금태조는 민족
경쟁 시대에 '과감성과 자신력'을 갖고, 치욕과 무한한 고통을 넘어 '모험
심'을 발휘해야 한다고 말한다.

> "천지의 진화로 인하여 새로운 것이 옛 것과 바뀌는 시대에 처하여 진실
> 로 '과감성과 자신력'이 풍부한 호걸남자의 피를 갖지 못하면 능히 국가의
> 운명과 인민의 행복을 이룩하지 못한다. 만약 그 '과감성과 자신력'이 결핍
> 되어 일의 시비에 두려워하고 화복을 따져 감히 한마디도 해보지 못하고

감히 하나의 일도 이룩하지 못하는 자는 결코 이 시대에서 살아갈 능력이
없느니라."

　　　　　　　　　　　　　　　　　－「제6장 교육과 신국민 양성이 국가회생길」

　"지금 조선 청년도 그러한 담력과 용기를 기르고 가슴을 펴 너와 나의
대소와 강약이 없어야 어떠한 강대자를 대하더라도 두려운 마음이 없어지
고 오로지 승리의 뜻이 굳건하게 될 것이다. 어떠한 문명자를 대하더라도
부끄러운 생각이 없고 적극적으로 취하는 뜻을 세워야 가히 청년의 자격을
가졌다고 할 수 있고 장래 희망이 있는 자라고 할 수 있다.…〔중략〕…지금
조선 청년도 눈앞에 다만 조국과 민족만을 보고 그 외에 일체 생각치 않으
면 모험을 실행하는데 어려움이 없을 것이다."

　　　　　　　　　　　　　　　　　－「제7장 과감성과 자신력과 모험심을 논함」

　드디어 3가지 화두에 대한 해답으로서 금태조가 상제와 단군대황조와
자신이 세운 학교를 소개한다. 과감성과 자신력과 모험심을 단련시켜 시
대가 요구하는 청년을 양성할 '천설학교', 단합심과 활동심으로써 국민성
을 계발시킬 '해상·대륙보통학교', 망국의 수치심과 원통심을 깨우치게
할 '대동중학교', 각과 교육으로써 고른 발달을 도모할 '4천여 년 역사학교'
가 그것이다.

▌「표12」 백암이 꿈에 그린 학교 ▌

학제와 교명		설립자	교원	교육목표
소학교 / 보통학교	천설학교	(상제)	※미확인(학교가 무수히 많음)	시대가 요구하는 청년 양성(과감성과 자신력과 모험심 단련)
	해상보통학교 (예정)	금태조	초빙교사-콜럼버스(스페인)	국민의 성질(단합심과 활동심) 계발
	대륙보통학교 (예정)	〃	초빙교사-야율초재(몽골)	

중학교	대동중학교 ※ 활자 기계실 구비	단군 대황조	교장-기자(후조선), 교감-안유(고려)	수치심과 원통함을 깨우치게 함
			교사-천문학;선덕여왕(신라), 왕보손(백제)*, 지문학;팽오(단군조선), 체조;천개소문(고구려), 산술;부도(신라), 물리;서경덕(조선)	
			국어;설총(신라), 문학;최치원(신라)·양사언(조선). 역사;김거칠부(신라)·이문진(고구려)·안정복(조선). 음악;우륵(가야)·옥보고(신라), 도화;솔거(신라)·담징(고구려)*. 윤리학;소련·대련(후조선)·박제상(신라), 수신;최충(고려) * 도일(渡日) 교사(이하 같음)	
대학교	육군대학교	단군 대황조	교장-광개토왕(고구려) 교사-을지문덕(고구려)·강감찬(고려)	각과 교육으로써 신국민의 고른 발달을 도모
	해군대학교		교장-태종대왕(신라) 교사-정지(고려)·이순신(조선)	
	정치대학교		교장-선왕(발해) 교사-유형원(조선)·정약용(조선)	
	법률대학교		교장-법흥왕(신라) 교사-율령박사 6인(신라)	
	농업전문학교		교장-다루왕(백제) 교사-지증왕(신라)·왕궁부인(신라/백제)·대렴(신라)·문익점(고려)	
	공업전문학교		교장-개로왕(백제) 교사-지증왕(신라)·위덕왕(백제)·이사부(신라)·고귀(백제)·최무선(고려). 혁공(고구려),도공·대장공·마구공·칠공·미술공(백제),철공·그릇공·수예공·불상주조공·직기공·조선공(신라)*	
	의학전문학교		교장-성왕(백제) 교사-김파진·한기무(신라)·모치(고구려)*·허준(조선)	
	철학전문과		교사-지나철학과;정몽주(고려)·이황(조선)·이이(조선). 인도철학과;순도(고구려)·원효(신라)·대각선사(고려)	
	문학전문과		교장-세종대왕(조선) 교사-한문;고흥(백제)·임강수(신라)·이제현(고려)·장유(조선)·왕인(백제)	
	종교학		※ 과목;신교(단군조선)·선교(고구려)·유교(지나)·불교(인도)	

　백암은 청년들이 우환과 곤란을 기회로 삼아, 신교육으로써 나라를 빼앗긴 수치심과 원통심을 깨닫게 한다. 그리고 조상의 역사를 배워 '민족성을 계발'하고 모두가 아골타 즉 '영웅'으로 다시 태어나 단합하면 '조상의 영예회복'이 이루어질 수 있다고 확신하였다.

> 　"'천설학교' 중에서 일반 청년의 과감성과 자신력과 모험심을 단련하고, 짐이 경영하는 '해상보통학교와 대륙보통학교' 중에서 일반 인민의 단합심과 활동심을 계발하고, '4천여 년 역사학교' 중에서 수치심을 알고 원통함을 알게 하는데 힘을 쏟아 각과 교육이 한데 발달하는 날이 오면 땅 밑에 묻힌 조선 국기가 다시 높은 하늘 위에 펄럭이는 것을 볼 수 있을 것이다.
> 　　　　　　　　　　　　　　　　　－「제9장 대동중학교와 각 대학교를 시찰함」

　무치생과 금태조의 꿈 속 대화에서 유달리 금태조의 꾸짖음이 많다. 그렇지만 매번 훈계조가 아니라 모든 물음에 대안을 제시하여 상대를 감화시키는 교화로 매듭짓는다. 「제2장 무치생이 꿈에서 금태조를 배알함」에서 자강의 길로 인도하는 점, 「제3장 금태조가 자강의 당위성을 역설함」에서 금나라 건국의 예로 설명한 점, 「제4장 모화 사대주의와 금태조의 불호령」에서 금태조 자신의 가훈을 예시한 점, 「8~9장」에서 여러 학교를 소개하는 점이 그러하다.

　「10장」에서 금태조가 하직을 고하는 무치생에게 '태백음양일통' 6자를 하사하는 장면은 이야기 전개의 정점을 이룬다. '일통'이라는 용어에서 한나라 사상가 동중서(董仲舒)가 '대일통(大一統)'론을 주장하여 한족을 유교 이념으로 통일시킨 것이 연상된다. 그러나 여기서는 "단군대황조의 신교[태백] 아래 세력[음과 정신[양을 균형있게 발전시켜라[일통]"는 의미로 파악하는 것이 옳다. 백암은 『대동고대사론』에서 "부국강병 천하무적으로써 다른 민족을 복종시키는 것은 '세력'으로 승리를 도모하는 것이고,

신성한 종교와 역사로써 다른 민족을 복종시키는 것은 '정신'으로 승리를 도모하는 것이다."라고 말한다. 백암의 국혼사상에 따르면, 정신은 국혼(國魂)에, 세력은 국백(國魄)에 대비된다. 구체적으로 '국혼'은 문학·역사·철학(종교)을 기본으로 윤리와 예술을 포함하고, '국백'은 군사·정치·법률·농업·공업·의학·과학 분야를 가리킨다.

예컨대 중국과 터키는 국혼이 국백보다 강했기에 이민족의 침략을 받아 정복당했지만 결국 독립했다. 그에 반해 선비, 거란, 몽골은 국혼보다 국백이 강한 나라였는데 국혼을 발전시키지 못해 무력이 쇠약해지자 결국 국혼의 범위만큼 나라가 위축되었다.[100*] 세계 역사의 교훈에서 백암이 무엇보다 국혼을 최우선에 둔 이유를 살필 수 있다.

3) 몽배금태조의 의의
(1) 금태조는 한민족의 영웅

> 우리 동족 금태조는 백두산에 터를 닦아
> 이천 오백 정병으로 횡행천하 족족했네.
>
> — 박은식, 「역사가」에서

금태조의 본명은 아골타(阿骨打, 1068~1123)다. 금나라 제1대 황제이자 민족 영웅으로, 『금사』('본기」 '세기'편)에는 금 시조가 고려에서 건너온 함보(函普)의 후손이라는 대목이 나온다. 청나라 제6대 건륭제 때 집필한 『흠정만주원류고』(권7 부족7편)에는 국호 금(金)이 신라왕성인 김(金)씨에서 유래되었다고 설명돼 있다. 『고려사』(세가 권13 예종10년 3월조), 『성호사설』(권23 경사문 요·금·원편), 『동사강목』(7하 갑인년 문종28년

100* 신용하, 『박은식의 사회사상연구』, 앞의 책, 219-220쪽, 256쪽.

조),『해동역사』(인물고2 고려편)의 여러 문헌에서도 금태조의 혈통이 발해나 신라 내지 고려의 후예라 주장하고 있음을 확인할 수 있다.

금태조 동상(중국 하얼빈시 아성(阿城)구 소재)

(2) 실학사상과 신교의 전승

백암은 조선조 실학자들이 금태조를 한민족으로 인식했던 사상을 그대로 계승하였다. 또한 금나라 역사를 민족의 주체 역사로 기술한 대종교의 영향 아래 반도에 치우친 사관을 극복하고자 했다. 대종교의『오대종지서』는 "금태조가 고구려 '완기토'정신에 따라 발해의 맥을 이어 한족 영토를 수복하여 금나라를 세우고 대황조의 자손임을 내세움으로서 고구려의 여한을 갚았다"고 명확히 밝힌다. 그리고 "금나라가 '애족우'의 종지

에 따라 고려를 부모의 나라라 하여 형제의 의를 맺어 침략하지 않고
서로 화목했다"며 같은 겨레로 인식했다. 백암이 『금사』까지 지었다는
기록도 있으나 아쉽게도 전해지지 않는다.

　　고구려 영웅을 다루었던 『천개소문전』은 신채호의 영향이 짙었다. 반
면에, 『몽배금태조』는 『발해태조건국지』와 더불어 반대로 신채호나 김
교헌 같은 사가들에게 영향을 끼쳤다. 김교헌은 백암보다 한발 늦었음에
도 불구하고 『신단실기』(1914)와 『신단민사』(1923)에서 금태조와 금나라
에 관한 역사를 다루어 일약 대륙사관론자로서 명성을 얻고 있다.

　　『몽배금태조』는 발해와 함께 잊었던 금나라의 역사를 재발견하면서,
만주와 대한이 단군대황조의 후예이자 한 겨레라는 대동(大東)사관을 확
립하고, 지리상 고대 신교의 성역을 확인하는 작업의 일환이었다.

　(3) 역사교육이 미래의 희망

　　『몽배금태조』의 핵심은 다른 강국에 의존하는 것이 아니라 스스로 주
체 실력을 키우자는 '자강론'에 있다. 한말 애국계몽운동가들은 청나라의
변법자강[101*]사상을 받아들이고, 1906년에 대한자강회를 조직하여 산업
력을 증진시키는 식산(殖産)과 교육운동에 힘썼다. 당시 국내에서 자강의
절대목표는 '국권회복'이었다. 자강론자였던 백암은 제국주의를 '부도덕
하고 불법'으로 보았지만 사회진화론에 따른 약육강식 · 우승열패의 현실
로 인정했다. 이러한 냉혹한 현실을 극복하기 위해 '자강론'을 강변했고,
자강의 방법으로 '교육'과 '민족단합'을 제안하였다.

101* 변법자강(變法自强): "시대에 맞지 않는 법과 제도를 고쳐 스스로 강하게 한다"는
　　뜻. 청나라 말 사상가 강유위(康有爲)와 양계초(梁啓超) 등이 중심이 되어 전통
　　정치 체제와 교육 제도의 개혁을 통해 부국강병을 실현해야 나라가 살아남을 수
　　있다고 내세웠던 구호다.

천설학교(소학교)에서 청년을 양성하고, 해상·대륙보통학교에서 국민성을 계발하고, 대동중학교(중학교)에서 수치심과 원통심을 자각하고, 4

백암이 애국계몽운동을 펼쳤던 서북학회 회관 사진

천여 년 역사학교(대학교)에서 각과 교육을 고루 발달시켜 청소년을 신국민으로 태어나게 한다. 이렇게 배출된 신국민이 단합하고 실천함으로서 민족자존과 국권을 회복시킬 수 있다는 논리다. 백암은 특별히 단군대황조한테서 연면하게 이어온 '신교'를 교육과 민족단합의 정점에 두었다. 백암은 평소 소학교-중학교-대학교의 구미식 3단계의 신식학제에 관심을 두고 있었고,[102] 일찍이 「무망흥학(務望興學, 교육이 흥하기를 힘써 바람)」 등 교육진흥에 관한 많은 논설을 신문과 잡지에 기고했다. 『몽배금태조』는 그가 교육 구국 방법에 관해 그간의 생각을 종합 정리한 것이다.

『몽배금태조』가 비록 소설에 불과하지만, 3500여명의 독립군 전사를 길러낸 신흥무관학교에서도 교재로 활용했다.[103] 세계 최강을 자랑하던

---

[102] 신용하, 『박은식의 사회사상연구』, 앞의 책, 254-255쪽.

[103] 1916년 서간도 통화현에서 일제가 포착한 정보(『불령단관계잡건-조선인의 부-재만주의 부』(5), 「배일선인비밀단체 상황취조건」, 통제14호)에 "합니하에 신흥교교우사(新興校校友社)라는 곳에서 매주 교우보란 잡지를 발행하고 몽견금태조와 대동역사를 편찬·발행한다는 정보를 입수했다."는 기록이 있다. 교우보는 「신흥학우보」를 , 신흥교교우사는 신흥학우단을 말하며, 몽견금태조는 몽배금태조의 오기다. 신흥학교에서 실제로 『몽배금태조』의 등사를 다시 했는지의 여부는 확실

일본 정규군을 박살낸 북로군정서의 핵심에 바로 신교 정신으로 무장한 신흥무관학교 졸업생들이 있었다. "나라의 승패와 존망이 땅의 크고 작음과 백성의 많고 적음에 있지 않고, 그 나라 인재 여하에 달린 것"이라던 백암의 외침이 새삼스레 떠오른다.

일제강점기 대종교 계열의 민족학교는 서북간도와 상해 등지 동포사회에서 대륙의 기상과 민족의 긍지를 심겨주고 국혼 전수에 크게 이바지했다. 그러나 교육을 통한 국혼 전수의 사명은 오늘날 시대의 격랑 속에서 완전히 단절되고 역사의 뒤안길로 사라지고 말았다. 광복 후 홍익대학, 단국대학, 신흥대학(현 경희대) 설립 배경에서 그 명맥이 잠시나마 이어졌던 흔적을 찾아볼 수 있을 뿐이다.

VI 맺음말

지금까지 동창학교와 백암 저서의 모든 것을 살펴보았다.

일제는 20세기 초 무력으로 우리나라를 강점한 뒤, 총독부를 설치하고 무자비한 통치로 한민족의 정당한 권리를 짓밟았다. 이에 대표적인 비밀결사 신민회(新民會)를 중심으로 국외 독립운동기지 건설로써 독립전쟁을 벌여 침략세력을 몰아서 쫓아내기 위한 전략과 전술이 전개되었다. 국내에서 박해를 받던 대종교단은 1911년 2월 서간도 이주 동포의 주요 거점인 회인현에 윤세복을 시교사로 파견했고, 5월 동창학교 설립에 성공했다.

동창학교는 국권회복을 위한 민족교육 기관이자 국교사수를 위한 대

치 않으나, 교재로 활용한 정황을 미루어 알 수 있는 기록이다.

종교 교당으로서 막중한 소임이 있었다. 그에 걸맞도록 언론인으로서 명망있던 백암을 비롯하여, 국수주의 사가 신채호, 훗날 한국 불교의 현대화에 지평을 넓히는 이시열, 주시경의 제자 김영숙, 우국지사 이극로 등 서북, 영·호남 출신 민족지사들이 교사진으로 활약했다. 재학생은 대부분 망명 지사의 자제들이었다.

백암은 미래의 주역이 될 청소년들에게 조국 독립의 꿈과 희망을 간직하도록 혼신의 힘을 다해 민족 고대사 저서를 집필했다. 그런데 일제는 동창학교 설립 직후부터 폐교되는 날까지 신경을 곤두세웠고, 특히 윤세복과 백암을 요주의 인물로 지목하여 일거수 일투족을 감시하는데 혈안이 되어 있었다. 그러나 그 어떤 핍박도 백암의 조국 사랑을 가로막진 못했다. 국조 단군 아래, 고구려 동명성왕, 명림답부와 연개소문, 발해 태조 대조영, 그리고 금나라 태조 아골타를 각 권의 주인공으로 한 6권의 책이 동창학교에서 탄생하였다. 백암은 이 저서들에 '국혼'과 '영웅'과 '희망'의 이야기를 담았다. 저술의 요지는 부국강병 천하무적의 '세력'과 신성한 종교와 역사의 '정신'을 고루 발전시키자는 것이다.

『대동고대사론』과 『명림답부전』의 국혼 이야기는 "국체가 비록 망했어도 국혼이 불멸하면 부활이 가능하다"는 백암의 신념이 담겨 있다. 백암은 약육강식의 냉혹한 현실을 극복하기 위해 스스로 주체 실력을 키우자는 '자강론'을 강변해 왔고, 자강의 방법으로 '교육'과 '민족단합'을 제안하였다. 그는 "우리 민족의 뇌수에 조상의 역사를 불어넣는 것이 제일 급선무다"라고 말했던 대로, 특별히 단군대황조한테서 연면하게 이어온 '신교'를 교육과 민족단합의 정점에 두었다. 그는 신교를 국교이자 국혼으로 인식했다.

『천개소문전』과 『발해태조건국지』의 영웅 이야기는 영웅 한 사람 보다, '영웅을 대하는 자세와 정신'을 강조해 국민 각성을 도모하는 내용이다. 다시 말해 영웅숭배열이 국력의 성쇠와 관계있다고 확신하고 뭇 대중의 정신 속에 내재한 '영웅혼'을 일깨우는데 저서의 집필 동기를 두었다. "나라의 승패와 존망이 땅의 크고 작음과 백성의 많고 적음에 있지 않고, 그 나라 인재 여하에 달린 것"이라 한 대로, 개개인이 민족교육을 통해 아골타 즉 '영웅'으로 거듭 태어나 서로가 단합하면 민족자존과 국권회복의 희망이 이루어질 수 있다고 봄이 『몽배금태조』의 희망 이야기다.

백암의 사상은 오늘날에도 전승될 가치가 충분히 있다. 아무쪼록 시대의 우환과 곤란에 좌절하지 말고 이를 기회 삼아 우리 말글, 우리 역사, 우리 철학으로써 정체성을 찾고 자기 계발에 힘쓰자. 동북아시대를 맞아 대륙을 호령하던 선조들의 웅혼한 기상과 숨결을 느끼고, 밝은 미래를 향해 힘찬 발걸음을 내딛는 계기가 되기를 성원한다.

제1부
대통령,
국혼을
말하다

대동고대사론
명림답부전

대동*
고대사론1*
(*만주·대한의 통칭)

대 통 령 이 들 려 주 는 우 리 역 사

서론

역사와 민족의 관계

민족이 있어야 역사가 있으나, 역사가 없으면 민족도 없다. 왜냐하면 역사란 민족정신인데, 조국역사가 있어야 애국정신이 생기며, 동족역사가 있어야 애족정신이 생긴다. 독립역사가 있어야 독립정신이 생기며, 자존역사가 있어야 자존정신이 생긴다. 그렇기 때문에 신성한 민족은 반드시 '신성한 역사'가 있는 법이다. 만약 그 민족에 '역사정신'이 없다면 애국애족정신과 독립자존

1* 대동(大東): 지은이의 주장에 따르면 '대동'은 "만주와 대한을 통틀어 부르는 명칭[大東, 滿韓統稱]"이다. '대동고대사론'을 풀어 말하면, "만주와 대한의 고대사를 규명한 논문"이라는 뜻이 된다.

정신도 없어서 여러 민족과의 경쟁 속에서 생존할 수 없으며, 다행히 생존할지라도 노예나 비천한 종족으로 전락되지 않으면 다른 민족에 동화되고 말 것이다. 그러므로 "역사가 없으면 민족도 없다"고 말한 것이니, 그 관계가 실로 어떠했던가?

그런데 고대인들의 사상은 가족주의에 불과했기 때문에 그 역사도 제왕의 내력 밖에 안되었고, 개인 행장 수준에 머물렀다. 그러므로 당시 사람들은 집안 선조만 알고 국가 시조를 모르며, 가족만 알고 민족을 몰랐다. 더구나 고대의 국가경쟁은 형제나 친족 간의 나라라도 작은 이유로 다투고 미워하며, 선대의 유대 관계를 저버리고 서로 원수로 여기며, 나라를 서로 합병하고도 이를 괴이한 것으로 여기지 않았다. 이 시기에 이른바 동족의 정의란 존재하지 않았으며, 세계 각국도 모두 그러하였다.

천지의 진화가 날로 새로워지고 인지의 진보도 날로 발전함에 따라 가족주의가 민족주의로 발전하였는데, 이는 민족경쟁의 시대 산물이다. 다른 민족과 경쟁이 생기면 동족 간에 서로 도움을 청하지 않을 수 없게 되었다. 동족 간에 도움을 청하자면 본원을 명확히 하고 혈통의 관련성으로써 동족 간 친애의 정을 불러 일으켜야 한다. 이런 이유로 오늘날 각 민족은 조상의 역사를 부각해 자강과 자주정신으로 경쟁에 대항하는데 도움을 얻고자 하는 것이다.

대동민족은 단군의 후예

지금 중토의 한족들은 춘추시대에 서로 멀리하고 원수로 간주하며 싸웠었는데, 요사이 "우리는 황제의 '신성한 자손'이자 4억 형제"라며 한목소리로 크게 외친다. 이는 특히 요즘 다른 민족에 대한 관념이 생겨서 '주의'를 표방한 것일 따름이다. 그렇다면 우리 대동민족은 그러한 제창조

차도 없는가? 아, 우리 대동민족은 4천여 년의 역사가 있지 않은가! 또한 하늘에서 태백산[2*] 단목 아래에 내려온 신인이 우리의 시조가 아닌가!

무릇 고대사로 증명하자면, 만주·대한이 원래 한 나라였고 그 백성이 동족이었기 때문에 모두 '단군'의 신성한 후예다. 다만 갈라진 시간이 오래되었고, 압록강 일대도 어렴풋하게 연나라, 월나라 시대를 거쳐 천여 년이 지났다. 오늘날 민족주의 시대에 우리도 마땅히 '동족의 관계'를 확실히 공표하고, '신성한 역사'의 발휘를 추구하여 천하에 자립해야 한다. 이것은 실로 정신교육의 근본 문제다.

그런데 우리 민족의 유래에는 두 개의 분파가 존재한다. 하나는 단군이 백산에 내려와 대동민족을 살린 것을 시원으로 삼는 것이고, 다른 하나는 기자가 중토에서 동래함으로서 중화인을 귀화시킨 것을 시원으로 삼는 것이다. 우리 민족 전체의 뜻으로 보면 '단군'을 조상으로 삼는 것이 옳은 가, '기자'를 조상으로 삼는 것이 옳은가?

대개 세계 각지에는 어느 민족을 불문하고 그 종족이 본토에서 발생한 경우도 있고 다른 지역에서 귀화하여 온 경우도 있다. 그 갈래가 다를지라도 주체족이 객족을 동화시키면 으레 동족으로 인식한다. 그러므로 단군과 기자의 후예를 놓고 보아도 수천 년간 피가 섞이고 동화되어 기자의 후예를 단군의 후예가 아니라고 할 수 없다. 단군이 먼저고 기자가 나중이기 때문이다. 우리의 본원을 따진다면 단군을 시조로 삼는 것이 옳고, 우리 대동민족사도 단군이 인간세상에 내려 온 해를 기원으로 삼는 것이 옳다. 이것이야말로 우리가 '신성한 역사'의 발휘를 추구하는 이유다.

2* 태백산: 백두산(이하 같음).

대동고대사론 저술 목적

우리 민족의 현재 상황을 살펴보면, 큰소리로 부르짖음을 마다하는 자가 많다. 대개 민족경쟁은 '세력'으로 승리를 도모하는 것과 '정신'으로 승리를 도모하는 것이 있다. 부국강병 천하무적으로써 다른 민족을 복종시키는 것은 '세력'으로 승리를 도모하는 것이고, 신성한 종교와 역사로써 다른 민족을 복종시키는 것은 '정신'으로 승리를 도모하는 것이다. 모용씨[3], 탁발씨[4], 완안씨[5], 칭기즈칸은 강대하고 용맹한 무력으로써 다른 민족을 유린하였고 한때 천하무적이었다. 그러나 종교와 역사를 사람들 마음 속 깊이 뿌리내리게 하지 못했기 때문에 그 세력이 일시에 무너져 오히려 다른 민족에게 동화되고 말았다. 중토의 한족은 문약했던 시기에 다른 민족에게 굴욕을 당했으나, 그 종교와 역사정신이 공고하고 변함없었기 때문에 끝내 일어나 다른 민족을 눌렀다. 유태민족이 조국을 상실하고 사방에 유리되었어도 다른 민족에 동화되지 않고 유태민족의 명칭을 계속 보존한 것은 그 종교 정신을 잃지 않았기 때문이다.

지금 우리 대동민족은 세력으로 승리를 도모할 수 없는 데다가, 종교와 역사정신도 사람들 마음 속 깊이 뿌리내리지 않았다. 그렇다면 시간이 오래 지나 다른 민족에 기어이 동화될 것이며, 세계역사에서 우리 민족의 명칭이 사라지고 말 것이니 이 얼마나 두려운 일인가? 이것이 내가 근원을 미루어 헤아리고, 근본을 거슬러 생각하며 『대동고대사론』을 펴내는 까닭이다. 오직 우리 동족 형제들은 생각하고 힘쓸지어다.

3* 모용씨: 전연(前燕)의 초대 국왕이다.
4* 탁발씨: 북위(北魏)왕조를 세운 씨족이다.
5* 완안씨: 금태조 아골타(阿骨打, 재위 1115~1123). 개국 후 완안민(完顏旻)으로 개명했다.

제1장 단군조선

하늘이 동양을 열어 대륙이 아득히 넓었으니, 거대한 산은 동쪽에 태백산(백두산)이 있고, 서쪽에 곤륜산이 있다. 두만강과 압록강이 태백산에서 발원하고, 황하가 곤륜산에서 발원하니, 실로 신성들이 나신 곳이었다.

백두산과 천지

단군은 태백산에 내려와 동방민족의 시조가 되었고, 황제는 곤륜산에 와서 중토민족의 시조가 되었다. 단군은 압록강의 발원지를 돌아보고서 서북쪽으로 나아가 평양에 나라를 세우고, 황제는 황하의 발원지를 돌아보고서 동남쪽으로 나아가 중원에 나라를 세웠다. 단군은 활과 화살을 만들고 성곽을 쌓아 각 부족을 진정시켰고, 황제도 활과 화살을 만들고 방패와 창을 익혀 제후를 복종시켰다. 그 세상을 다스린 자취가 대략 서로 같고, 신선양생술로 만대 선가의 조종이 된 점 또한 서로 같았다. 하늘의 신성으로 내려와 인류문명을 열었으니, 단군이 세상에 옴이 4천 3백년 전이고, 황제가 세상에 옴이 4천 6백년 전인데, 두 지역의 개발에 먼저와 나중의 차이만 있을 뿐이었다.

대개 태백산을 동방의 곤륜이라 하였고, 묘향산·금강산을 낭풍·봉래라 하였고, 흥개호를 성수해[6*]라 하였고, 지리산·한라산을 방장·영

6* 성수해(星宿海): 황하(黃河)와 양자강(揚子江)의 발원지로, 실제로는 흥개호가 아닌 신장위구르자치구와 티베트 사이 중국 청해성(靑海省)에 있다.

주라 하였는데, 이는 세상에서 신선들이 거처하던 공간이었다. 높고 아득한 백두산과 넓고 넓은 요동벌과 혼동강·홀한하 등지는 다 동황의 명승이자 백성이 늘어나 많이 퍼진 지역이었다.

단군이 도읍을 평양과 문화에 세우고, 성을 강화에 쌓은 이유가 무엇 때문일까? 거룩한 신인으로 세상에 처음 나와 비로소 인류문명을 열고자할 때, 인류문명을 발달시키려면 기후가 따뜻하고 강과 바다의 교통이 적당한 곳이어야 한다. 이상의 명산과 대륙의 형세가 여유로우나 기후가 춥고 바닷길까지 너무 멀어서 평양과 문화와 강화만 못하다고 했으니, 그렇다면 그 당시 사상에 이미 '문명'이 배태되어 있었다고 할 수 있다.

무릇 민족사에 의거해 이를 논하자면, 만주와 대한이 분리된 지 오래며, 강을 사이에 둔 것도 흡사 진나라·월나라와 같다. 언어가 통하지 않고 풍속도 같지 않으니 어찌 동족이 된다고 할까? 그러나 고대사를 거슬러 보면 확실하고 충분한 증거가 있다. 「동사」에 이르기를, '부여의 선조는 단군에서 나왔다'고 했다.[7*] 또 이르기를, '예·맥의 선조도 부여와 함께 나왔으며 모두 단군의 자손이다', '동옥저 역시 단군의 후손이다', '비류·숙신은 모두 단군에서 나왔다'고 했다.

수산 이종휘는 말하기를, "고사에 일컫기를, '부여·예맥·비류·옥저가 모두 단군에서 나왔으며, 나라를

이종휘, 『수산집』 중 「동사열전」

7* '부여의 선조는 단군에서 나왔다': 이종휘, 『수산집(修山集)』 권11, 「동사세가」 '부여세가(扶餘世家)'조의 구절이다.

세워 세대가 전해짐이 혹 수천 년 동안 끊어지지 않았다'하니, 이는 그 유래한 바가 오래된 것이다. 곧 단군의 큰 덕이 순왕·우왕·탕왕·무왕과 같은 것이 아니겠는가? 그렇지 않으면 어떻게 그같이 오래 이어졌겠는가?"8*라고 하였다.

살피건대 '부여'는『한서』,「열전」에 기록된 '부여국'을 말한다. 그 땅은 현도 북쪽 천여 리에 있었고, 그 강토가 수천 리였으니, 곧 북방의 대국으로서 지금의 개원현이다. 역사서에서 일컫기를, '단군의 자손이 여기에 나라를 세워 그 세대를 전함이 수천 년'이라고 하였다. 고구려 시조 동명성왕이 부여로부터 졸본에 이르러 나라를 세웠다. '졸본'은 발해에서 솔빈부를 설치한 곳이니 지금의 흥경 남쪽 경계다. '예맥'은 부여의 지명이다. 북부여왕 해부루가 동쪽으로 옮겨가 가섭원에 이르러 나라를 세워 동부여라 하였고, 또 예맥이라 했는데, 지금의 조선 강릉 지역이다. '비류'는 졸본부여 인근의 작은 나라인데, 지금의 동가강 가까운 땅이다. '숙신'은 지금의 흑룡강 지역인데, 3대9* 이전에 이 숙신을 '식신'이라고 불렀기 때문에『사기』에, '순왕이 북쪽 식신에 출병했다' 하였고,『죽서』에, '순왕 25년에 식신씨가 활과 화살을 바쳤다'한 것이며,「노어」10*에, '무왕이 상나라를 이기자 숙신씨가 활과 화살을 바쳤다'라고 하였다. 한나라·위나라 이후에 읍루를 '물길'이라 하고, 수나라·당나라 시기에 '말갈'이라 하여 고구려와 발해에 소속되었고, 완안씨가 일어나면서 발해와 말갈 양 부족을 합하여 여진이 되었으니, 곧 금나라의 옛 터전이다. 완안의 선조가 고구려11*에서 나온 까닭에『금사』에 일컫기를, 고려를 '부모의 나라'

8* "고사에~이어졌겠는가?": 이종휘,『수산집』권11,「동사열전(東史列傳)」편의 구절이다.
9* 3대: 하·은·주 시대.
10* 노어(魯語): 중국 춘추시대 8국의 역사를 나라별로 적은 책인『국어(國語)』21책 중의 하나로, 노나라의 역사 이야기라는 뜻이다. 사담집(史談集) 형태다.

라고 하였다. 동북의 '옥저'는 지금의 조선 함경남북도 지역이다. 이상의
여러 종족이 모두 단군에서 나왔다고 일컬으니 곧 만주와 대한의 두 종족
이 본래 갈래가 같은 한 조상임이 어찌 명백하지 않은가?

무릇 천지가 개벽하던
어두운 세상에서 맨 처음
동방에 내려와 4천여 년 역
사의 시조가 된 이는 오직
단군이다. 우리 대동민족의
시조가 단군이 아니면 누가
시조인가? 단군이 거룩한
조화로 처음 인류문명을 열
고 능히 하늘의 뜻을 받든
까닭에 훌륭한 품덕으로서
유구토록 근본을 잊지 않고
은혜를 갚으며, 만물의 영
장으로서 자손이 번성하고
영예가 환히 빛났다. 이에
퉁구스 종족이 크게 성하여
세계에서 이름난 민족이 되
었으니, 진실로 신성한 후
손이 아니면 어찌 이 같음
이 있겠는가?

단군 초상화

11* 완안의 선조가 고구려에서: 『대금국지(大金國志)』 등의 사료에서 금시조가 본래
신라에서 왔고 성씨가 완안이었다고 한다. 『만주원류고』에서는, "『금사』가 금시조
를 고구려 출신이라고 기록을 했으나 『요사』와 『금사』가 종종 신라와 고구려를
혼동했었기 때문에 그렇게 기록된 것이며, 김(金)이라는 신라왕의 성이 이미 수
십대를 걸쳐 전해 내려온 것이기 때문에 나라를 세우면서 신라 왕성을 본 따 국명을
금이라 한 것이 분명하다"고 설명하였다.

참성단 강화도 마니산 소재

　단군이 일찍이 혈구 바닷가(지금의 강화) 마니산 언덕배기 위에 호를 파고 제단을 쌓아 제천보본의 예식을 시작하였다.12* 그리하여 부여, 예국, 고구려, 백제가 모두 상달에 제천하였고, 요나라와 금나라도 또한 이를 지켜 행하였으니, 이는 모두 시조 단군의 예절이었다. 단군 시대에 신도로써 백성을 교화한 까닭에 그 종교를 '신교'라 하였으며, 또 말하기를, '배천교'라 하였다. 대개 고대인들의 사상은 신권에 복종했기 때문에, 『역』에서 '성인이 신도로써 가르침을 베푸니 천하가 복종하였다' 함13*은 이를 두고 말한 것이다. 우리 동방에서 역대로 고구려 시조는 '선교'로 세상을 다스렸고, 신라 시조는 '신덕'으로 나라를 세우셨다 했으니, 모두

12* 단군이～시작하였다.: 이종휘, 『수산집』권12, 「동사지(東史志)」 '신사지(神事志)'의 내용을 인용한 것이다.
13* 『역』에～함: 『주역(周易)』, '관괘(觀卦)'편의 구절이다.

단군에서 원류한 것이다. 단군은 신인으로서 세상에 내려와 동방을 교화한 시조인데, 이제 조선 종교계에 '대종교'가 있고 대종교의 '종(倧)'이 신인을 말하니 실로 단군의 '신교'를 받드는 역사적인 종교다.

지금도 강화에 제천단 유지가 있어 위는 네모지고 밑은 둥근데, 서양사람이 동방건축상 가장 오래된 유적이라고 말한다. 단국의 활과 숙신의 쇠뇌가 다 세상에서 유명했는데, 이는 고대 무기의 발명으로 출현한 것이다. 역대로 동방사람은 활 잘 쏘는 것을 특별한 장기라 했으며, 무예를 숭상하는 풍속의 기원 또한 그 원류가 자연히 여기에 있었던 바다. 성곽은 거대한 무기라서 그 건축이 이미 단군 시대에 나타났다면 다른 무기를 사용한 자취도 유추해 볼 수 있다.

어떤 이는 묻는다.

"단군 시대에 신도로써 백성을 교화하였고 백성이 자발적으로 귀화하였으니 곧 신권시대였는데, 이때에 어찌 무기의 사용이 있었을 것인가?"

고대인들의 사상은 실로 문명 배태의 시초였으며, 실로 모두 신권 아래 복종하였다. 꿈틀거리는 동물은 서로 경쟁 없음이 불가능했으니, 사람과 짐승의 경쟁이 있고, 신성족과 야만족의 경쟁도 있었다. 그러므로 하늘이 내린 슬기로 도구를 만들어 이용하지 않았다면 곧 인류는 짐승과의 싸움에서 이기지 못했을 것이고, 신성족이 야만족을 정복함도 불가능했을 것이다. 하늘이 처음 열린 단군 시대는 벌레와 짐승 같은 악한 것들이 우리 민생을 해치고, 야만족이 흉악하고 사납게 우리 신성족을 침략함이 아직 많지 않을 때였다. 성인이 먼저 나와 우리 민생을 편안히 정해 주고 우리 동족을 지키려고 할 때 무기를 이용하지 않았다면 어찌 되었을까? 이러한 까닭에서 단군 시대에 활과 화살과 성곽의 기물이 발현했던 것이다. 그렇다면 우리 대동민족이 특별히 하늘의 혜택을 입어 서로를 살리면서 보전하고 서로를 기르게 하는 복이 무궁했던 것인데, 이야말로 신조의 나려주심이 아니겠는가?

　단군조선의 국경을 증거로 미루어 인정할 만 것이 또 있을까? 성호 이익은,

성호 이익(1681~1763)

　　"은나라 부열이 갈옷을 입고 새끼띠로 비부의 성을 쌓았다고 했는데, 비부가 어디에 있는지 알지 못하여 『묵자』를 참고하니, "옛적에 부열이 북해 바닷가 환토 위에 살면서, 갈옷을 입고 새끼띠로 품팔이를 하며 부암의 성을 쌓았다"고 한다. 두 가지 설이 서로 가까운데 내 생각으로는 부열이 요심 사람이 아닌가 싶다. 『맹자』에 이르기를, "백이가 주왕을 피하여 북해 바닷가에 살았다"고 했는데, 고죽의 옛터가 지금의 요심에 있으며 북해 바닷가로 일컬어지는 곳이다. 또한 순왕이 공공을 유주로 귀양 보냈으니, '주'는 바닷가라는 뜻이다. 중국 북쪽에서 바다에 면한 곳은 이곳을 버린다면 그 땅이 없다. 단군·기자 시대에 그 땅을 조선에서 통합하였다. 또 순의 혈통이 동이 사람인데, 『맹자』에 이르기를, "고수가 사람을 죽였다면 순이 남몰래 등에 업고 바닷가로 도망칠 것이다"라고 했다. 그렇다면 도망간 곳은 반드시 중국밖에 있기 마련이니, 또한 여기를 가리킨 것이 아닌가 의심스럽다."

라고 하였다.[14] 중국 사람이 살펴보고서, "유주의 땅이 북해 바닷가라면 그 땅은 바다의 물가이며 중국 북쪽에 있다"고 한다. 이씨[15]가 "단군·기

---

[14] "은나라 부열이~의심스럽다.": 이익, 『성호사설』 권17, 「인사문(人事門)」 '부열축북해(傅說築北海)'조의 구절이다.
[15] 이씨: 성호 이익.

자 시대에 그 땅을 조선에서 통합하였다"고 한 말은 기자조선의 거점이 유주에 있었다는 사실에 근거한다.

그러면 "단군조선의 강역이 또한 유주 땅이었다"라는

「동사강목」(1778)

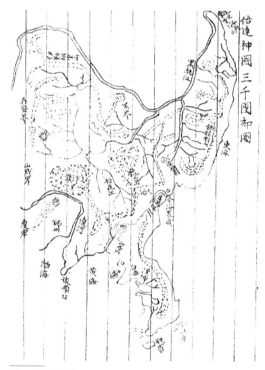

단군조선의 강역(『오대종지서』 중 「배달신국삼천단부도」)

사실을 어떻게 증명할까? 역사서에 "기자가 동쪽으로 조선에 나갔다"고 했으니, 조선의 이름은 단군 시대부터이지 기자 시대부터 있었던 것이 아니다. 영평부 지경 안에 조선성이 있었는데, 곧 기자가 살던 땅이고 기자 이전에 단군의 소유였음이 분명하다. 또한 역사서16*에 이르기를, "선비산의 동쪽에 있어

16* 역사서: 안정복의 『동사강목』을 말하며, 내용은 「잡설(雜說)」편 '조선명호(朝鮮名號)'조의 구절이다.

서 조선이라 칭했다"했는데, 곧 단군조선의 북쪽 경계가 '선비'다. 단군이 백두산에 내려왔으니 백두산은 '동해빈'을 가리킨다. 도읍을 황해 바닷가에 설치하고, 또 제천은 혈구 바닷가에서 했는데, 혈구는 서해·남해와 통했다. 그러므로 동·서·남해 연안이 모두 조선의 강역에 속했다. 이로써 증명하면, 단군조선의 북쪽은 요심 대륙을 거점으로 하고, 동·서·남쪽 경계는 벽해·황해·현해 연안까지였으니, 즉 전부 고대의 조선이었던 것이다.

제2장 기자조선

기자조선의 그 처음이 영평부 지경 안 '조선성'이라고 하는데, 무엇으로 증명할 수 있을까? 『위서』에 "북평군 영현에 조선현이 있었다"하였고, 『당서』에 "요동은 본래 기자국이다"라고 했고, 『요사』에 "요는 본래 조선의 옛 땅이니, 그러므로 기자의 끼친 풍속이 있다"라고 했고, 『명일통지』[17*]에 "조선성은 영평부 지경 안에 있으니, 기자의 봉함을 받던 땅이라 전해 온다. 후위 때 북평군에 속한 현으로 두었다가, 북제 때 신창현으로 성을 편입시켰다"고 했다. 그 주해에서 설명하기를, "지금 요동에서 서쪽 2천여리가 바로 영평부의 지경인데, 곧 옛날의 북평군이었다"라고 했다. 『성경지』에 "요서의 광녕현에 주나라 때 조선의 경계가 있었고, 요동의 해성현, 개평현, 금주는 모두 기자조선 땅"이라 했고, 그 주해에서 설명하기를, "광녕현은 의무려 밑에 있는데, 의무려는 유주의 진산이다"라고 했다.

17* 『명일통지』: 『대명일통지(大明一統志)』. 중국 명대에 이현(李賢) 등이 임금의 명을 받들어 편찬한 지지(地誌)로, 1461년에 완성하였다. 중국 전역과 조공국의 각종 지도를 게재한 다음 풍속·산천 등 20항목으로 나누어 설명하고 있다.

이와 같은 여러 문헌에 의거하여 "기자조선이 유주에 있었다"는 결론을 이끌어낼 수 있다. 덧붙여 『사기』, 「소진전」[18]에 이르기를, "연나라 동쪽에 조선과 요동이 있다고 하는데 먼저 조선을 말하고 뒤에 요동을 말한 것은 조선과 가깝기 때문이다"라고 하였고, 「화식전」[19]에 이르기를, "연나라는 북쪽으로 오환, 부여와 이웃하고, 동쪽으로 예맥, 조선, 진번과 편리가 통했다"고 했으니 이들은 모두 연나라와 땅이 맞닿아서 물화와 교역이 활발하게 이루어진 교통의 요지였던 것이다.

그러면 우리나라가 예로부터 "기자가 낙랑 평양에 도읍을 정했다"는 사실을 오랜 세월 동안 둘도 아닌 하나의 설로 널리 인정해 왔는데 어찌된 영문일까? 이는 우리나라 사람이 오랫동안 반 토막 조선 내에 있어서 역사가의 안목도 고대의 전체 조선에 미치지 못했기 때문이다.

대개 기자는 은나라가 주나라의 혁명을 당할 무렵 단지 주나라 판도 밖으로 피신할 수 있으면 충분했다. 그가 동쪽으로 나와 연나라를 넘어서 이른바 조선현을 얻으니 곧 단군조선의 구석진 땅이었다. 드디어 이곳에 정착하여 은나라 유민과 함께 한 부락을 이루었는데, 이때 단군은 기자가 성인의 덕이 있다는 소문을 듣고서 그들이 조선현에 속한 구역을 다스리게 하였다. 기자가 정치와 교화를 행하고 예의를 일으키자 동방에서 성인이 있는 나라가 되었고, 조선 인민들도 소문을 듣고서 굳이 유주 가까운 지방에 몰려들었다. 이러한 까닭에 주나라 무왕이 벼슬을 맡기고자 하였으나, 기자는 기어이 그의 신하가 되지 않으려고 종신토록 자정하였다. 그러나 그 자손들에 이르러 주나라의 벼슬을 받았다. 옛 사서[20]에서 "조

18* 『사기』, 「소진전」: 『사기(史記)』, 「소진열전(蘇秦列傳)」을 말한다.
19* 「화식전」: 『사기』, 「화식전(貨殖傳)」을 말한다.
20* 옛 사서: 중국 위나라의 역사를 기록한 사서 『위략(魏略)』을 말한다. 신채호는 『조선상고사』, 「제3편 삼조선 분립시대」에서, "위략(魏略)에, 기자의 후손 조선후는 주나라가 쇠해지고 연나라가 자존하여 왕이 되어 동쪽으로 땅을 공략하려고

선후라 칭한 이가 주나라 말엽에 이르러 왕으로 자칭했다"고 했으니 곧 독립국인데, 오히려 역사가 "주나라에서 기자를 봉했다"며 글로 남겼다. 사실상 기자는 지조와 절의를 지켰으니, 어찌 주나라의 봉함을 받음이 있으며, 그 신하되는 의리를 행했겠는가? 무왕 역시 어떻게 남의 나라 백성을 빼앗아 그에게 벼슬을 봉할 이치가 있었겠는가? 그러므로 기자는 그 처음에 영평부 지경 안 조선성에서 살고 있다가, 그 자손 대에 이르러 점차로 국경을 개척해서 남쪽으로 평양까지 와 도읍을 설치했다. 또 남쪽의 열수까지 개척하여 모두 기자의 소유가 된 것이며, 그때 단군조선은 미약해져서 쇠퇴하던 상황이었다. 그렇다고 하면, 기자가 동쪽으로 건너와 바로 평양을 도읍으로 정했다는 것은 곧 자연의 이치로 따져봐도 그 모두가 합당치 않다. 더구나 기자는 피신해서 자정하는 것을 도리로 삼았는데, 어찌 그가 남의 나라 도읍을 빼앗아서 살았을 것인가? 의리에 맞지 않을 뿐만 아니라 그럴 힘도 없었다. 설령 주나라 무왕이 그를 봉했다 하더라도 조선이 오복 지역 밖에 있었는데 어떻게 단군의 나라를 취해 기자를 봉하며, 기자 역시 어찌 편히 즐겨 살았겠는가? 단군이 물려준 관계로 이것이 그 한 모퉁이 가장자리 땅이라면 가능할지 모르지만, 어떻게 그 나라 도읍까지 다 바쳐서 물려 줄 수 있겠는가? 그러므로 기자의 처음 거처는 영평부 지경 안 '조선성'이었으며, 그 후대에 이르러 나라 형편이 점점 개척되어 평양에 도읍을 설치했음이 논리적으로 합당한 것이다. 하물며 역사에 실려서 전해진 증거가 역력한데도, 단지 그 아닌

___

하는 것을 보고, 조선후도 역시 스스로 왕이라 일컫고 군사를 일으켜 연을 배후에서 쳐 주실(周室)을 높이려고 하다가 대부례(大夫禮)가 간하여 그만 두고 대부례로 하여금 연을 설득하여 공격하지 않았다고 하였는데, 위략은 곧 서양의 백인종인 대진(大秦)-로마까지도 중국인의 자손이라 기록한 가장 지나식의 자존적 병심리(病心理)를 발휘한 글이니 그 글의 전부를 덮어놓고 믿을 수 없다"면서 『위략』의 가치를 혹평했다.

기자릉 평양시 기림리 소재

것을 추측으로 이어서 말하려는가?

어떤 이는 반문한다.

"기자가 나라를 세운 처음에 평양에 도읍을 정하지 않음이 분명하다고 한다면, 지금까지도 기자릉이 평양성 북쪽 토산에 있고, 기자정전이 평양 외성에 있고, 기타 기자궁과 기자정에 속하는 모두가 유적으로 서로 전하여 와 있으니 어찌된 일인가?"

이에 답한다.

우리나라는 예로부터 이와 같이 서로 전해옴이 많았다. 고구려 시조 동명성왕은 졸본부여에 나라를 세웠는데 곧 지금의 흥경 남쪽 경계로 비류수와 흘승골성이 모두 여기에 있었다. 그 아들 유리왕에 이르러 국내성에 도읍을 옮겼고, 10대손 산상왕에 이르러 환도성에 도읍을 옮겼다. 국내성은 지금의 초산 북쪽 강 건너편의 땅이고, 환도성은 강계 북쪽 압록강 물 건너편 땅이다. 11대손 동천왕에 이르러 처음 평양성을 쌓고, 종묘와 사직을 그곳으로 옮겼다. 또 옮긴 거처를 찾아보니, 16대손 고국

원왕에 이르러 다시 환도성으로 옮기고, 두 해 뒤에 또 평양 동황성으로 돌아왔고, 19대손 광개토왕에 이르러 환도로 옮겼는데 지금 이 땅에 능침 유적과 비문이 남아 있다. 20대손 장수왕이 다시 평양으로 도읍을 옮겼다. 그렇다면 동명성왕은 평양에 이르지도 않았는데 지금 그 능침이 중화군 용산에 있다. 또 평양에 기린굴과 조천석이 있는데 모두 동명성왕의 고적이라 한다. 심지어 정인지의 사서에는 지금의 평안남도 성천군을 졸본이라 하고, 비류수, 흘골성, 송양을 나라 이름이라 하며, 『여지승람』에도 이같이 적혀져 있으니, 그 황당무계함이 이처럼 심하였다.[21*]

무릇 동명성왕의 능침이 용산에 있는 것은 그 후손들이 도읍을 옮겨 그 선조릉을 이어 옮겨 받든 것이다. 기린굴과 조천석 역시 그 후손이 선조의 유적을 추모하여 상상하는 이름으로 기념해 세운 것이다. 흘러 전해옴이 오래되니까 마침내 나라의 고유함이 되어 후세 사람들도 이를 동명성왕의 고적이라고 여기게 된 것이다. 기자릉이 토산에 있는 것도 마찬가지로 그 후손이 여기에 옮겨 받든 것이다. 정전이 평양외성에 있는 것은, 『평양지』에 의거하면 지금으로부터 4백년 전 감사 이정제가 정전의 유제를 모방하여 그 논두렁과 밭골 이랑을 그려서 이르기를 '정전구역'이라 했다. 밭을 정(井)자로 구획한 선왕의 제도였다. 천하의 옛 선비들 기록에 이를 사모하지 않은 이가 없었으니, 중국 사람들이 평양에 오게 되면 반드시 여기 정전에 찾아와서 글로써 기록하고 시로써 노래하며 그 얻은 바를 지나치게 과장하여 세상에 떠벌리니, 이리하여 평양의 정전이 드디어 기자가 구획한 사실로 되어 버렸다.

21* 심지어~심하였다.: 『동사강목』 부록 하권, 「졸본고」의 "한번 성천이 졸본이라는 말이 있게 되면서부터 산천 이름을 모두 비슷하게 지어서 그 일을 사실화시켰는데, 후인들은 다시 상고해보지 않고 그대로 잘못을 전하니, 매우 탄식할 일이다."라고 한 구절에서 영향받은 것이다. 정인지의 사서는 『고려사』를, 여지승람은 『동국여지승람(東國輿地勝覽)』을 말한다.

그 사실을 규명해 보자면, 요순과 삼왕[22] 시대의 정전이 주나라 말에 폐지됨이 오래였는데, 기자의 정전이 어찌 홀로 3천년 뒤까지 있었다고 하는가? 또한 기자가 나라를 다스림에 우물 '정(井)'자로 그 밭을 구획했다면 마땅히 사방을 두루 실시했을 텐데, 어찌 외성의 한 구역만 했겠는가? 기타 여러 유적도 다 기린굴, 조천석의 경우와 흡사한 것이다. 강릉의 '예'와 춘천의 '맥'도 이 같은 경우다. 북부여왕 해부루는 예맥의 땅에서 동쪽 강릉으로 옮겨서 살 때, 그들 옛 이름을 그대로 사용하였다. 그러므로 북명 사람이 오래된 구리국새를 얻었는데, 그 새김에 '예왕지인'이라고 하였으니,[23] 곧 북방 예맥이 동방 예맥이 된 것이다.

대개 우리나라는 예부터 흘러 전해오는 나라이름, 땅이름, 산이름, 물이름이 같지만 그 사실이 다른 경우가 매우 많다. 조선은 곧 요동 조선과 낙랑 조선이 있었고, 평양은 곧 요서 평양과 낙랑 평양이 있었으며, 현도는 곧 동·서의 현도가 있었고, 옥저는 곧 남·북의 옥저가 있었고, 개마는 곧 동개마와 서개마가 있었으며, 마한은 곧 남마한과 서마한이 있었고, 졸본은 두 졸본이 있었고, 부여는 네 곳의 부여가 있었고, 패수는 세 곳의 패수가 있었고, 태백은 네 곳의 태백이 있었다. 이 여러 가지 예는 모두 옳은 것이다. 기자의 조선성은 영평부 지경 안에 있었고, 요동에서의 거리가 2천리인데, 후세사람이 단지 낙랑의 조선에서만 찾으니 옳다고 하겠는가? 이제는 고대 조선 전체에서 찾아봐야 하는데, 기자가 처음 영평의 조선성에 처음 거주했다는 사실에 단연코 의문이 없으니, 우리 대동역사에서 오랜 동안 밝혀지지 않았던 난제가 이제야 풀린 것이다.

22* 삼왕: 하 우왕, 은 탕왕, 주 문왕과 무왕이다. 문왕·무왕은 부자지간이므로 한 임금으로 친다.
23* 북명 사람이~하였으니: 『삼국사기』 권1, 「신라본기」 1 '남해차차웅 16년'조에 "북명(北溟)사람이 밭을 갈다가 예왕(穢王)의 국새[印]를 얻어 이것을 바쳤다"고 했다.

결론

대개 단씨조선의 개척은 백두산에서 일어나서 평양을 중심으로 유주 경계에 도달하였고, 기자조선의 개척은 그 일어남이 유주에서 평양을 중심으로 하여 열수 물가에 도달하였다. 이는 인문의 발달과 천지의 기운이 번갈아 순환하기 때문이다. 우나라 순왕은 동방 사람으로서 중국에 가서 천하를 다스렸으니, 그 때는 곧 단군 시대로 천지의 기운이 동쪽에서 서쪽으로 가는 시대였다. 주나라 무왕은 서방사람으로서 중국에 가서 사방을 복종시켰으니, 그 때는 곧 기자 시대로 천지의 기운이 서쪽에서 동쪽으로 가는 시기였다. 인문의 발달도 본래 이와 같은 관계가 있다.

무릇 단군조선과 기자조선의 역사로써 이를 증명하면, 곧 만주와 대한이 원래 한 나라였고, 그 백성이 원래 한 겨레였음을 확실히 고증할 수 있다. 그렇다면 우리 대동민족은 신성한 조상이 있었고, 신성한 문화가 있었고, 신성한 무풍이 있었는데, 유독 신성한 정신만 없었겠는가? 신성한 정신은 어디에 있는가? '역사'가 바로 그것이다. 역사가 없으면 바로 야만족이라 이르고 노예 백성이라 이르니, 우리 신성한 민족에게 역사정신이 없어서야 옳겠는가? 진실로 우리의 역사정신을 발휘하고자 하면 곧 우리 동족 형제를 이끌고 우리를 낳아 살리신 시조에게 돌아가는 것뿐이다.

논평

단애[1]생은 말한다.

"걸출하고 이채로운 견해와 바르고 확실한 논리는 실로 우리나라에 처음 있는 글월로서, 개산대부[2]로 용문[3]을 단번에 쪼개 황하의 흐름을 처음으로 되돌이킨 것 같다. 그 크나큰 종지를 끝없는 정성으로 절절히 힘써야 우리 대동민족이 우리의 신성한 종교를 보유하고 우리의 신성한 역사정신을 발휘하며, 만고에 오직 으뜸으로 삼아야 할 것이 이것이다. 하늘의

단애 윤세복(1881~1960)

계시가 선생에게 없었다면 어찌 우리 민족의 행운이 있다 하겠는가?"

단암[4]생은 말한다.

"천고에 있지 않던 논리가 세워졌고, 천고에 결론내지 못했던 역사의 안건을 고루어 끝냈으니, 그 훌륭함이여! 하물며 종교와 역사는 우리 민족의 정신이니, 어리석은 이라도 이를 읽으면 바로 책상을 치면서 "우리 단조의 신성한 후예, 3천만 형제들이여!"하고 크게 외칠 것이다."

1* 단애(檀崖): 동창학교 교주(校主)로서 백암의 저서 전체를 교열한 윤세복의 호다. 윤세복의 본명은 윤세린이었는데, 1910년 음력 12월 27일 홍암 나철이 자신을 찾아온 그에게 종교적 감화를 주고, 호와 새이름까지 지어주었다.
2* 개산대부(開山大斧): 커다란 도끼로, 고대 무기의 한 종류다. 『삼국지연의』에 위나라 장수 한덕이 개산대부를 잘 다루고 용맹이 뛰어났다 한다.
3* 용문(龍門): 중국 황하강(黃河江) 중류에 있는 여울목. 잉어가 이곳을 뛰어오르면 용이 된다고 전한다.
4* 단암: '단애'의 오기로 보인다.

제2편

명림답부전

백암 박기정 지음 ·
단애 윤세복 교열

서론

아, 우리 단군대황조의 자손들이여! 그대
들은 세계 인류사회에서 종교사회가 가장
고등지위에 있는 이유를 알고 있는가? 산하
가 변천될지라도 종교사상이 변천되지 않
고, 천지가 번복될지라도 종교사상이 번복
되지 않기 때문에 세계가 최고등 사회로 공
인하는 것이다.

내가 우리 일반 형제를 위하여 각 교문의
종지를 대략 설명하건대, "나의 몸이 죽을
지라도 나의 '인'[1]이 갖추어지리라" 함은 유
교의 종지요, "나의 사대[2]가 열반하여도 나

1* 인(仁): 공자가 '인'을 도덕의 중심으로 삼은 후, "자기에게 엄하게 하지만 남에게
   어질게 하는 정신"을 인이라고 설명했다.
2* 사대(四大): '사대육신(四大六身)'으로, 온몸을 뜻한다.

의 '법신'[3]이 충만하다" 함은 불교의 종지요, "나의 범태[4]가 땅에 떨어져도 나의 '곡신'[5]이 하늘에 올라간다" 함은 선교의 종지요, "나의 육신이 침윤할지라도 나의 '영혼'이 영생한다" 함은 기독교의 종지다.

공자   석가   예수   노자

아, 단군대황조 자손의 4천년 신성한 역사는 곧 공자의 '인'이요, 석가모니의 '법신'이요, 노자의 '곡신'이요, 예수의 '영혼'이다. 그러므로 비록 산하가 변천되고 천지가 번복될지라도 우리 역사의 '인'과 우리 역사의 '법신'과 우리 역사의 '곡신'과 우리 역사의 '영혼'이 어찌 변천되고 번복될 리 있겠는가?

그렇다면, 우리 4천년 역사에서 가장 자주독립의 자격이 완전하여 신성한 가치가 있었던 때는 고구려 시대다. 고구려는 처음 건국하는 날부터 사방의 강적과 혈전하여 그 기초를 수축하였다. 7백여 년 동안 우리 민족의 활발하고 날래고 씩씩한 기상이 어떠했는가? 피비린내 나는 비바람을

따뜻한 봄의 화창한 기운 같이 환영하였고, 아주 험난한 지경을 탄탄대로 같이 밟고 다녔으니 실로 세계 민족을 대하여 필적6*할 만함이 없었던 가치가 있었다. 우리는 오늘에 있어서 아무쪼록 고구려 역사를 숭배하고 기념하여 우리의 '인'과 우리의 '법신'과 우리의 '곡신'과 우리의 '영혼'을 이 세상에 부활시켜야 인류 자격에 참여할 수 있을 것이다. 만일 이 '인'과 이 '법신'과 이 '곡신'과 이 '영혼'이 전멸하고 단지 몸뚱이나 세상에 기대어 배고프면 먹

광개토대왕릉비(중국 길림성 집안시 소재)

을 줄이나 알고 목마르면 마실 줄이나 알 뿐이라면, 우리 민족이 설사 비상히 증식되어 2억만이 될지라도 단지 2억만 짐승 종자를 증가시키는 것이니 다른 민족의 식료품이나 더욱 갖다 바치게 될 것이다.

우리가 4천년 역사에서 가장 고구려7* 역사를 숭배하고 기념하려면, 고구려 시대의 철인과 위인의 역사를 숭배하고 기념하는 것이 더욱 필요하다. 왕실은 동명성왕, 대무신왕, 태조왕, 고국천왕, 광개토왕, 장수왕의 역사이며, 장수와 재상은 부분노, 을두지, 명림답부, 을파소, 고노자, 밀우, 유유, 온달, 을지문덕, 천개소문, 양만춘 등 여러 인물의 역사가 모두 높고 위대한 광명으로 오랜 세월 동안 밝게 빛났다. 비록 사적이 헐려

6* 필적(匹敵): 능력이나 세력이 엇비슷하여 서로 맞섬이다.
7* 가장 고구려: 문맥상 가장과 고구려 사이에 '자주독립의 자격이 완전했던'의 내용이 누락된 듯 보인다.

동명성왕릉(평양시 용산리 소재)

없어져 전체 중 일부만 존재할지라도, 우리가 아무쪼록 추상으로 하던지 이론으로 하던지 힘써 발휘하고, 우리 민족의 뇌수에 조상의 역사를 불어넣는 것이 제일 급선무다. 또 고구려 시대에 있어서 허다한 위인 가운데 명림답부는 선교계 출신으로 나라와 백성을 구한 이념을 실행한 사람이므로 더욱 기이한 자격이 있으니, 곧 동양의 크롬웰[8*]이다. 저 서양인들은 크롬웰에게 여하히 무릎 꿇어 절하고 칭송하지 않는가? 우리 동양인은 명림답부를 그렇게 하는 것이 옳

크롬웰(영국의 통일 영웅)

8* 올리버 크롬웰: 오늘의 영국 통일을 이룩한 17세기 출중한 정치가 겸 군인이다. 영국의 군주제를 폐한 1653년 12월 6일부터 죽을 때까지 호국경으로 잉글랜드, 스코틀랜드, 아일랜드를 다스렸다.

을 것이다. 크롬웰은 "나는 천하의 악명을 듣더라도 국민에게 영광을 베풀지 않을 수 없다"고 하였으며, "나는 천하의 험준함을 밟을지라도 국민에게 복지를 이바지하지 않을 수 없다"고 하여 자기의 명예와 생명을 함께 희생하고 천하에 크게 그릇됨을 무릅쓰되 제멋대로 돌아보지 않고 거리낌 없이 이행한 자다. 명림답부는 명분과 의리로써 말할지라도 왕위 찬탈자를 제거하여 전왕의 원수를 갚은 자이기 때문에, 크롬웰과 비교하면 차이점이 있다. 아, 이같이 종교 출신으로 나라와 백성을 구한 이념이 최고조에 달했던 자를 숭배하지 않고 누구를 숭배할 것인가?

대황조강세기원[9*] 4368년 9월 모일에 지은이 씀

제1장 명림답부의 출생지와 시대

명림답부[10*]는 고구려 연나부 사람으로 태조왕 초년에 태어났다. 무릇

9* 대황조강세기원: 상원갑자년(B.C.2457) 음력 10월 3일 단군대황조가 신인(神人)으로서 하늘을 열고 태백산 신단수 아래에 내려와 신시(神市)를 열었다. 이날이 '개천절'이다. 대황조강세기원 4368년을 서기로 환산하자면, 단기(곧 B.C.2333년 전)에 124년을 더 소급해서 1911년이 된다. '대황조강세연호'는 1910년에 '개천(開天) 연호'로 용어를 교체한 뒤 오늘날에도 공식 사용되고 있다.

10* 명림답부: 67(태조왕 15)∼179(신대왕 15). 고구려의 애국명장. 연나부 출신으로서 165년(차대왕 20) 당시 조의의 벼슬등급에 있으면서 차대왕의 폭정을 반대하여 정변을 일으켜 왕의 아우인 백고(伯固), 즉 신대왕을 내세우는데 결정적 역할을 하였다. 그 공로로 166년(신대왕 2)에 패자(沛者)로 승진함과 동시에 국상으로 임명되었다. 172년 11월에 한나라 현도태수 경림이 대규모 군사를 이끌고 재침하자 청야수성(清野守城, 들판을 비우고 성을 지킴)전술을 펴 물리쳤을 뿐만 아니라 퇴각하는 적들에 대한 대포위전을 펼쳐 좌원에서 완전히 소멸시켰다. 이 전투에서 한나라군은 '말 1마리도 돌아가지 못하였다'고 하며, 그 공으로 좌원과 질산을 식읍으로 받았다.

역사가가 이상적으로 인물의 자격을 논하는 경우에 먼저 그 사람의 출생지와 시대를 논하는 것은 그 사람의 자격이 지방 풍기[11*]와 시대 운회[12*] 관계로써 특별히 이루어지는 이유가 있기 때문이다.

명림답부의 인격을 논하자면 일등 정치가도 되고 일등 군략가도 되는데, 특별히 종교가의 생활로 비상한 큰 활동이 있는 것이 세계 인물사에서 특이한 자격이라 말할 수 있다. 위수에서 고기를 낚던 강태공이 80세에 주나라를 도와 목야[13*]에서 위엄과 무력을 떨쳤는데, 명림답부가 90세 노인으로 국가의 변고를 맞아 벽력수단으로 천지가 놀라 동하게 하고 산하를 두려워 떨게 하였으니, 이는 고금역사상 전에 없던 기이한 자취다. 저 영국의 크롬웰은 청교도의 영도자로서 불법 전제군주를 처치하여 정부를 개혁하고 민권을 신장시켜 국가를 재건해 서양인이 이를 둘도 없는 세계 영웅이라 칭송한다. 우리 동양의 고구려 시대에 또한 이와 같은 영웅이 있었으니 이는 동·서 역사에 견줄만한 가치가 있는 자다. 이를 증명하려면 명림답부의 인격을 인정해야 하는데 지방 풍기, 시대 운회와 관계가 없지 않다.

출생지로 말하면 곧 지금의 흥경 남쪽 경계 백두산 지파로 그 하늘이 내린 오묘한 경치와 거대한 산악이 풍운을 삼키고 내뱉어 세 강과 다섯 내와 넓은 벌판과 깊은 골짜기가 신령한 기운을 함축한 까닭에 옛날부터 세상을 뒤엎은 영웅호걸이 여기서 많이 나왔으며 신선도가의 무리가 또한 여기에서 많이 나왔다. 그러므로 명림답부의 뛰어난 인격이 지리와 관계 있다고 말하는 것이다. 그 시대 운회로 말하면 그때는 고구려 풍기

11* 풍기(風氣): 풍도(風度)와 기상(氣象).
12* 운회(運會): 운수(運數)와 기회(機會).
13* 목야(牧野): 주(周)나라 무왕이 은나라 주왕을 토멸한 곳으로 지금의 중국 하남성(河南省) 기현(淇縣) 남쪽 땅이다.

가 처음 열리고 바야흐로 국운이 일어나던 시대였다. 그렇기 때문에 당시 사람이 장수를 누려 태조왕이 119세, 차대왕과 신대왕도 또한 모두 100세에 가까웠으니 그때 인민의 튼튼하고 건강하여 장수함을 추상할 수 있을 것이다. 명림답부가 90여세에 비상한 큰 활동이 있었고 114세[14*]의 수를 누린 것 또한 시대 운회와 관계가 없지 않다고 말하려는 것이다.

제2장 명림답부의 초년행동

명림답부는 연나부 농가 출신이다. 그 집안은 졸본부여의 옛 가문으로 단군대황조의 신교를 대대로 받들어 가업을 힘써 닦고 덕행을 많이 베풀었다. 답부가 태어나 골격이 웅장하고 훌륭하며 눈빛이 번개처럼 번쩍이니 부모가 기특하게 사랑하고 향리 장로가 모두 범상치 않은 인물이 될 것으로 기대하였다. 7, 8세 때부터 힘은 억센 활을 당기며 용맹은 준마를 달리며 또한 독서를 게을리 하지 않아 근본 이치를 연구해 환하니 문무의 재주를 겸비한 일대 영걸이었다.

일찍이 15세 때 동명성왕 묘에 배알하고서 신선의 도를 사모하는 생각이 들었다. 이에 출가수도에 뜻을 두어 부모에게 작별을 고하고 홀로 집

14* 114세: 113세의 잘못이다. 『삼국사기』 권45(열전5), 「명림답부」에 의하면, "신대왕 15년(179) 가을 9월에 죽으니 나이 113세였다. 왕이 친히 빈소에 가서 애통해 하고, 7일간 조회를 파하였으며, 예를 갖추어 질산에 장사지내고 묘지기 20가를 두었다"고 했다. 그런데 『단조사고』, 「외편」에도 명림답부의 나이를 114세로 기록하는 착오가 똑같이 있다. 그 원인은 모두 『삼국사기』가 아닌 이종휘, 『수산집』 권12, 「동사지(東史志)」 '신사지(神事志)'의 "…차대왕과 신대왕이 약 100세, 신하 <u>명림답부도 114세를 살았다</u>. 그 나라 모든 관리의 벼슬이름에 선인의 호칭이 있으니, 신선을 높이 숭상하는 것을 미루어 알 수 있다[次大新大皆近百歲. 其臣明臨荅夫亦百十四歲. 其國百官之品遂有仙人之號. 其隆崇神仙]" 구절을 비판없이 따온데서 비롯된 것임이 확인된다.

을 떠나 나라 안 명산대천을 두루 다니며 유람하다가, 경문을 휴대하고 태백산 초암에 들어가 흡기도인[15]과 운두보강[16] 등의 수련을 익혔다. 이때의 생각은 실로 속세를 벗어나 자연 속에서 한가히 즐겨 장차 자부진인과 청학동신선을 반려하여 아주 떠나 돌아오지 않기로 마음속에 맹서하였던 것이다. 하루는 바위 위에 가부좌를 틀고 앉아 경문을 암송하는데, 문득 선풍이 화창하고 아름다운 구름이 영롱한 가운데 한 노인이 표연히 다가오는데 용모가 맑게 야위고 수염과 눈썹이 하얀 백발이다. 노인이 답부에게 소리쳐 말한다.

"그간 소년이 경문을 암송하였는데 현묘한 이치를 터득하는가?"

답부는 보통사람이 아닌 줄 알고서 합장하고 절하며 말했다.

"원컨대 어르신을 따라 현묘한 뜻을 듣고자 합니다."

노인이 말했다.

"너의 면모를 관상하니 공명상이고, 너의 견골을 관상하니 세상일에 중대한 책임을 짊어질 사람이다. 만일 직분을 버리고 선가의 인연을 망상하면 하늘의 뜻을 거역하는 것이므로 앙화를 면치 못할 것이다. 하물며 인간세상 장래의 겁운[17]이 예사롭지 않아 국가와 인민 간에 뜻밖의 재앙이 많이 닥칠 것이다. 그 때가 되면 중생을 제도함이 너의 천직이니 십분 명심하여라."

노인은 말을 마치자마자 '장수부귀' 4자를 써서 주고 표연히 사라졌다. 답부가 또 한 번 놀라고 두려워하여 좇아 바라보니 운해가 아득하여 그 거처를 찾을 수 없었다. 이에 답부가 '장수부귀' 4자를 가지고 마음을 다

15* 흡기도인(吸氣導引): 흡기는 기(氣)를 끌어들이고 몸 전체로 기혈을 운행시키는 것이며, 도인은 도가에서 장생불사하기 위해 수련하는 양생법을 말한다.

16* 운두보강(運斗步罡): 도가에서 북두칠성의 정기를 활용하여 길흉을 판단하고 또 신체를 단련시키는 도술이다.

17* 겁운(劫運) : 액이 낀 운수를 말한다.

시 가다듬어 말했다.

'하늘이 나를 낳으셨는데 신선의 자격을 허락지 않으셨는가? 인생이 장수를 누리면 신선됨이 먼데 있지 않고, 부귀가 비록 철인·군자의 원함이 아니지만 생전의 부귀가 또한 인생의 행복인 것이다. 억지로 요구할 바는 아니지만, 만일 스스로 오는 경우라면 또한 피할 것이 아니다. 하물며 신인이 나를 위하여 지도한 바가 있으니 내가 이를 좇지 않으면 도리어 앙화가 있을는지 염려하지 않을 수 없구나.'

답부는 하산하여 속세에서 행동을 개시하였다. 그러면 답부가 세상에 뛰어든 이후에 어떠한 행동이 있었을까? 장차 정치계에 들어가 정략적 경륜으로 백관을 지휘하고 서무를 총리하여 혁혁한 공을 세웠는가, 군인계에 들어가 전략적 수단으로 백만 장졸을 이끌고 해륙풍운을 밟아 천지를 진동하는 위세와 명망을 드날렸는가?

답부의 대담하고 용맹스런 지략으로 이를 성취하는데 여유 있고 침착할 터인데, 더구나 태조왕 시대에 국토를 널리 개척하며 나라의 운명을 발전시키기 위하여 남정북벌에 국가 일이 많고 또 지나[18*] 한족이 원한을 풀지 못해 누누이 내침하므로 변경에 근심이 많았다. 이때를 맞아 지모와 계책과 기예가 한 가지라도 있는 선비가 대부분 다 등용되어 조정에 직무의 태만함이 없고 초야에 묻힌 선비가 없었다. 답부가 재략으로써 벼슬길을 요구하면 실로 청자[19*]를 취함이 겨자씨 줍는 것처럼 쉬운 일이었지만, 답부의 사상은 여기에 있지 않고 오직 종교계에 들어가 근본 교화로 인민

18* 지나(支那): 현 중국(中國)의 호칭 중 하나다. 중화사상의 어감을 주는 중국이라는 개념은 본래 수도나 제왕이 사는 곳을 의미했다. 고대에는 화하(華夏) 내지 중하(中夏)라는 용어가 사용되었다. 중국의 국명은 중화민국(1912)과 중화인민공화국(1949)의 약칭으로 사용되어 오늘에 이른다. 백암 저서들에 지나와 중국의 표현이 혼재되어 있는데, 지은이의 표기를 그대로 따랐다.
19* 청자(靑紫): 고관(高官)의 의장(儀章)을 상징한다.

의 정신을 단합하며 국가의 원기를 배양함에 있는 까닭에 드디어 연나부 조의대선 직책을 차지하였다.

제3장 조의대선의 지위

원래 고구려는 단군대황조의 신교를 봉승하여 신을 받들어 제천하는 예를 존중히 하고, 동명성왕이 천선[20]으로 세상에 내려와 국가를 건설하며 인민을 구제하고 삶을 마감할 때 신선으로 화하여 하늘에 오른 사적이 있는 까닭에 신을 받들어 제천하는 예가 나라의 큰 의식이 되었다. 특별히 조의두대선사의 직책을 두어 하늘을 제사함이 왕에 버금하여 그 예를 주관하고, 정사를 의논함에 추신[21]이 되고, 인민을 교육함에 사장이 되어 전국 선교도를 거느려 관리하고 또한 각주 각성에 대선을 두고 교도를 분관하니, 정신계와 실권계에서 세력이 크므로 실로 도력 있는 이가 기치를 높이 걸고 복음을 널리 전파할 지위다. 그러므로 명림답부 같은 대영걸이 이 지위를 맡아 오로지 교리를 해명하고 교무를 확장하는 데 90여 년의 세월이 걸리니, 그 성실한 노력의 간절하고 진실된 바와 눈부시게 훌륭함이 실로 국론을 결정하며 국민을 좌우할 능력이 생긴 것이다.

그러나 그때 고구려의 주권을 가진 국왕이 교권과 민권을 존중하여 태평복락을 편안히 누리는 날이었다면, 명림답부의 한평생은 도덕계에서

20[*] 천선(天仙): 이규경은 『오주연문장전산고』, 「경사편」 '도장총설(道藏總說)'·'도장잡설(道藏雜說)'에서, "천선이란 일찍이 훌륭한 조상에 슬기로운 천성을 갖춰 선행을 쌓은 가문에서 출생, 어린 시절 입도해서, 도와 덕이 높은 사람에게서 방편을 전해 받아 하늘과 땅을 화로와 솥으로 삼고 해와 달을 물과 불로 삼아 청정하고 자연스러워 내단·외단을 순전하게 이루어 삼계(三界)를 초월하여 세상 울타리를 타파한 신선"이라고 정의했다.
21[*] 추신(樞臣): 군국(軍國)의 기무(機務)를 담당하는 고관을 말한다.

취미로 소요22*하며 자재23*할 뿐이었을 것이다. 그렇지만 불행히도 왕실에서 찬탈의 일을 저지르고 교권을 억누르며 민권을 짓누르는 수성왕 시대를 만나 왕실과 국민 간에 큰 충돌이 일어났다. 고구려 역사에 수성왕이 비록 포악하여 어질지 못하고 불법 전제군주이나, 날쌔고 용맹스러워 만근의 무게로 누르고 우레 같은 위엄으로 더하는 시대였다. 만일 명림답부와 함께 군신의 의리로 상견하지 않고 적국의 태세로 서로 대하는 경우 왕군이 개가24*를 부른다면 고구려의 교권과 민권이 여지없이 패하여 영영 박멸되는 날이고, 민군이 이긴다면 왕의 운명이 가련한 지경에 돌아갈 것이다. 이에 대하여 고구려 국민의 수준 여하와 명림답부의 지용 여하와 수성왕의 화복 여하를 십분 주목할 만한 기회였다. 비록 그렇지만 이 왕실과 국민 간에 전쟁이 일어난 것이 왕의 지은 죄로 말미암은 것이므로, 이에 대한 그 원인을 고증하기 위하여 수성왕의 역사를 기술하고자 한다.

제4장 수성왕의 역사

수성왕은 태조왕의 친아우인데 매우 용맹스러우나 맹수처럼 사나운 사람이다. 태조왕 69년에 한나라의 침략을 방어하는 임무에서부터 그 활동이 드러났다. 이때 고구려의 성세가 날로 확장하였는데, 한나라 조정은 1차로 크게 거사하여 고구려를 징계하지 않으면 요동을 보전하지 못할 것이라 예상하였다. 이에 수십만의 군사를 일으켜 유주자사 풍환을 대장

22* 소요(逍遙): 자연 속에서 한가하게 즐기는 것이다.
23* 자재(自在): 속박이나 장애를 전혀 받지 아니하고 자유로운 것이다.
24* 개가(凱歌): 이기거나 큰 성과가 있을 때의 환성을 말한다.

으로 삼고 현도태수 요광을 우장에, 요동태수 채풍을 좌장으로 삼아 먼저 예를 정벌해 그 우두머리를 쳐서 죽이고 병기, 재물과 포로·가축을 셀 수 없이 빼앗아 갔다. 승승장구하여 우리의 도읍을 곧바로 질러 들어오니 백성들이 크게 떨었다. 태조왕이 뭇 신하를 모아 놓고 싸워서 지키는 방법을 물으니 중론이 분분하여 혹자는 싸움을 주장하고 혹자는 수비를 주장하여 의견이 일치되지 않았다. 왕의 아우 수성만 혼자 말이 없어서 왕이 그 이유를 묻자 수성이 대답하였다.

"뭇 신하들이 다 혀로 싸우는데, 저는 병사로서 홀로 싸우고자 합니다."

왕이 이에 수성을 막리지(곧 지금의 군부대신)로 삼고 여러 장수를 거느리고 출전하게 하였다. 이때 수성의 나이는 이미 60을 바라보는 고령에 이르렀다. 흰 수염을 휘날리며 갑옷을 입고 말을 타니 왕이 그 연로를 위로하는데, 수성이 말하였다.

"신의 나이는 늙었으나, 신의 칼은 늙지 않았습니다."

수성은 달려가 좌원에 이르렀다. 적병이 아직 도달하지 못했으므로 수성이 기뻐하여 좌우를 돌아보며 말하였다.

"저들은 풋내기로 전쟁을 알지 못한다. 남의 나라를 침범하는 자는 마땅히 경무장한 기병으로 빨리 달려 먼저 험준한 요새를 빼앗아 차지해야 하는 법이다. 그런데 저들이 많은 군사를 거느리고 이곳에 온 지 여러 날 동안, 여태껏 광야에서 머물러 험준한 요새지를 우리에게 양보하였으니 어찌 패하지 않겠는가?"

수성이 이를 차지하여 지형을 제압한 기세를 알리고 사신을 파견하여 화의를 제출하자, 환 등이 이미 지리적 우세를 잃었기 때문에 나아가 구하고자 해도 얻을 수 없고 물러가고자 해도 할 수 없게 되었다. 이에 화의를 청하여 물러가고자 할 때 허다한 금화를 요구하는 것을 수성이 이를 거짓 허락하고 따로 편장을 보내 경무장한 기병 3천을 거느리고 현도와 요동을 습격하여 성곽을 불태우고 수비하는 병사 2천명을 죽였다. 환 등이 이 보고를 접하고 크게 놀라 급히 군사를 돌이켜 구원하러 가는 것을, 수성이 선비족 병사 8천을 이끌고 좇아 요대현에 이르러 크게 싸웠다.[25*] 풍환과 요광 둘은 각자 말을 타고서 먼저 달아나고, 채풍이 자못 강경한 태도로 공조연 용서[26*]와 병마연 공손포 등과 함께 거전하는 것을 수성이 이를 분격하여 대파시키고, 풍·서[27*]·포를 베고 수만 명[28*]을 죽이니, 이는 고구려인이 한족과 교전한 이래 제일가는 대승첩이다. 군사가 돌아오자 왕이 크게 기뻐하여 드디어 상가의 직을 수성에게 수여하니 지위가 백관보다 위이고 군국대권이 다 그 수중에 돌아가고 위세를 내외에 떨쳤다.

애석하게도 고금 인물사에 매우 훌륭하고 걸출하며 빼어난 사나이 대장부가 허다했지만 늘 장점으로 인해 단점이 있기 마련이기 때문에 영웅호걸과 어진 군자의 자격을 합하여 완전무결한 사람이 된 자가 극히 적었다. 수성은 왕의 친아우로 뛰어난 재주와 기발한 계략이 있어 세상에 다시없는 위대한 공훈을 세우고 더할 나위없는 은총을 받았다. 만약 겸손히 물러나 근신의 미덕으로 신하의 직분을 충실히 지키고 왕실의 보좌에 마음과 정성을 다했으면 국가의 무궁한 경사스런 복이고 자기도 완전한 인격으로 만세에 아름다운 명성으로 남았을 텐데, 불행히 영웅심의 발로로 야심의 씨앗을 품어 뒤의 결과는 역사상 큰 오점으로 남고 말았다.

수성이 대보의 인수[29*]를 차고 기구[30*]에서 사냥하다가 석양을 돌아보

25* 수성이~싸웠다:『삼국사기』, 「고구려본기」 3 '태조대왕 69년'조에 따르면, 서기 121년 4월 요대현 공격을 감행한 것은 태조대왕이다. 덧붙여 중국측 사서에 요대현이 요수현으로 기록돼 있기에, 원지명 '요수현'이 옳다.

26* 용서(龍瑞): 용단(龍端)의 잘못이다.

27* 풍·서·포: 채풍·용서·공손포인데, 용서는 용단이 옳다.

28* 수만 명: 원사료에 '100여 명'이라 기록돼 있다. 채풍 등을 격파시킨 장본인 또한 수성이 아닌 태조대왕의 착오다.

고 한숨을 쉬며 길게 탄식하였다.

"사람의 한평생이 일장춘몽과 같도다"

이에 관나우태 어지류[31*]와 비류나조의 양신과 환나우태 미유[32*] 등이 그 뜻을 헤아려 알고 은밀히 수성에게 아뢰었다.

"모본왕이 붕어하실 때 여러 신하들이 고추가[33*] 선공을 세우고자 했는데 선공이 보위를 갖지 않고 연로하다고 사양했던 것을 지금 왕은 늘그막의 백발이 세었어도 사양할 뜻이 없었습니다. 이는 선공의 뜻을 잇지 못한 것이니 당신은 이를 깊이 헤아리소서."

이에 수성이 거짓으로 말하였다.

"임금의 자리를 이어 받음에 맏아들로 함이 천하의 올바른 도리다. 왕이 비록 늙었으나 태자가 있으니 어찌 감히 엿보겠느냐?"

미유가 아뢰었다.

"대무신왕이 모본왕을 버리고 민중왕을 세웠는데, 아우가 어질면 형의 뒤를 잇는 것은 이미 왕조에 있던 예입니다. 당신은 의심하지 마십시오."

수성이 이에 지류 등과 밀모하여 왕위를 기도하고자 하였다.

수성의 아우 백고는 사냥터에서 수성의 달리 품은 마음이 있음을 살피고 간언하였다.

"화복이 사람을 택하는 것이 아니라 사람이 화복을 택하는 것이니 지금 당신은 왕의 친아우이고 모든 벼슬아치의 으뜸입니다. 공이 높고 지위가 지극하니 마땅히 충의로써 마음을 지키고 예절로써 사양하여 자신의 욕

29* 인수(印綬): 벼슬자리에 임명될 때 임금에게서 받는 표장을 말한다.
30* 기구(箕丘): 고구려 왕실의 사냥터 지명이다.
31* 관나우태 어지류: 관나우태 '미유'의 잘못이다.
32* 환나우태 미유: 환나우태 '어지류'의 잘못이다.
33* 고추가(古鄒加): 고구려의 왕족 또는 귀족에 대한 특별 칭호로, 5부족 가운데 소노부·계루부·절노부 각 가문의 적통(嫡統) 장자를 말한다.

심을 이기고, 위로 왕덕에 부응하고 아래로 민심을 얻어야 합니다. 그런 연후에 부귀를 가히 보존하는 것이며, 재화와 난리가 생기지 않습니다. 지금 즐거움을 탐하여 반역함을 알지 못하니 어찌 복을 택하는 도리라 하겠습니까?"

수성이 대답하였다.

"부귀 환락은 사람이 스스로 구하는 것이다. 이를 얻는 사람이 적으니 지금 내가 즐길만한 지위에 있음에도 불구하고 뜻대로 할 수 없다면 장차 무엇을 기대하겠느냐?"

백고는 이에 반드시 참란의 사건이 일어날 것으로 알고 두문불출하였다.

제5장 대선 사무의 선견

성상가와 복서가[34*]의 점후[35*] 예언하는 일을 지금 이학자와 과학자들 모두가 황당무계한 것으로 결부시키는 것은 고대인들의 사상정도를 연구하지 않았기 때문이다.

무릇 아득한 옛날은 풍속이 순박하고 인사가 단순하여 일체의 학술사상이 배태되고 움트는 시대였다. 천시의 화복과 인사의 길흉에 대하여 늘 몹시 두려워하고 마음을 가다듬어 반성하는 뜻이 있었다. 또한 천하의 대사와 천하의 깊은 의심이 있으면 당시 사람들의 사상이 이를 예사로운 인지로 결단치 못하는 것으로 인식하고, 반드시 신명의 지시를 구하여 복서로써 결단하니 고대인의 사상정도가 그와 같았던 것이다. 이런 까닭에 성인이 총명과 예지로 만물의 도리를 알아 일을 성취케 해 주고, 또한

34* 성상(星象)가와 복서(卜筮)가: 점성가와 역술가를 말한다.
35* 점후(占候): 천문을 관측하여 미래를 점치는 것이다.

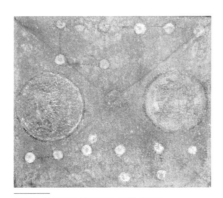

고구려 북두칠성 벽화(집안 장천 1호분)

때의 변함을 따라 그 때에 맞도록 신도로써 종교를 설립하였다. 그러므로 대사와 깊은 의심이 있으면 반드시 복서로 결단하여 여러 의문을 푸는 것이 곧 지극히 공정하고 지극히 바른 도리였다. 경전을 보더라도 『주역』과 「홍범」이 철리의 조종으로서 복서의 일을 말하였고, 『주례』에 꿈을 해몽하는 관리가 있었으며, 『시경』에 대인의 점괘가 있었고,[36*] 『좌씨춘추』의 비조·재신[37*]들이 다 제사 때 축문을 맡은 관리로서 일시 임금과 정승의 고문이 되었다.

세운이 환히 비춰서 인지가 증진되고 인권이 발달되어 길흉화복 등의 일에 관하여 별로 의구심이 없고, 오로지 인지로서 결단하며 인권으로서 이행하여 신명의 지시를 필요로 하지 않게 되었다. 이로써 성상·복서의 원류가 단절되었으나, 닥쳐올 운수를 미리 헤아려 길흉을 예언하는 자가 이따금 도가와 음양가에서 나왔다. 이 정신수양의 공부로써 그 심령의 텅 비어서 밝음과 천시·인사에 관하여 반드시 미리 앞날을 아는 식견은

36* 대인의 점괘: 『시경(詩經)』, 「소아(小雅)」 편 '사간(斯干)'에 "대인이 점을 쳐 괘를 풀었네. 곰은 아들 낳을 조짐이고 뱀은 딸 낳을 꿈이래(大人占之 維熊維羆 男子之祥, 維虺維蛇 女子之祥)"고 한 데서 온 말이다.
37* 비조(裨竈)·재신(梓愼): 비조는 정(鄭)나라의 점성가로 별의 상태와 방위의 변화에 근거해 정나라에 장차 재난이 닥칠 것이라고 예언한 바 있다. 재신은 노(魯)나라의 점성가다. 일찍이 하나라에는 곤오(昆吾), 은나라에는 무함(巫咸), 주나라에는 사일(史佚)이 있었다. 이것이 제후에게 파급되어 위의 석신(石申), 제의 감덕(甘德), 노의 재신, 송의 자위(子韋), 정의 비조, 초의 당매(唐昧) 등은 모두 천문도와 징험이 있어서 세상의 명가가 되었다.

보통 사람과 크게 다른 것이다. 이로 인해 상수학을 빌려 길흉을 예언하는데, 이를 황당무계하다고만 하는 것은 또한 치우친 논리라 말할 수 있다.

이처럼 고구려 시대 대선 사무38*의 직임을 추상하건데, 신선도가의 부류로서 신을 받들어 제사하는 예를 맡음이 춘추 시대의 사축39*과 같으며, 또한 추수40*점후학으로 뭇 사람의 고문이 된 자다.

태조왕이 일찍이 표범이 호랑이 꼬리를 자르는 꿈을 꾸었다. 이에 조의 대선 사무에게 묻자 사무가 답하였다.

"호랑이는 뭇 짐승의 왕이고, 표범은 보다 작은 동물입니다. 풀이하자면 왕족 가운데 왕의 후사를 끊고자 도모하는 자가 있을 것입니다."

이것은 대선 사무가 수성의 배반하려는 마음을 미리 알고서 특별히 해몽에 의탁하여 왕에게 그 조짐을 깨닫게 하고자 한 것이다. 이때 좌보 목도루와 우보 고복장이 아뢰었다.

"착하지 않은 일을 하면 길한 운이 변하여 흉해지고, 착한 일을 하면 흉한 운이 변하여 길해짐이 천도의 필연입니다. 왕이 다만 나라를 근심하며 백성을 사랑하여 착한 일을 힘써 행하시면 무슨 흉변이 생기겠습니까?"

이는 바른 도리에 입각해 말한 것이지만, 대선 사무의 선견에 미치지 못하였다. 그런데 대선 사무는 여기서 화를 자초하였다.

38* 사무(師巫): 왕무당이라는 뜻이다.
39* 사축(司祝): 제사 때 축문을 맡은 사람이다.
40* 추수(推數): 닥쳐올 운수(運數)를 미리 헤아려 아는 것이다.

고구려 수렵도(집안 무용총)

제6장 수성의 찬위

이때 수성이 안으로 딴 마음을 품은 것을 뭇 사람들이 모르는 줄 알았
는데 졸연히 대선 사무가 표범꿈의 점괘로 왕에게 고한 말을 듣고서, 만
일 미루다가는 중간에 누설로 성사되지 못할까 하여 반란모의를 더욱
서둘렀다. 이에 그 좌우 가깝게 지내는 사람에게 은밀히 알려 말하였다.

"왕이 늙었으나 나의 머리도 또한 희어졌으니 앉아서 기다리지 못할
것이다. 너희들은 나를 위하여 계책하라."

좌우가 다 삼가 명을 따르겠다 하는데 홀로 한 사람이 앞장서서 아뢰
었다.

"지금 왕자가 상서롭지 못한 말을 해도 좌우가 감히 직언으로 간하는

사람이 없으니 어찌 한탄할 바가 아니겠습니까. 저는 죽음을 무릅 쓰고 직언코자 합니다."

수성이 말하였다.

"무슨 말인가?"

그 사람이 아뢰었다.

"지금 왕이 현명하시어 내외에 딴 뜻을 품은 자가 없는 데, 당신이 공로를 의지하고 간사하고 아첨하는 무리와 체결하여 총명한 임금을 폐하고자 하니 이것이 어찌 한 오리 실로 만 굴레를 끌어당기는 것과 다르겠습니까? 이는 지극히 우둔한 일이니 당신은 속히 도모하는 것을 고치고 생각을 바꾸십시오. 이와 같이 하면 왕이 혹 당신의 착한 것을 알고 읍하는 예를 갖추어 사양하겠으나, 그렇지 않으면 장차 화가 미칠 것입니다"

수성이 크게 불쾌해 하며, 또한 그 비밀리에 꾀한 일이 누설될까 두려워하여 좌우에서 그 사람을 살해게 하였다. 그리고 나서 수성은 다시 공을 세워 국민의 마음을 설복시킨 뒤 왕위를 빼앗으면 반항하는 이가 없을 줄로 생각하고, 태조왕 94년에 군사를 일으켜 요동 서쪽 안중현41*을 정벌하여 대방령을 죽였으며 낙랑태수의 처자를 사로잡고 기기와 치중42*을 무수히 노획해 개선하여 서울에 돌아오니, 그 높은 명성이 더욱 왕성하여 국인의 마음이 다 돌아섰다. 이에 찬탈의 거사가 아침·저녁으로 있으니 우보 고복장이 크게 놀라 왕에게 고하였다.

"수성이 장차 배반할 것이니 왕은 급히 도모하소서."

왕이 말하였다.

41* 안중현: 안평현의 잘못이다(『삼국사기』, 「고구려본기」 3 '태조대왕 94년'조의 "가을 8월에 왕은 장수를 보내 한나라 요동의 서안평현(西安平縣)을 쳐서, 대방령(帶方令)을 죽이고 낙랑태수의 처자를 사로잡았다"는 구절에 의함).
42* 치중(輜重): 군대의 여러 가지 물품을 통틀어 이르는 말이다.

"나는 장차 죽을 늙은이고, 수성은 진국[43] 공신이다. 내가 왕위를 그에게 물려줌이 어떻겠는가?"

고복장이 아뢰었다.

"수성은 잔인하고 사나운 사람입니다. 오늘 선위를 받으면 내일 전하의 자손을 해칠 것이니 원컨대 전하는 깊이 생각하여 계략을 짜소서."

왕이 비록 각오하였으나 때는 수성의 위세와 권리를 빼앗지 못할 형세가 되었다. 조속히 왕위를 물려주면 혹시 그가 감격하고 기뻐하여 사납고 표독스러운 성질을 마음대로 행하지 않을 줄로 생각하고 이에 조서를 내려 보새를 수성에게 수여하고 별궁에 퇴거할 즈음 수성이 드디어 왕위에 즉위하니 그의 나이 이미 76세다.

아, 수성왕의 잔인심과 전제력이 과연 어느 정도 극에 달했는가? 선위를 받은 뒤 당장에 고복장을 증오하여 사형에 처하고, 목도루를 내쳐 귀양 보냈으며, 관나우태 미유를 우보로, 환나우태 어지류를 좌보로, 비류나조의 양신을 중외대부로 삼았다. 이들은 다 왕의 찬위한 일에 동모한 심복이었다. 이윽고 "태조왕의 맏아들 막근이 반역을 꾀한다"하여 이를 살해하니, 그 아우 막덕은 화가 미칠까 두려워하여 스스로 목매어 죽었다. 이에 나라 사람들은 왕의 공을 잊고 그 횡포와 잔학을 몹시 싫어하는 생각이 많아졌다.

제7장 대선 사무의 피화

조의대선 사무는 태조왕의 표몽을 점치는 사람이다. 수성왕이 살해할

43* 진국(鎭國): 어지럽던 나라를 태평하게 함이다.

뜻을 품은 지 오래되었으나, 다만 대선의 직임에 있었기 때문에 그를 살해하면 나라 사람들의 노여움을 살까 두려워하여 유예시켜 일으키지 못했었다. 그러던 중 즉위 3년 7월 평덕원에 사냥 나갈 때 흰여우가 왕을 따라와 우는 것을 쏘았으나 맞지 않아 대선 사무를 돌아보며 말하였다.

"흰여우는 내가 처음 보는 것이다."

대선 사무가 아뢰었다.

"여우는 짐승 중의 요사한 것인데, 흰여우는 여우 중에 더욱 요사한 것입니다. 지금 임금의 행차 앞에서 우는 것은 심히 상서롭지 못한 일입니다. 이는 하늘이 왕에게 주의를 주어 두려워 덕을 닦고 반성케 함이니, 왕은 덕을 닦으셔야 화를 돌려 복을 삼을 수 있을 것입니다."

왕이 이 말을 들으니 곧 대선 사무를 제거할 기회다 싶어 크게 노하였다.

"길하면 길하고 흉하면 흉할 것이지, 네가 이미 흰여우를 흉한 것이라 하다가 또 가히 복될 것이라 하니 이는 도를 닦는 사람의 말이 아니라 간사한 사람의 말이다."

이렇게 말하고서 즉시 참형시켰다. 이 거사는 단지 대선 사무 한 사람에게 분풀이한 것만이 아니다. 왕이 본래 전제의 의욕이 극에 달했던 자로서 지금 대선 사무를 제거한 것은 나라 안 선교도의 세력이 큰 것을 몹시 싫어하여서 선교도의 세력을 줄여버리고자 위압을 가한 것이다.

대선 사무는 일국의 도사다. 지금 죄 없이 학살을 당했으니 국민의 분노가 어찌 들끓지 않겠는가. 이에 국민이 반항의 깃발을 들고 대선 사무를 위하여 원통함을 호소하길 고하려다가, 왕이 병졸에게 명하여 무력으로 강압하니 오래지 않아서 진정되었다. 대개 왕의 사람 됨됨이는 세계 역사상에 또 한사람의 걸왕44*이자 교활한 영웅으로서, 대외 전쟁에서는

44* 걸왕(桀王): 하나라의 마지막 왕으로 중국 사서에 폭군으로 기록돼 있다.

용감하고 건실한 위풍이 드러났고, 정치계에서는 맹렬한 전제 수단이 있는 자다. 그런 까닭에 당시 귀족대가, 명신과 숙장[45*]이 모두 그 위압 내지 복덕을 오직 명령받을 뿐이고, 활발하고 씩씩한 고구려 민족 모두가 그 속박을 받은 지 20년이 흘렀다.

제8장 명림답부의 활동

그러나 극렬한 전제하에 반드시 극렬한 반동력이 생기는 법이니, 진시황이 눈을 부릅뜨고 세상을 다스린 시대에 장자방[46*]은 큰 철퇴를 몹시 요란한 소리를 내며 휘둘렀고, 게슬러[47*]가 스위스를 위압하는 시대에 빌헬름 텔[48*]은 독립깃발을 몰래 휘날렸다. 지금 고구려 수성왕 전제 하에는 어디서 반동력이 발생할까?

연나부 대선 교당에서 백발 노옹이 풍운을 시름하며 한숨을 쉰다. 이 시기 명림답부는 90여 년 긴 세월에 아침·저녁으로 손에 선가 사서를 받들고 몸에 선인의 도복을 입고 입으로 현묘한 이치를 말하였는데, 누가 이 늙은 신선의 머릿속에 구국·구민의 피 끓는 응어리가 팽창하여 맺힌

45* 숙장(宿將): 전투 경험이 많아 군사 지식이 풍부한 장수를 말한다.
46* 장자방(張子房): 중국 한나라의 건국 공신 장양(張良)으로 자방(子房)은 그의 자다. 한나라 고조를 도와 천하를 통일하여 소하·한신과 함께 한나라 창업의 삼걸(三傑)로 일컫는다.
47* 게슬러(加士拉): 백암 자신의 정치소설 『서사건국지』(1907)에서 유래한 것이다. 이 소설은 독일이 스위스를 점령하여 헤르만 게슬러(Hermann Gessler)의 압제하에서 구국 독립의 투쟁에 앞장섰던 스위스의 전설적인 영웅 빌헬름 텔의 일대기를 다룬 것이다.
48* 빌헬름 텔(威廉泰路): 백암은 『서사건국지』에서 유림척로(維霖惕露)라 했으나, 본고에서는 위렴태로(威廉泰路)로 고쳐 적었다. 게슬러 역시 『서사건국지』에서 예사륵(倪士勒)이라 했던 것을, 여기서 가사랍(加士拉)이라 수정·표기하고 있음이 발견된다.

줄 알았을 것인가? 옛사람의 시문에 이른바, '대인호변[49]'을 어리석은 사람은 헤아릴 수 없다 하였는데 당년에 자못 보통 사람들이 이를 말함이다.

수성왕이 태조왕의 두 왕자를 살해하며, 대신을 허다히 주살하고 귀양 보내며, 또한 대선 사무를 살해하여 교도를 억누르며, 무력을 남용하여 민권을 압제하니 그 불법 잔인함이 이에 이르렀다. 명림답부는 원래 정이 많은 사람이고, 의인으로 오랫동안 교문에 종사한 까닭에 '천리'를 존중하고, 인민사회에 주선[50]한 까닭에 '공의'를 중히 여겼다. 지금 수성왕이 태조왕의 은혜와 사랑을 고부[51]하고 그 왕위를 빼앗으며 그 두 아들을 살해하였으니 이는 '천리'에 용납하지 못할 것이고, 공로가 있는 대신을 주살하고 귀양 보내니 이는 '국법'에 용납하지 못할 것이고, 무죄한 대선 사무를 참살하여 교권을 없애버리며 무력으로 민권을 억누르니 이는 '인도'의 용납하지 못할 바다. 답부가 이에 비분을 느껴 눈물을 흘리며 말하였다.

"저 독부[52]가 죽지 않으면 천리·인도가 멸망하여 우리 신성한 종교와 신성한 민권이 다 망할 것이니, 내가 부득불 전왕을 위하여 남은 목숨을 아끼지 않고 교권과 민권을 위하여 열혈을 뿌릴 것이다!"

그러나 수성왕의 위권이 날로 커져 맹렬한 불꽃이 바야흐로 한창인 것과 같으며 해조가 바야흐로 넘치는 것과 같으므로 급히 이를 박멸시키거나 방어하고자 하다가는 명림답부의 일신만 실패에 빠질 뿐 아니라 국가와 교회와 백성이 더욱 참혹한 비경에 빠질 것이다. 불가불 가능한

49* 대인호변(大人虎変): 대인이 잘 변혁(變革)한다는 뜻이다. 『주역』 '혁(革)괘' 구오효(九五爻)의 효사에, "제도를 손익(損益)하고 창제하여 문장의 미가 찬연히 볼만하여 범처럼 변함과 같음이 있다(大人虎變 未占有孚)"고 한 데서 온 말이다.

50* 주선(周旋): 일이 잘되도록 여러 가지 방법으로 힘씀이다.

51* 고부(孤負): 직·간접으로 도와줌에도 달갑게 여기지 않고 본의나 기대에 어긋나는 짓을 함이다.

52* 독부(獨夫): 포악한 정치를 행하여 백성에게서 외면을 당한 군주를 말한다.

기회를 틈타 의기를 들 것이라 하고서 교당 내에 잠복하여 지사를 한 마음으로 맺어 민심을 수습하고, 더욱 순실하고 충성스럽고 용맹한 교도를 이끌어 휘하에 두었다. 이렇게 하여 표범이 심산에 숨어서 안개를 끌어안고, 용이 큰 못에 거처하여 구름을 부르는 듯 제때를 얻으니 기회가 돌아왔다. 수성왕 20년 3월에 태조왕이 유거한 별궁에서 붕어하니 향년 119세다. 바깥에서 들리는 소문이 자못 떠들썩하게 퍼졌다.

"수성이 시해했다."

이는 송태종 광의가 형의 아들 덕소를 시해하여 형을 시해한 자취를 숨기지 못한 것과 같았다. 태조왕의 두 아들을 죽였으니, 별궁에 감금했던 태조왕도 시해하였다고 말하는 것을 마땅히 면할 수 없을 것이다. 수성왕은 이 옳지 않은 일에 대한 소문을 막고자 하였다.

원래 고구려는 국장예식이 성대하였다. 이로써 태조왕 국장에 황금으로 관곽을 갖추며 거석을 운반하여 능전을 지을 때 5부에 조서를 내려 부락 수천인을 징발하여 장례 때 내회케 하자, 답부는 속으로 기뻐하여 심복의 장사를 골라 지휘를 듣게 하고 부내 장정 5천을 내여 장지로 향하게 하였다. 나아가 도성에 이르자 답부가 뭇 대중을 보고 비창한 사색으로 먼저 태조왕의 인자하신 덕을 설명하고 태조의 감금된 고생을 말하며 슬픈 눈물을 흘리면서 큰 소리로 부르짖었다.

"이 인자하신 왕을 반역자가 누구이며, 이 인자하신 왕을 유폐한 자가 누구이며, 이 인자하신 왕의 무고한 두 왕자를 살해한 자가 누구인가?"

한 발짝 더 나아가 말하였다.

"대선은 나라의 지도자인데 이를 함부로 죽인 자가 누구이며, 두 재상은 나라의 동량인데 이를 주살하고 귀양 보낸 자가 누구이며, 조정의 헌장을 멋대로 고친 자가 누구이며, 인민의 권리를 박탈시킨 자가 누구인가? 오로지 우리 대중만 나라 안에 이 대죄인이 있는 것을 알지 못하는 것인가?"

대중이 이 말을 듣고 진정 분노가 끓는 모습이 있어서 답부가 또 큰 소리로 부르짖어 말하였다.

"그대들이 이 대죄인을 모르는가? 어찌 모를 리가 있겠는가만은, 다만 관아의 포학스런 위세 하에 마음속으로 기억하나 감히 입으로 말하지 못할 것이다. 내가 청하건대 그대들을 대표하여 말할 것이다."

거듭 주먹을 불끈 쥐고 땅을 치며 크게 외쳤다.

"이 대죄인은 지금의 왕 수성이 아닌가. 이 대죄인을 주살코자 하는 자는 나를 따르라!"

이에 대중이 일제히 소리 지르며 응낙한 자가 수만 명이다.

제9장 왕군과 민군의 충돌

수성왕이 이를 듣고 크게 놀라 급히 왕군을 출정해 나아가 항거할 때 좌보 어지류가 아뢰었다.

"백성들이 분노에 휩싸였습니다. 거스르면 이기기 어렵고 타이르면 해산시키기 쉬우니, 원컨대 왕은 싸움을 하지 말고 사신을 한 사람 보내 그 난리가 일어난 이유를 물으소서."

왕이 성을 내며 말하였다.

"백성으로서 감히 왕을 거역하는데 왕이 도리어 백성에게 낮춤이 옳은가? 너는 필시 답부와 내통한 자다!"

이에 어지류를 옥에 가두었다. 왕이 스스로 장수가 되어 출전하는데 본래 전술에 노련한 수단이 있는 자로서 민병의 세력이 큰 것을 보고 어찌 가볍게 대적할 리 있겠는가. 곧 산양에 달려가 험준한 요지에 의거하여 진을 펴자, 답부가 이를 바라보고 웃으면서 말하였다.

"그 죄가 큰 것을 스스로 알고 의군의 위염을 두려워하여 곧 험준한 요지에 의거하여 스스로 보전코자 하는구나. 그러나 상제는 의를 돕고 불의를 치는 것이니 험준한 요지를 보전한들 하늘을 이기지 못할 것이다. 어찌 요행을 얻을 것인가."

답부가 무리를 지휘해 전진하니 때에 큰 바람이 일어나 흙먼지가 날렸다. 왕군은 산 위에 있어 험준한 요지를 의거하고, 민군은 산 아래에 있어 유리한 지세를 잃었으니 왕군의 승세가 있다. 바로 이것이 고구려 국민의 대담하고 용맹스런 정도를 공표하는 기회가 되었다. 대체로 고구려는 처음 창업시대부터 사방의 적국과 혈전하여 나라를 세웠고 또한 나라를 세운 이래로 수백 년에 일찍이 전쟁에 쉴 틈이 있는 날이 없었다. 그러므로 그 국민이 하나하나 날래고 용감하고, 하나하나 씩씩하게 잘 싸워서 사지에 나아감을 생지에 들어가는 것과 다름없는 기질이었다. 어찌 지세와 풍세의 불리로 뒤를 돌아보며 나가지 않는 작태가 있을 것인가. 또 답부의 무리는 다 교권과 민권을 각기 생명으로 삼은 자들로서 교권과 민권을 위하여 나아가 죽을지언정 물러서 살려고 하지 않았다. 그 중에 한 사람이 앞에 나가 크게 외쳐 말하였다.

"우리들이 교권과 민권을 위하여 침해자를 제거하고자 하면서 어찌 실바람을 두려워하여 퇴각한단 말인가? 하늘은 의를 돕고 불의를 징벌한다 하니 너희들은 두려워하지 말고 오직 나를 따라 전진하라!"

싸운 지 얼마 되지 않아 홀연히 바람이 거꾸로 불어 흙먼지가 뒤덮여 왕군이 눈을 뜨지 못하자 답부가 크게 외쳐 말하였다.

"하늘이 불의를 주살할 기회를 주시니 우리들은 노력하여 전진하자!"

이에 장사가 다 벼랑길을 따라 나뭇가지를 부여잡고 뛰어올라가 왕군을 곧바로 치자 왕군이 세를 버티지 못하고 드디어 싸움에 패해 흩어져 도망갔다.

제10장 수성왕 시해와 신대왕 즉위

수성왕이 달아나 국도에 돌아오니 장사가 이미 다 흩어져 달아나고 도성 안 백성도 본래부터 왕의 불의를 불복하던 마음이 있었던 까닭에 왕을 위하여 민군을 막고자 하는 자가 없었다. 20년 전제수단이 이에 이르러 추호도 효력이 없으니, 세계상 국가의 주권된 자는 이를 가히 거울삼아야 할 것이다. 그렇지만 왕은 영웅심이 풍부한 사람이다. 대세를 이미 잃고 뭇 사람들의 마음이 놀라서 어쩔 줄 몰랐으나, 왕이 의관을 정제하고 태연한 위의로 궁궐에 들어오니 어떤 신하가 권하여 아뢰었다.

"일이 이미 기울었으니 대왕은 급히 요서에 가서 투항하고 한나라의 구원을 구하소서."

왕이 정색하여 말하였다.

"내가 차라리 우리 백성의 손에 죽을지언정 어찌 적국에 투항하여 목숨을 구할 것인가?"

이로써 보면 왕의 지은 죄가 비록 크지만 뒷날 천남생이 형제 쟁권으로써 적국에 투항하여 종국을 엎어버린 것에 비하면 가히 똑같이 간주하여 말할 성질이 아니다. 왕은 실로 죽음을 두려워하지 않는 남자요, 나라를 배반하지 않은 사람이라 할 수 있다.

왕이 엄연히 단좌하여 민군이 들어오는 것을 기다리다가 얼마 되지 않아 답부가 이르러 왕을 붙잡아 왕의 죄를 들어 물었다. 무리들이 모두 외쳤다.

"왕을 죽임이 옳다!"

왕이 말하였다.

"죽음은 내가 이미 스스로 결단한 것이니 다시 말할 것이 없고 단지 너희들은 신왕을 세운 후에 잘 보좌하여 국가를 유지하라."

왕이 시해에 임하니 안색이 평상과 같았다. 답부 등이 태조왕의 빈전에 들어가 두 왕자를 위하여 복수의 연유를 고하고 국중에 명을 내려 전일에 왕과 악행에 가담한 자를 일체 불문이라 하고, 대소 신하들을 모아 신왕 영립을 의논하고, 어지류를 옥중에서 불러내어 전왕의 막내아우 백고를 맞아 보새를 바치자 백고가 부복하고 세 번 사양한 후 즉위하니 이가 신대왕이다. 수성왕은 차대왕으로 시호하고 차대왕의 아들 추안을 양국 군에 봉하고 국중 대사령을 내렸다.

제11장 명림답부의 세력과 정치

신대왕이 즉위한 후로 나라의 대권을 다 답부에게 위임하고 왕은 공수[53] 의 예로써 듣기만할 뿐이다. 얼마 있다가 대보·좌보·우보·대선의 직을 모두 파하고 상가[54] 한 사람을 두어 일체의 정권·병권·교권을 죄다 위임하니 이때부터 16년간 고구려는 명림답부의 고구려가 되었다.

권리와 세력은 모든 인류계의 가장 큰 경쟁점이다. 무릇 지식이 있는 자는 지식으로 이를 경쟁하고, 완력이 있는 자는 완력으로 이를 경쟁하여, 지혜로운 이도 여기에 죽고 용맹스런 이도 여기에 죽고 천지귀신도 이를

53* 공수(拱手): 어른을 모시거나 의식행사에 참석할 때 두 손을 앞으로 겹쳐 모아잡고 다소곳하게 서있거나 앉는 공손한 예절을 말한다.
54* 상가(相加): 고구려 시대의 관직으로 각 부족장인 대가(大加) 가운데 대표 자격으로 선출된 자를 말한다. 상(相 : 최고관직)과 가(加 : 제가)를 구분하기도 한다.

애석하여 늘 번창함을 시기하고 결점을 주니, 이는 세상만사에 순전한 이익이 없는 것이고 고금 인물에 완전한 복록이 희소한 것이다. 이상 기술한 수성왕의 역사를 볼지라도 왕의 사람 됨됨이는 실로 더없는 담력이 있고 세상에 드문 뛰어난 공로가 있었는데, 오직 그 덕의가 결핍되고 권리를 남용하여 일반 대중의 악감을 사고 천지신명의 주벌을 받은 끝에 운명은 그와 같이 극히 불행한 결과가 있는 것이다. 하물며 신하가 되어 위엄이 임금을 떨게 하고, 세력이 한 나라를 차지하게 되면 그 몸을 위태롭게 하고 그 가문이 뒤엎어지지 않은 자가 역사상에 아예 없었다고 말하는 것이다. 지금 명림답부는 나라의 임금을 시해하고 나라의 임금을 세워서 고금 신하계에서 비상한 일을 수행한 자로서 국가의 대권을 혼자서 맡고 세상 사람의 큰 복을 오래 누리었으나, 임금이 이를 시기하지 않고 대중의 마음이 이를 원망하지 않아 장수부귀 4자가 완전히 이루어졌으니 이도 또한 고금 역사에서 비상한 복력이라 말할 수 있다.

무릇 답부는 정신과 기백이 크게 뛰어한 인물로서 90여년을 대선의 직에 있어 도가수양법을 깊이 깨달음이 매우 두텁고 오래 되었다. 그러므로 국가의 권리와 세력을 그와 같이 독점하였으나 총명과 백력[55]이 왕성하고 쇠하지 않아 크고 작은 사무에 막히고 걸림이 없고 그 자신을 규율하여 공명에 무심함과 사치하고 꾸미지 않음을 지켜서 음악과 여색과 재물에 탐을 냄이 없었으므로 뇌물의 추함에 얽힘이 스스로 멀어진 것이다. 비록 대권을 혼자 맡고 많은 사무를 한데 관할하나, 인재를 구하여 씀에 사사로움으로 공공의 일을 상실치 않아 그 재주를 반드시 이루게 하고 그 직임을 반드시 적절하게 하였으므로 정치의 허물이 적고 뭇 대중의 시기가 없어 능히 여생을 잘 마친 효과가 있었다.

55* 백력(魄力): 패기, 기백, 박력, 근기, 투지를 말한다.

제12장 명림답부의 무공

이상에서 말한 바 명림답부는 종교계 출신으로 정치계에 나아가 용감하고 굳세며 날쌔고 활발한 수완을 시험한 것이다. 외적에 대하여 전략상 수단은 또 어떠한가? 또한 슬기와 용기를 완전히 갖춘 군략가였다. 신대왕 7년56* 겨울 11월에 한나라 현도태수 경림이 군사 10만을 거느리고 내침하자 답부가 말하였다.

"저들 무리가 비록 많다하나 먼 곳에서 깊이 들어온 것이니 군량을 천리나 옮겨 계속 대지 못할 것입니다. 또한 천시가 한창 심한 추위로 말에게 먹일 볏짚이 없으니 이는 모두 병법에서 크게 꺼리는 것입니다. 우리가 굳게 지키고 오랫동안 버텨 견디면 적이 반드시 스스로 궁색하여 물러갈 것입니다."

이에 성을 닫고 굳게 지켰다. 한나라 사졸들이 과연 굶주리고 궁박해져 이끌고 돌아가는 것을 답부가 정예 수천을 거느리고 비바람같이 급히 달려 좌원에서 따라잡아 공격하니 한나라 군사가 대패하여 군수물자를 모두 다 버리고 얼어 죽은 시체가 온 들판에 널려 살아 돌아간 자가 거의 없었다. 이로부터 한나라 사람이 전하여 말하기를, "고구려에 백세노장이 있는데 용맹함과 민첩함이 나는 것 같으니 틀림없이 선인의 골격이고 선가의 병술"이라 한 것이다.

답부의 행정은 사냥하며 무예를 닦는 행사에 더욱 주의를 기울여 나이가 백세를 넘었음에도 말 타고 활쏘기나 기마 솜씨가 소년·건아와 다를 바 없고 사냥하는 시기에 행여 그만두는 일이 없었다. 일찍이 많은 관료들과 강력한 국가정책을 논할 시에 답부가 주장하였다.

56* 신대왕 7년: '신대왕 8년'의 잘못이다(『삼국사기』, 「고구려본기」 4, '신대왕 8년 (172)'조에 의함).

"우리나라는 본래 무력으로써 성립한 것입니다. 지금도 사방 강적의 요충지에 있어서 무력이 아니면 하루라도 보존치 못할 것입니다. 만일 우리 국민이 한나라 사람의 풍류를 숭모하여 점차 문약에 빠지면 필연코 쇠망을 면치 못할 것이니 어찌 강국을 희망하겠습니까."

답부가 마침내 부귀공명을 얻어 임종하였는데 향년 114세[57*]다.

명림답부전 끝.

57* 114세: 113세의 잘못이다.

역사가1*

어화 우리 청년들아   고국산천 이 땅2*이라

북부여의 단군자손   이천여년 향국3* 일세.

신조 유택4* 무궁하여   만세 만세 억만세라.

혼강 일대 도도5* 하니   동명성왕 북래하여

고구려를 건설하니   호시6* 천하 굉장하다.

환도고성 찾아보니   광개토왕 비문이라

남정북벌 소향처7* 에   동양대륙 진동했네.

개세영웅 개소문은   산해관의 고묘로다.8*

용천부를 돌아보니   발해태조 사업일세

사십만중 일호령에   해동성국 일어났네.

우리 동족 금태조는   백두산에 터를 닦아

이천오백 정병으로   횡행천하 족족9* 했네.

우리 오늘 건너온 일   상제 명령 아니신가

아무쪼록 정신차려   조상역사 계술10* 하세.

1* 역사가: 백암이 고대 문헌을 살피고 옛 고구려 땅을 직접 답사하면서 느낀 감회를 읊은 서사시다.

2* 고국산천 이땅: 만주 고토를 말한다.

3* 향국(享國): 왕위를 계승하여 그 자리에 있음이다.

4* 유택(遺澤): 생전에 베풀어서 후세까지 남긴 은혜다.

5* 도도(滔滔): 물이 그득 퍼져 흐르는 모양이 막힘없고 기운찬 것이다.

6* 호시(虎視): 큰 뜻을 품고 형세를 살피는 것이다.

7* 소향처(所向處): 향하여 가는 곳곳마다.

8* 산해관(山海關): 중국 하북성(河北省) 동쪽 끝에 있는 지명이다.

9* 족족(足足): 충분.

10* 계술(繼述): 선조의 업적을 이어받아 그것을 바탕으로 서술하는 것이다.

제2부
대통령,
영웅을
말하다

천개소문전
발해태조건국지

제1편

천개소문전

백암 박기정 지음·
단애 윤세복 교열

대통령이 들려주는 우리 역사

서론

살수의 풍운에서 수나라 병사를 죄다 무
찔러 죽인 을지문덕에 대해 수나라 사서가
그 행적을 기술하였다. 그러나 우리나라 역
사가들 가운데 을지공의 일대기를 서술한
기록이 없다. 한산 해전에서 왜적을 섬멸한
이순신에 대해 일본 사람이 전기를 지었다.
그러나 우리나라 사람 가운데 충무전서[1]를
애독하는 이가 적다. 이는 우리 국민의 영
웅 숭배 사상이 냉담한 까닭이 아닌가?
그러면 다른 나라 사람들의 영웅 숭배열

1* 충무전서(忠武全書): 이순신(1545~1598) 사후 200년 만인 1795년에 정조의 명으
로 유고집 『이충무공전서(李忠武公全書)』를 편찬하였다. 1918년 최남선이 신문관
에서 다시 간행했고, 1898년에 재간한 본도 전해온다. 백암이 '충무전서'라고 언급
한 시기(1911)상 현공렴(玄公廉)이 1908년에 펴낸 『이충무공실기(李忠武公實記)』
로도 여겨지지만, 전자의 『이충무공전서』일 가능성을 배제할 수 없다.

은 어떠할까? 영웅의 한마디 말만 들어도 평생의 지극한 영예로 과장하며, 영웅이 걸쳤던 옷의 한 오라기 실만 구해도 천하의 지극한 보배로 여긴다. 사통팔달 큰 길에 우뚝 서 있는 동상은 영웅의 본체요, 금궤석실의 찬연한 서적은 영웅의 역사다. 일반 연극에 영웅이 힘차게 뛰어나오며, 소설에 영웅이 종횡하며, 어린아이도 모두 영웅을 노래하고, 부녀자가 모두 영웅을 수놓으니 드넓은 세상에서 영웅이 가장 많은 부분을 차지하였다. 대개 그 나라 사람들이 영웅을 숭배함이 이와 같은 것은 개개인이 자기 앞길에 영웅 사업이 있기를 바라는 것이요, 자기 자식도 영웅의 자격을 드러내기를 바라는 것이요, 일반 정계·학계 등 각 사회에도 무수한 영웅이 나타나기를 바라는 것이니 그 나라에 어찌 영웅이 이어지지 않겠는가?

우리나라 사람들의 영웅 대우가 냉담한 것은 자기 앞길에 영웅 사업이 있기를 바라지 않는 것이요, 자기 자식도 영웅 자격을 드러내기를 바라지 않는 것이요, 일반 정계·학계 등 각 사회에도 영웅이 이어지기를 바라지 않는 것이니, 그 나라에 어찌 영웅의 혈통이 끊겨 부족하지 않겠는가? 무릇 영웅은 나라의 방패와 성이요 인민의 지휘관이다. 영웅을 냉담히 대우하는 것은 나라의 방패와 성을 해치고 인민의 생명을 멸시함이니, 어찌 생존의 기초와 활동의 무대를 얻겠는가? 이는 우리나라와 우리 백성이 오늘의 이 지경에 빠져든 원인이다.

비록 그러하지만 내가 서쪽의 평양에 유람해 보니 그 성을 일러 '을지성'이라 하며 그 산을 일러 '을지공산'이라 하는데, 이는 인민 사이에 자연스레 기념이 잊히지 않고 전하는 것이다. 그리고 남쪽의 고성에 이르니 부로자제가 모두 '충무공'을 일컫는데 이는 인민 사이에 자연스럽게 사랑하며 그리워함이 더욱 친절한 바요, 올해 압록강을 건너 관전현과 회인현 등지를 여행하니 우리나라 사람이 사는 마을은 모두 충민공 임경업을 위하여 봄·가을로 제사를 지내는데 이 또한 인민 사이에 자연스런 사상으로 말미암은 것이다. 이러한 양심과 떳떳한 성품을 계도하고 배양하였더라면 우리나라 사람의 영웅 숭배 사상이 어찌 다른 나라 사람에 미치지 못했을 것인가? 다만 과거 5백년 간의 풍조가 이른바 상류사회에서 영웅을 숭배하지 않을 뿐 아니라 영웅의 씨를 말린 시대였기 때문이다. 무엇을 그렇게 말함인가?

과거 5백년 간 국민이 태두처럼 떠받든 자가 유림파요, 국민을 죽이고 살리는 기관을 장악한 자는 귀족당이다. 이 양파의 역사가 어떤가 하면 가장 빼어난 시대로 말할지라도 가장 이름이 빛나는 여러분의 사업은 불과 근칙²*적·청렴적 규모로 겨우 자기를 지킬 뿐이요, 대정치가의 수완으로 백성의 기운을 진작하고 나라를 발전시킬 자는 없었다. 또한 그 형편이 날로 악화된 정도로 말하면, 유림파에서는 일찍 이치를 연구하여 국민의 사상을 계발한 자도 없었으며, 역사를 발휘하여 국민의 성격을 배양한 자도 없었으며, 정치학을 연구하여 국민의 이익을 공급한 자도 없었고, 단지 당나라·송나라 사람의 형식만 그럴듯하고 실속 없는 글로써 꾸며대던 여독을 전염시켜 일반 사회의 기풍을 소진케 했을 뿐이다. 귀족파에서는 무한한 권리를 남용하여 국민의 의지와 기개를 누르고, 국민의 고혈을 빨아 무단 폐습이 극도에 달했다. 그래서 일반 백성이 이 부도덕하고 지혜와 용기가 없는 자들에 대하여 신주처럼 떠받들고 번개처럼 두려워하여 오직 이를 따르고 받들면서 아첨하고 복종케 함으로써 자신과 집안을 보전하는 책략으로 삼았다.

이와 같은 나쁜 풍조 속에서 그 나라 백성이 어찌 고상한 사상과 뛰어난 의지와 기개로 영웅을 숭배하고 원하여 배우려는 자가 있겠는가? 이처

2* 근칙(謹飭): 몸가짐을 삼가고 스스로 조심함이다.

럼 5백 년 동안 영웅의 씨를 말리고 베어 없애 백성의 슬기를 굳혀 막아버리고 민족정기를 속박한 결과가 마침내 어떠한가? 20세기 오늘에 이르러 우리 단군대황조의 자손 2천만 민중이 광대한 천지간에 붙어 살 곳을 잃고 말았을 뿐이다. 부끄럽다! 나도 대황조 자손의 한 사람으로서 사방을 바라보나 어디로 돌아갈 것인가?

압록강 서안에 대지팡이를 짚고 외롭고 쓸쓸히 요심대륙을 조망하니, 이는 천수백년 전에 우리 옛 성현 여러 공들이 말을 타고 달리며 좋아 뛰어다니던 땅이 아니던가! 우리나라 4천년 역사에 절대 제일의 영웅 천개소문[3*]의 고묘가 산해관 근처에 있다고 전한다. 천개소문의 역사로 말하면, 석 자 구레나룻에 늠름한 풍채는 당나라 사람의 『태평광기』[4*]에 쓰여 있으며, 깃발과 병사가 40리를 잇는 당당한 진세는 류공권[5*]의 건필로 묘사되었다.

　"고구려 대장 개소문이 순식간에 장안을 점령했네.
　올해 쳐들어오지 않는다면, 내년 8월에 군사가 일어나리라."

는 시가도 여연거사[6*]의 「패담」에 전한다.[7*] 지금까지도 북경·봉천 등지

3* 본래 '연개소문'이지만, 지은이의 의도를 존중하여 천개소문의 표기를 그대로 둔다.
4* 『태평광기(太平廣記)』: 송나라 초기 국왕의 칙명으로 관(官)에서 편찬된 중국 고대 문언 단편소설의 총집이다. 이방(925~996)을 대표로 하는 12인의 문신이 송태종의 칙명을 받아 그 편찬을 주도하였으며, 북송 태평흥국 연간(976~983)에 『태평어람(太平御覽)』 등과 동시에 조서를 받아 편찬하였기에 서명을 『태평광기』라고 지었다.
5* 류공권(柳公權, 778~865): 당나라 때의 유명한 서법가다. "류공권의 건필"과 관련해서 김정배, 「『三國史記』 寶藏王紀 史論에 보이는 '柳公權 小說' 문제」(『한국사학보』 26, 고려사학회, 2007)에 상세히 다뤄져 있다.
6* 여연거사(如蓮居士): 18세기 청나라의 문인으로 『수상반당고사전전(繡像反唐鼓詞全傳)』, 『이설반당연의전전(異說反唐演義全傳)』 등을 편찬했다.
7* 천개소문의 역사로 말하면, ~ 전한다: 신채호의 『독사신론』(1908) 내용이다. 그런

에서 개소문의 역사와 검술로 연극을 만들어 세상 사람들의 이목을 진동케 하는데, 우리나라 사람들 중에 그의 한평생을 서술한 글월도 없고, 그의 풍채를 그린 화첩도 없으며, 그 무예와 검술을 보여주는 희극도 없을 뿐 아니라, 단 한마디 하는 말이 "흉적"이라 매도 할 뿐이니, 하나로 백을 덮고 죄로 공을 가리는 것이 옳은가?

　저 영국의 크롬웰과 일본의 풍신수길이 모두 윤리 도덕상 커다란 잘못을 범한 죄가 있는 자이지만, 영국 사람은 크롬웰을 신처럼 숭배하고, 일본 사람은 풍신수길을 국조와 같이 숭배함을 보지 못했는가? 어떤 사람은 이에 대하여 이르기를, "그 나라는 큰 공로를 존중하고 윤리를 숭상치 않기 때문"이라 한다. 그렇지만 윤리를 숭상하는 한나라 땅 제일의 대역사가 사마천은 항우의 역사를 제왕의 「본기」에 두지 않았는가? 융통성 없고 마음이 바르지 못한 선비의 편견과 얕은 학식으로 만세에 둘도 없는 영웅의 정신을 말살한

충무공 이순신

데, 신채호는 "이러한 말들이 우리 연개소문의 실제 자취인지에 관해서는 단정을 내리지 못하겠으나, 이미 그 당시 중국 사람들이 연개소문을 아주 두려워 했다는 증거로 미루어 알 수 있다."고 조심스럽게 언급했으나, 백암은 사실로 전제하고 있다.

것이 어찌 애석한 일이 아니겠는가?

슬프다! 충무공 이순신은 고금 수군의 제일 위인이요 세계 철함의 시조
인데, 후인이 이를 계속하여 발달시키지 못함은 무슨 까닭이며, 고구려
대장 천개소문은 대외 경쟁에서 첫 손가락으로 꼽을 영웅이요 세계 검술
의 시조이거늘, 후인이 또한 계속하여 그 법을 전한 자가 없는 것은 무슨
까닭인가? 과거 500년 동안 풍조를 돌아보면 말하려고 해도 할 말이 없다.
그렇기 때문에 영웅의 정신이 있고 없는 것은 곧 그 나라 사람의 사상계
에 달린 것인데, 오늘 우리들의 사상이 어떠한가? 눈앞의 정경이 과거
영웅을 숭배할 만하고, 현재 영웅을 갈망할 만하다. 이에 세 치 무딘 붓으
로 이를 서술하니 사회 제군이 한번 죽 훑어봐주길 바란다. 4천년 역사에
첫 손가락으로 꼽을 영웅혼이 부활할 지, 우리도 남과 같이 자유의 종을
크게 울리려면 우리 조상의 정신점으로 우리의 뇌력을 길러야 옳다고
생각한다.

대황조강세 4368년 9월 모일에 지은이 씀

제1장 천개소문이 유년에 품은 뜻

천개소문은 또한 이르기를 연개소문이니, 고구려 영류왕 때 사람으로
동부대인의 아들이다. 키가 9척이 넘고, 눈동자가 빛나 사람들이 두려워
서 감히 쳐다보지 못하였고, 구레나룻의 길이가 3척인 까닭에 당나라 사
람이 일러 구레나룻 털보라 하였다.

어릴 때부터 병법의 정통함과 무예의 빼어남은 하늘이 내린 재능이었
다. 홀로 장백산[8*]에 들어가 검술을 닦은 지 수년에 드디어 세계 유일이

요, 고금에 무쌍한 검술의 신선이 되었다. 그러한 까닭에 장백산을 지금에 이르도록 천수백년 동안 사람들이 받든 개소문의 무도대로 가리킨다.

하루는 칼을 차고 장백산 봉우리에 올라 북쪽으로 중원을 바라보니 산하 만 리가 손 위에 나열되었다. 큰 숨소리 한 번으로 천해의 기를 토해내고 서글프게 탄식하여 일렀다.

"요순의 평화로운 시대가 사라지고, 춘추 이래 지력 경쟁 시대가 되니 이 지구상 가장 큰 땅덩이가 항상 영웅의 각축장이 되고 필경 영웅의 소유물이 되는구나. 눈앞에 수나라 왕실이 크게 어지러워 수륙 백만 대병이 우리 선조 을지문덕에게 대패하여 돌아간 뒤 사방에서 원성이 높고 반란이 일어나 만민이 도탄에 허덕인다. 초야 여러 영웅이 때를 타서 각축하여 금 사발처럼 강한 국가로 통일시킬 주인 자리가 아직 빈 오늘이다. 내가 이 칼을 뽑아들고 빠른 발과 날쌘 팔로 중원 한 곳을 차지하여 크게 공을 이루어 백성을 구제하는 것이 어찌 장부의 능사가 아니리오!"

그리고서 솔빈부 소산의 천리마를 타고 산해관을 단숨에 뛰어 넘으니 만리장성 진시황의 외침을 막는 책략이 가소로웠다. 선비, 저강 등 여러 부족과 영주 목자 등이 이를 넘어 중원 땅을 유린하나 방어한 자가 일찍이 있었던가? 남북조 시대에 북연왕 고운과 북제 황제 고환은 모두 고구려 왕족으로서 그 곳에 들어가 일시 한 부분을 차지하는 업을 이루었고, 오늘 고구려 영걸 천개소문이 3척 긴 칼로 중원에 치달리는 사상을 누가 능히 알 수 있겠는가?

이 때 산동의 두건덕과 낙양의 이밀과 촉나라의 소선과 진나라의 설인과 등이 모두 어지러운 때를 타 궐기하여 중원에서 분에 넘치는 야심으로 임금 자리의 기회를 노리고 엿보았지만, 그들은 모두 보잘 것 없는 자들

8* 장백산 : 백두산.

이라 개소문의 적수될 사람이 없었다. '힘은 산을 뽑을 수 있고, 기개는 온 세상을 덮을 만한' 서초패왕 항우가 한나라 태조 유방 같은 대영웅을 만나지 않았으면 어찌 '시운이 불리하여 명마 추가 나가지 않은'[9] 종국이 있었겠는가?

개소문은 해동 천지에 제2의 항우이니 오늘 중원에 이르러 어떤 영웅을 만나는가? 그 때 중원 대륙에 살기가 가득하였는데 유독 진양성 위 하늘에 한 줄기 서기가 내비치니 대륙 봄바람에 선리화가 피어났다. 개소문이 여기에 이르러 대 당나라 3백년 황통의 창업주가 될 이세민을 접견하니, 과연 개소문이 그를 어떻게 보았는가? 용과 봉황의 풍채와 태양의 모습으로 제세안민의 재능이 있다 함은 외국 사람의 예언이 참으로 거짓이 아니요, 하늘이 내린 것이다. 사람의 힘이 아닌 것은 과연 상제의 선택과 임명이 스스로 있는 것이다. 또한 그 휘하의 문무 막료를 보니 이정, 이효공, 위지경덕과 방현령, 두여회, 위징 등이 모두 한 때 장상의 인재였는데 인심이 돌아감을 가히 볼 수 있다. 이는 곧 초패왕 시대에 한나라 태조가 때를 타고 나타난 것이다. 천명과 인심을 살피는 것이 사람의 힘만으로 불가한즉 결국 임금의 자리를 다른 사람에게 넘겨줄 뿐이다.

만일 그 때에 개소문이 한걸음 물러나 이세민을 도울 뜻을 표시하였으면 그 날로 용효위대장군, 산동도대총관[10]이요, 자녀들에게는 비단이 구름처럼 풍부하고 산처럼 쌓여 장래 공신 가운데 제1위를 차지하기 어렵지 않았겠지만, 이를 거절하였다. 그 행동의 뜻이 공명 이상에 있는 자로서 어찌 그의 아래에 머물러 부귀를 꾀하리오. 또 그 조국을 떠나 여기에

9* '힘은~나가지 않은': 원문의 '역발산기개세·시불리혜추불서(力拔山氣蓋世, 時不利兮騅不逝)'는 『사기』에 나오는 항우가 지은 「해하가(垓下歌)」의 한 구절로, 사방 빈틈없이 적에게 포위된 고립무원의 상태에서 비분강개하여 읊은 시다.

10* 용호위대장군, 산동도대총관 : 좌(우)효위대장군, 요동도대총관의 착오로 여겨진다.

온 것은 중원 대륙의 주권자 한 자리를 희망한 바이며 이를 얻지 못할 경우 다른 나라의 신하나 되어 조국을 배반하는 것이 또 어찌 남자가 할 일인가 하고 돌아갈 뜻을 정하자, 이세민은 또한 개소문의 사람됨을 매우 기특하게 보아 큰일을 함께 하고 큰 복을 함께 누리자고 권유하여 머무르게 하려 하였다. 그러나 개소문은 이를 듣지 않고 말을 돌려 동쪽으로 돌아가니 이세민이 이 소식을 듣고 크게 놀라 말했다.

"그 사람이 만약 나라 밖에 있으면, 우리 중국 사람이 안전을 얻지 못하리라."

이에 급히 기마병 수십 명을 보내어 밤새 달려 황하 기슭에서 따라잡게 했다. 기병이 크게 소리쳤다.

"고구려 대인 천개소문공은 잠깐 와서 우리들의 애기를 들으시오!"

이에 개소문이 긴 칼을 뽑아들고 노한 눈빛으로 크게 호통치자 뒤쫓아온 기병들이 모두 간담이 서늘하여 얼른 말에서 내려 엎드려 절했다.

개소문이 크게 웃으며 말했다.

"너희 주인이 나를 다시 보려 하는가? 30년 뒤 요동성 아래에서 서로 만날 날이 있을 텐데 하필 오늘인가? 너희들은 돌아가 그렇게 아뢰어라!"

이에 기병이 돌아갔다.

안타깝! 개소문이 10년 간 칼을 갈아 중원의 패권다툼[11*]에서 시험코자 했다가 시세의 부적합으로 말미암아 이를 이루지 못한 채 서슬 시퍼런 칼날을 칼집에 집어넣고 가을바람에 필마로 요하를 다시 건너 좁디좁은 고국산천에서 칩거생활을 다시 하니 그 넘치고 울적하며 불만스런 회포를 어디다 풀 것인가? 장차 봉래·방장의 신선 사는 곳에 옥청궁을 건축하고 '단경왕'의 지위를 얻을는지, 설산·총령[12*]과 여래정계의 도솔천을

11* 패권다툼: 원문의 '축록(逐鹿)'은 제위나 정권 따위를 얻으려고 다투는 일을 이르는 것으로 『사기』, 「회음후전(淮陰侯傳)」에 나오는 말이다.

도맡아 다스려 '불문천자'라는 휘호를 얻을는지. 영웅이 뜻을 얻지 못한 경우에 이러한 청정생활로 속세 바깥에서 자유로이 인간세상에 익숙해지는 것이 또한 고상한 품격이라 말하지만, 이도 역시 사람의 삼생에 인연이 평소 있었던 결과이지 어찌 쉽게 성취하겠는가?

세상에 태어나 인생의 방향이 진정되지 않고 시름에 잠긴 때 마을 중에 씩씩한 사내와 푸줏간에서 일하는 소년들이 개소문의 귀신같은 검술을 배우고자 찾아 든 이가 많아졌다. 이에 개소문이 그들을 데리고 혹 깊은 산 큰 물가로 나아가 맹수를 잡고 큰 뱀을 베고 혹 평원광야를 달려 용기를 키워 세월을 보낸 밑천을 만드니, 그 문하에 검객이 구름같이 모여들었다. 개소문이 의협심으로 사람의 원수를 갚아 주고, 아주 작은 원망으로 악평을 들으면 반드시 보복해 주니, 다섯 발자국 이내에 원수 갚기를 부탁해 오는 사람이 왕왕 생겨났고, 이로써 나라 안의 명문거족과 호족들이 모두 개소문의 웅장하고 용맹스런 위엄과 그 무리의 기염을 꺼려하고 두려워하는 자가 많아졌다.

제2장 천개소문의 활동

대개 정계의 공도를 파괴하고 사회의 공분을 축적하는 것은 귀족정치 시대의 일이다. 공자와 같은 대성인도 천하를 돌아다니면서 그 도를 행하지 못한 것은 그때의 여러 나라들이 모두 귀족정치를 했기 때문이다. 제나라의 안영[13*]과 초나라의 자서[14*]는 모두 당시 현명하고 큰 인물이라

12* 설산(雪山): 중국 서강성(西康省) 강정현(康定縣)에 있는 산 이름으로, 언제나 눈이 쌓여 있으므로 설산 또는 대설산으로 부른다. 총령(蔥嶺)은 파미르 고원의 동쪽 끝 쿤제랍 고개다.

칭하는 자인 반면, 공의가 없고 사적 권력을 잊어버릴까 두려워하여 성인의 행도를 저지하였는데 하물며 그 다름이 있겠는가? 그러므로 세계 역사에 어떤 나라를 막론하고 거가대족이 중요한 자리를 차지하고 정권을 장악한 시대에는 초야의 어질고 뛰어난 이가 나아갈 길이 없어 비록 정치가 날로 부패하고 국세가 날로 위축될지라도 어진 이가 그 책략을 행하지 못하고 용감한 이가 그 힘을 발휘하지 못한다. 따라서 우리나라에서는 예로부터 설인귀, 설계두, 왕사례 같은 지혜로운 선비와 맹장이 모두 귀족세력 아래에서 등용되지 못했다. 이에 그 분개한 사상으로 다른 나라로 넘어가서 공명을 세운 것이다. 무릇 나라는 사람을 얻으면 번창하고 사람을 잃으면 망함이 바뀔 수 없는 이치이거늘, 우리나라의 빼어난 인재를 버려 다른 나라에 공급하였으니 어찌 이보다 더 큰 불행이 있겠는가? 그러한즉 사회의 열혈 남자가 이처럼 귀족이 전횡하는 시대를 만나면 어떤 방법이 통하겠는가? 저 세력을 수수방관할 수도 없고, 몸을 움츠려 멀리 피할 수도 없고 혀끝으로 변론을 늘어놓아도 효과가 없을 것이요, 문자로 논박하여도 무익할 것이다. 오로지 용맹과 큰 수완으로 이를 청소하여 깨끗이 몰아내고 이를 개혁하여 새롭게 펼치는 외에 다른 길이 없다. 그러하지 않으면 그 나라가 망하지 않을 수 없는 것이다.

고구려 역사로 말하면 대대로 총명한 임금이 많이 나와 조정의 기강을 바로 세우고 백성의 기개가 강인하여 정당의 압제를 받지 않았다. 또한 대외 경쟁이 늘 극렬하여 국가가 다사함으로 재상과 귀족 자제들이 선조의 공로로 받은 특권을 빙자하여 권리를 남용하기 불가능한 일이었다. 그러나 영류왕 시대에 이르러서는 나라를 연 지 역사가 이미 600여년이나

13* 안영(晏嬰): 춘추시대 제나라 명신이다. 안영이 죽은 후 제자들이 그의 언행을 모아 『안자춘추』를 엮었다.
14* 자서(子西): 춘추시대 초나라 재상이다.

되어 호족과 세습의 뿌리가 깊어지면서 정권을 장악하고 국론을 주장하여 신진 준재를 시기하고 저해하여 자기 집안의 세력을 유지하고자 함은 자연스런 추세였다. 이 때 개소문의 벼락 치듯 급격한 행동이 나타났다.

당시 십부대인은 모두 거가대족으로서 국왕의 팔 다리가 되어 각기 정계의 요로를 차지하고 군무와 국정의 중임을 맡았으니, 권세 있는 저택에는 사람들이 몰려들고, '앞에는 깃발, 뒤에는 도끼'의 기세가 불꽃같았다. 누가 이에 대항하여 견제하겠는가? 원래 개소문은 어떤 큰 뜻을 품었던 사람인가? 구차하게 고구려 조정에서 저 십부대인들을 상대로 권리 경쟁할 생각이 본디 없었지만, 저들이 개소문의 용맹스럽고 몹시 사나움과 검객을 많이 길러 둔 것을 시기하고 의심하며 두려워함이 날로 심해져 마침내 음밀히 상의하고 협력하여 개소문을 해치려고 하였다. 개소문이 이를 알아채고 웃으며 말했다.

"저들이 내 칼날을 기름지게 하고자 하는가?"

이에 벼락 치듯 한 솜씨로 단번에 모두 죽여 없애버리니 천지가 놀라 움직이고 산천이 두려워 떨었다. 영류왕이 십부대인의 참화를 보고 어찌 스스로의 안전을 꾀할 수 있겠는가. 비밀리에 좌우 신하와 함께 개소문을 처치하려 하자, 개소문이 비록 천하의 커다란 잘못이라도 개의치 않고 결연히 감행할 자로서 드디어 왕을 죽이고 조카 장을 내세우니 이가 곧 보장왕이다. 개소문이 막리지의 자리에 올라 군국대권을 한 손에 쥐고 남정북벌의 대활동을 펼치니, 매번 출입시에는 몸에다 수십 개의 긴 칼을 두르고 용장과 건장한 병사가 좌우에 고개 숙이고 엎드리니 마치 번갯불이 번쩍이며 지나가는 듯하였다.

제3장 당나라와 전쟁을 시작함

이때에 당나라 창업주 태종 이세민은 18세의 나이로 군사를 일으켜 사방의 뭇 영웅들을 쳐서 평정하고 가문을 변화해 나라를 이루었다. 긴 세월을 객지에서 떠돌며 가는 곳마다 백전백승을 거둔 명장이었고, 또한 그 사해를 부강케 한 후에 어질고 능력 있는 이를 등용하여 선정을 베풀어 태평성대를 이룬 영주였다.

이로써 그 판도의 확장은 예전에 없던 바이고, 무력의 위세를 떨침은 해외에까지 이르러 서쪽으로 고창[15*]과 토곡혼[16*]을 멸했고, 북쪽으로 돌궐을 격파하고 힐리[17*]를 사로잡았으며, 설연타[18*]를 추가로 복속시키고, 남쪽의 교지[19*]와 임읍[20*]이 모두 공물을 바쳐 조아렸다. 그 밖에 전에 통하지 않던 골

당 태종

리, 적간[21*], 주구파[22*], 감당[23*] 등 여러 나라가 모두 조공을 바치니 이는

15* 고창(高昌): 중국 신장(新疆)의 위구르족자치구 타림분지 동쪽 투르판 지방에 자리하고 있었던 국가다.
16* 토곡혼(吐谷渾): 오늘의 티베트다.
17* 힐리: 지금의 내몽골 지역에 있던 동돌궐의 마지막 칸 일릭카한(Illig-Qağan)(Bagatur-Shad Khieli-Qağan, 재위 621~630)으로 중국사서에 힐리가한(頡利可汗)으로 기록돼 있다.
18* 설연타(薛延陀): 몽골의 준가리아 북부를 차지하고 있던 터키 계통의 유목민 집단이다.
19* 교지(交趾): 오늘날 베트남 북부 지역이다.
20* 임읍(林邑): 참(Cham)족이 세운 참파왕국으로 오늘날 베트남 중부 지역이다.
21* 골리, 적간: 『신당서』, 『당회요(唐會要)』 등 사료에 의하면, 골리간(骨利幹)의 오기로 보인다. 골리간은 몽골화된 투르크족인 쿠리칸(Qurïqan)종족의 한자명으로, 당 현궐주(玄闕州)에 예속되었으며, 한해(瀚海, 고비사막) 북쪽 곧 오늘날 러시아

지나의 수천 년 역사에서 전성한 시대였다.

동쪽 한 구석의 고구려를 땅의 크고 작음과 백성의 많고 적음으로 말하면, 저들은 태산이요 우리는 한 주먹 돌멩이다. 그렇지만 개소문의 대담하고 웅대한 계략을 말하면 대소중과가 처음부터 없을뿐더러, 두 영웅이 세상에 병립하여 1차로 싸움터에서 겨뤄 자웅을 가리는 것은 세계무대에서 가장 통쾌한 일이다. 또 우리가 비록 중원 천자의 지위를 저들에게 양보하였으나, 10만 철갑기병으로 요동 큰 벌판에 돌진하여 우승기를 경쟁함에는 결코 저들에게 뒤질 바 없다 하였다.

과연 동서 두 영웅이 옥백[24*]의 화의를 잃고 적대적으로 마주할 때가 임박하자 요하 넓은 하늘에 풍운이 일어났다. 고구려가 백제와 연합하여 신라 당항성[25*]을 공격함으로써 신라 사람이 당나라에 조공 바치는 길을 막으니, 당 태종이 승상 상리현장[26*]을 보내 새서[27*]로써 병사를 거두라고 권하였다. 이에 개소문이 현장에게 일러 말했다.

"고구려와 신라는 서로 원망하고 사이가 틀어짐이 이미 오래고, 옛날에 수나라가 군사를 크게 일으켜 우리나라를 침략했을 때 신라가 그 틈을

중심부인 크라스노야르스크 지역에 있었다.

22* 주구파(朱俱波): 오늘날 중국 신장 위구르족자치구 서남쪽에 있는 엽성현(葉城縣)의 카르가릭(Karghalik)이다. 당나라의 전장제도를 기술한『대당서역기(大唐西域記)』에 작구가국(斫句迦國)으로 나온다.

23* 감당(甘棠):『당회요』'감당국'조에, "감당은 대해(大海) 남쪽에 있는데, 곤륜(崑崙) 사람이다. 주구파국과 함께 조공을 바쳤다."라는 구절이 있다.

24* 옥백(玉帛): 옥돌과 비단으로, 옛날에 나라끼리 우의를 맺거나 조공을 할 때의 예물을 말한다.

25* 당항성(黨項城): 현재 경기도 화성군 서신면 상안리 구봉산에 있는 산성으로, 신라가 서해를 통하여 중국과 교류하였던 길목이자 요충지다. 1971년에 사적 제217호로 지정되었다.

26* 승상 상리현장(相里玄奬):『구당서(舊唐書)』에 의하면, 승상의 구체적인 직명은 사농승(司農丞)으로 전곡(錢穀)을 맡은 장관이었다. 상리는 성, 현장은 이름이다.

27* 새서(璽書): 국새가 찍힌 문서다.

타서 우리 5백리 땅을 빼앗았으니 오늘에 그 땅을 되찾고 성을 돌려받지 않으면 군대를 일으키지 않을 수 없다."

그러자 현장이 말과 글로써 통하지 않음을 깨닫고 드디어 그 말을 그대로 보고해 올리니, 당나라 황제가 다시 장엄을 보내 국서를 전했다. 한편으로 고구려와 신라의 화의를 돋운 것이나, 다른 한편으로 그 나라의 많은 군사들을 빙자하여 크게 군사를 일으킨 데 대한 죄를 묻는 뜻을 포함하였다.

개소문이 이를 보고 크게 노하여 장엄을 밀실에 가두고 일렀다.

"너희 왕은 아비를 죽여 군사를 일으키고, 형을 죽여 자리를 빼앗고, 아우를 죽여 그 아내를 가로챘으니 참으로 천지에 용서치 못할 죄를 지었거늘 오히려 다른 사람의 일을 꾸짖으려 하느냐? 너희 나라가 비록 크고 너희 백성이 비록 많다 하나 천개소문의 칼끝에서는 단번에 분쇄되고 말 것이니 나는 너희 왕이 제 발로 와서 나와 자웅을 가릴 것을 기다릴 뿐이다!"

당나라 황제가 이를 듣고 어찌 화가 나지 않겠는가? 이미 해외 여러 나라를 정벌할 때 모두 명장을 출병시켰으나, 고구려에 대해서는 이 같은 국제적 치욕을 크게 당한 까닭에 몸소 정벌할 계획을 세우고 그 신하 저수량28* 등이 간언을 올려도 듣지 않았다. 이 때 당나라 황제가 장량에게 명하여 수군 4만 3천명과 전함 500척을 이끌고 동래로부터 바다에 띄워 평양으로 나아가게 하고, 이세적은 보병과 기병 6만과 난·하29*

28* 저수량(褚遂良): 저수량(596~658?)은 당 태종에게 신임을 받았던 저량(褚亮)의 2남으로, 태종 때 명필로서 임금에게 잘못을 고치도록 간하는 일을 맡아보던 벼슬인 간의대부(諫議大夫)를 지냈다. 『신당서』에 저수량이 태종에게 "폐하의 군사가 요하를 건넜다가 승리를 거둔다면 참으로 좋은 일이오나, 만에 하나라도 뜻대로 되지 않는다면 다시 군사를 써야 하고 다시 군사를 쓰게 된다면 그 때에는 안위를 예측할 수 없습니다."라고 아뢴 내용이 기록돼 있다.

29* 난하: 난주(蘭州, 감숙성 난주시)와 하주(河州, 감숙성 임하시)를 말한다.

연개소문
명나라 때 고서에 실린 삽화. 비도를 든 사람이 연개소문,
활을 든 이가 설인귀이며, 비도를 맞기 직전인 인물이 당
태종이다.

두 주의 항복한 오랑캐를 이끌고 요동에 나아가게 하니 양군이 합세하여 유주에 모이고, 신라·백제·해(즉 고막)·거란[30] 등의 병사를 합하여 길을 나눠 공격하니 병사가 30여만 명이고, 몸소 나선 황제의 수레 앞뒤를 호위하는 사람은 강하왕 이도종, 장손무기[31], 설인귀 등 아홉 장군으로 모두 명장이었다. 3월에 정주에 이르러 싸울 일을 의결하고, 5월에 요동에 이르러 개모, 비사, 백암[32] 등 여러 성을 빼앗고 병사들의 아침 기세[33]는 바야흐로 기세등등하여 연승을 거두어 크게 나아가니 그 기세가

30* 해(즉 고막)·거란: '해(奚)'는 난하 상류지역에 살던 부족이고, '거란契丹'은 요하 상류에 살던 부족이다.

31* 장손무기(長孫無忌, 594?~659): 당 태종 이세민의 황후인 장손황후의 오빠로, 이세민의 처남이다.

32* 백암: 백암성(白巖城). 현 중국 요녕성(遼寧省) 등탑현(燈塔縣) 서대요향(西大窯鄕) 관둔촌(官屯村) 연주성대대(燕州城大隊)에 위치한다.

33* 아침 기세: 『손자병법』, 「군쟁편(軍爭篇)」에 "아침에는 기세가 예리하고, 낮에는 기세가 나태해지고, 저녁에는 기세가 없어진다是故朝氣銳, 晝氣惰, 暮氣歸. 그러므로 군사를 잘 쓰는 자는 그 예리한 기세를 피하고, 나태하며 없어져가는 기세를 공격한다. 이것이 기의 다스림이다故善用兵者, 避其銳氣, 擊其惰歸, 此治氣者也]"고 한 데서 온 말이다.

마치 강물이 넘쳐흐르는 듯, 파도가 밀려오는 듯하여 머지않아 고구려 국토를 휩쓸 것처럼 의기가 드높았다.

이때 개소문은 여러 성을 빼앗겼다는 보고를 받았으나 추호의 흔들림도 없이 저들이 깊숙이 들어오기를 기다려 한 번 싸움에 되돌아가지 못하게끔 승산을 정해 놓았다.

무릇 이 전쟁에 당나라 황제가 천하 병력을 일으켜 쳐들어 온 것은 고구려 강토를 탐한 것이 아니고, 고구려 국민을 원수처럼 여겨서도 아니고, 단지 개소문 한 개인에 대한 분을 지우고자 함이니 황제 이하 장군과 일반 병사의 적개심이 모두 개소문에게 쏠려 있었다. 그렇기 때문에 개소문 이외에 다시 저항할 자는 없을 것으로 생각하였다. 후세에 역사를 읽는 자도 이에 이르면 단지 개소문과 맹렬한 충돌이 있을 줄로 생각할 것이니, 누가 고구려 천지에 전무후무한 안시성주 양만춘 같은 대군략가가 있어 흘연히 독립에 대한 마음자세와 지위로써 세계 역사에 대장부다운 가치를 발표할 줄 알았겠는가?

제4장 안시성주의 대승첩

안시성주 양만춘은 재능과 용기를 겸비한 인물이다. 영류왕 말년에 개소문이 십부대인을 죽이고 시역과 옹립의 거사[34*]를 행한 뒤 막리지의 자리에 올라 천둥 벼락과 같은 맹위로 호령하고 질타하여 나라 안이 온통 흔들거릴 때 유독 양만춘이 안시성을 지키며 꿋꿋하게 대항하므로 개소

34* 시역과 옹립의 거사: 연개소문이 고구려 제27대 영류왕(재위 618∼642)을 시해한 뒤 보장왕을 추대하고 스스로 대막리지(大莫離支)가 되어 정권을 잡은 사건을 말한다.

문이 누차 군사를 보냈으나 이기지 못하였다. 그로 인해 그에게 성주의 직책을 유지케 하고 자주권을 위임하였다. 이때 비록 규모가 작은 성이지만 당나라 30만 대군에 맞서 크고 작은 백여 차례의 싸움을 치르면서 끝내 대승리를 거두었으니 이는 안시성 하나로 독립국을 이룬 것이다. 어찌 만고에 둘도 없는 독립 영웅이 아니겠는가?

안시성35*은 요동의 속현이다. 즉 지금의 개평현 동북쪽 70리에 있다. 그 곳으로 말하면 산에 의지하여 험하긴 하나 서북쪽은 높고 동남쪽은 낮아 굳게 방비되고 튼튼

양만춘

하게 둘러쌓은 정도의 험준함은 아니고, 그 구성원으로 논하면 조그만한 현에 수비병이 1만 명에 지나지 않았다. 그때 형세로 보면 개모성이 그 서남쪽에 있고, 주필산이 지척에 마주 보고 서 있었다. 이 두 곳이 이미 당나라 군대에 점령되어 안시성이 위기일발의 처지에 있었으나, 이로써 천하의 군사를 물리쳤으니 양만춘 한 사람이 곧 만리장성인 셈이다.

당나라 황제가 다시 안시성주의 재주와 용맹을 꺼려 이를 피하고 급히 건안성을 공격하고자 하였으나 이세적이 따르지 않으므로 드디어 전군을

35* 안시성(安市城): 현 중국 요녕성 해성(海城) 남동쪽 영성자(英城子)산성으로 추정하고 있다. 지리적으로 험한 곳에 위치하여 요동성과 함께 고구려의 전략 요충지였다.

일으켜 성을 포위하였다. 이에 만춘이 병사를 데리고 성에 올라 당나라 황제의 깃발을 발견하고서 북을 치며 꾸짖어 말했다.

"네가 비록 천하 병력을 일으켜 쳐들어 왔으나 우리 고구려인의 예리한 칼날을 감당하지 못하리라!"

이는 당나라 황제의 분노를 돋우려 하는 조롱이었다. 당나라 황제가 비록 지혜롭다 하나 천하를 통일한 무력과 드높은 지위로 고구려 병졸들을 하찮게 여기니 함부로 꾸짖는 소리를 듣고 이를 어찌 양만춘의 계책인 줄 알고 참고 지나치겠는가?

과연 크게 노하여 이세적에게 명하였다.

"성을 빼앗으면 남자는 노소를 가리지 말고 모두 파묻으라!"

성안의 사람들이 이를 듣고 성을 지키고자하는 뜻을 더욱 견고히 하였다. 애석하게도 당 태종의 지략으로도 이에 이르러 사람의 술수에 빠져들고 만 것이니, 만춘이 결사대 천여 명에게 명하여 밤에 줄을 성에 매달고 빠져 나가 적진을 급습케 하니 당나라 군사가 크게 놀라 사기가 떨어졌다. 당나라 황제가 이에 이도종에게 명하여 군사를 독려하여 성 동남쪽 모퉁이에 토산을 쌓아 성안을 내려다보고자 하였는데, 성안에서는 다시 그 성을 높여 토산과 대치하고 병졸에게 교대로 싸우게 하니 매일 예닐곱 차례에 이르렀다. 도종이 또 충차36*와 포석37*으로써 성채를 부수었으나 성안에서는 목책을 세워 그 구멍을 막았다. 도종이 싸우다가 발을 다치니 당나라 황제가 몸소 침을 놓았다. 당나라 병사가 산을 쌓고자 밤낮으로 그치지 않은 것이 60일이고, 공사에 동원된 사람이 60만이었다. 토산의 꼭대기가 성을 넘어서자 성안으로 들이닥치기 위해 당나라 장수가 지키던 중 갑자기 산이 무너져 내리고 성이 부서졌다. 이에 고구려군이 성의

36* 충차(衝車): 성에 충격을 주어 부수는 큰 나무로 된 기구다.
37* 포석(礮石): 돌을 날려 성을 부수는 공성기다.

뚫린 곳을 따라 당나라 병사를 격퇴시키고 토산을 빼앗아 지키니, 60일 밤낮으로 60만 명의 힘을 들여 쌓은 토산이 고구려군에게 넘어가고 만 것이다.

그 분노가 어찌 극심하지 않겠는가. 당나라 황제가 장수들을 불러 힘껏 싸우지 못함을 나무라고 3일 안에 성을 반드시 함락시키라 하고 몸소 날아오는 화살과 돌을 무릅쓰고 통솔하여 싸웠으나 고구려군의 용기가 한층 더해져 그 기세를 당할 수 없었다. 그런 중에 당나라 황제가 화살에 맞아 눈을 다쳤다. 이에 대해 목은 이색이 시를 지어 이르기를,

> "주머니 속에 한 물건뿐이라 하니, 어찌 현화(눈)가 백우(화살)에 떨어진 줄을 알았으리."[38]

라고 하였다.

안시성에서 백여리 떨어진 곳에 계관산이 있는데, 당나라 황제가 싸움에 져 말을 타고 홀로 달려 골짜기 안으로 들어가니 사방 어느 곳에도 사람 기척이 없고, 산바람만 서글프게 불어 초목이 소슬하고 해가 이미 져서 길이 어두웠다. 배고프고 피곤함이 극심하여 갈 곳을 모를 때에 산 위에 조그만 한 암자가 있어 등불이 비쳤다. 이에 올라가 두드리니 한 노파가 나와 맞아 들여 술과 음식으로 정성껏 대접하고 편히 쉬고 잠자게 해 주었다. 닭 울음소리에 잠을 깨보니 조그만 암자와 노파는 흔적도 없고 단지 산위에 닭 벼슬과 비슷한 암석이 놓여 있었다. 훗날 그 일을 기념하여 그 곳에 절을 세우고 계명사라고 불러 오늘까지 그 터가 남아

38* 주머니 속에~알았으리: 고려말 문신 목은 이색(李穡, 1328~1396)의 『목은시고
(牧隱詩藁)』권2, 「유림관에서 정관의 노래를 지음貞観吟楡林關作」이라는 시로,
정관(貞観)은 당 태종의 연호이며, 원문의 '현화백우(玄花白羽)'란 화살에 맞아 눈
이 빠짐을 의미한다.

있어 사람들 사이에 전한다.

이에 이르러 당나라 황제의 낭패스러움이 극심하였다. 찬란한 대 당나라가 사방을 정벌하여 싸우면 반드시 이기고, 쳐서 반드시 빼앗다가, 오늘 천자가 스스로 나아가 30여만의 용맹스런 장수와 건장한 병졸이 비바람 같이 몰려가서 번개처럼 솟구쳐 산악을 뒤엎고 강과 바다를 뒤덮는 형세로 동쪽의 한 모퉁이 안시

목은 이색

성 아래에서 수개월을 고전하였다. 그러다가 조그만 공도 세우지 못한 채 무기를 버려두고 패잔병을 이끌고 신음 소리를 내면서 처량한 모습으로 허둥지둥 후퇴하는 것이 세상에서 막대한 수치이지만, 계략이 궁하고 힘에 부쳐 다시 싸우기 불가능한데다가 요동 벌판이 일찍 추워져 삭풍이 불어오고 눈보라가 날려 얼어 죽는 말과 사람이 십중팔구였으니, 병법이 가르치는 바 "어려움을 알면 물러나라"고 함이 눈앞에 닥친 유일한 계략이었다. 이에 명령을 내려 군사를 돌리니, 만춘이 성에 올라 인사의 말을 하자 당나라 황제가 비단 백 필을 내려 그 재주와 용기, 충성스럽고 근실함을 칭송하였다. 어제는 군대가 서로 물러가 팽팽히 맞서다가 오늘은 예를 갖춰 사양하는 기운이 따사롭고 아늑하니 아, 안시성주는 참으로 대동 수천 년 역사에 대표적인 인물이라 일컬을 것이다.

처음에 개소문은 당나라 이세적, 장량 등이 수륙 병진하여 평양으로 쳐들어오려 한다는 소식을 듣고 전쟁준비를 잘 하고 각 길목에 자리하여 적병이 당도하기를 기다려 그 칼을 휘두르고자 하였는데, 안시성에서 당나라가 크게 패하여 그 군사를 돌릴 때 당나라 황제가 사신을 보내 개소

문에게 궁복39*을 바쳐 군사를 이끌고 돌아감을 고하면서 수호40*의 뜻을
전했다. 원래 당나라를 업신여기던 개소문의 기개로 어찌 경의를 표할
생각이 있겠는가. 이에 사신에게 일렀다.

　"너희 왕이 망령되게 나라의 큼과 병사의 많음을 믿고 쳐들어 왔으나
천개소문이 있으니 백만대군인들 무슨 소용이 있겠는가? 내가 곧 부하
수만의 정예 병사를 데리고 그 패잔병을 추격하여 돌아가지 못하게 하고
싶으나, 이미 사절의 통신이 있고 궁복을 하사하여 문안하는 뜻을 전해와
아직 칼을 거둬두고 있기에, 너희 왕에게 한 가닥 살 길을 열어 줌으로써
답례코자 한다. 만약 너희 나라가 다시 싸우려 하여 새로이 무기를 다듬
고 쳐들어온다면 나도 또한 상대할 것이다."

　당나라 황제가 이를 듣고 원한과 분노가 더욱 심하여 다시 군사를 일으
켜 칠 뜻을 가졌다.

제5장 당나라 군사의 재침과 패전

　당나라 황제가 천하의 크기로 동쪽의 조그만 나라를 친히 정벌하려다
가 크게 패하여 돌아간즉 나라 위신의 추락도 심할 뿐 아니라 누차 사신
을 보내 화친을 구했으나, 개소문이 거절하였으므로 분노와 원한이 더욱
심해졌다. 또한 그 때에 개소문의 위세가 나라 안에 널리 회자되어 그
구레나룻의 풍채를 그림과 서책으로 옮겨 담는 자가 많았으며, 떠돌이
협객들은 개소문의 칼 솜씨가 천하무적이라 다퉈가며 칭송하였고, 민중

39* 궁복(弓服): 통상 '활집'으로 번역하는데, 장도빈은 『천개소문실기』에서 좋은 활良
　　弓]과 아름다운 옷[美服]이라고 풀어 썼다.
40* 수호(修好): 적대국 관계를 청산하고 사이좋게 지내는 것을 말한다.

에서 "고구려 대장 개소문이 순식간에 장안을 점령했네. 올해 쳐들어오지 않는다면, 내년 8월에 군사가 일어나리라"는 시가가 널리 전하니, 당나라 황제의 꺼려하고 미워하는 마음이 종종 잠조차 제대로 못 자게 하였다. 이로 인하여 이듬해 2월에 여러 장군을 모아 다시 군사를 일으킬 계획을 의논할 때 이세적·우진달 등이 주장하였다.

"고구려는 험준하고 견고한 산성을 이용하는 까닭에 앞서 아군이 안시성에서 실패하였습니다. 이번에 또 종전과 같은 요동의 육로를 따라 대군을 보낸다면 험한 천릿길에 득실을 따져볼 때 승리를 보장키 어렵습니다. 만약 수군을 앞세워 등래해로를 취하여 평양으로 곧 바로 쳐들어가면 그들의 해안 방비가 허술할 것이니 평양을 빼앗을 수 있을 것이고 안시성 전투의 치욕을 설욕할 수 있을 것입니다."

당나라 황제가 그 책략에 따라 7월에 이세적과 우진달 등을 거느리고 수군 수만 명을 이끌고 전함 수백 척으로 바다를 뒤덮으며 건너오니 그 기세가 대단하였다.

원래 고구려 땅은 동북쪽으로 대륙을 차지하고 서남쪽으로 큰 바다를 끼었으니 육로의 수비도 중요하거니와, 만일 해안의 방어가 소홀하면 또 한 나라를 지키기 어려웠다. 고구려 역대의 국방이 어찌 땅을 편중하고 바다를 가벼이 했겠으며, 개소문의 전략으로 적군에게 바닷길을 취할 계책이 있음을 알지 못했겠는가? 이에 고구려군이 해안의 요새를 차지하여 당나라 병사가 도착하기를 기다렸다. 과연 수백 척의 군함이 해안에 정박하여 일제히 상륙하고자 하니 고구려군이 병사를 출병시키고 돌격하여 크고 작은 백여 차례의 싸움 끝에 당나라 병사가 다시 패하여 우진달 등은 배 한 척에 올라타 달아났다.

당나라 황제가 노할대로 노해 우진달 등의 대장 자격을 박탈하고 다음 해 봄에 다시 크게 군사를 일으켰다. 이 때 당나라 조정에 3군을 통틀어 설만철을 따라올 장군이 없었다. 이에 만철에게 명하여 정동대장군을 삼아 수군 3만 명을 이끌고 바다를 건너 진격시키고, 또한 검남도에서 나무를 베어 군함을 더 만들게 하여 만철 등이 압록강에 들어가 지작성을 쳤으나 여러 차례 싸워도 거듭 져서 돌아가고 말았다.

무릇 이 전쟁에 당나라 황제가 개소문 한 개인에게 분을 풀고자 수십만의 주검을 요동 벌판에 버리고 수천만의 전쟁비용을 발해에 던져 넣었으나, 끝내 작은 공도 이루지 못하였고 국력이 피폐하여 백성의 원성이 또한 드높아지는 지경에 이르렀다. 그러자 대신 방현령이 걱정하며 울분을 이기지 못해 끝내 유언으로 절절히 간언하였고, 당나라 황제 또한 후회하여 죽음에 임하여 유언으로 요동 정벌을 그만두게 하였으니, 이로써 고구려 700여년 대외 경쟁사에 개소문의 대담하고 웅대한 전략은 전무후무한 최종점이 되었다.

제6장 각 나라와 경쟁함

대개 보장왕 24년간은 개소문의 정치시대이기에 숱한 활동이 모두 개소문의 정략인 것으로 인정된다.

처음에 거란이 광개토대왕 때부터 고구려에 복속되었으나, 뒤에 고구려를 배반하고 당나라에 신하로 복속하여, 당나라 황제의 고구려 정벌에도 참전하여 당나라를 도왔다. 이에 보장왕 14년에 장군 안국을 보내 거란을 쳐서 그 죄를 묻고 두 성을 빼앗았다.[41*] 다음 해에 백제·말갈과 함께 신라를 정벌하여 32성을 빼앗자 신라인이 당나라에 원조를 구했고,

---

41* 보장왕 14년~빼앗았다: '보장왕 13년'의 착오다. 더욱이 원사료에는 아군이 신성에서 패퇴한 것으로 나온다(『삼국사기』, 「고구려본기」 10 '보장왕 하 13년'조).

당나라는 정명진, 소정방을 보내 구해 주었다.

보장왕 18년에 당나라가 소정방, 유인원[42*] 등을 보내 신라 김유신 등과 군사를 합하여 백제를 침공하여 멸망시키고, 유인원이 사비성에 주둔하여 백제의 여러 성을 지켰다. 보장왕이 이를 걱정하여 개소문에게 방비할 책략을 물었다. 개소문이 조언하였다.

"저 신라 사람들이 항상 당나라에 의뢰하여 이웃 나라를 잠식할 야심으로 누차 당의 원병을 얻어 우리나라를 침범하더니, 마침내 당나라의 앞잡이가 되어 백제를 멸망시켰습니다. 이는 우리 대동민족을 다른 민족의 노예로 만드는 것이니 이를 어찌 좌시하겠습니까? 신이 청컨대 일거에 저 당나라의 진수병을 격퇴시키고, 신라의 죄를 벌하여 백제의 옛 땅을 회복하겠나이다."

왕이 일렀다.

"당이 무서워하는 자는 오직 장군 한 사람뿐이다. 장군이 수도를 떠나 원정하면 반드시 당나라 사람이 그 틈을 타고 배와 군사로 평양을 기습할 것이니 이를 염려하지 않을 수 없다. 지금 신라를 정벌하고자 한다면 먼저 편장을 보내 한강 이북 여러 성을 공격함이 가하다."

이로써 군사를 일으켜 칠중성(지금의 적성)을 치니, 현령 필부[43*]가 맞서 싸운 지 20일에 고구려군이 바람을 타서 불을 놓고 급습하자 필부가 휘하 병사들과 함께 전사하니 마침내 성이 함락되었다. 고구려 사람이 이어서 여러 성을 쳐서 빼앗고자 하므로 신라가 당나라에 급히 구원을 요청하였

42* 보장왕 18년~유인원 등: 태종대왕 7년 경신(660)해에 관한 기록이므로 '보장왕 19년'이 옳다. 유인원은 유백영(劉伯英)의 잘못이다(위의 책, '보장왕 하 19년'조 ; 「신라본기」 '태종무열왕 7년'조).

43* 필부(匹夫): 칠중성의 성주로 신라 사량부 사람이다. 고구려군은 이 전투에서 20일째에 철군하려 했으나 신라의 신하 비삽(比歃)이 반역하여 정보를 줌으로써 다시 공격을 감행해 승리를 거두었다. 『삼국사기』 권47(열전7), 「필부」 조 참조.

다. 당이 방효공[44*]을 보내 쳐들어오자 개소문이 장남 남생에게 명하여 사수로 나가 싸우게 하니, 당나라 병사가 대패하여 죽은 자가 만 명이요, 효공[45*]과 그 아들 13명이 모두 죽었다.

제7장 당나라 장군이 패해 돌아감

당나라 조정은 패전 소식을 접하고 크게 놀라 회의를 열고 한 차례 더 군사를 일으켜 오랜 치욕을 단번에 설욕하고자 했다. 대장 임아상, 소정방, 소사업 등을 보내 당나라 병사와 투항한 오랑캐를 합한 35군이 수륙으로 나뉘어 먼 길을 내달려 진격하니 깃발이 바다를 뒤덮고, 북과 호각 소리가 산을 울리는 기세로 평양으로 들이쳤다. 이에 고구려 사람들이 크게 동요하였다. 왕이 여러 신하들을 모아 놓고 대책을 논의할 때, 어떤 이가 고하였다.

"적의 기세가 몹시 왕성하니 사신을 보내어 강화함이 옳습니다."

이에 개소문이 노하여, "우리 고구려는 건국 이래로 다른 나라와 싸울 줄만 알고 화할 줄 모른다" 하고, 칼을 집고 백성에게 고하였다.

"우리 고구려 사람은 조상 때부터 무력으로 생활하였다. 과거에 수나라 병사 백만이 살수전쟁에서 살아 돌아간 자 겨우 900여명이요, 당나라 군사 30만이 안시성대첩에서 살아 돌아간 자가 겨우 천여 명이었다. 따라서 우리 고구려 국민의 충성과 용맹은 천하가 다 두려워함이거늘 어찌 오늘 큰 적을 만났다고 털 한 오라기라도 물러나 위축될 수 있겠는가? 또한

44* 방효공(龐孝恭):『구당서』와『삼국사기』에는 방효태(龐孝泰)로 되어 있다.『동사강목』에 방효공으로 기록된 것을 따온 데서 비롯된 것임이 확인된다. 중국 광시 좡족자치구 보바이현에 무덤이 있다.
45* 효공: 효태의 잘못이다.

개소문이 있으니 적의 무리가 비록 왕성하더라도 소용없는 것이오. 우리는 각기 적개심을 북돋워 칼을 갈고 활시위를 당겨 한 사람이 백 명의 적을 대하고, 열 사람이 천명의 적을 물리치자!"

이에 국민의 용기가 더욱 솟아올라 죽음을 무릅쓰고 적과 맞싸우기로 결심하였다.

견벽청야[46]의 계책을 행하여 인민에게 명해 양초[47]를 거두어 산골짜기에 보관케 하고, 여러 장수에게 명하여 각 통로의 성을 굳게 지키게 하여 당나라 병사가 여러 차례 싸웠으나 불리하였다. 아상은 군중에서 죽었고, 양식이 이미 다하여 병사들이 굶주리고 피곤하였다. 정방이 크게 두려워하여 부하에게 명해 바닷길을 따라 신라에 급히 도움을 청하여 양식을 구하긴 했으나, 병사들이 지쳐 싸우기가 불가능하였다. 이에 눈 오는 밤을 타서 바다로 빠져나가 자기 나라로 돌아갔다. 이로부터 당나라 사람이 서로 경계하며 전하기를, "개소문이 있는 한 고구려를 감히 넘보지 못하리라"고 하였다.

고구려 기병(쌍영총 벽화)

46* 견벽청야(堅壁淸野): 『삼국지(三國志)』, 「순욱전(筍彧傳)」에 나오는 고사로, 고대로부터 근세에 이르기까지 널리 사용해온 방어전술의 하나다. 해자를 깊이 파고 성벽의 수비를 견고히 하는 한편, 들어 있는 모든 곡식을 모조리 성내로 걷어들여 공격해 오는 적의 군량미 조달에 타격을 입히는 전법으로 우세한 적에 대한 수단으로 흔히 약자가 사용했다.

47* 양초(粮草): 군사들이 먹을 양식과 말이 먹을 풀이다.

제8장 천개소문의 종교사상

이상의 서술한 바는 모두 개소문의 전략사다. 그 행정수단이 어떠한 지는 사서를 두루 본 자가 없기 때문에 후인이 미루어 짐작하기가 불가능하다. 특별히 종교계에 하나의 사업이 있으니 일찍이 일렀다.

"저 중원 땅에는 3교가 병립하였는데 우리나라엔 유교·불교 두 종교가 흥하였으나 도교가 서지 못한 것이 나라에 불충분한 제도가 될 뿐더러 우리나라는 시조 동명성왕께서 선교를 창립하셔서 대대로 이를 받들어 잇다가 유교와 불교가 유입된 뒤로 선교가 쇠미하여 지금 끊기고 가르치지 않음에 이르렀으니 어찌 국교를 유지하는 국론이었는가?"

이에 도관을 세우고 도교경전을 널리 구하며 도교에 정통한 사람들을 초빙하여 교리를 강론케 하니, 국왕도 한가한 날 행차하여 그 강론을 들었다.

이로써 보면 개소문의 인격을 평하는 자들이 단지 무장가라 칭하거나 검술가라 칭하며, 혹 잔폭하고 살인을 일삼는 사람이라고 손가락질하는데 그것은 자못 진면목이 아니다. 그 수십개 긴 칼을 찬 맹렬한 기운과 영걸스런 풍채가 구름처럼 피어나고 번개처럼 불꽃이 일어나는 가운데 종교 한 가닥이 특별히 광채를 발하니 어찌 천고의 기적이 아니겠는가?

제9장 천개소문의 죽음

개소문이 보장왕 24년에 숨을 거두니 후인이 묘를 세워 제사하고 그 검술을 연극으로 전하여 지금에 이르도록 천수백년 동안 그치지 않았다.

슬프다! 빛나는 고구려의 700여년 역사가 개소문의 영령과 같이 만고에 상존치 못하고 마침내 개소문의 육체와 함께 지하에 묻혀버렸다. 개소문이 죽은 뒤에 다시 개소문이 없는 까닭에 고구려가 망하고서 다시 천수백년을 지나도록 해동 천지에 개소문 같은 영웅이 나타나지 않았다. 밝은 하늘은 우리 민족의 정경을 돌아보고 가엾게 여기지 않는가? 오늘에 이르러 우리 민족의 역사에서 부활시킬 자는 반드시 '영웅' 그 사람이다.

결론

만상[48*]이 삼라[49*]하고 인류가 복잡한 가운데 특별히 그 부류에 탁월하여 성현이 되고 선인이 되고 부처가 되고 영웅이 되는 것은 모두 '독립자주'의 힘이다. "천하가 모두 패권의 술수를 숭상하더라도 우리는 왕도를 행한다" 함은 성현의 '독립자주'요, "살려고 애쓰는 자는 죽을 것"은 인사의 필연이지만, "우리는 장생불사의 길을 닦는다" 함은 선인의 '독립자주'요, "우주 가운데 자기보다 더 존귀한 이는 없다"라 함은 부처의 '독립자주'요, 한 가지 절조로서 지극한 경지에 이른 고상한 자와 한 가지 기예에 빼어난 자도 또한 '독립자주'의 정신이 아니면 불가능한 것이다. 하물며 영웅이라 이른 자는 타협이나 굽힘없이 가장 정신이 힘차고 굳세고 가장 체력이 날쌔고 활발한 자로서, 만일 '독립자주'의 자격이 십분 완전하지 못하면 영웅으로 인정받기 어렵다. 어른을 따라서 걸음을 능히 하는 자는 어린이가 아니며, 장부를 따라 거취를 본받는 자는 여자가 아닌가?

삼국시대의 인물을 논하자면, 김유신은 국가주의 견지한 자요, 설인귀는 개인주의를 견지한 자인데, 김유신이 이르기를, "우리나라는 땅이 좁

48* 만상(萬象): 온갖 사물의 형상.
49* 삼라(森羅): 벌인 현상이 숲의 나무처럼 많음.

고 군사가 적으니 마땅히 큰 나라의 원조를 얻으리라" 하였으며, 설인귀가 이르기를, "구구한 조그만 나라에서 나고 죽는 것보다 혁혁한 대국에서 공명을 세우리라" 하였으니 둘 다 목적은 이루었으나 독립자주의 자격은 잃은 자다. 이 때문에 김유신이 남긴 폐해는 일종의 의뢰성을 전수하여 큰 나라를 섬기고 구차하게 안녕을 구하여 자강을 꾀하지 않는 국민의 선조가 되었고, 설인귀는 자기의 공명을 탐하여 조국을 배반하였으니 이는 매국노의 괴수이지 무슨 말이 더 필요하겠는가?

천개소문은 개인주의에도 독립자주요, 국가주의에도 독립자주자이니 이는 개인자격으로 논해도 실로 비할 자가 없다. 어떤 사람은 이에 대하여 이르기를, "적음이 많음을 대적하지 못하고, 약함이 강함을 대적하지 못함은 당연한 이치다. 그러므로 말하길, "작은 나라로 큰 나라를 섬기는 것은 하늘을 두려워하는 자이니, 하늘을 두려워하는 자는 그 나라를 지키리라"50*고 하였다. 그런데 천개소문이 그 덕과 힘을 헤아리지 않고 망령되게 큰 나라와 원수를 맺어 저항하다가 마침내 죽음에 이르고 얼마 되지 않아 그 나라가 당나라에게 멸망하였으니 이를 어찌 지략이 뛰어난 영웅이라 일컫는가?"라고 하였다. 그렇지만 나는 "아니다!"라고 말한다. 고구려는 토지와 백성으로 말하면 당나라를 대적하지 못하지만, 그 나라의 정신으로 말하면 대무신왕61* 이래 역대 군신이 모두 독립정신으로 항상 대국의 땅을 쳐서 빼앗고, 대국의 병사를 맞아 싸우던 나라다. 국운의 불행으로 말엽에 이르러 천남생, 남건 등이 형제끼리 다투어 골육

50* 작은 나라로~ 지키리라: 『맹자』, 「양혜왕장구하(梁惠王章句下)」의 '이웃나라와 교류할 때의 도'에 관한 구절이다.
51* 대무신왕: 4~44(재위 18~44). 고구려 제3대왕으로 서기 22년에 동부여왕 대소(帶素)를 죽이고 그 땅을 병합하였으며, 26년에 개마국(蓋馬國)을 정복하고, 이어 이웃 구다왕국(句茶王國)의 항복을 받았다. 32년에 호동왕자의 활약과 더불어 낙랑을 공격하는 등 성장된 국력을 과시하면서 영토를 크게 넓혔다.

상잔으로 적병을 끌어 들여 700여년 종묘사직을 무너지게 하였다. 만일 남생, 남건 등이 한마음으로 힘을 합하여 그 틈이 없었더라면 당 태종이 천하병력으로도 이겨내지 못한 고구려를 여든살 먹은 늙은이 세적이 어찌 멸할 수 있었겠는가? 그러므로 고구려는 대국에 저항함으로써 망한 것이 아니라 형제 다툼으로 망한 것이다. 또한 '적음이 많음을 대적하지 못함'은 당연하나, 월나라왕 구천은 5천명의 남은 병졸로 10년을 버텨 살고 10년 간 훈련시켜 강한 오나라에 원수를 갚았고, 금태조 아골타는 백두산 아래 작은 부락에서 일어나 일거에 요나라를 멸망시키고 다시 북송을 빼앗았으니, 이를 보면 나라의 승패와 존망이 땅의 크고 작음과 백성의 많고 적음에 있지 않고 그 나라 인재 여하에 달린 것인데, 천개소문의 대담하고 웅대한 계략을 어찌 대소·중과로 비교하여 헤아릴 수 있겠는가?

무릇 천개소문의 역사에 관하여 인륜 도덕으로 다스리면 실로 말로 할 수 없는 죄로 처단할 안이 있으나, 그 독립자주의 자격과 대외경쟁의 담력과 지략이 우리나라 4천년 역사에 다시 대등할 상대자가 있는가? 하물며 우리들이 오늘 이 지경을 당해 천개소문 같은 영웅이 눈을 부릅뜨고 큰 소리로 꾸짖는 기세와 뛰어오르는 동력만 얻어도 어떤 효력이 있을지 읽는 이가 헤아려 보기 바란다.

천개소문전 끝.

역사가

어화 우리 청년들아   고국산천 이 땅이라
북부여의 단군자손   이천여년 향국일세.
신조 유택 무궁하여   만세 만세 억만세라.
혼강 일대 도도하니   동명성왕 북래하여
고구려를 건설하니   호시천하 굉장하다.
환도고성 찾아보니   광개토왕 비문이라
남정·북벌 소향처에   동양대륙 진동했네.
개세영웅 개소문은   산해관의 고묘로다.
용천부를 돌아보니   발해태조 사업일세
사십만중 일호령에   해동성국 일어났네.
우리 동족 금태조는   백두산에 터를 닦아
이천오백 정병으로   횡행천하 족족했네.
우리 오늘 건너온 일   상제 명령 아니신가
아무쪼록 정신차려   조상역사 계술하세.

제2편

발해태조 건국지

백암 박기정 지음·
단애 윤세복 교열

대 통 령 이 들 려 주 는 우 리 역 사

서론

　단군대황조께서 하늘에서 내려온 신인으
로서 대동천지를 개벽하시고 만세자손을
위하여 백두산 남북마루의 빼어난 경치를
터전으로 주시니, 동서남 삼면은 대해요 북
방일대는 대륙이다. 고원의 목축과 평야의
농업과 연해의 상업을 두루 갖추었으며, 서
북의 굳센 상무정신과 동남의 부드럽고 순
수한 문화가 서로 발달하여 영원무궁토록
이 땅의 주인공이 된 자는 우리 단군의 자
손이 아닌가?

　세계 각지에서 부락제도가 진보하여 국
가제도를 성립하니, '국가'란 인류 사회 가
운데 가장 세력이 위대하고 기초가 공고하
고 명의가 존중되는 단체다. 인류의 두터운

정으로 말하면 가족주의가 친절하나 국가주의에 비하면 세력이 위대하지 못하고, 도덕의 범위로 말하면 세계주의가 광대하나 국가주의에 비하면 기초가 공고하지 못한 까닭에 우리는 반드시 국가를 의지하고 믿어 생활 하는 것이다. 만약 국가가 존재하지 않는 경우 나의 생명과 나의 권리와 나의 명예와 나의 지위가 다 다른 사람의 손에 쥐어져 삶과 죽음, 화와 복이 다 다른 사람의 명령을 듣고 자기는 털 한 오라기의 자주하는 능력 이 없어지니, 겉모습이 비록 사람이고 이름이 비록 사람이나 그 실상은 개·돼지와 같다. 타인이 구축하고자 하면 구축되고 타인이 도살하고자 하면 도살되니 천하에 원통과 치욕이 어찌 이보다 더한 것이 있겠는가? 이러한 까닭에 국민의 명의를 띤 자는 나라를 위하여 정수리로부터 발뒤 꿈치에 이르기까지 다 닳도록 수고하며 마음과 힘을 다하며 자신을 돌보 지 않고 목숨을 거는 일도 있는 것이다.

아, 도덕시대를 지나 지력시대에 이르니 인류사회에서 가장 극렬한 것 은 국가경쟁이다. 무릇 인간세상의 죄악으로 논하면 나라를 멸망시킨 죄 악이 사람을 살해한 죄악보다 더욱 심하고 극대하지만, 나라와 나라 사이 에 경쟁할 경우 비리의 탐욕과 불법의 악행이 조금도 기탄이 없으며, 어 짊과 의로써 적절히 조합하지 못하고 법률로써 제한하지 못하여 우승열 패와 약육강식을 공식적인 사실로 인정하여 행사하기까지 이른다.

비록 그러하나 천지의 도리는 잘 순환하고 세상일에 변화가 많아 국권 과 인권이 늘 이김이 없고 늘 패함이 없다. 갑의 세력이 강할 시에는 을의 약함을 이기고, 을의 세력이 강한 때에는 갑의 약함을 이겨 그 강약 이 서로 순환하고 그 승패가 서로 번갈아 앙갚음하여 세계상 대 연극의 기이한 광경을 드러내는 것이다. 그런데 그 사이 약함을 돌려서 강함을 이루고 망함을 이어 흥함을 이르게 한데는 반드시 한 세상에서 뛰어나고 이름난 '위인'이 있다.

우리나라 4천년 역사에서 대외경쟁을 보면 이기거나 패하며 존재하거나 망하여 그 기회가 여러 차례 변환하는 일이 있었다. 그 변환하는 기회를 타서 나라의 어지러운 풍습을 크게 고치는 대역량과 기사회생의 묘책과 방법으로 잃은 국토를 회복하고 이미 망한 국민을 다시 살게 한 분은 동명성왕과 발해 태조다. 진실로 이 위인들이 아니면 그 누가 할 수 있었겠는가? 지금 그 역사를 거슬러 상고하면, 한나라가 사군을 둔 날에 2천여 년 조선역사가 세계상에 말살됨을 당하였으나 동명성왕이 나와 고구려를 건설하여 우리 조국을 광복하였으며, 당나라가 도호부를 둔 날에 7백여 년 고구려 역사가 땅 밑으로 가라앉음을 보게 되었으나 발해 고왕이 나와 해동성국을 건설하여 우리 민족을 구제하였다. 그러므로 이 기념과 이 은혜는 그 위엄과 덕망과 큰 공을 우리 국민이 어찌 기념하고 어찌 은혜를 말하든지, 언덕이 옮겨가고 골짜기가 바뀌며 산이 무너지고 바다가 마를지라도 다하여 없어질 날이 없을 것이다.

지금 우리가 세계사를 읽으면 아메리카의 새로운 세상을 개벽한 워싱턴과 이탈리아를 새로이 정돈한 카부르[1] 같은 위인의 사업에 대하여 숭배하고 찬송하지 않는 사람이 없는데, 하물며 우리 조국 위인의 건국사업은 특별히 친절하고 두터워진 정이 있으므로 숭배하고 찬송함이 더욱 당연하지 않겠는가?

카밀로 벤소 디 카부르

1[*] 카부르: 카밀로 벤소 디 카부르(Camillo Benso di Cavour, 1810~1861). 이탈리아의 정치가로서 1852년 사르데냐 왕국의 수상이 된 이래 9년 동안 통일 이탈리아왕국 실현에 공헌한 인물이다.

그렇지만 현재 우리 국민의 사상계를 살피면 동명성왕과 발해 태조의 건국한 역사에 대하여 기념하고 은혜를 말하는 사람이 극히 적은 수에 머무르니, 이는 다른 것이 아니라 오랜 옛날부터 전해 내려오는 역사학이 발달하지 못한 까닭이다.

원통하고 슬프다! 우리 4천여 년 조국 역사에서 금일 이 지경에 이르게 한 사람이 누구이겠는가? 그 여러 가지 원인을 낱낱이 들어서 말할 거를이 없다. 가장 가까이는 국민교육계에 관하여 이른바 '문학가'들이 그 책임을 피하지 못할 점이 있다. 국민교육계에서 가장 필요한 것은 지리학과 역사학인데, 지리는 국민의 신체요 역사는 국민의 정신이다. 사람의 신체와 정신이 건전하고 활발해야 본체를 만들 수 있고 수명이 장구함과 같이 국민교육계에 지리학과 역사학이 당연히 발달하여야 그 백성이 해륙 방면에 대하여 활동 진보한 사상도 있고, 국가주의에 관하여 충애하는 사상도 있을 것이다. 그런데 우리나라의 문학가는 지리를 논하면 태산·황하와 악양루·동정호²*의 명칭을 맹송할 뿐이고, 역사를 논하면 천황씨 이하로 당나라·송나라 역사기록의 찌꺼기를 술주정마냥 이야기할 뿐이며, 이 나라의 지리와 역사를 교과 이외로 넘긴다. 일반 교육계의 방법이 이와 같이 그릇된 가운데 가장 기대할만한 학자들은 특별히 단일한 말과 논리를 주창하여 오로지 다른 나라를 높이 받들어 존경하고 기념하여 유일무이한 의리로 삼고 자국정신을 자연 소멸케 하였으니 그 백성이 어찌 국가사상이 있으며 조국 위인을 숭배할 사상이 있겠는가?

비단 그뿐만 아니라 지금 우리가 눈을 들어 강북 일대를 바라보면 광막한 벌판이 일찍 누구의 소유였던가? 단군 후예 부여의 터전은 현도 북쪽 1천여 리에 위치하고, 기자조선의 경계는 영평부에 이르렀고, 고구려의

2* 악양루·동정호: 중국 호남성(湖南省) 북쪽에 있는 유명한 성루와 호수다.

10부[3*] 176성과 발해의 5경 15부가 다 우리 조상의 옛 땅이었는데 1천여 년래에 우리 민족이 이에 대하여 경영자는 고사하고 꿈꾸는 이도 처음부터 없었으니 이것이 무슨 연고인가? 역사가 새어 없어져 조상의 유적을 기록하고 얻은 사람이 없는 까닭이니 이른바 문학가의 죄를 말로 다 할 수 있겠는가? 가장 원통한 점은 발해사를 버려두고 찬수하지 않은 것이다. 발해 태조는 고구려의 옛 장수로서 망국의 패잔병을 수습하여 고구려 옛 강역을 극복하였으니 발해사로 고구려의 계통을 계승함이 옳은 것인데, 역사가가 어떤 이유에서 이 의리를 강구하지 않은 것인가?

　고려 성종 12년 거란 장수 소손녕이 대군을 들어 쳐들어 올 때 손녕이 소리치며 말했다.

　"너희 나라는 신라 땅에서 일어났으니 고구려 땅은 우리의 소유인데, 너희가 침식하였다!"

　서희[4*]가 항변하여 말하였다.

　"우리나라는 즉 옛 고구

서희장군묘(경기도 여주군 산북면 소재)

려다. 그러므로 국호를 고려라 하고 평양에 서울을 두었으니 만약 땅의 경계를 논하면 그대 나라의 동경이 다 우리의 경계이니 어찌 침식이라

3* 10부: 5부의 잘못이다.

4* 서희(徐熙, 942~998): 고려시대 문신이자 외교가다. 982년 송나라에 가서 중단되었던 국교를 트고, 993년(성종 12) 거란의 내침 때 중군사로 북계(北界)에 출전했다. 전세가 불리해지자 조정에서는 항복하자는 안과 서경 이북을 할양하고 강화하자는 안 중에서 후자를 택하기로 했으나 이에 극력 반대, 자진해서 국서를 가지고 가 거란장수 소손녕(蕭遜寧)과 담판을 벌였다. 이때 옛 고구려 땅은 거란 소유라는 소손녕의 주장에 반박, 국명으로 보아도 고려는 고구려의 후신임을 설득하여 거란군을 철수시켰다. 서희는 지금의 평북 일대의 국토를 완전히 회복시킨 인물이다.

하는가?"

그러자 소손녕이 다툴 수 없는 것을 알고 마침내 화의를 청하였으니, 역사의 관계가 얼마나 중요한 것인가? 고려가 이미 고구려의 계통을 의식하여 국경을 밝혔으나, 무슨 이유에서 발해사를 편수하지 않았는가? 발해의 강토는 고구려의 강토다. 고구려의 계통을 이어서 그 옛 강토를 잃지 않고자 하였다면 발해사를 찬수하여 고구려를 계승함이 필요하고, 또한 발해 3백년간에 문물제도를 잘 갖추고 대단히 훌륭하여 역사의 찬란한 기록으로 발표할 사람이 많았고, 또한 발해 말엽에 왕족과 일반 백성이 고려에 내투한 사람이 끊이지 않았으니 그때 역사가가 이를 소개하여 사료를 채집하기가 용이하였다. 애석하다! 고려 4백년간에 일개 안목을 갖춘 학자도 발해사를 편수함이 없었다.

이후 8·9백년을 지나서 다산 정약용이 『아방강역고』5*를 저술할 때 발해강역을 기재하였고, 혜풍 유득공이 『발해고』6*를 기술하였고, 연천

5* 아방강역고: 조선 순조 때의 실학자 정약용이 편찬한 우리나라 강역에 관한 역사지리서. 유배지였던 전라도 강진에서 우리나라의 강역을 문헌을 중심으로 살피고 그 내용에 대하여 고증한 책이다. 고본으로 10권이 전해오다가 1903년에 장지연이 증보하여 『대한강역고』로 책명을 바꾸어 황성신문사에서 활자본 9권으로 간행하였다. 정약용은 「발해고(渤海考)」에서 『요사(遼史)』, 「지리지」의 영향으로 발해의 지명 비정이 잘못되어 있음을 간파하고 자신이 발해의 5경 등을 위치 비정하였다. 남경남해부에 대한 그의 '함흥설'은 정설시되고 있을 뿐 아니라, 서경압록부도 유력한 설의 하나로 손꼽히고 있다.

6* 발해고: 조선 정조 때의 실학자 유득공(柳得恭, 1748~1807)이 1784년(정조8)에 한국·중국·일본의 사서 24종을 참고하여 발해의 역사를 기록한 책이다. 『발해고』는 서문 외에 군고(君考)·신고(臣考)·지리고(地理考)·직관고(職官考)·의장고(儀章考)·물산고(物産考)·국어고(國語考)·국서고(國書考)·속국고(屬國考)의 아홉 부분으로 구성되어 있다. 이 가운데 군고와 지리고와 속국고 등은 내용에서 문제점이 있으나, 발해사를 독립적으로 다루었다는 점과 특히 발해사를 자주적으로 체계화시키고 우리 국사의 영역으로 끌어들여 발해 고토가 우리 영토라는 근거를 제공해 주었다는 점에서 높이 평가된다. 필사본으로 전해지던 것을 1911년 조선고서간행회(朝鮮古書刊行會)에서 영인·간행하였다.

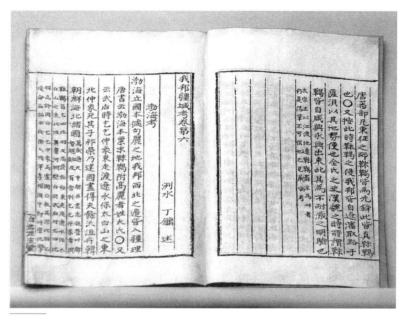

발해고(정약용, 『아방강역고』 중)

홍석주가 「발해세가」[7*]를 찬술하였으나 겨우 당나라 서책 중에서 발해와 관계를 맺어 오고간 문자에 의거할 뿐이니 어찌 발해 고토를 향하여 고서와 유적을 습득할 처지가 있었겠는가? 3백년 해동성국에서 세상에 이름을 떨쳤던 사물이 역사상 널리 전파된 사실도 이와 같이 헐려 없어지고 남은 것이 없으니 더욱 더 비통할 노릇이다. 위 세 분의 박식함으로도 그 고증 재료가 이에 그쳤으니, 완고하고 식견 없는 후학자로서 또 어찌 문장력을 발휘할 수 있겠는가? 단지 지금 정신교육에 가장 필요한 것은 조국 위인의 역사로, 이에 『동명성왕실기』를 찬술하고 이어서 『발해태조

7* 발해세가: 지은이 연천(淵泉) 홍석주(洪奭周, 1774~1842)는 조선 후기 대학자로, 신라 · 고구려 · 백제의 삼국시대와 발해역사의 요점만을 간추려 『동사세가(東史世家)』를 저술하였다. 그 중 「발해세가」 편에서 발해를 한국사의 한 독립국으로 인식하였다.

건국지』를 기술하여 교육계에 보조하고자 한다. 책을 읽는 사람은 그 요점을 연구하는 것이 제일 필요하다. 발해 태조의 출세한 역사를 미루어 생각해 보면 일개 망국의 도망간 자취에 불과하다. 그런데 어떠한 능력으로 한번 숨을 들이킴에 40만의 무리를 얻어 5천리 대국을 건설하였겠는가? 독자는 이에 주의를 기울여 연구할 바가 있다. 그 세 가지 원소 중 하나는, '태조의 무략이 아주 두드러지게 뛰어나 군사 부림을 귀신같이 잘한 까닭에 당나라 사서에서 말하기를, "날래고 용맹하여 군사 부림을 잘한다" 하였고, 다른 하나는 '발해민족'이 날래고 용감하며 지모가 많은 까닭에 『송막기문』[8*]에서 말하기를, "발해인은 지모가 많고 날래고 용감함이 다른 나라보다 뛰어나 발해사람 셋이면 호랑이 한 마리를 당해낸다" 하였고, 나머지 하나는 '고구려 유민'이 사납고 굳세며 거칠고 용감한 근본 성질로서 망국의 통한을 죽기로 맹서하고 씻고자하여 의병의 깃발을 단 한 번의 거사로 끝장을 내고자 함에 앞 다투어 목숨을 바친 까닭이 아닌가? 독자는 거듭 연구하기를 바란다.

단군대황조강세 4368년 10월 모일에 지은이 씀

제1장 발해 이전의 고구려 말운

옛날 대동에 고구려와 신라와 백제의 세 세력이 서로 대립한 것이 삼국시대요, 신라와 발해가 병립한 것이 남북조시대다. 발해는 고구려 옛 강토에 의거하여 고구려 계통을 계승한 나라다. 그렇기 때문에 발해 건국의

8* 송막기문(松漠紀聞): 서기 1156년에 간행한 중국 남송시대 홍호(洪皓)의 금나라 견문록이다.

여명을 기술하는데 있어서 고구려의 말운부터 쓰고자 하는 것이다.

고구려 7백여 년 역사는 우리 대동민족이 가장 강하고 용맹하며 활발한 기상으로 독립자주의 가치와 자격을 세계에 발표한 영예스런 역사다. 시조 동명성왕이 하늘의 뜻과 뛰어난 무예로 아주 작은 졸본 부락에서 처음으로 나라를 세우는 기초로서 국토를 개척하심에서부터, 대무신왕은 동·북부여를 통일하고 선비·양맥을 복속시키며 낙랑 여러 군을 공격하고 취하여 단군대황조의 옛 강토를 극복하였다. 광개토대왕이 남쪽으로 왜를 정벌하며 북쪽으로 연나라와 거란을 정벌하여 위세와 무력을 사해에 높이 드러냈으며, 살수대첩에 수나라 병사 백만 명이 전사하였으며, 안시성전투에서 당나라 군사 30만이 패전의 깃발을 걸었으니, 이는 동방 전쟁사에서 가장 요란하고 빛나는 큰 공로요, 기타 대외경쟁에서 개가를 부른 광영이 서로 이어져 끊어지지 않음이다. 700여 년간에 사람마다 적개심을 갖고 날마다 무기를 고쳐 국력을 건강하게 하고 나라의 운명을 발전하게 하여 동북아 대륙의 패권을 독점하였다.

아! 국운의 성쇠가 있고 인권의 신축이 있어서 성하는 때도 있고 쇠하는 때도 있고, 이기는 때도 있고 패하는 때도 있음은 마치 세계가 하나의 극장과 같다. 유럽 전역을 통일하여 천하를 다스린 사업이 혁혁하던 로마도 멸망의 비참한 정황을 나타냈고, 소아시아*와 유럽과 아프리카의 3대 주를 정복하던 돌궐도 세력이 쇠퇴하여 미약해진 쇠운을 만났다. 고구려 말운에 이르러 저 당나라와 신라 사람이 서로 연합하여 집어삼키려는 야심을 펴고자하여, 연개소문이 생존한 동안에 수차 내침했으나 결국 패하여 돌아갔다. 개소문이 죽고 남생·남건 등이 나라의 정사를 맡자 불행히 골육상잔의 비극이 발생하여 마침내 강적이 쳐들어왔다. 이로써 종주

9* 소아시아: 터키와 에게해 연안의 여러 섬과 이라크의 북부 지역을 통틀어 부르는 말이다.

로 받드는 나라가 뒤엎어지고, 7백여 년 천하를 다스리던 역사가 보장왕 24년(665) 9월에 이르러 뜻하지 않게 난데없는 적에게 멸망된 것이다. 이와 같이 천지에 큰 이변이 일어나는 날을 만나 그 비극·참극의 정황이 어떠했는가? 임금 이하 장수와 재상과 대신들은 백기 아래에 포로가 되었으며, 28대의 종묘사직은 잿더미 속에 폐허가 되었으며, 10만 대군의 충성스러운 마음과 의로운 담력은 벌판의 비바람에 드러나며, 역대 문서와 재물을 넣어두는 곳간의 보배솥·금국새[10*]는 배에 실려 바다로 운반되며, 화려한 금수강산은 외국의 판도를 장식하고, 신성한 단군의 후예는 타인의 노예 신세가 되고 말았다.

대동세계가 참혹함을 잊는 가운데, 저 이세적은 원래 당하기 어려운 적으로 자칭하던 자다. 부도덕의 강력과 비리의 탐욕으로 남의 나라를 멸망시켰으니 혹시 국민의 반항이 몰래 일어날까 하여 이름난 호족 3만가를 강회[11*]에 옮기며, 혹시 역사가 존재하면 국민성이 소멸되지 않을까하여 사고[12*] 서루의 수만 권을 불살랐다. 그러니 그 나라를 망친 수단의 잔포함이 이와 같으며, 함부로 기교를 부림이 이와 같아서 우리 민족의 한줄기 살아갈 방도를 개방한 곳이 없었다. 그러나 하늘이 우리 민족의 생명을 단절되지 않게 하시니, 이에 발해 태조의 유래 없는 대활동이 출현하였다.

10* 보배솥[寶鼎]·금국새[金璽]: 제위의 상징이자 왕위 계승에 따르는 보물이다.
11* 강회(江淮): 양자강과 회수(淮水) 사이 지역으로 중국 안휘성에 있다.
12* 사고(史庫): 역사기록과 중요한 서적·문서를 보관한 국가의 서적고를 말한다.

제2장 태조의 가계와 인격

발해 태조의 성은 대씨요, 이름은 조영이니, 고구려 장수 중상의 아들이다. 그 집안은 마한족으로서 태백산 동쪽 속말말갈부에 거주하여 호족이 된 것이다. 속말은 말갈 7부의 하나다. 말갈은 고구려 봉상왕[13*]시대부터 번속이 되어 병역에 복무하였고, 속말은 그 강역이 더욱 가까운 까닭에 고구려의 이름난 가문이 이곳에 거주한 사람이 많았으니 대씨, 고씨, 장씨, 양씨, 보씨, 오씨, 금씨, 이씨, 박씨, 최씨, 신씨, 임씨 여러 문중이 이들이다. 그러므로 지나의 남북조시대에 북제 임금 고환은 말하되, "발해인"이라 하며, 고구려대장 천개소문도 혹 당나라 사서에서 말하되, "발해인"이라 하였다. 개소문이 고구려 동부대인[14*]의 아들이고 장백산 부근에서 태어난 까닭에 "발해인"이라 했던 것이다.

발해왕실의 후족은 고씨요, 또한 마한 여러 부족이 발해에 이주한 역사가 존재한다. 고려 태조 또한 말하기를, "발해는 나의 혼인"이라 하였으니, 그 강토는 고구려의 유산이요, 그 씨족은 고구려와 같은 종족이다. 발해사로써 고구려의 계통을 계승함이 역사의 정례인데, 하물며 대씨가 대대로 고구려에 벼슬하여 중상과 조영 2세가 다 고구려의 장수가 되었으니 발해의 건국은 곧 고구려가 부흥한 것이다.

태조는 타고난 기품이 영민하고 용맹스러워 사납고 날쌤이 아주 두드

13* 봉상왕(烽上王): 재위 292~300년. 고구려 14대 왕으로, 13대 서천왕(재위 270~292)의 태자다.

14* 고구려 동부대인: 연태조(淵太祚). 「천남생묘지(泉男生墓誌)」(679)에, "증조부는 자유(子遊), 조부는 태조(太祚)로 다 막리지(莫離支)를 역임했고, 부친 개금(蓋金)은 태대대로(太大對盧)였다. 할아버지·아버지가 쇠를 잘 다루고 활을 잘 쏘아 모두 군권을 쥐고 나라의 권력을 장악했다'고 기록돼 있다. 고구려 말기의 대막리지 장군 연개소문을 일명 개금이라고도 했다. 막리지는 고구려의 최고관직이며, 대막리지는 정치와 군사 양 권을 장악한 국정 전담 관직을 말한다.

러지게 뛰어나고 기량이 굉장히 크며 지략이 보통사람보다 뛰어났다. 어릴 때부터 무예를 즐겨 활쏘기와 검술이 다 익숙하고 정묘하며, 또한 고금서적을 널리 많이 읽어 성패의 이유를 깊이 깨달았다. 평소 강개하여 큰 뜻을 품었는데 일찍이 말하였다.

"남자가 장래에 새로운 시대를 여는 대사업을 만들어 얻고자 하면 모험의 경력이 아니면 불가능할 것이다. 우리 발해인이 본래 날래고 용감한 까닭에 3인이 호랑이 한 마리를 당한다 했는데 나는 혼자서 호랑이 한 마리를 당할 것이다!"

그렇게 하고서 홀로 높은 산 깊은 골짜기에 출입하여 맹수를 사냥하며, 준마를 채찍질하여 몹시 가파른 언덕에 돌진하는 것을 평지와 같이 하였다. 하루는 병가서를 읽다가 '병사를 부리는 방법은 적을 막기에 편리하고 적이 쳐들어오기에 불리하게 유리한 지세의 요충지를 일찌감치 익히는 것이 옳다'고 생각하고 곧 나라 안 명산대천과 높은 성 깊은 곳을 두루 다니며 싸워 지킴의 적당함을 살피고, 남쪽으로 패강을 거슬러 올라가 등래15* 해로를 찾아보고, 서쪽으로 요하를 건너 거란의 변방 경계를 엿보며, 동북으로 흑룡강 연안에 이르러 일본 북해도를 조망하고 돌아오니, 한 폭의 지도가 머릿속에 환하게 되었다. 장성한 후에는 부친 중상과 같이 고구려에 벼슬하여 장군의 직책에 있었으나 변방 귀퉁이의 임명에 불과하니 영웅의 수완을 발휘할 무대를 얻지 못하고 다만 어둠 속에서 때를 기다릴 뿐이었다. 보장왕 18년16*에 당나라와 신라가 병사를 합하여 백제를 멸망시키니 순망치한의 시기가 십분 위급하였고, 24년에 연개소문이 죽고 남생 남건 등이 권세를 다투어 내란이 일어나자 저 호시탐탐 기회를 엿보던 당나라와 신라의 병사가 며칠 만에 성 아래에 이르렀다.

15* 등래(登萊): 중국 산동성에 있던 등주(登州)와 내주(萊州)를 말한다.
16* 보장왕 18년: 보장왕 19년(660)의 착오다.

태조가 개연히 뛰어난 책략을 말하여 엎어지는 것을 붙들고 위급을 지키고자 하였으나 나이가 어리고 지위가 낮아 당국자의 채용을 얻지 못했다. 이에 은밀히 사방의 지사를 자기편으로 끌어넣고 결탁하여 후일 활동의 정보를 준비할 즈음, 아우 야발은 또한 병법을 좋아하여 강하고 용감하며 강개하고 뜻이 있는 사람이었다. 잠잘 때는 이불을 나란히 덮고, 식사할 때면 같은 상을 받고, 시사를 거리낌 없이 이야기하면 형제간에 서로 화목해져 뜻이 통하는 동지를 스스로 얻으니, 이로써 학식 있는 사람들은 대씨의 흥함을 점쳤다.

제3장 고구려 유민의 생기

슬프다! 국가가 파멸하여 왕업이 쓸쓸한 경우가 있으니, 오나라 궁터의 화초는 큰 사슴이 짓밟고, 낙양의 궁궐은 파묻혀 황폐해졌다. 만 가지 광경이 사람의 마음을 상하게 하고 눈물을 흘리게 할 뿐이다. 또한 저 나라를 멸망시킨 자들의 수단은 그 유족에 대하여 천둥벼락과 같은 맹렬한 위세로써 억압하고, 비밀스런 방법으로 없는 죄를 얽어 꾸미고 실시하여 '벤 풀이 다시 살고 죽은 재가 다시 타는 것'을 허락하지 않으니 누가 그 고국을 위하여 낙심하고 절망하지 않을 것인가? 그렇지만 옛날 진나라가 초나라를 멸망시킬 때 초나라 남공[17]이 말한 "초나라, 비록 삼호라도 진나라를 멸망시키리라" 함은 무엇을 말한 것이었겠는가? 바로 그 국민의 사상계를 살핌이다. 그러므로 그 나라가 비록 파멸되었더라도 그 백성의 생기가 죽지 않아 정신상 국가가 존재하면 반드시 부흥의 기운을 만회하

---

[17] 남공(南公): 초나라 때의 도사 이름이다. 원문의 "초수삼호 망진필초(楚雖三戶 亡秦必楚)"는 『사기』, 「항우본기(項羽本紀)」에 나오는 구절이다.

는 날이 있는 것이다.

　고구려는 동방의 일대강국이다. 그 백성이 강개하여 의를 좋아하고 굳세고 거칠며 무예를 좋아하여 역대 경쟁에 영예가 빛났다. 불행히 말엽에 이르러 당나라 사람이 그 내란을 틈타고 또한 신라의 협력으로써 이를 공격하여 빼앗고 그 땅을 거두어 9부를 두었다. 도호부를 평양에 두어 강력한 군대로 진압하여 관리할 때 처음에는 강한 압박 정책으로 호족을 옮기고, 나라의 역사책을 불태우고, 성벽과 해자18*를 깎아 헐며, 충의의 인사를 마구 죽임이 극히 맹렬하고 몹시 참혹하였다. 그러나 저 옛 남은 무리의 반항 정신은 참형에 처해서도 녹여 없애지 못했다. 이런 까닭에 나라를 팔아 영달을 구한 남생19* 무리를 부녀와 어린아이라도 다 나라가 망해 통한하여 그 가죽을 깔고 자며 그 고기를 씹고자 아니한 자가 없었다. 검모잠 대형20*이 수림성에서 의기를 한번 들자 멀리서 가까이서 향응하여 조국을 회복하기로 의로운 외침을 진작하였으니, 비록 시세의 불리로 큰 공로를 이루지 못하였으나 고구려 국민의 생기가 죽지 않은 것을 세계에 발표한 것이다. 당나라가 이에 위로하고 달래어 안심시키는 책략으로 그 유족을 봉하여 자사·현령 등의 직책을 수여하고 재주가 뛰어난 사람은 관록으로 미끼를 삼아 강개한 불평의 기운을 소화시키고자하나 전민족의 반항적 정신은 전과 다름없이 쇠하지 않았다. 당나라가 그 길들

18* 해자(垓字): 지형이 험하고 수비가 단단한 성 둘레에 적의 접근을 막기 위하여 깊게 못을 파 놓은 것이다.

19* 남생(男生): 연개소문의 맏아들이다. 남생과 남생의 아들 헌성(獻誠)과 헌성의 손자 비(恷), 그리고 남생의 아우 남산(男産)의 무덤이 중국 하남성 낙양(洛陽) 북망산에 있다.

20* 검모잠(劍牟岑): 고구려의 부흥운동가이며 대형(大兄) 벼슬에 있다가 고구려 유민을 규합하여 대동강 남쪽으로 진출하여 부흥운동을 일으켰다. 사야도(史冶島)에서 안승(安勝)을 맞아 왕으로 옹립하고, 신라와 협력하여 당나라 세력을 몰아내려 하였으나 안승과의 의견대립으로 피살되었다.

이기 어려움을 알고 평양의 도호부[21*]를 철수하여 요동군 고성에 옮겼다가 다시 신성(요양 서쪽)[22*]에 옮기고, 또 평주(광녕현 북쪽)에 옮기고, 요서 옛 도읍에 옮겼다가 끝내 철폐함에 이르렀다. 고구려 민족의 생기가 그 국운을 따라 자취가 아주 없어지지 않아 당나라의 도호 관할 통치는 점차 움츠려 물러나고, 발해 태조의 활동기초가 높이 우뚝 솟아난 것이다.

제4장 영웅의 은둔

영웅의 평생은 신령스런 용의 변화와 같아서 혹 굽히거나 펴거나 하며 혹 잠복하거나 솟구치거나 하는 태도를 보통 사람들이 두루 통하고 헤아리지 못하는 점이 있다. 바야흐로 자기 처소에만 틀어박혀 몸을 숨기고 종적을 감출 시에는 겁 많고 마음 약한 용기 없는 자요 변변치 못하고 무능한 자인 듯하다. 그러나 머릿속에 응집한 사상과 머릿속에 뒤섞인 포부는 장차 풍운을 말았다 폈다 하고, 천지를 크게 울려 뒤흔듦이 있는 것이다. 오자서[23*]가 호[24*]를 불며 걸식할 때 궁색한 것이 비록 심하나

21* 평양의 도호부: 안동도호부(安東都護府). 당나라가 고구려의 옛 땅에 둔 군정기관이다. 서기 668년 나당연합군이 고구려를 멸망시킨 뒤 당나라는 고구려의 행정구역이었던 5부 176성 69만 7000의 민호를 나누어 9도독부, 42주, 100현으로 하고, 평양에 안동도호부를 설치하여 장수 설인귀(薛仁貴)에게 통치하도록 명했다. 9도독부는 당나라의 동방 전초지로서 고구려의 옛 땅을 병탐하기 위하여 두었는데, 신라가 이에 크게 반발하자 동맹관계였던 두 나라는 이를 두고 여러 해 전쟁을 벌였고 이에 합세하여 고구려 유민들도 곳곳에서 일어나 대항하자, 당나라는 676년에 평양을 버리고 도호부를 요동의 고성(故城)으로 옮겼다. 677년에 신성(新城), 705년에 평주·요서군 등으로 옮겼으나 안녹산(安祿山)의 난을 계기로 756년에 폐지되었다.
22* 신성(新城): 현 중국 요녕성 무순(撫順) 북관산성(北關山城)이다.
23* 오자서(伍子胥): 춘추 시대 초나라 사람으로, 그의 부형이 평왕(平王)에게 죽음을 당하자 오나라로 달아나 오를 도와 초를 쳐서 이미 죽은 평왕의 묘를 파 그 시신을 3백 번 두들겼고, 뒤에 월나라와 전쟁에서 화친을 반대하다가 왕 부차(夫差)로부터

초나라를 무너뜨릴 생각을 잠시도 잊지 아니한 것이요, 유현덕[25*]이 채소나 키우며 세월을 보낼 때 모습이 비록 한가하나 한나라 부흥의 뜻을 조금도 물러서지 않았던 것이다.

지금 대씨 부자·형제는 종주로 받들던 나라가 멸망한 비운을 맞아 그 비분강개의 품은 생각을 어찌 눌러 그치며, 감정이 북받쳐 오른 용기를 어찌 억제하고 가라앉힐 것인가? 즉시 급하고 격렬한 행동으로 의병의 군기를 앞장서서 들어 전국의 의용병을 소집하고, 적군의 날카롭고 재빠름과 부딪쳐서 성공과 실패, 예리함과 무딤을 헤아리지 않고 조국을 위하고 동포를 위하여 열정으로 끓는 의기를 뿌렸으면 남자로서 통쾌한 일이다. 그렇지만 단지 눈앞의 형편 아래 준비가 거의 없는 형세로서, 몹시 분하고 성냄을 견디지 못하여 거동이 급하면 승리의 만일을 기약하기 어려울 것이다. 이는 자기 한 몸, 한 집안의 재앙과 복록뿐 아니라 국민전체의 이해관계가 많고 크니 경솔하게 행동하기 어렵고, 만약 그 무지막지하여 몰지각하고 뻔뻔스러워 부끄러워할 줄 모르는 짐승 같은 마음으로 도호부의 법령에 복종하여 스스로 노예됨을 일순간이라도 참을 수 없는 것이다. 더구나 당나라 관리는 가족의 세력이 향리에 이름난 자, 학술과 재능이 사회적으로 뛰어난 자, 체력과 담력으로 군중이 복종하여 높이 받드는 자, 충분한 사상으로 조국을 입 모아 칭송하는 자에 대해 주목이 심하고 정찰이 빈번하였다. 무고한 채찍의 굴욕과 귀양의 고통을 당하는 자가 헤아리기 어려운데 하물며 유명한 장수의 집안인 대씨가 만일 진심

<hr/>

속루라는 칼을 받고 자결하면서 죽은 뒤 눈을 도려내 동문(東門) 위에 달아서 월나라에 멸망당하는 것을 보게 하였다.
24* 호(箎): '지(篪)'의 잘못이다. 지는 고대 중국에서 사용하던 아악기로 고구려와 백제 때도 쓰였다는 기록이 있다. 대나무로 만든 횡적의 일종인데, "오자서가 거리에서 지를 불며 걸식했다"는 내용이 『사기』, 「범저채택열전(范雎蔡澤列傳)」에 나온다.
25* 유현덕(劉玄德): 『삼국지연의』의 주인공 유비(劉備)다.

으로 귀화하는 태도가 없으면 저들이 곧 눈의 가시로 인정하여 어떤 화기[26]가 있을른지 알 수 없는 것이다. 또한 떳떳하지 못하게 생활을 경영하는 것은 아니지만, 어느 세월이던지 시기가 도래하면 깃발을 걸고 국혼[27]을 부르는 날이 있을 터인데, 저들 세력 범위 내에서는 미세한 행동이라도 자유롭지 못한 것이다. 이에 뭇 집안을 거느리고 영주 동쪽에 이사하니 곧 도망자의 종적이자 수렵의 생활이다. 이것이 과연 그 몸과 그 가문을 보존할 계책일까?

초야에 용이 숨은 것은 장차 하늘 위에 날아오를 사상이다. 경작과 목축의 겨를과 활사냥 틈틈이 일반 어른을 대하면 서로 나라의 역사와 선대 임금의 정치 · 교육과 조상의 공업을 열심히 담론하여 국가사상을 새기고 분발하게 하며, 청년 자제를 모아 병법과 검술로써 가르쳐 장래에 구하여 쓸 인재를 양성하며, 그 아우 야발에게 각지에 유력하여 자질과 지혜가 있는 선비와 충성스럽고 용맹한 인재를 방문하고 경합케 하여 다수의 동정을 얻고, 홀로 3척의 긴 칼과 천리마로 당나라 내지와 돌궐, 거란 등 변경에 내왕하여 천하의 시기를 엿보았다. 장차 세상을 크게 놀라게 할 대사업은 실로 그간 한가히 생활하면서 몸을 양생한 세월에 이와 같은 고심과 경영에서 말미암은 것이다.

제5장 활동시기

때는 당나라의 여왕 무후가 제위를 찬탈하여 나라 안을 통치할 즈음이다. 비록 태종의 조상 대대로 남겨 놓은 업적을 좇아 해외 각국을 제어하

26* 화기(禍機): 재앙의 징조를 말한다.
27* 국혼: 문맥상 '자주독립'의 의미다.

고자 하나 그 국가의 내용은 난의 조짐이 이미 발생하였었다. 처음 거란이 당나라에 붙어서 복종하여 섬김을 지나치게 경계함은 고구려의 강성을 두려워한 것이나, 고구려가 멸망하여 거란 여러 부족이 요하를 건너와 고구려 경계에 섞여 살아 국력이 이로 인하여 발달하였다. 드디어 당나라를 향하여 양나라처럼 강하고 사납고 교만한 태도를 보이더니 이로부터

측천무후(재위 690~705)

거란장수 이진충이 당나라를 배반하여 영주도독 조홰[28*]를 살해하자 변경이 요란하였다. 당나라가 병사를 보내 이를 진정하기에 노력하느라 다른 것은 돌아볼 겨를이 없었다. 이에 대씨 부자가 기회를 타고 고구려 유민을 불러 모아 나라 찾기의 의거를 세상에 공표하니 열흘 동안에 따르는 무리가 수만이었다. 이에 말갈부장 걸사비우와 연합하여 태백산 동북부를 점거하고 오루하를 막아 성벽과 성루를 쌓고 항거할 때 당나라가 거란의 환란을 이미 평정했기 때문에 사신을 보내 중상과 비우를 타이르고 공작의 벼슬을 수여하려 하였으나 이를 받지 않았다. 무후가 크게 노하여 옥검위대장군 이해고와 중랑장 색구에게 명하여 병사 10만을 거느

28* 조홰(趙翽): 원문인 『신당서』를 따온 한치윤의 『해동역사』(세기11, 「발해」)와 정약용의 『아방강역고』(권6, 「발해고」)에 '조홰'로 기록돼 있으나. 유득공의 『발해고』에는 조문홰(趙文翽)로 기록돼 있다. 백암은 『신당서』를 직접 확인했다기보다 『아방강역고』를 재인용한 것으로 보인다.

리고 오루하를 건너오니 그 형세가 심히 왕성하였다. 지세가 높고 험하여 막히고 끊어져 있음을 믿고 수비를 다소 허술하게 하였다가 적병이 소리 없이 돌진해 미처 우리가 대비하지 못한 곳을 습격하니 비우는 쳐들어오는 적군을 막아 싸우다가 전사하고 말았다. 이때에 중상은 70여세 노장으로 쇠약하고 무력하여 아무 소임도 못하였다. 한갓 충의의 분심이 일어나 이 거사를 부르짖었다가 불행이 병마의 훼방으로 군중에서 병사하니, 수일 안에 조기를 두 번 올린 것이다. 적군은 바야흐로 기세등등하고, 양 장군이 함께 죽었으니 뭇사람들의 마음 꺾임과 형세의 위기와 두려움이 십분 절박함에 닥쳤다. 각 군대 장졸이 너무 급하여 어찌할 바를 몰라 흩어지고자 하는 자도 있었다. 하늘이 고구려 유민의 의거를 돌보아서 생각하지 않으신 것인가? 무릇 어찌 불행의 심함이 이에 이르렀는가? 오직 이와 같은 난국을 당하여 위대한 영걸의 인내력과 과감성과 예리한 수완과 신묘한 책략을 곧 보게 되었다.

태조가 이에 여러 장군과 보좌 임무를 수행하는 자를 소집하여 각자 싸워서 지키는 방략을 준 뒤 칼을 차고 진영의 문에 서서 무리를 타일러 말하였다.

"옛날 월나라 왕 구천이 5천 잔졸로써 강대한 오나라를 격파하였으니 병사의 승부는 숫자의 많고 적음에 달린 것이 아니요, 또한 용병에 능한 자는 항상 실패를 이용해서 승리를 거두는 것이니 만약 한 번의 궐기로써 그 뜻이 꺾이면 천하에서 어떤 일을 할 수 있을 것이요? 하늘이 우리 대동민족을 애처롭고 가엾게 여기시어 좀처럼 만나기 어려운 좋은 기회와 함께 우리의 조국을 되찾고 우리의 동포를 구하게 하실 때 내가 실로 그 명을 받들고 그 책무를 담부하였으니, 오늘의 거사는 앞으로 나아감만 있을 뿐 결코 뒤로 물러서지 않는다. 내가 이미 만전을 기한 승산으로 여러 장수와 협의하여 각 군대를 지휘하게 하였으니 너희들은 추호도

의심하여 두려운 생각을 갖지 말고 각기 용맹을 떨쳐 힘을 합하여 하나로
써 백을 당하며 열로 천을 대적하라! 이 거사의 승리가를 부르면 대동
천지에 으뜸가는 나라를 세워 우리 동포에게 한없이 아주 오랜 세대에
복을 향유케 할 것이니, 우리들이 어찌 떳떳치 못하게 몸과 목숨을 염려
하고 형세를 헤아려 그 의미를 다하지 않으며 그 목적을 반드시 달성하지
않을 것인가?"

언사와 표정이 격렬하고 정성이 진심으로 간절하니 무리가 다 비상히
감격되어 죽을힘을 다하기로 결심하니, 이에 양 장군이 거느렸던 군졸들
이 다 태조의 부하로 합세하여 지휘를 청하였다.

■ 제6장 천문령의 대승첩

전단[29*]이 말하기를, "숨기는 처녀와 같이
하고 나갈 때는 뛰는 토끼와 같이 하라" 하였
으며, 칭기즈칸이 말하기를, "고요할 때에는
암소가 엎드린 것과 같이 하며 전투에 임함에
는 굶은 매가 사냥하는 것과 같이 하라" 하였
으니 이는 병법가의 첫째가는 비결이다. 지금
발해 태조의 전쟁사를 보건대 실로 이 병법에
합당한 것이다.

칭기즈칸

29* 전단(田單): 제나라 명장이다. 사마천은 『사기』, 「전단열전」에서 그의 병법을 "처
음에는 처녀와 같고, 뒤에는 벗어난 토끼와 같다"고 평하였다. 『손자병법』, 「구지
(九地)」 편에도 "처음에는 처녀처럼 행동하여 적이 문을 열게 하고, 뒤에는 달아나
는 토끼처럼 민활하게 달려 나가 적군이 항거할 겨를이 없게 하라"는 동일한 구절
이 있다.

당시 태조는 일개 망국의 달아난 자취이자 일개 무명 영웅이었다. 풍운
변화의 도략30*과 귀신도 모를 수단이 있는 것을 적장이 알지 못하였고,
더구나 거느린 병졸은 패잔병들이었다. 적의 대병은 승승장구하는 형세
가 거의 센 바람이 낙엽을 쓸어버리는 것과 같으니 그 기세가 교만에
차고, 하는 짓이 방정맞고 성미가 조급하였다. 그 세력으로 말미암아 유
리하게 인도함은 태조의 전술이다. 먼저 아우 야발과 장군 장문휴31* 등
에게 명하여 정예병 2천을 거느리고 천문령32*에 달려가 그 험준한 지세
에 의거하여 복병을 두어 기다리게 하고, 태조는 단지 약한 병사 수백으
로 적을 맞아 나약하게 보임으로써 유인하며, 비겁하게 보임으로써 싸움
마다 곧 달아났다. 이해고와 색구가 비록 전술에 숙련된 자이나 이와 같
은 상황을 보고선 과연 우리 편이 약하다 말하며 비겁한 줄로만 알아
거류지의 요해도 살피지 않았다. 병졸의 피곤도 생각하지 않고 이틀 길을
하루에 달려 천문령에 곧바로 이르자 험준한 산세와 깊숙한 숲과 골 사이
에서 느닷없이 벼락이 떨어진다. 세찬 화살과 쇠뇌가 일시에 발사되고
돌이 날아가고 나무가 구르며 사면에서 돌격하니, 적군이 너무 급하여
어찌할 바를 모르고 낭패하여 떠들썩하고 어지러이 흩어져 달아나다가
벼랑에서 떨어지고 골짜기에 엎어져 시체가 숲을 이루고 피가 도랑을

30* 도략(韜略): '육도삼략(六韜三略)'의 준말이다. 『육도』와 『삼략』은 중국에서 가장
오래된 병서로 『손자』·『오자』·『사마법』·『위료자』·『이위공문대』와 함께
'무경칠서(武經七書)'라 불린다. 노자의 영향이 강하나 유가·법가의 사상도 섞여
있다. 다른 병서들이 군사부문에 국한하고 있는데 비해 『육도』는 치세의 대도에서
부터 인간학·조직학에 미치고, 정치와 인륜을 논한 특색이 있다. 『삼략』의 략은
책략을 뜻하며 상략·중략·하략의 3편으로 이루어졌다.
31* 장문휴(張文休): 발해 태조 때가 아닌 2대 무왕 시대에 수군을 이끈 장군이다.
32* 천문령(天門嶺): 만주 길림성 합달령의 험준한 고개다. 길림성 요원시(遼源市) 동
쪽 경계에 길림합달령(吉林哈達嶺)산맥이 뻗었는데 이 산맥에서 동쪽으로 송화강
원류가 있고, 서쪽으로 동요하(東遼河)가 있다. 대조영이 대승을 거둔 곳은 송화강
의 지류인 휘발하(輝發河)유역으로 보고 있다.

만들었다. 장문휴가 검을 들고 돌진하여 색구를 쳐 죽이니, 해고는 감히 교전하지 못하고 급히 말을 채찍질하여 여러 겹의 포위를 돌파하고서 한 곳의 포위망을 뚫고 헤쳐 나갈 길을 찾아 겨우 몸만 달아나 벗어났다.[33] 무후가 이 보고를 접하고 크게 놀라 군신을 소집하여 다시 군사를 크게 일으켜 그 치욕을 씻고자 건의를 물으니 군신이 다 말하였다.

"옛날 태종황제께서 30만 대군으로 안시성을 에워싸고 공격한 지 수개월간 아주 조그마한 공로도 세우지 못하고 도리어 병마의 손실이 많아 살아 돌아온 자가 1천여 명에 불과하였습니다. 지금 대조영이 수천의 아주 형편없는 무리로써 우리의 10만 정병에 맞서 침착한 지휘로 전승을 거두었으니 이는 그 용맹과 지혜가 크게 뛰어난 탓입니다. 저들이 전승의 위세를 빙자하여 고구려 유민과 말갈의 여러 부족을 불러 모으면 1백만의 무리를 순식간에 모을 것이니 우리가 비록 천하의 병력으로 덤비더라도 승리를 얻기 어려울 것입니다. 단지 국위가 꺾여 손상될 뿐만 아니라, 전쟁이 이어지고 화가 맺어지면 천하의 환란이 일어날지 예측할 수 없사옵니다."

이에 무후가 두려워 감히 재거를 도모하지 못하였다. 이 전쟁으로써 5천리 해동성국의 기초가 돌연히 성립되고, 수천만 대동민족의 활기가 일어나고, 3백년 문명정치의 기상이 화기롭고 온화하게 나타났으니 이

33* 장문휴가~벗어났다: 『신당서』 등 사료에 의하면, 측천무후는 걸걸중상과 걸사비우를 회유하기 위하여 봉작을 내렸으나 이를 거절하고 강경 태도를 보이자 이해고에게 토벌을 명하였다. 이에 색구의 보좌를 받은 이해고는 요하를 건너 걸사비우를 격파시켰다. 걸걸중상마저 병사하여 그의 뒤를 계승한 대조영은 걸사비우의 무리도 이끌고 천문령을 넘어 이동했다. 추격을 계속한 이해고는 오히려 대조영에게 대패하여 겨우 몸만 살아 돌아갔다. 그런데 본문의 천문령대첩 대목에서 장문휴도 가공된 것인데다가 그가 색구를 쳐 죽였다는 사실도 원 사료에 없는 것이다. 이는 이해고를 무찔렀다는 승전을 강조하기 위해 지은이가 상상력을 동원하고 다분히 작위적으로 설정한 내용이다.

어찌 고금 역사의 절대적 훈업이 아닌가? 하늘이 '위인'을 낳아 이 백성을 구제하시니, 그 성대한 형세를 누가 막을 수 있겠는가?

제7장 태조의 건국

대체로 우리들이 책을 읽을 때 가장 공경하고 경애하며 아주 기묘하고 장한 것은 위인의 건국사가 아닐까? 아, 대동 천지에 고구려의 역사가 무덤 속에 매몰되며, 대동민족의 생명이 호랑이 입에 맡겨져 끝없는 치욕이 한도가 없고 슬프고 비참한 처지에 고통이 끊이지 않다가, 별안간 백두산 아래 용정부에 오천리 대국이 하늘에서부터 내려왔는가, 땅에서부터 솟았는가? 이는 발해 태조의 정신력에서 말미암아 나온 것이며 대동민족의 심혈로써 이루어진 것이다.

천문령대첩으로 큰 적들이 도망가고 사방 이웃 나라가 떨며 무서워하였으니 이는 하늘이 내려주신 절호의 기회다. 태조가 이에 장졸에게 음식을 주어 수고를 위로하고 고구려의 옛 판도를 상고하여 나라의 영토를 정돈하고 백성을 어루만져 편하게 할 때, 격문을 역참에 전달하여 보내며 사방에 널리 알렸다. 그 글에 일렀다.

무릇 국가는 백성이 한곳에 모여 성립되고 백성은 국가에 의지하여 생존하는 것이니, 국가와 백성은 영화와 치욕, 화와 복, 이김과 짐, 흥함과 멸함에 관하여 일체가 오직 균일하고 홀로 다를 수 없는 것이다. 그러므로 그 백성이 십·백이라도 오직 한 국가요 백성이 억만이라도 오직 한 국가인 것은 천지의 올바른 도리요 고금의 세상에서 널리 통하는 정의다. 우리 대동은 단군대황조 혈손의 신성한 종족이요, 무궁화 많은 명당의 금수강산이다. 백두산이 대황[34]을 차지하여 굳게 지키고, 황해가 반도를 에워싸 아주 튼튼한 방어 시설에 뛰어난 지세가 중요하고, 육지와 바다에 잘 간직되어 온 보배의 생산이 풍부하다. 무릇 우리 동포는 조상 때부터 꾸밈이 없고 고지식하며 군세고 날쌔어 나라의 기초를 공고하게 하고 국위를 크게 빛내 3천년 역사의 광명이 날로 새로워지고 6천리 판도의 명성과 위세가 넓고 깊었으나 근래 나라의 운이 극히 좋지 않아 하늘이 진노한 것이다. 뜻밖의 재난이 발생하여 거리가 적막해 지고 강한 주변 나라가 그 텅 빈 마을에 틈을 타 성곽을 불태 워 잿더미가 되고, 종묘와 사직이 예전에는 번화하였으나 뒤에 쓸쓸하게 변했다. 원망스런 저 적장이 승냥이와 고래가 되어 우리 어른들을 사로잡으며, 우리 서적을 불태우고, 충성과 절의가 있고 의롭지 못한 것을 보고 의기가 북받쳐 오르는 인사는 반란을 꾀한 백성이라 하여 베어버리고, 험준한 요해의 성지는 도적 소굴이라고 다 없애버렸다. 끝없는 야심을 드러내고 불법의 가혹한 정치를 실시하는 것이 날로 새로워지니 그 기회를 헤아리기 어려웠다. 오직 우리의 부모형제는 '발을 움직이면 나무가시에 걸리고, 손을 들면 그물에 걸리는' 형상이라 불안하고 두려워서, 지금의 형편이 이미 극히 비참하여 내일도 역시 헤아리기 어려운 격이었다. 아무개는 고씨의 옛 신하요 동부의 옛 가문이다. 나라는 깨어지고 집안이 망하는 비운을 만나 사방으로 이리저리 바삐 돌아다닌 괴로운 심정을 맛보았다. 천년 호읍[35*]에 「맥수가」[36*]를 부르고 10년 계산[37*]에 마음을 비워 원수를 갚으려고 온갖 괴로움을 참고 견디며 뜻을 품었는데, 다행히 머리를 조아린 의용군들이 목숨을 바치고자 하고, 지사들이 계책을 도와 대장기가 있는 곳에 모이니 바람과

34* 대황(大荒): 『산해경(山海經)』, 「대황북경(大荒北經)」 편에 '대황 복판에 불함산 이 있고 숙신씨의 나라가 있다'고 기록돼 있다. 이중환의 『택리지』와 안정복의 『동 사강목』에서 '불함산은 지금의 백두산'이라고 하였다.

35* 호읍(毫邑): 중국 하남성 언사현(偃師縣) 서남쪽에 있다.

36* 「맥수가(麥秀歌)」: 옛날 영화를 자랑하던 도읍에 보리가 무성한 것을 보고 고국의 멸망을 탄식한 데서 나온 말이다. 은나라 주왕(紂王)은 훌륭한 신하 셋이 있었는데 미자·기자·비간이었다. 주왕은 이들의 간언을 듣지 않고 주색에 빠졌기 때문에 결국 주나라의 무왕에게 정복당했다. 몇 해 뒤 기자가 주나라를 찾아가는 도중에, "보리가 쑥쑥 자라있고 벼·기장이 무성하니, 저 교활한 철부지(주왕)가 내 말을 듣지 않았기 때문이라네[麥秀漸漸兮 禾黍油油 彼狡童兮 不與我好兮]"라는 「맥수 가」를 지어 은나라의 도읍은 간데없고 궁궐터에 보리와 기장만이 무성함을 탄식하 였다(『사기』, 「송미자세가(宋微子世家)」).

37* 계산(稽山): 회계산(會稽山)으로 중국 절강성(浙江省) 소흥현(紹興縣) 남쪽에 있 는 명산이다. 『사기』, 「항우본기」에는, 항우(진나라 말기 장수)가 젊은 시절 회계 산에 행차하는 진시황제의 성대한 행렬을 보고 '저 사람을 내가 대신해 줄테다'라고 호언했다는 일화가 있다.

구름의 색이 변하고 창을 들고 가는 곳에 눈서리가 따라 위엄을 빛냈다. 하늘이 좋은 기회를 내리시고 귀신이 뛰어난 계략을 주심에 천문령대첩에서 큰 적을 무찔러서 모두 없애 버리고 신주 여러 지역 멀리서 온 사람들이 떨면서 두려워하니 이는 우리 민족이 햇빛을 다시 보는 기회요, 뿐만 아니라 대장부가 이름을 역사에 길이 빛낼 때다. 마음을 같이하여 힘을 합하기를 간절히 제군들에게 바라니 천년에 둘도 없는 기회에 어찌 다른 날을 기다리며, 무릇 뜻을 세웠는데 어찌 훗날을 기약하겠는가!

이 때 원근 각지에서 천문령대첩의 소식을 듣고 뭇 대중이 다 기뻐 춤추고 〔원문 4자 판독 안됨〕하여, 자세하고 확실한 다음 소식을 기다리던 중에 위의 격문이 일시에 전파되니, 그 하늘을 넘친 구름과 안개 가운데 밝은 해가 솟아나며 여러 해 가뭄 끝에 단비가 쏟아지는 격이다. 이를 서로 주고받고 번역하여 베낌이 곧 바람처럼 고루 미치고 전기처럼 빨랐다. 나이든 유민은 감격하여 눈물을 흘리고, 청년자제는 미칠 듯이 기뻐 춤추며, 부녀와 아동은 종을 쳐서 즐거워하고, 승려와 도사가 분향하여 축복하니 하늘이 맑게 개고 바다가 잠잠해져 화목한 분위기로 충만해졌다. 이에 고구려 옛 땅의 본부와 부여·옥저·숙신 각 속부의 장수·병졸들의 깃발이 해를 가리고 북과 나팔이 하늘을 부르짖어 태백산 동부대장 진영의 문에 일제히 모여드니 무리가 40여만 명이다. 이에 태조가 각부 장수와 병졸을 위하여 고기와 술로써 잔치를 베풀어 수고를 위로하고, 그 먼 곳에서 온 힘든 고생을 위로하며, 동정의 두터운 정으로 사례하였다. 무리들이 태조의 용안을 바라보며 음성을 받드니 과연 하늘의 사랑하는 아들이요 그 뜻을 이어 어지러운 세상을 평정하고 통일시킨 임금이다. 각부 장수들이 상의하여 말했다.

"우리들이 오랫동안 나라도 없고 임금도 없는 인민으로 다른 민족의 노예가 되었었는데, 이는 양떼가 목자를 얻지 못하고 갓난아이가 어머니를 만나지 못한 격이었다. 하늘이 우리 민족을 버리지 아니하여 세상을 구할 진인을 보내 동방 백성의 주권을 부탁하셨으니 우리들이 어찌 천하의 보배를 봉행하지 않겠는가?"

다음날 아침에 각부 장령들이 중군의 막사 아래에 나아가 태조에게 함께 상주하였다.

"백성은 나라에 의지하여 살고 나라는 임금께 의뢰하여 활동하는 까닭에, 백성은 하루라도 나라가 없을 수 없고 나라는 하루라도 임금이 없을 수 없는 것입니다. 우리 대동은 단군신조께서 나라를 세우고 영토를 확장하심에서부터 하늘이 주신 복록이 영묘한 힘을 가졌는데, 여기에 임금도 우리 단조의 후손이요 백성도 우리 단조의 자손이니, 하늘이 어찌 다른 민족에게 근거지를 빼앗기는 것을 허락하시겠습니까? 7백 년 전에 한나라가 조선을 취하여 사군을 두었다가 동명성왕께서 고구려를 건설하여 단군의 기업을 극복하시어 28대의 왕업이 융창하고 나라의 영광이 높고 영화로왔는데, 지난날 국운이 불행하여 내란이 일어나고 외적이 틈을 탔습니다. 그 탐욕과 강력한 힘으로 우리나라를 멸망시키고 우리 백성을 노예로 삼으니 우리 대동민족이 큰 고통에 빠져 망극한 치욕을 입고 무한한 고통으로 울부짖은 날이 몇 십 년 되었습니다. 장군은 하늘이 주신 훌륭한 무예와 용맹을 갖추고 세상을 살아감에 있어서 나라에 충성하고 항시 올바른 마음을 지녔습니다. 조국의 침륜을 몹시 원통해 하시며 백성의 도탄을 슬퍼하고 서러워하여 온갖 괴로움과 어려움을 맛보았으며 만 번 죽을 고비를 돌보지 않고 부상당한 수천의 무리로 10만 정예의 적을 격파하는데 하루해가 넘기 전에 하였으며 격문이 한번 전함에 5천리 산하가 구름처럼 모여들고 응하여 하나로 몰려 돌아와 복종하니 이는 유사 이래로 일찍이 없었던 위엄과 덕망을 갖춘 큰 사업인 것입니다. 하늘이 주시고 사람이 귀복함을 여기서 보았으니 엎드려 바라옵건대 장군은 제

위를 속히 정하여 위로 하늘의 부탁을 응수하시고 아래로 만민의 크게
우러러 바람에 부응하소서!"

　태조가 일렀다.

　"금일의 성공은 여러 장졸과 일반 백성이 충성을 다하고 목숨을 바친
결과인데 내가 어찌 공이 있겠는가? 하늘이 귀한 보물로써 덕망을 내리시
나 나의 부덕으로 어찌 이를 감당하겠는가? 지금 이 청함은 나에게 염려
하고 두려워함을 떨지 못하게 함이요, 하늘의 뜻을 체득하며 인심에 진실
된 바가 아닌즉 제군은 그만 그치시오."

　태조가 비록 겸양의 뜻을 펴나, 각부 장수와 병졸과 백성이 일시에 좋
아 날뛰며 만세를 환호하니 소리가 천지를 진동하였다.

　이에 제단을 쌓아 하늘에 제사지내고 왕위에 즉위하니, 국호는 '대진국'
이라 하며 연호를 세워 이르기를 '진조'라 하였다.[38] 발해국은 당나라가

발해의 첫 도읍지 '동모산'(중국 길림성 돈화시 현유진 성산자촌 소재)

칭한 것이다. 단군대황조와 동명성왕 묘를 세워서 신을 받들어 제천하는
예는 모두 고구려의 옛 의례를 이어받았다.

　정부의 관제는 '정당성'을 두어 대내상이 있고 좌사정·우사정을 두어
좌윤·우윤이 보좌한다. 좌육사는 충부·의부·인부에 각각 1경을 두고
지사는 작부·창부·선부이며, 우육사는 지부·예부·신부에 각각 1경
을 두고 지사는 융부·계부·수부로, 낭중과 원외의 직책이 있다. '선조
성'을 두어 좌상과 좌평장사와 시중과 좌상시와 간의의 관직이 있다. '중
대성'을 두어 우상과 우평장사와 내사와 조고와 사인[39*]이 있다. '중정대'
를 두어 대중정 1인과 소정 1인이 있는데, 이는 어사의 직임이다. 기타
전중시·종속시·태상시·사빈시·대농시·사장시·사도시[40*]와 문
적원과 주자감과 항백국이 있다.[41*] 군사조직은 좌우맹분위와 좌우웅위
와 남북좌우위대장군이 있다.[42*]

　각 관직은 모두 품계로 차등을 두어[43*] 3질 이상은 자주색 관복을 입고

38* 발해의 건국연도는 서기 698년이며, '천통(天統)'이라는 연호를 사용했다.
39* 조고와 사인: '조고사인(詔誥舍人)'의 잘못이다.
40* 사도시(司屠寺): '사선시(司膳寺)'의 잘못이다.
41* 발해의 중앙정치 조직은 당의 3성 6부를 참조한 것이나 독자적 특징을 유지했다.
　　3성은 정당성(政堂省), 선조성(宣詔省), 중대성(中臺省)이다. 정당성의 장관은 대
　　내상(大內相)으로서 선조성과 중대성을 통괄한다. 정당성은 행정의 실제 총괄기구
　　이고, 정당성 소속의 충인의지예신(忠仁義智禮信) 6부는 정무를 분담하는 관서다.
　　선조성은 왕을 시종하고, 국왕의 자문에 응하며 풍간(風諫)의 임무도 맡았고, 중대
　　성은 정령(政令)을 기초하고 제정하며 정책을 심의하는 일을 담당하였다. 3성 6부
　　이외에 1대, 7시, 1원, 1감, 1국의 행정조직이 있었다. 중정대(中正臺)는 감찰기구
　　이며, 전중시(殿中寺)는 왕의 궁정생활 즉 음식·옷·주거·행차시의 수레 등을
　　담당하고, 종속시(宗屬寺)는 왕족 사무, 문적원(文籍院)은 경적(經籍)·도서 관리,
　　태상시(太常寺)는 예의·제사 관장, 사빈시(司賓寺)는 외국사절 접대, 사장시(司
　　藏寺)는 재부 관할, 사선시(司膳寺)는 궁중 주례(酒禮)·선식(膳食) 관할, 주자감
　　(冑子監)은 귀족자제 교육담당, 항백국(巷伯局)은 환관들의 부서다.
42* 발해의 무관 직제는 좌맹분위·우맹분위, 좌웅위·우웅위, 좌비위·우비위, 남좌
　　위·남우위, 북좌위·북우위로 구분된다.
43* 품계: 발해 때 정1품, 정2품 등의 품계를 '질(秩)'이라고 했다.

상아홀을 잡고 금어대를 달고, 5질 이상은 주홍색 관복을 입고 상아홀을 잡고 은어대를 달며, 6질과 7질은 연한 주홍색 관복을 입고, 8질과 9질은 녹색 관복을 입고 나무홀을 잡는다.

지방구역은 5경 15부 62주로 제정하니 5경은 상경, 중경, 동경, 남경, 서경이요, 15부는 용정부, 현덕부, 용원부, 남해부, 압록부, 장령부, 부여부, 막힐부, 정리부, 안변부, 솔빈부, 동평부, 철리부, 회원부, 안원부다.

이때에 조서를 내려 사면을 반포하고, 홀아비와 과부는 금품을 주어 구제하고, 어질고 착하고 재주 있고 지혜로운 이를 등용하니, 정치와 교육이 공명하고 백성이 안락하여 오천리 산하에 자유의 종이 울리고 독립의 깃발이 펄럭여 천하가 일컬어 '해동성국'이라 하였다.[44*]

제8장 발해의 강역

위에 기술한 바는 태조의 건국한 역사와 건국한 제도의 대강으로, 대동민족이 칭송하여 노래하며 기념하는 것이 영원히 바뀌진 않을 것이다. 지리와 역사는 상호 표리 관계가 있는 까닭에 역사를 연구하고자 하면 자연스레 지리의 참고가 있어야 한다. 이에 그 강역의 범위를 기록하여 독자에게 개념을 소개하고자 한다. 비록 발해의 역사는 그 후 천여 년 이래 국운의 여러 번 변함이 '뽕나무 밭이 푸른 바다 됨'과 같았으나, 당시 강역의 역사를 의거하면 모 해·모 령이 모 경·모 부에 속하며, 모 산·모 강이 모 주·모 성에 속한 유적을 찾을 수 있는 것이며, 또한 태조의 공덕이 미친 것을 추상할 수 있을 것이다.

44* 해동성국: 바다 동쪽의 번성한 나라란 뜻이다. 발해가 주변 국가에 해동성국으로 인정받은 시기는 13대 대현석(大玄錫) 통치기(871~893)인 9세기 후반이다.

발해의 상경은 용정부 또는 용천부라고도 한다.[45] 용주와 호주와 발주를 거느린다. 부는 홀한하(지금의 호이하) 동쪽에 있으니 영고탑[46]과 격수의 땅이다. 강은 북쪽으로 뻗어 경박호가 되니 지금의 미타호요 또한 북쪽으로 흘러 혼동강이 되어 요충지로서 동쪽 변방의 제일이다. 발해 이전에 숙신의 수도가 여기 있었으며 발해 이후 금나라 사람이 여기에 도읍을 세운 까닭에 옛 큰 성이 영고탑 서남쪽 60리 호이합하 남쪽에 있으니 둘레 30리에 사면은 7개문이요 내성은 둘레 5리에 동서남 각각 1문이다. 그 안에 궁전터가 있고 원나라 사람은 여기에 부를 설치하여 호리개라고 불렀다.

중경은 현덕부[47]다. 노주와 현주와 철주와 탕주와 영주와 흥주를 거느린다. 부는 상경 남쪽 3백리 동모산 밑에 있으니 즉 발해구국이다. 동모산은 경박호 남쪽 2백리에 있으며 지금의 액돈산[48]이다. 높이가 60리요, 두 강이 시작되는데, 남쪽은 복이호하이고 서쪽은 비호다.

동경은 용원부[49]다. 또한 책성부이며 경주와 염주와 목주와 하주를 거느린다. 옛 북옥저의 땅으로 지금의 종성과 경흥과 온성 등지다.

남경은 남해부[50]다. 옥주와 청주[51]와 초주를 거느린다. 옛 남옥저의 땅으로 지금의 마천령 이남과 철관 이북의 땅이다.

서경은 압록부[52]다. 신주와 풍주와 환주와 정주를 거느리고, 장령부는

---

[45] 상경 용천부: 현 흑룡강성 영안시 발해진. 용정부란 이명은 『아방강역고』 권6, 「발해고」에서 따온 것이다.

[46] 영고탑(寧古搭): 흑룡강성 목단강(牧丹江) 아래 영안시의 옛 지명이다.

[47] 중경 현덕부: 현 중국 길림성 화룡현 서고성(西古城)에 소재한다.

[48] 액돈산(額敦山): 본래 정약용의 『아방강역고』 권6, 「발해고」에서 주장했던 내용이다. 현재는 고고학 성과에 따라 중국 길림성 돈화시 성산자산(해발 600미터)으로 본다.

[49] 동경 용원부: 현 중국 길림성 훈춘시 팔련성(八連城)에 소재한다.

[50] 남경 남해부: 현 함경남도 북청군 하호리 청해토성(清海土城)에 소재한다.

[51] 청주(晴州): '정주(睛州)'의 잘못이다.

하하瑕주와 하河주를 거느린다. 압록부는 지금 평양 이북이고, 장령부는 백두산 이서의 영주도인데 그 산맥의 길이가 수천리인 까닭에 장령이라고 했다.

부여부는 옛 부여의 땅이고 지금 개원현이며, 부주와 선주를 거느린다.

막힐부는 부여 서북쪽에 있으며, 막주와 고주를 거느린다.

정리부는 지금 흥경 땅이며, 정주와 반주를 거느린다.

안변부는 지금 흥경의 북쪽이며, 안주와 경주를 거느린다.

솔빈부는 지금 흥경 서남쪽 애하 동쪽에 있으며, 화주와 익주와 건주를 거느린다.

동평부는 지금 오라53*의 동쪽으로 영고탑의 서쪽이며, 이주와 몽주와

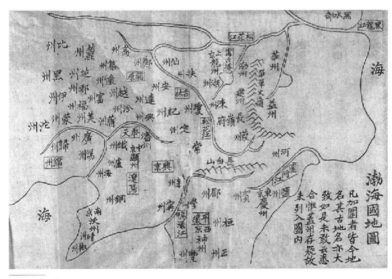

발해국지도 『발해국지』에서

52* 서경 압록부: 현 중국 길림성 임강진(臨江鎭)에 소재한다.
53* 오라(烏喇): 만주 요녕성 요하 지역에 위치했으며, 현 길림성 영길현 북쪽 송화강의 동쪽에 소재한다.

타주와 흑주와 비주를 거느린다. 철리부는 두만강 북쪽으로 홍개호의 남쪽이며 광주와 분주와 포주와 해주와 의주와 귀주를 거느린다.

회원부는 지금 영고탑 좌우에 있으며, 달주와 월주와 회주와 기주와 부주와 미주와 복주와 사주와 지주를 거느린다.

안원부는 영寧주와 도주54*와 모주와 상주를 거느린다. 또한 영郢주와 등주와 속주는 독주주가 되는데 혼동강 좌우에 있어서 서울에 직접 이르기 때문에 독주주라 하였다.

지방에서 생산되는 물품은 책성부의 메주, 부여부의 사슴, 막힐부의 돼지, 솔빈부의 말, 현주의 베, 옥주의 면, 용천55*의 명주, 위성의 철, 노성의 벼, 미타호의 붕어, 태백산의 토끼, 남해부의 다시마, 환도의 자두, 악유의 배로 모두 저명한 산물이다.

제9장 발해의 종교와 풍속

발해의 종교는 고구려와 같은 단군대황조의 신교로, 신을 받들어 제천하는 예를 존중히 함이 본래부터 그러했다. 태조의 집안은 태백산 동쪽에 있었고 또한 한민족이 되므로 성을 대씨라 했는데, 동방 사람은 '대'를 '한'이라 말하기 때문이다. 또한 국호를 '진'이라 함은 "황제가 진에서 나온다"56*는 뜻이니 "단군은 우리 대동의 천제이신 까닭에 태조가 천제의 자손으로 진방 곧 동쪽에서 나온다" 하는 것이요, 또한 태조가 즉위하기

54* 도주(都州): '미주(郿州)'의 잘못이다.
55* 용천(龍泉): '용주(龍州)'의 잘못이다.
56* 제출호진(帝出乎震):『주역』,「설괘전(說卦傳)」에 나오는 구절이다. '진'은 동방이고 동방은 만물을 생성하는 생명의 문이라는 의미이므로, 만민을 보살피는 황제에 비유한 것이다.

전에 「진단도」[57*]가 태백산 석굴 속에서 출현하였으니 이는 단군대황조께서 후세 자손의 살길을 찾으시기 위하여 태조를 보내시고 「진단도」를 하늘의 명령으로 내리신 것이다.

발해의 풍속은 안장 얹은 말로 집을 삼고 수렵으로 업을 삼아 무예에 타고난 재주가 있고, 근로를 행하며 꾸밈이 없고 수수함을 숭상하여 나태하고 사치한 풍속이 절대 없는 까닭에 다른 민족보다 특이한 자격을 갖추었다. 또한 부녀의 성질이 사나우며 굳세고 거칠어 나라 가운데 명문거족 가문의 부녀들이 서로 자매의 의를 맺어, 만약 그 남편을 사랑하는 사람이 있으면 그 여자를 독살하고, 그 남편이 다른 여자를 사랑하는 일이 있어도 그 아내가 알지 못하면 그 죄를 책망하여 물었다. 또한 창기의 축첩을 엄히 막는 까닭에 다른 나라는 창기가 있어도 발해만은 없었으니 이를 혹 질투심이 강하고 사나운 풍습이라 말하나 여자 사회의 권리가 강경함은 서양 여러 나라의 부인계와 흡사한 것이다. 남녀를 막론하고 남의 무리한 속박을 받지 않

발해 정효공주 묘비

57* 진단도(震檀圖):『태종실록』태종9년조에 "서운관(書雲觀)의 옛 장서인 비기(秘記)에 「구변진단도(九變震檀之圖)」란 것이 있는데, '건목득자(建木得子)'라는 말이 있다. 조선이 곧 진단이라고 한 설은 수천년 전부터 내려오는 것으로, 지금에 와서야 증험되었으니, 하늘이 유덕(有德)한 이를 돌보아 돕는다는 것은 진실로 징험이 있는 것이다"라는 권근의 건원릉비문 구절이 있다. 실체가 전해지지 않으나 구변진단도의 상징적 의미를 중시하여, 백포 서일(1881~1921)이『구변도설(九變圖說)』(1921)을 짓기도 했다.

고 자기의 고유한 권리를 주장하는 것이 제일가는 쾌락이다. 일부일처는
사람이 마땅히 지켜야 할 도리로서 당연한 것이다. 발해 부인계에서 단체
로 힘을 한데 모아 남자계의 축첩과 축창을 제지하였으니 이로써 보면
발해 남자만 강하고 용감하며 지혜가 많을 뿐 아니라 곧 여자계 또한
그러하였다. 천하의 부인된 사람으로서 누가 그 남편의 축첩과 축창을
질투하고 원망하지 않겠는가? 그럼에도 불구하고 단지 그 지혜의 힘이
굳세지 못하고 여려 감히 제지하지 못하는 것이다. 오직 발해의 부인계는
능히 지력을 사용하고 그 실정을 행사하여 권리를 잃지 않은 것이 아닌
가? 그러므로 남자가 되어 남의 속박을 받고 고유한 권리를 신장하지
못하는 것을 어찌 장부라 말할 것이요. 뭇 사람의 세력은 '단합'으로써
생기는 것이다. 이 발해부인계의 자매사회를 보라!

제10장 발해의 문학

   발해의 구국을 논하자면 동쪽 변방 한 모퉁이에 위치하여 말갈의 7분
의 1이니 인문 배태의 근원을 거슬러 물어 찾기 어렵다. 새 나라를 논하자
면 태조가 신묘한 무략으로 큰 난리를 감정하였고, 그 민족은 굳세고 용
감하며 무예를 좋아하는 성질로 다른 민족보다 우수한 지위를 가졌다.
하물며 국가가 창건하여 국정이 초창기이므로 군신 상하가 문학에 주의
할 겨를이 없던 시대가 아닌가? 그럼에도 불구하고 그 문학정도를 말하면
국가 관제로 문적원과 주자감을 두어 임금의 아들과 공경대부와 서민의
자제를 교육하는 제도가 있었고 국내의 총명하고 준수한 이를 선발하여
중원 땅에 파견하여 학술을 널리 채집하며 문물을 수입함에 외견이 좋고
내용이 충실하여 꽤 볼만하였다. 또한 고금의 서적을 널리 구하여『한서』·

『당례』·『삼국지』·『진서』·『삼십육국춘추』 등의 서적을 다 문적원에
저장하여 교육 재료로 공급했기 때문에 해동성국의 영예가 다른 나라
역사에 전파되었으니, 그 발달의 신속한 원인이 어디에 있는 것인가? 하
나는 역사요 하나는 지리다. 대개 발해의 역사는 단군과 기자의 신성한
교화와 고구려의 문물제도를 이어 뿌리를 내린 터전이 있고, 그 지리는
서남쪽으로 해로를 교통하여 문물수업의 편리한 기관이 있었으니 이 두
가지 종류의 원인으로 문학의 발달함이 이와 같이 신속하였다.

제11장 태조의 외교

　무릇 국가가 성립되면 이 나라가 저 나라에 대하여 반드시 경쟁도 생기
고 교제도 생긴다. 그렇기 때문에 경쟁의 실력과 교제의 정략을 완비하여
야 그 나라를 안전하고 튼튼하게 하며 활동하
게 하는 능력이 생기는 것은 슬기 있는 사람
을 기다리지 않고도 알 수 있는 것이다. 지금
태조는 이미 우리와 적국 되는 자에 대하여
경쟁의 실력으로 이를 물리쳐 없애 버리고 국
가를 건설하였으므로 사방의 여러 나라에 대
하여 외교정략 또한 필요한 문제다. 그러나
외교는 항상 시세로 말미암아 이용하는 것이
니, 태조의 건국 시기를 논하면 거란과 돌
궐[58]*이 국토가 근접하여 가장 밀접한 관계가

돌궐군 지도자 조각상

58* 돌궐(突厥): '튀르크'의 이두 표기다. 당시 제2괵튀르크 왕조의 칸은 콰파간
　　(Qapağan Khan)(재위 691~716)으로, 중국 사서에 묵철가한(默啜可汗)으로 기록

있을뿐더러 이때에 당나라가 능히 해외 출정의 거사를 마음대로 하지 못하였으므로 거란과 돌궐이 연합하여 그 세력을 막는 것이니 이 두 나라의 동정을 얻으면 실로 우리의 보장이 될 것이다. 이에 사절을 보내 화친을 맺어 변경을 안정하게 하고, 신라에 사신을 파견하여 나라의 경계를 명확히 구별하고 정하는 문제를 해결했다. 태조 15년에 당나라가 사신을 보내와 오랜 원한을 풀고 화평한 유대를 도모하기에 이르렀다.[59*]

제12장 태조의 후손

발해 3백년 역사에서 태조 고왕부터 제2세 무왕과 제3세 문왕은 '발달시대'요, 성왕·강왕·정왕·희왕·간왕을 거쳐 선왕에 이르기까지는 '전성시대'다. 이는 태조의 공적을 계승하여 대대로 전한 왕업이 크고 번성한 역사다. 그렇기 때문에 비록 옛사람이 남긴 서적이 온전치 못하여 전체 중 한 덩어리도 습득하기 어려울지라도, 특별히 무왕·문왕·선왕 3대 조정의 역사에 대하여 그 대강을 가려 적어 국가의 정도가 어떠했는지 실증하고자 하는 것이다.

무왕은 태조의 맏아들이니 이름이 무예다. 태조는 재위한지 21년에 붕어하여 시호를 고왕이라 했고, 왕이 즉위하여 연호를 고쳐 인안이라 하였다. 왕은 타고난 재능이 용맹스럽고 위세가 있으며 지략이 웅장하고

돼 있다.

[59*] 태조 15년에~이르렀다.: 서기 713년 당나라 예종의 명을 받은 낭장 최흔(崔忻)이 사신으로서 발해에 도착하여 대조영을 발해군왕(左驍衛員外大將軍渤海郡王)에 책봉하고, 이 때 국호를 '발해'라고 고쳤다. 본래 『구당서』와 『신당서』의 기록이지만 『해동역사』 주에 "고왕 15년"으로 언급돼 있어 백암이 『해동역사』를 참조했음을 알 수 있는 대목이다.

훌륭하여 우리 대동 4천년 역사에 아주 영특하고 용기와 기상이 뛰어난 군주다. 즉위한 때부터 태조의 기업을 더욱 개척하여 동북의 여러 오랑캐를 정복하니 사방 이웃나라가 두려워 떨었다. 인안 4년[60*]에 이르러 흑수국이 당나라에 붙어서 발리주자사가 되니 당나라가 흑수부를 두고 부장을 도독으로 삼고 성명을 이헌성이라 하사하고, 장수에게 명령하여 흑수경략사를 거느리고 유주도독에 예속하게 하였다. 왕이 이것을 "흑수가 당나라의 앞잡이가 되어 동방의 정세를 위태롭게 하는 것"이라 하고 신하들을 소집하여 대책을 결정했다.

"흑수가 당나라에 통하고 돌궐에 교섭하면 반드시 우리에게 먼저 보고했는데 지금 당나라에 관리를 청하면서 우리에게 보고하지 않았으니 이는 우리를 배반하고 당과 함께 전쟁을 도모하여 앞뒤에서 우리를 침략하고자 하는 것이다. 우리가 어찌 남의 꾀를 먼저 알아차리고 일이 생기기 전에 미리 막아낼 계략을 취하지 않겠는가?"

이에 병사를 보내 흑수를 정복하려고 하자 왕의 아우 문예가 당나라를 두려워하여 여러 차례 간곡히 충언하였다.

"흑수를 공격하는 것은 곧 당나라를 공격하는 것입니다."

그러나 왕이 듣지 않고 흑수를 취하여 동평부 흑수를 두어도 당나라가 감히 따지지 못했다. 이로부터 왕이 한차례 지나를 향하여 무력의 위세를 드러내고자 할 즈음, 북방의 육로를 취하려면 거란에게 길을 빌리지 않을 수 없었다. 그래서 이때 왕은 생각하였다.

60* 인안 4년: 당 개원(開元) 10년으로 서기 722년. 흑수말갈의 추장 예속리계(倪屬利稽)가 조근(朝覲)을 오니, 현종(玄宗)은 그를 발리주자사(勃利州刺史)에 제수하였다. 이에 안동도호(安東都護) 설태(薛泰)가 흑수부(黑水府)를 두자고 청하므로, 부장으로 도독 또는 자사를 삼고, 조정에서 장사(長史)를 두어 감시와 통치케 하였다. 부도독(府都督)에게 이씨의 성씨를 하사하고 이름은 헌성(獻誠)이라 하여, 운휘장군영흑수경략사(雲麾將軍領黑水經略使)로 삼아 유주도독(幽州都督)에 예속시켰다. 현종 말년까지 15번 조공을 바쳤다(『신당서』, 「흑수말갈」 전).

'거란이 당나라에 대하여 미워하고 원망함이 없으니 우리에게 길을 임시로 빌려줌을 허용하지 않을 것이다. 당나라를 정벌하자면 등래 해로를 취하는 것 외에 다른 길이 없다'

등주고항(산동성 봉래시 소재)

곧 병선을 만들고 수군을 무장시켜 바다를 건너 적극적으로 당나라를 공격할 전략을 준비하였다. 인안 14년에 이르러 대장 장문휴를 파견하여 수군 수만 명을 거느리고 바다를 건너 등주[61]를 정벌하였다. 자사 위준이 성에 의거하여 쳐들어오는 우리 아군을 막아 싸우다가 대패하고 우리 군에게 참살되어 성 안의 병사들이 도망가거나 항복하였으니 북을 한 번 쳤는데 함락된 것이다. 포로와 말, 무기류를 무수히 노획하고 승리하여 돌아오니 때는 당나라 현종 개원 20년이다.

국세의 융성함과 병력의 강대함이 당 왕조 3백년 역사에 대응한 중흥시대로서 해외 여러 나라에서 저항하는 자가 없었다. 또한 동방 반도의 정황을 말하자면, 신라가 당나라에 의탁하여 병역의 원조를 부담함이 이미 오래 되었다. 당나라가 등주의 원한을 갚고자 할 때 군사를 크게 일으켜 좌령위장군[62] 개복순[63]이 우리를 침략하고, 태복경 김사란[64]을 파견

61* 등주(登州): 중국 산동성 봉래(蓬萊) 지역을 가리킨다. 고대항구 유적인 봉래수성(水城)의 안쪽에 등주고항(登州古港)이 자리하고 있다. 역사적으로 우리나라와 해상 교통로에 위치한 항구로서 기능해온 등주고항에는 한국 사람과 한국 선박의 출입이 잦았다.
62* 좌령위장군(左領衛將軍): '우령군장군(右領軍將軍)'의 잘못이다.

하여 신라에 원정군을 청하니 신라대장 김윤중[65] 등이 군사를 거느리고 내회하였다. 양국이 큰 군대로 발해를 향해 침범하니 저들이 반드시 이기고 반드시 취한다는 예측으로 멀리서부터 몰아서 단번에 거침없이 나아가는 기세가 있으므로 발해의 정세와 형편이 실로 외롭고 위태로운 경우에 빠졌다고 말할 만하다. 그러나 이는 왕의 크고 뛰어난 재능과 지략으로 대외경쟁에 수완을 한번

당나라 현종

시험하며 발해민족의 굳셈과 용맹스럽고 무예가 뛰어나 용감함을 세계에 발표할 기회였다. 왕이 여러 장수에게 명하여 각지의 요충지에 의거하여 서쪽으로 당나라 병사를 대적하고 남쪽으로 신라 병사에 항거하니 저들이 비록 세력이 크지만 어찌 발해군인의 정련됨을 맞서서 겨룰 것인가? 고전한 지 수 개월에 날카로운 기세가 크게 꺾여 부득이 갑옷을 버리고 패잔병을 끌고 돌아가고자 할 때 계절상 매우 심한 추위라서 삭풍이 살을

63* 개복순(蓋福順): '갈복순(葛福順)'의 잘못이다.

64* 김사란(金思蘭): 신라 성덕왕 때의 왕족이다. 일찍이 견당사로 당나라에 들어갔을 때 당나라 황제가 머물게 하여 숙위토록 하였다. 732년에 발해가 당나라를 공격하자 당나라 현종은 신라의 지원을 받기 위해 고위 품관으로 있던 내사 하행성(何行成)을 귀국시키고 태복원외경(太僕員外卿) 김사란을 신라로 돌려보내 군사를 징발하여 발해의 남쪽을 공격하도록 하였다. 마침 산이 험하고 날씨가 추운데다 눈이 한 길이나 내려서 병사들이 태반이나 얼어 죽으니 아무런 공도 세우지 못한 채 돌아왔다.

65* 김윤중(金允中): 신라 성덕왕 때의 관리로 명장 김유신의 손자다. 733년(성덕왕 32) 당나라에서 사신을 보내 이르기를, "발해를 치고자 하니 신라도 군사를 보내되 김유신의 손자 윤중을 꼭 보내도록 하라" 하였다. 성덕왕이 윤중 등 장수와 군사를 거느리고 당나라 병사와 함께 발해를 공격하고자 하였다. 그러나 큰 눈이 내리고 산길이 험준해서 얼어 죽은 병사가 절반이 넘자 중도에 포기하고 되돌아왔다.

엘 듯하고 큰 눈이 쌓이자 얼어 죽는 말과 군인이 십중팔구다. 이에 각각 도망하여 되돌아가니 발해의 승리 함성이 나라 안팎을 진동하고 왕의 위세와 무력을 원근에 높이 드러내 당나라가 감히 보복을 생각하지 못하고 사신을 파견하여 화친과 호의를 다시 강구하였다.

무왕이 재위 19년(737)에 붕어하자 태자 흠무가 즉위하여 연호를 고쳐 대흥이라 하니 이가 문왕이다. 왕은 전대 왕조의 무공을 계승하여 문화와 교육을 공정하고 명백하게 하실 때 천하의 서적을 구입하여 나라 안의 자제를 교육시켜 발해 학생이 중원 땅에 유학해 당나라 과거에 응시하여 급제자가 많이 있었다. 19년에 상경으로 도읍을 옮기니 즉 용천부요, 30년에 다시 동경에 도읍을 옮기니 즉 용원부다. 왕이 재위 58년 동안에 대외경쟁은 없었고 내치를 잘 닦아 문화를 천명하니 이를 발해역사의 '문치시대'라고 이른다.

성왕·강왕·정왕·희왕·간왕을 거쳐 선왕 인수가 즉위하니 즉 태조의 아우인 야발의 4세손이다. 왕은 타고난 기품이 영특하고 위대하며 문무를 겸한 재주로 태조다운 위풍이 있었다. 간왕이 붕어하자 대를 이을 아들이 없어서 여러 대신이 왕을 맞아 제왕의 자리를 잇게 하고 연호를 고쳐 건흥이라 하였다. 문왕 이래 자손대대로 나라가 태평한 복을 누려 변경이 무사하고 백성이 안락해지자 문화의 정도는 볼만한 것이 있으나, 대외 경쟁이 없는 까닭에 무강의 풍조가 점차 퇴보에 빠져 갔다. 왕이 더할 나위 없이 뛰어난 정치 식견으로 생각하였다.

'국민이 안락을 오래 누리면 나태한 풍조가 조장되고, 문화[66*]를 숭모하면 나약한 성질을 이루어 나라의 운명이 움츠러들고 물러나며 국력이 쇠미하게 될 것이다. 그러므로 지금 대대로 나라가 태평한 백성으로서

66* 문화(文華): 문화의 찬란함.

싸움에 열렬하고 용감한 일에 매달려 그 기풍을 진작시키지 않으면 결코 장기간 나라가 태평하고 사회 질서와 생활이 안정되는 길이 아니다.'

먼저 군사 제도를 개량하여 훈련을 면려하며, 태조와 무왕 시대의 원기를 회복하고, 남쪽의 신라와 북쪽의 거란을 정벌하여 강토를 넓히고, 바다 북쪽의 여러 부족을 정복하니 위세와 무력의 소문을 크게 떨쳤다. 이에 정치제도를 개혁하여 안으로 정부 각 직위와 밖으로 지방 각 관등의 제도를 다 개정하여 면목을 아주 새롭게 하니 그 명칭과 사물이 다 제국의 전형적인 법이자 문명의 제도다.

아! 역사를 보면 옛날부터 현재까지 임금의 자리를 이어받은 임금이 다 선대의 풍부한 업을 빙자하여 평안하고 건강한 복을 향유함에 마음껏 즐기기만 하고 게으르고 거만해지며, 이곳저곳 놀러 다녀 주색에 빠지고 어지러워 망하는 화를 빚는 자가 있었다. 그렇지 않으면 낡은 인습을 버리지 않고 일시적으로 안정하며 하는 일 없이 편안하고 한가로이 지내 맡은 직무를 게을리 하여 형식만 그럴듯하고 실속없는 경박한 글로 태평을 거짓 꾸민 결과, 정치를 부패시키고 민족정기를 녹여 마치 심장과 횡격막 사이에 침범한 난치병을 만들어 병든 사람을 구원하여 치료해 주기 어려운 지경처럼 이르는 자가 많았다. 그러하거늘 선왕의 어마어마한 계획과 원대한 정책은 눈앞 형편 아래 편안하고 태평함을 행복으로 삼지 않고 우려로 삼아 군사임무를 확장하고 나라의 강토를 넓히며 관제를 개혁하여 새로운 정치를 힘써 꾀하니 이는 만대정치가의 모범이다. 이로써 태조의 건국사를 계승하여 선왕 시대에 이르면 그 국가의 정도 여하를 가히 인정할 것이다. 무릇 스스로 자기를 높고 크게 여겨 외국을 업신여기는 시선을 가진 지나의 인사도 발해에 이르러 사필로 쓰기를 '해동성국'이라 하고, 공평으로 칭하여도 '해동성국'이라 함이 어찌 우연한 것이겠는가? 이는 태조의 뛰어난 문장과 뛰어난 무예로 나라를 세워 자손이 이어

받을 수 있도록 그 계통을 전해주시고, 무왕·문왕의 대이은 성취와 유업의 계승으로 국운을 증진시킨 까닭이니 아, 아름답고 훌륭하도다!

발해 영광탑(고구려발해학회 한규철 회장 제공)

결론

조국 역사는 우리들의 정신적인 학문이다. 국가의 계통과 민족의 파별과 판도의 구역과 선조의 유적에 대한 여러 가지 관념은 우리 조상을 기념하고, 동족을 친애하고, 지위와 권리의 보전할 사상을 계발하고 자양함이 실로 다른 종류의 서적에 비할 바가 아니다. 그 중 위인의 건국사업은 용진, 활동, 모험, 배난, 진지, 견인, 관홍, 활달, 광명, 순정의 여러 가지 덕성[67]이 다 우리의 뇌와 혼을 깨우치며 의지와 기개를 분발하게 한다. 그러함이 정신적인 학문에 더욱 절실한 효력이 있는 것이 아닌가?

발해 태조는 우리 조국 역사에서 건국 위인이다. '국가의 계통'으로 말하면 단군조선 이하 고구려 역사를 계승한 것이요, '민족의 파별[68]'로 말하면 마한종족이 백두산 동부에 뻗어 내린 것이요, '판도의 구역'과 '선조의 유적'으로 말하면 우리 조상의 옛 강토를 역력히 증명한 것이요, 우리 선조 여러 인물들의 활약하던 유풍을 가히 상상할 수 있을 것이다. 이는 우리들의 무궁한 관념을 존재케 하는 것이다. 태조의 건국한 역사를 보면 그 용진, 활동, 모험, 배난, 진지, 견인, 관홍, 활달, 광명, 순정의 여러 가지 덕성을 찬연히 빠짐없이 갖추고 있다. 그래서 우리가 감격하여 눈물 흘리며, 우리가 크게 기뻐하고 좋아서 뛰어 우리의 자강심과 진취심과 희망심의 북을 울리고 격앙시키는 큰 효력이 있는 것이니 정신 학문에 그토록 필요하고 아주 절실한 것이 아닌가? 독자는 이를 자세히 음미해야 할 것이다.

발해태조건국지 끝.

---

[67] '용진'은 용감하게 나아감이다. '활동'은 기운차게 움직임이다. '모험'은 위험을 무릅쓰고 일함이다. '배난'은 재앙을 물리침이다. '진지'는 말과 행동이 참답고 착실함이다. '견인'은 굳게 참고 견딤이다. '관홍'은 마음이 너그럽고 큼이다. '활달'은 활발하면서도 의젓함이다. '광명'은 밝고 환함이다. '순정'은 순수하고 정직함이다.
[68] 파별(派別): 갈래.

역사가

어화 우리 청년들아   고국산천 이 땅이라
북부여의 단군자손   이천여년 향국일세.
신조 유택 무궁하여   만세 만세 억만세라.
혼강 일대 도도하니   동명성왕 북래하여
고구려를 건설하니   호시천하 굉장하다.
환도고성 찾아보니   광개토왕 비문이라
남정·북벌 소향처에   동양대륙 진동했네.
개세영웅 개소문은   산해관의 고묘로다.
용천부를 돌아보니   발해태조 사업일세
사십만중 일호령에   해동성국 일어났네.
우리 동족 금태조는   백두산에 터를 닦아
이천오백 정병으로   횡행천하 족족했네.
우리 오늘 건너온 일   상제 명령 아니신가
아무쪼록 정신차려   조상역사 계술하세.

몽배금태조

제1편

몽배금태조

백암 박기정 지음 ·
단애 윤세복 교열

대 통 령 이 들 려 주 는 우 리 역 사

윤세복(대종교 소장본)

서론

우주가 아득히 넓고 만상이 삼라하므로 큰 덕화가 널리 퍼져 기를 불어 넣었다. 그 성능이 가장 영험하고, 동력이 가장 큰 것을 명하여 '사람'이라고 불렀다. 인류 사회에 속하여 지위가 가장 높고 세력이 가장 큰 자가 두 부류 있으니 '종교가'와 '정치가'다. 이 두 부류의 지위에 속하여 서로 싸우고 서로 승리를 취하여 세계를 지휘하고 권리를 쥐고 있는 자가 또한 두 거물이 있는데, 하나는 '강권전제자'이고 하나는 '자유평등자'다. '종교가'로 논하면 브라만교의 전제권에 대하여 석가모니가 평등주의로써 싸웠고, 로마 교황의 전제력에 대하여 마르틴 루터가 자유주의로써 싸웠다. '정치가'로 논하면 정부의 압제에 대하여 루소의 민약론이 일어났고, 강국의 압제에 대하여 워싱턴의 자유종이 울렸으니, 그 천지를 열고 모든 무리를 복종하게 하는 것은 과연 어떤 역량일까? 그렇지만 위 양 거물의 전쟁사를 살펴보건대, 최초의 선봉기치를 올리고 싸우는 뜻을 내세웠던 자는 산을 뽑고 솥을 드는 완력을 가진 이가 아니다. 그러기에 그 신체가 옷을 이기지 못하며 언사를 입 밖에도 내지 못하는 사람이 창밖의 눈빛과 호롱불 아래에서 세 치 몽당붓을 놀리는 손으로써 함은 무슨 까닭인가? 이는 사람의 상상력이 항상 수완력을 앞서기 때문이다.

무치생은 우리 동지들의 장로다. 태어나면서부터 체질이 허약하여 병과 함께 한평생을 살았고, 떠도는 생활 속에서 가난이 그의 곁을 떠나지 않았다. 하물며 또한 육십 고령에 머리털이 없고 이가 빠지니 마땅히 큰 뜻을 품고 웅비하려던 포부가 이미 진력나고 부들방석에 편안한 잠자리가 필요할 것이지만, 그 머릿속에 잊으려야 못 잊는 괴로움이 그치지 않는 것은 항상 사회 풍조에 대하여 반항하고 도전하는 '사상'때문이다. 10여 년 동안 날마다 허약한 몸을 추스르고 몽당붓을 들어 학술계의 완고한 보수주의자와 싸우며 정치계의 불법 횡포한 자와 싸워 적은 공과도 얻지 못하고 사회의 용납을 받지 못했다. 이에 흰머리를 날리며 아득히 먼 곳에 와서 정처 없이 떠돌아다니고 있으니 마땅히 후회하는 뜻을 가질 것이지만, 그 사상이 한층 진보하여 현 20세기에 대활극과 대참극의 제국주의에 대하여 인권·평등의 이상을 내세우니 어찌 특별하지 않은가?

대개 지금의 이른바 제국주의자란 다윈이 강권론을 주창한 이후로 전세계가 휩쓸려 따라가 우승열패[1]를 '천연'[2]이라 말하며, 약육강식을 '공

1* 우승열패: '강한 자는 번성하고 약한 자는 쇠멸한다'는 진화론의 논리다.
2* 천연(天演): 인간을 포함한 지상 생물이 무형의 경쟁을 계속해 진화한다는 의미를 담고 있다. 천연의 공례라 하면 곧 자연법칙을 말한다.

찰스 다윈(1809~1882)

례'3*라 말하면서 남의 나라를 멸망시키고 종족을 끊는 것을 정치가의 좋은 계책으로 허락하는 이다. 그 대세의 흐름을 누가 능히 막을 수 있으며, 그 강력한 압제를 누가 능히 대항할 수 있겠는가? 마침내 선생이 외로이 한 몸으로 그 충격을 맡아 그 싸움에 도전코자 하니 미치광이, 어리석은 자라며 누군들 비웃지 않겠는가? 그러나 선생이 일단 자신하는 구석이 있으니 무릇 그 자신이 시대가 급변하는 상황을 겪으면서

여러 가지 실험을 해본 까닭에 천지운화의 변천을 추측함이 있고, 그 학문이 유·불·선 3교계를 드나들며 관통하여 연구의 소득이 있기에 마음의 능력을 확신한 바 있다. 그렇지만 견지함은 '평등주의'로서 현 세계의 패권을 독점한 강권주의자에 도전하고자 하니 그 정신의 집중함이 어느 곳이든 이르지 않겠는가?

옛날에 왕양명 선생이 석실 생활 3년에 양지4*의 하늘계시를 얻었는데, 『몽배금태조』 한 책이 또한 어찌 신의 계시가 아니라 하겠는가? 책을 읽는 사람들은 자세히 살펴서 밝게 알 것이다. 우리 청년 제군은 각기 깃발을 들고 북을 울려 선생의 가르침에 따라 인권평등의 개가를 크게 외치기를 간절히 희망한다.

대황조강세 4368년 11월 모일에 윤세복 씀.

3* 공례(公例): 보편적인 법칙이다.
4* 양지(良知): 맹자가 말한 지극히 선한 마음의 본체로, 왕양명은 '하늘이 심은 영특한 뿌리'라고 했다.

제1장 무치생이 만주에서 나라를 걱정함

단군대황조강세 4368년 5월 여름, 무치생이 회사의 벗들과 고별하고 슬하의 자녀를 두고서 망망한 천지에 한 조각 뜬구름이 되어 아무 연고와 정처도 없이 압록강 일대를 표연히 건너가니 바로 요심5* 대륙의 흥경 남쪽 경계다. 파저강을 거슬러 항도천에 도착하니 산속에 들녘이 펼쳐지고 들녘 가운데 냇물이 흘러 별개의 한 동천6*을 이루었다. 근년에 우리 동포들이 이곳에 이주해 오는 것이 점차 늘어나자 동지 제현이 뒤따라 정착하여 학숙을 개설하고 자제들을 교육시키니 문명풍조가 이에서 파급됨은 실로 위안이 되고 흡족한 일이며, 우리 동포의 앞길을 위하여 마음속 간절히 축하할 바다.

무릇 이 땅은 우리 선조의 고토다. 지금 그 지도상 전부를 조사하고 고대의 유적을 답사해 보니 백두산은 단군대황조의 발상지이고, 현도 이북 천여 리에 걸치는 옛 부여국(지금의 개원현)은 단조 후예의 터전이다. 요동 서쪽 2천리에 걸친 영평부는 기씨조선의 경계이고, 서쪽으로 금주 해안을 경계하며, 동쪽으로 흑룡강을 끼고, 북쪽으로 개원현에 이르기까지 모두 고구려와 발해의 강역이었다. 우리 선조가 살던 때에 이처럼 광대한 터전을 개척한 정황을 추상해 볼 때 엄동설한이나 혹심한 더위와 싸우고, 거센 비바람과 싸우고, 독충·맹수의 위험을 무릅쓰고, 사방의 강적과 싸워 수천만의 몸을 거쳐 땀을 흘리고 피를 뿌리면서 자손에게 산업을 물려주신 것이 아닌가? 그런데 어찌하여 자손된 이들은 선조의 땀과 선조의 피를 이어 나가지 못하고 천여 년 사이에 선조의 업적을 어디다 넘겨버렸는가? 강의 왼쪽 한 모퉁이에 작은 조정의 규모로 안거함

5* 요심(遼瀋): 만주의 요양과 심양을 가리킨다.
6* 동천(洞天): 신선이 사는 별천지를 말한다.

을 구차히 도모하며 임시방편만을 일삼아 천여 년 동안 일찍이 선조의 옛 강역을 조금이라도 되찾고자 한 이가 아직까지 없으니, 이로써 볼 때 천년 이래의 우리 민족은 모두 조상에 대한 죄인이며 우리 역사는 다른 나라의 노예문서다. 나아가 그 선조에 죄인된 것을 반성하지 않고 자칭하여 이르기를, "예의지방"이라 하며, 다른 나라의 노예된 것을 부끄러워하지 않고 스스로 일러 "소중화"라 한다. 이른바 '예의지방'은 선조의 공덕을 기념치 않는 자의 미명이며, '소중화'라 함은 다른 나라의 노예를 스스로 만족하는 자의 휘호인가? 오로지 그 유래의 원인이 이러한 까닭에 필경 오늘날 상황과 같은 결과를 초래한 것이다.

이 역사에 대한 느낌과 생각으로 옛날을 돌이키고 오늘을 살펴 때론 아득히 먼 산에서 해질 무렵 방황하고 주저하기도 했고, 때론 여관의 희미한 등불 아래에서 비분통탄하다가 그로 인해 역사적 연상으로서 '지리 연구'에 이르렀다. 대개 지리란 인물계에 관계되는 영향이 있기 때문에 깊은 산, 큰 못에는 반드시 억세고 사나운 인물이 난다고 한다. 이 만주 산천은 예부터 영웅호걸이 배출되던 고장이다. 대략 말하자면, 졸본과 환도는 고구려 동명성왕과 대무신왕과 광개토왕의 발상지이고, 백산의 동부는 발해 고왕과 무왕과 선왕의 발상지다. 성경·회령·흥경은 요태조·금태조·청태조의 발상지이며, 석륵[7*]·고환·천개소문·양만춘·완안종간·야율초재 등 여러 인물이 다 이 곳 출신이다. 하늘이 영웅호걸들을 이 땅에 많이 나오게 하여 사방의 각 부족을 다스리고 천하의 특권을 누리게 한 것은 무슨 까닭에서였을까? 이는 우리들이 지리를 연구할 이유다.

무릇 백두산이 대황을 차지하여 굳건히 지키는데, 그 높이가 수백 리이

7* 석륵(石勒): 진(晉)나라 때 중국에 침범하여 후조(後趙)를 세운 흉노족 인물이다.

고 그 넓이는 수천 리에 이른다. 그 정상에는 큰 못이 있는데 둘레가 80리에 달하며 서쪽으로 흘러 압록강이 되고 북쪽으로 흘러 혼동강이 된다. 압록강은 천리의 긴 줄기로 서해에 들어가고, 혼동강은 6천리의 긴 줄기로 동해에 들어간다. 산을 남북 두 마루로 구분하면, 남쪽 마루는 조선팔도가 되고 북쪽 마루는 만주 3성이 되는데, 큰 산줄기와 긴 지류가 가로지르고 분할하여 만주 대륙을 이룬다. 북쪽으로는 천리의 큰 못인 흥개호가 있고, 서쪽으로는 7백리 평무8*인 요동 벌판이 있고, 그 외 세 강 다섯 내는 산세를 둘러 지맥을 흥건히 고이게 하고 무수한 긴 골짜기와 무수한 광야가 풍운을 들이마시며 신령한 기운을 함축하였으니 그 깊고 넓은 웅혼함과 굽이굽이 웅장한 기운이 인물을 산출한다. 특별히 출중한 사람은 용감하고 건실하며 우람한 기개와 너그럽고 관대하며 활달한 기량으로서 천하에 웅비할 사상과 사해를 다스릴 만한 경륜이 있는 것이다. 이는 청년 제군이 지리 연구에서 그 원대한 기운을 배양하고 그 포부를 개척할 일이다.

또 지리의 연상을 거쳐 민족의 성질을 연구해 보면, 대개 퉁구스 종족은 세계 역사상 특별히 우등 민족으로 잘 알려진 이들이다. 그 원인이 무엇인가? 무릇 그 땅이 고원에 위치하여 풍기가 한랭한 까닭에 그 민족은 천시를 다투어 인내성이 많고, 그 생활은 온대나 열대지방과 같이 물산이 풍부하지 못하여 목축과 수렵이 아니면 생계유지가 불가능하다. 목축을 주업으로 삼기 때문에 그 백성이 수초를 따라 옮겨 다님이 일정치 않다 보니 활동력이 많고, 수렵을 주업으로 삼기 때문에 그 민족이 말을 달리며 활쏘기를 익혀 무예와 싸움에 관한 타고난 재능이 있었다. 그리고 의식의 원료가 풍족치 못하기 때문에 그 민족이 게으르며 놀고먹는 습성

8* 평무(平蕪): 허허벌판. 잡초가 무성한 편평한 들을 말한다.

이 없고, 근면하고 힘쓰는 성질이 풍족하니 바로 이러한 점이 이 민족을 세계에서 우등한 지위에 차지케 한 것이다. 다만 그 결점이 되는 것으로 산세가 높고 험하여 외래의 풍기를 가려막기 때문에 배척하는 성질은 장점이지만 개통력이 단점이며, 의식을 찾는 데 분주하기 때문에 근검성은 많으나 문학에 공들임이 부족한데, 이는 현 시대에 이르러 문명발달이 다른 민족에 미치지 못함이다. 대개 한 가지 장점이 있는 자는 반드시 다른 단점이 있기 마련이니, 천하에 완전한 복리란 없는 것이다.

아! 우리 조선족과 만주족은 다 같은 단군대황조의 자손으로 오랜 옛날에 남북을 차지하여 서로 경쟁을 했고 또 서로 통하기도 했다. 그러나 필경 통일되지 못하고 분리되면서 두만강·압록강이 자연 경계를 이루어 양쪽 인민이 감히 넘나들지 못하고 섞여 살지도 못한 지 천여 년이 흘렀다. 이에 따라 풍속이 다르게 되고 언어가 통하지 않아 막연히 서로 이방인처럼 보았다. 여기에 더하여 쇄국시대에 폐쇄된 정책으로 법을 엄히 다스려 혹 국경을 넘는 자가 있으면 주륙을 행하였는데, 탐관은 이를 이용하여 인민의 재산을 양탈할 목적으로 '잠상9' 또는 '범월10'이라는 죄명을 씌워 무고한 인민의 피를 강변에 뿌리게 한 지 3백여 년이 되었다. 이에 대해 무치생이 강을 건너는 날, 지난 40여 년 전 우리 동포 가운데 원통히 죽은 이들을 생각하며 비통의 눈물을 한 움큼 쏟은 바 있다.

세월이 가고 세상이 바뀌어 조정의 해금11*을 기다리지 않고 자연스레 우리 동포의 이주가 나날이 증가되었고 서북간도, 장백부, 해룡부 등지에 우리 동포의 촌락이 형성되지 않은 곳이 없으니 장래 어떠한 좋은 결과가 있을지 예언하기는 어려운 일이지만, 그 개통의 영향을 관찰해 볼 때 실

9* 잠상(潛商): 법으로 금지하고 있는 물건을 몰래 팔고 사는 일 또는 그 장수를 말한다.
10* 범월(犯越): 남의 국경을 침범하거나 남의 나라에 몰래 들어가는 죄다.
11* 해금(解禁): 자국민의 출국과 외국인의 입국을 금하는 것이다.

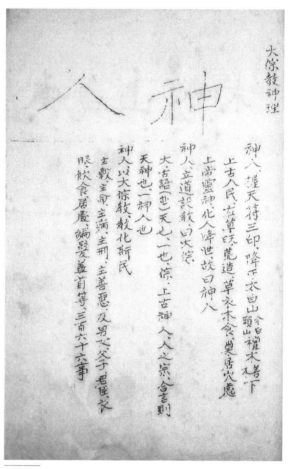

『대종교신리』「신인(神人)」편

로 우연함이 아닌 것이다. 이에 역사와 지리와 민족의 관념으로 이리 저
리 생각해보며, 어떤 방법으로 우리 선조 시대의 영예를 회복할 수 있을
까? 어떤 방법으로 이 아름답기 그지없는 강산에 무수한 영웅아를 불러낼
수 있을까? 어떤 방법으로 그 민족 성질에 대해 장점은 이용하고 단점은
개량하여 문명의 정도에 이끌어 나갈 수 있을까? 이 같은 생각으로 앉으

나 서나 밥을 먹거나 쉬거나 끊임없이 생각을 거듭한 지 5, 6개월이 지났어도 끝내 좋은 방법을 얻지 못했다. 관자가 이르기를, "생각에 생각을 거듭하면 귀신이 통한다"[12*]고 하여 나도 깊은 생각에 잠기면 혹시 신명의 지도를 얻을 수 있을까 기대했는데, 어느새 가을이 지나고 겨울이 다가왔다. 음력 10월 3일은 우리 단군대황조께서 세상에 내려오신 기념일이다. 일반 동지·학생들과 함께 기념식을 행하고, 객탑[13*]에서 이리 뒤척 저리 뒤척 대종교의 '신리'[14*]를 곰곰이 생각하였다.

제2장 무치생이 꿈에서 금태조를 배알함

그날 저녁, 훨훨 나는 장자의 나비가 되어 바람을 부려 구름을 타고 백두산 최고 정상에 올라 큰 택반[15*]에 이르자, 하늘과 바다가 맞닿아 천상의 맑은 기운이 깊고 넓게 퍼지고 별과 달이 서로 빛을 발하여 이채롭고 영롱하다. 그런 가운데 우뚝 솟아 눈부시게 빛나는 한 전각이 구름 속에 불쑥 나타나니 현판에는 '개천홍성제전'이라고 쓰여 있다. 이를 우러러 보고 묵념하였다.

12* 관자가~통한다: 『관자(管子)』, 「내업(內業)」 49편에 "생각하고 생각하고 거듭 생각하라. 생각해도 통하지 않으면 귀신이라도 통할 것이다[思之思之 又重思之. 思之而不通 鬼神將通之]"고 한 데서 온 말이다.
13* 객탑(客榻): 손님을 위해 마련한 자리다.
14* 신리(神理): 1910년 9월 12일 고경각(古經閣) 명의로 간행된 『대종교신리(大倧敎神理)』와 그 교리를 말한다. 『대종교신리』를 줄여서 '신리'라고도 한다. 『대종교신리』는 환인·환웅·단군의 '삼신일체 신관'을 골자로 「신인」·「단군」·「삼신」·「대종교」·「신리계설」로 구성된다. 단군의 역사를 기록한 『단조사고(檀祖事攷)』에도 인용된, 대종교의 중요한 문헌 가운데 하나다. 이 책은 2005년 1월 6일, 옮긴이가 고려대 도서관에서 발견해 95년 만에 빛을 보았다.
15* 택반(澤畔): 못 가장자리에 있는 조금 편평한 땅을 말한다.

'옛날에 대금국 명창16*년간에 백두산 신을 숭봉하여 이르기를 개천홍 성제라 하고 묘를 세웠다더니 이 전각이 바로 그것이구나. 무릇 대금국 태조 황제는 우리나라 평주 사람 김준의 9세손이고, 그 발상지는 지금의 함경북도 회령군이다. 그 민족의 역사로 말하면 여진족은 발해족의 다른 이름으로 발해족에 마한족 이주자가 많았다. 금나라의 역사로 말하면 두 만강변의 한 작은 부락에서 일어나 단숨에 요나라를 멸하고 다시 북송을 취하여 지나 천지의 주권을 장악하였다. 이는 다 같은 우리 국토의 자산 이요, 우리 민족 사람으로 특별히 천제의 사랑하는 아들이 비길 바 없는 복록을 받아 더할 수 없는 광영을 나타낸 것이다. 실로 단군대황조의 음 덕과 백두산의 신령스런 도움으로 이룩된 것이라 할 것이다. 그러나 오늘 날 우리들은 보잘것없이 작은 조선의 산하도 보전치 못하고 다른 민족에 게 업신여김을 당하여 짓밟히고 쫓겨나 뿔뿔이 흩어지고 정처 없이 돌아 다니며 천지간에 몸 둘 곳을 알지 못하게 되었다. 지난 8백년간에 민족의 추락 수준이 어찌 이토록 극에 다다랐는가? 아, 슬프고 슬프도다! 우리 민족만이 이 무슨 일인가?'

이에 바위 위에 바르게 앉아 깊이 탄식하고 잠잠히 눈물을 흘리며 돌아 갈 생각을 하지 않고 있었다. 이 때 홀연 안개구름 속에서 패옥이 울리고 깃옷을 펄럭이는 한 선관이 나타나 불러 말한다.

"대금태조 황제께서 부르시는 명이 계시다."

무치생이 크게 놀라 그 말을 잘 알아듣지 못했다. 이에 선관을 따라 개천홍성제전의 동쪽으로 돌아나가 또 한 전각을 우러러 보니 기이하고 아름다운 화초가 담을 수놓았고, 천구적도17*가 황제의 거처를 환히 비추

16* 명창(明昌): 금나라 6대 황제 장종(章宗, 1190~1208)의 연호로, 서기 1190년부터 1196년까지 사용했다. 『금사』, 「예지(禮志)」에 "명창 4년(1193) 10월에 임금이 장 백산(백두산) 신을 '개천홍성제(開天弘聖帝)'로 삼았다"고 기록돼 있다.

고 있다. 굳세고 용맹무쌍한 무사와 바른 뜻을 품은 훌륭한 신하들이 좌
우에 늘어서 있어 그 위엄이 엄숙하였다. 이 때 온후한 용안의 황제 음성
이 들려온다.

금태조 알현도

"짐이 지난날 상제의 명을 받들어 인간의 부도덕함을 정벌하고 만백성
을 구제하였는데, 다시 이 천국에 올라와서도 상제의 명으로 중생의 선악
을 감찰하고 화복을 관장하는 벼슬을 맡았다. 하늘은 지극히 공평하여
조금도 사사로움이 없어 착한 것에는 복을 주고 부정한 것에는 화를 줌이
조금도 틀림이 없다. 네가 하늘을 부르며 비탄하고 애통해 하는 소리를
내니 무슨 원한이 있는지 숨기지 말고 남김없이 다 말해보거라."

무치생이 황공하여 엎드려 머리를 조아리고서 아뢰었다.

"하늘이치상 선한 일에 복을 내리고 부정한 일에 화를 내리는 것을
어리석은 저도 의심할 바 없이 잘 알고 있습니다. 비록 그러하오나 천하
의 선함은 나라에 충성하고 동족을 사랑하는 것보다 큰 것이 무엇이며,

17* 천구적도(天球赤刀): 천구는 옥 이름이고, 적도는 주 문왕이 주(紂)를 정벌할 때
    썼다는 붉은색으로 장식한 보배칼[寶刀]을 뜻한다.

천하의 악함은 나라를 팔고 동족에 화를 입히는 것보다 더한 것이 어디 있겠습니까? 오늘날 신이 보건대 나라에 충성하고 동족을 사랑하는 이들은 모두 칼과 창에 피를 적시고 뼈가 벌판에 버려지는 비상한 참화를 당했습니다. 그러나 나라를 팔고 동족에 화를 입힌 이들은 모두 황금을 두르고 붉은 인끈을 치렁치렁 드리워 비상한 복락을 누리니 이는 세상 이목에 극히 뚜렷한 것으로 그 화복의 베풂이 이처럼 큰 차이가 있는데, 하물며 그 선악이 뚜렷하지 않은 경우에는 그 화복의 베풂 여하를 알기 어렵지 않겠습니까? 이는 신이 하늘이치에 대해 실로 괴이하고 의심스러운 생각과 원망스런 마음이 생기지 않을 수 없음입니다."

황제가 이를 듣고 크게 웃으며 말했다.

"너는 평일에 성현의 교훈을 새기며 천하의 의리를 강구하는 자로서 천리와 인욕에 대하여 대소를 분별치 못하고 육체와 영혼에 대하여 경중을 가려내지 못하는가? 무릇 천리와 인욕의 대소로 말하면, 천리는 사람의 생명 위에 있는 고상하고 청결한 것이고, 인욕은 사람의 육신 위에 있는 저급하고 불결한 것이다. 지금 사람을 불러 "너는 고상한 지위에 있고 싶은가, 저급한 지위에 있고 싶은가?"라고 묻는다면 반드시 고상한 지위에 있겠다고 할 것이다. "너는 청결한 물품을 좋아하는가, 불결한 물품을 좋아하는가?"라고 물으면 반드시 청결한 물품을 원할 것이다. 사람이 능히 나라를 위해 충성을 다하고 동족을 사랑하면 이는 천리의 고상하고 청결한 것을 얻어 신성한 자격으로 훌륭한 명성이 무궁하여 만세의 숭배를 받을 것이니 이 얼마나 큰 행복인가. 만약 그 나라를 팔고 동족에 화를 입힌 자는 인욕의 저급하고 불결한 것을 취하여 개·돼지만도 못하여 더럽고 욕됨이 끝없는 만세의 지탄을 받을 것이니 얼마나 불행한 것인가. 육체와 영혼의 경중으로 말하면 사람은 부모의 정혈을 받아 육체가 되고, 조화의 잡된 생각 없이 신령함을 받아 영혼이 된 것이다. 육체의 생활은 잠시이고 영혼의 존재는 끝없는 것이다. 사람이 능히 나라에 충성하고 동족을 사랑하면 그 육체의 고초는 잠시이나 그 영혼의 쾌락은 무궁할 것이고, 만약 그 나라를 팔고 동족에게 화를 입히면 그 육체의 쾌락은 잠시이나 영혼의 고초는 무궁할 것이다. 그러므로 어찌 하늘이치의 베풂에 차이가 있다고 하겠는가?"

무치생이 물었다.

"그러면 하늘이치로 선한 일에 복을 내리고 부정한 일에 화를 내림이 단지 이치에 근거하여 말한 것이 아니실텐데 사실로 확증할 만 것이 있습니까?"

황제가 답했다.

"사물이 있은 다음에 이치가 있는 것이니, 사물과 이치는 본래 하나다. 그 사물이 없는데 어찌 그 이치가 있겠는가? 다만 삶과 죽음의 경계가 깊고 심오한 것이기 때문에 사람의 정신력으로 살펴보지 못함이 있고, 사물의 기계력으로 측량치 못함이 있는 것이다."

무치생이 물었다.

"그러면 상제께서 선한 자에게 영혼의 쾌락을 주시고 악한 자에게 영혼의 고초를 주시는 사실을 가히 들어주시겠습니까?"

황제가 답했다.

"하늘이치는 지극히 공평하니 가히 사사로움을 용납지 않고, 신의 섭리는 지극히 밝으니 가히 거짓을 행치 못하게 한다. 모든 사람들의 선악을 저승에서 붉은색·검은색의 두 장부에 모두 기록해 놓았는데, 붉은색 장부에 적혀 있는 선한 자들에게 쾌락을 주고, 검은색 장부에 적혀 있는 악한 자들에게 고초를 준다."

무치생이 물었다.

"그 쾌락과 고초를 주는 실황을 또 들어주시겠습니까?"

황제가 답했다.

"붉은색 장부의 선한 자들은 그 등급에 따라 혹 그 이름을 천록에 차례로 써서 상청진인의 지위를 얻는 자도 있고, 혹 인간세상에 다시 태어나 어질고 슬기롭고 복록을 누리는 이도 있다. 검은색 장부의 악한 자도 그 등급에 따라 혹 아비규환의 지옥에 영원히 빠뜨려 칼로 자르고 불로 지지고 방아로 찧고 맷돌에 가는 형벌을 받는 자도 있고, 혹 인간세상에 다시 태어나 벌레나 짐승, 천대·증오를 받는 미물이 되는 자도 있다."

무치생이 아뢰었다.

"천당·지옥에 대한 설은 사람마다 익히 들었으나 모든 사람들은 다 현재의 영욕만 알고 장래의 영욕을 알지 못하며, 육체의 고락만 알고 영혼의 고락을 알지 못하는 까닭에 선을 행하려는 자가 적고 악을 행하려는 자가 많습니다. 상제의 만능으로 선한 자에게 현재의 영예를 주고 악한 자에게 현재의 치욕을 주고, 선한 자에게 육체의 쾌락이 있게 하고, 악한 자에게 육체의 고통이 있게 하면 모든 사람들이 다 선을 취하고 악을 버릴 것이니 그 공효와 조화가 더욱 신묘해지지 않겠습니까?"

황제가 말했다.

"그것은 네 소견이 크게 잘못된 것이다. 하늘이치와 신의 섭리는 오직 참된 정성뿐이다. 그렇기 때문에 사람의 마음가짐과 행동이 참된 정성에서 나와야 하늘의 가호와 신의 도움이 있는 것이다. 참된 정성으로 선을 행하는 자는 영예와 치욕, 재화와 복록의 관념이 없다. 만약 그 영욕과 화복의 관념으로 선을 행하면 이는 위선이다. 하늘이 이를 미워하고 신이 이를 싫어하는데 어찌 영예와 복록을 주겠는가?

또한 너는 이른바 영욕과 화복에 대하여 크게 오해한 것이 있다. 생각해 보아라. 일신의 영욕·화복과 국민의 영욕·화복을 논하면 어느 것이 크고 어느 것이 작으며 어느 것이 무겁고 어느 것이 가볍겠는가? 그러므로 어질고 뜻있는 이는 일신의 오욕을 무릅쓰고 국민의 영화를 얻게 하고 일신의 고초를 취하여 국민의 복락을 베푼다. 그 국가를 태산 같이 받들려는 자는 자신을 새털같이 가볍게 보고, 그 민중을 이끌어 천당에 오르게 하고자 하는 자라면 자기가 지옥의 고통을 대신 받을 것이다. 짐은 나라에 충성하고 민족을 사랑하는 의사의 피와 뼈를 더할 것이 없는 최고의 가치로 인정하는데, 너는 이를 화물이라고 말하는가?

짐은 나라를 팔고 동족에게 화를 입힌 노예와 같은 무리들의 재물과 권력을 가장 추악한 오물로 인정하는데 너는 어찌 이를 운 좋은 영광이라고 말하는가? 생각해 보아라. 지구상에 그 나라가 문명하고 부강하며 그 백성이 유쾌하고 안락한 것은 모두 어진 사람과 뜻있는 지사의 피와 뼈로 이룩된 것이 아닌가? 너는 이것을 충분히 꿰뚫어 보지 못하고 단지 하늘을 불러 불평을 호소하였으니 이는 어린아이 같은 생각이고 또한 인간의 사상을 인도하는 것에 크게 해를 끼치는 것이다."

이에 무치생이 황공한 마음을 이기지 못하여 흐르는 땀이 등을 적셨다. 무슨 말을 다시 해야 할지 모르는데, 황제가 특별히 온화한 유지[18*]를 내리며 말했다.

"너는 조선 유민이 아닌가? 조선은 짐의 부모 나라이고, 그 민족은 짐의 동족이다. 짐은 지금 천국에 살고 있어서 인간세상의 일에 직접 간섭하지 않지만, 하늘과 지상을 오르내리는 신령함과 밝음으로 세상을 살펴보고 있다. 현재 조선민족의 국운이 기울고 고통스런 정황을 보니 매우 측은한 바 있으나 하늘이 '자투자강'한 이를 사랑하시고 '자포자기'한 이를 싫어하시므로 짐은 하늘의 뜻을 따를 수밖에 없다. 너희 조선민족이 끝내 과거의 죄악을 반성치 않고 '자투자강'의 길을 구하지 않으니, 현상도 극히

18* 유지(諭旨): 임금이 신하에게 내리던 글이다.

참혹할 뿐만 아니라 다가올 비운이 어찌 끝이 있겠는가? 네가 능히 조선 민족을 대신하여 그 사정을 남김없이 다 말하면 짐이 그 과거의 죄악에 대하여 고칠 수 있는 방법을 알려주고 '자투자강' 방침을 가르쳐 주고자 하니, 너는 조금도 두려운 마음을 품지 말고 장황하더라도 기탄없이 평소에 갖고 있던 생각 가운데 의심스러운 점과 혹 연구가 미치지 못한 것이 있으면 하나하나 말해 보거라."

제3장 금태조가 자강의 당위성을 역설함

금태조 모형

  무치생이 감격하여 눈물을 흘리며 아뢰었다.

  "상제는 지극히 크고 지극히 공평하시어 모든 것에 똑같이 어지시므로
하늘의 보살핌과 땅의 베풂으로 날고, 뛰고, 움직이고, 자라는 만물과 황
인종, 백인종, 홍인종, 흑인종의 각색 인종이 모두 함께 살게 하고 또
함께 길러져 서로 눌리거나 피해를 보는 것이 없게 하십니다. 성인은 이
를 본받아 만물을 일체로 삼고 사해를 일가로 삼아 경계의 구별과 울타리
로 막힘이 없습니다. 그리하여 석가모니는 어렸을 때 큰 새가 작은 벌레
를 쪼아 먹는 것을 보고 크게 슬픔을 느껴 드디어 49년 고행 끝에 설법하
기를 대자대비한 도력으로써 일체 중생의 모든 업식[19]을 타파하여 경쟁
을 멈추고 복락을 함께 누리고자 하였습니다. 춘추시대의 화원[20]이 '미병
론'[21]을 주창하였으며, 묵자가 「비공」 편을 저술하였으며, 맹자가 이르기
를, "전쟁을 좋아하는 자, 극형에 처해야 한다[22]"고 했으니, 이는 모두
어진 군자가 불쌍히 여겨 슬퍼하며 자애로써 천하의 백성을 재앙과 난리
에서 구하고자 함이 아닙니까? 어찌하여 세상 문명이 더욱 진보하고 사람
들의 지식이 더욱 늘어날수록 경쟁의 기회와 살벌한 소리만 극렬해져
이른바 국가 경쟁이니 종교 경쟁이니 정치 경쟁이니 민족 경쟁이니 하는
허다한 문제가 거듭 일어나고 생겨나 세계에 전쟁의 역사가 그치지 않음
은 물론이고, 더욱 고도로 팽창되어 100년 전의 대전쟁이 지금의 아이들

19* 업식(業識): 불교의 『대승기신론(大乘起信論)』에서, 중생이 마음과 의지와 의식으
   로 살아가는데 그 의지의 5가지 중 하나인 업식은 근본적인 무지로 실상을 잘못
   분별해 일어나는 인식을 의미한다.
20* 화원(華元): 송나라 화독(華督)의 증손으로 그는 문공(文公)・공공(共公)・평공
   (平公) 등 세 임금을 40년간 섬긴 충신이자 장군이다.
21* 미병론(弭兵論): 전쟁을 멈추자는 주장이다.
22* 맹자가~ 처해야 한다: 『맹자(孟子)』, 「이루상(離婁上)」 14장에 "그러므로 전쟁을
   좋아하는 자를 극형으로 다스리고, 제후들을 연합하게 하는 자가 다음이요, 풀을
   베내어 땅을 개간하여 세금을 거둬들이려는 자가 다음이다"라고 한 데서 온 말이다.

놀이 같은 역사가 되어 버렸고, 10년 전 전쟁터가 지금의 연극하는 극장
이 되었습니다. 허다한 사람을 죽여 성 안에 넘치고 들판을 덮을 기구가
갈수록 정교해져서, 이른바 크루프대포, 속사포, 모젤권총, 철갑함, 경기
구 등 각종 기계가 바다와 육지, 하늘과 땅을 뒤흔들어 인민의 피가 도랑
을 이루고 인민의 뼈가 산을 쌓았습니다. 약육강식을 '공례'로, 우승열패
를 '천연'으로 인식해 나라를 멸망시키고 종족을 멸족시키는 부도덕과 불
법을 정치가의 책략으로 삼으니, 이른바 평화재판이니 공법담판이니 하
는 문제는 강권자와 우승자의 이용물에 지나지 않을 뿐이고, 약자와 열자
는 그 고통을 호소하고 원통함을 하소연할 데가 없습니다. 이는 「상제가
모두를 평등하게 보고 사랑하는 점」과 「성인이 만물을 똑같이 대하는
점」에 대해 서운함이 없을 수 없음입니다."

　황제가 말했다.

　"너는 듣지 못했는가? 동양학가는 「하늘이 모든 생물을 낳지만 반드시
그 바탕에 따라 두텁게 된다. 잘 심겨져 자라는 것은 북돋아 주고, 기울어
진 것은 엎어뜨린다」23*고 했으며, 서양학가는 「만물이 경쟁을 하면 하늘
이 택하여 적응한 것을 생존케 한다」24*고 말했다. 대개 하늘의 도는 모든
중생을 아울러 낳고 함께 길러 피차 두터움과 엷음의 구별이 없다. 도덕
가는 이에 근거하여 만물을 똑같이 대하는 '인'을 발휘하고 추진하여 천하
경쟁을 그치게 함으로써 구세주의로 삼은 것이다. 그러나 하늘이 만물을
낳아 다함께 길러 서로 피해가 없게 하고 있지만 그 만물이 스스로 커나

23* 하늘이~ 엎어뜨린다: 『중용』 17장의 구절이다.
24* 만물이~ 생존케 한다: 적자생존(survival of the fittest)론이다. 영국의 철학자이자
　　경제학자인 스펜서(H. Spencer)가 1864년 『생물학의 원리(Principles of Biology)』
　　에서 처음 사용했다. 생존 경쟁의 결과, 그 환경에 적응하는 것만이 살아남고 그렇
　　지 못한 것은 차차 쇠멸해 간다는 자연도태(natural selection) 현상을 일컫는 내용
　　이다.

갈 힘이 있는 것은 생존하는 것이고, 스스로 커나갈 힘이 없는 것은 생존하지 못하는 것이다. 부모된 자는 그 자식을 사랑하는 데에 현명과 어리석음의 분별이 없는 까닭에 생활의 자본을 고르게 나누어준다. 그런데 현명한 자식은 이를 보수하고 증식하여 생활을 스스로 족하게 하지만, 못난 자식이 반대로 그 가산을 뒤집어 엎어 실패하고 생활할 수 없게 될 경우에 부모인들 어떻게 하겠는가? 그러므로 「잘 심겨져 자라는 것은 북돋아 주고, 기울어진 것은 엎어뜨린다」고 한 것이다. 또 만물이 태어나는 데에 반드시 마땅한 곳과 때가 있기에 열대지방에서 자라는 것이 한대지방에 적합치 않음이 있고, 봄·여름에 자라는 것이 가을·겨울에 적합지 않음이 있는 것이다. 세상 사람들의 생활정도도 역시 그러하여 상고 시대 정도로 중고 시대에 적응치 못하고, 또 중고시대 정도로 오늘날 시대에 적응치 못하는 까닭에 「적응한 것을 생존케 한다」고 한 것이다.

만일 이 시대에 있으면서 구시대 수준을 변화시키지 못하고 적응할만한 방법을 찾지 않는 자는 천지 진화의 예를 거역하여 도태되는 화를 스스로 자초하는 것이니 하늘이 이를 어떻게 하겠는가? 대체로 귀로 듣고 눈으로 보고 손발로 움직이고 마음으로 느끼는 자라면 시대의 광경을 살펴 진화의 예를 따름이 자연스런 추세일 것이다. 지금 시대의 광경을 생활정도로 말하면 농업이 진보하여 상공업시대가 되고, 나무집이 진보하여 벽돌집 시대가 되었으며, 교통정도로 말하면 역참이 진보하여 전신·전화시대가 되고, 수레제도가 진보하여 철길시대가 되었다. 경쟁정도로 말하면 화살이 진보하여 총포시대가 되고, 선박제도가 진보하여 군함시대가 되고, 정치정도로 말하면 전제시대가 아니라 평등시대이며, 사상정도로 말하면 옛 것을 받드는 시대가 아니라 새로운 것을 구하는 시대다. 여러 광경이 이처럼 적응하지 못하고는 결코 생존할 수 없을 것이다.

하늘이 사람을 낳을 때 성품의 영능과 직분의 권리를 동·서양과 황·

백인종에게 똑같이 부여하였다. 다른 사람이 능히 할 수 있는 것을 나라고 못할 리 없기에, 하늘이 내게 복을 내리셨다고 해도 내가 사업을 이룩하지 못하면 이는 하늘이 내린 복을 거절하는 것이다. 3백 년 전에 이순신이 철갑군함을 제조하였는데 당시 서양인이 연구하지 못한 것이었고, 3백년 전에 허관이 석탄을 캐어 쓰는 이익을 설명했는데 이 또한 서양인이 발명하기 전의 일이었다. 이는 하늘이 조선 민족을 위하여 세계에 웅비할 재료로써 이들 몇 사람의 손을 빌려 특별히 지시한 것이었다. 만일 조선 민족이 이순신의 철함 제조를 계속 발전시켜 해군력을 확장시키고, 허관의 석탄 설명을 연구하여 기계력을 발달시켰으면 조선의 국기가 구미 여러 나라에 휘날리는 것도 가능한 것이었다. 어찌하여 그러한 사업을 거름처럼 다루고, 술에 취해 깨어나지 못하여 한가로이 세월을 보내고, 혼몽한 세상에서 향락에 빠져 집에 돌아갈 줄 모르다가 금일에 이 지경을 당하였는가? 이는 하늘이 내린 복을 거절하고 도태의 화를 자초함이니 결코 하늘을 원망할 수 없을 것이다.

　인간세상의 이른바 평화재판과 공법담판을 두고 말하더라도 자격이 서로 같은 자라야 시비를 따져 재판하고 담판도 하는 것이다. 너는 듣지 못하였는가? 어떤 곳에서 소 한마리가 사람을 위해 경작 일을 하고 짐도 실어 나르다가 사람에게 잡혀 죽음을 당하게 되었다. 소가 그 원통함을 이기지 못하여 저승의 관리에게 호소하니 저승 관리가 이르기를, "가축은 사람과 재판할 권리가 없다"고 하여 물러났다고 한다. 지난날 조선 정부가 모 나라와 호혜조약[25]을 맺어 양국이 서로 원조하자는 명문[26]이 있었으나 조선합병을 인정한 것이 모 나라였다. 조선 정부가 재판을 청구할

25* 호혜(互惠)조약: 대등한 나라 간에 균등의 이익을 목적으로 맺는 통상 조약을 말한다.
26* 명문(明文): 글로 명백히 기록된 조문을 말한다.

곳이 없고, 또 조선 인민이 모 나라의 군사행로를 위하여 철로를 놓는 부역을 대신하여 군사물자의 운송을 다했으나, 조선을 병탄한 나라가 오히려 모 나라였기에 조선 인민이 또한 재판을 청할 곳이 없었다. 그러므로 나와 타인의 자격이 서로 동등하지 않고서는 어떠한 고통과 억울함이 있어도 호소할 데가 없는 것이다.

무릇 하늘이 부여하신 영능을 닦아 사업을 이룩한 자는 권리를 얻고, 그 영능을 닦지 않아 사업을 이룩하지 못한 자는 권리를 잃는다. 그 내려받은 영능은 고유한 것이기 때문에 비록 금일에 약자·열자가 되어 권리가 없는 자라도 능히 스스로 떨치고 강해져 사업의 진취가 있으면 이미 잃어버린 권리를 극복하여 우자·승자의 지위를 얻는 날이 있을 것이다. 따라서 어찌 「상제가 모두를 평등하게 보고 사랑하는 점」과 「성인이 만물을 똑같이 대하는 점」에 대해 서운함이 있는가?

이는 짐의 역사로도 충분히 증명할 수 있다. 짐의 나라는 동황 한 모퉁이에 있던 여진 부락이었다. 저 요나라의 굴레를 받고 침략을 입음이 심하였는데, 짐의 병력이 정예하여 힘이 가지런하고 장수들이 용감하여 뜻이 하나되었다. 그럼으로써 2천 5백 병졸을 일으켜 요나라 70만 무리를 격파하고 나아가 송나라를 물리쳐 지나의 판도를 거머쥐었으니, 이를 하늘이 준 것이라 하지만 어찌 사람의 힘이 아니라고 하겠는가? 그러므로 하늘은 스스로 돕는 자를 돕는다고 하는 것이다."

제4장 모화 사대주의와 금태조의 불호령

무치생이 아뢰었다.

"조선은 4천년 예의의 나라입니다. 의관과 문물이 모두 중화 제도를

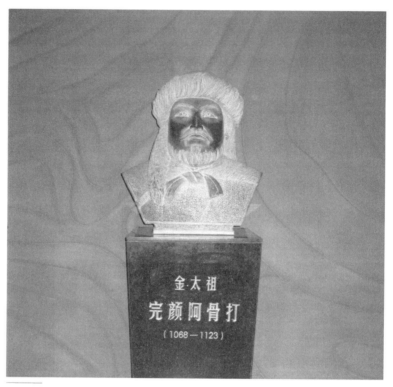

금태조 상

따르며 시서와 예악이 모두 중화풍을 숭상하여 신라와 고려시대에 우리
나라의 인사가 중원 땅에 들어가 진사에 급제하여 영화를 누린 이도 많고
중원 땅의 명사와 함께 학문의 이치를 강구하며 문예를 비교하여 문인·
학사의 이름을 얻은 자도 많았습니다. 그런 이유로 조선을 군자국이라
하고, 소중화라 하였습니다. 본 조에 이르러 더욱 유교를 천명하며 문화
를 발전시켜 풍속이 온아하고 이름난 선비를 배출하니 임금의 덕을 계도
하는 자는 반드시 요순을 논하고 세상의 교육을 주장하는 자는 한나라·
당나라를 본받기가 부족하다고 합니다. 학설을 발휘하는 자는 염락관

민27*의 가르침을 서로 전하며, 문장을 드날리는 자는 반드시 한유구소28*의 배움 뜰을 따랐으니 이는 세계적인 특색입니다. 하늘이 유학자를 버리지 않는 한 조선의 문물이 끝내 땅에 떨어질 리 없을 것입니다. 하물며 세계의 모든 나라가 다 이단 종교와 새로운 학설을 내세워 괴이한 것을 숭상함으로써 선왕의 모든 제도와 가르침이 땅위에서 사라지는 이 시대에 유독 우리 조선만이 겹겹의 구름 속에서도 해가 뜨는 것 마냥 옛것을 잃지 않았습니다. 이른바 주나라 예법이 노나라에서 사라졌는데 금일에 이르러 비록 시세의 영향으로 형식상 변천이 많이 있긴 하지만, 산림이나 바위굴에서 『대학장구』를 쉴 줄도 모르고 소리 내어 읽고 외고 있고, 숭정기원29*을 버리지 않고 특별히 두드러지게 쓰는 자가 많으니, 이와 같은 충의민족이 어찌 멸망하는 지경에 이르겠습니까? 결국 이 소중화 정신으로 오랑캐를 물리치고 선왕의 제도를 회복할 날이 있을 줄로 생각합니다."

황제가 말했다.

"짐은 무인이다. 본래 글월의 기초가 모자라는데, 서쪽을 정복하고 북쪽을 치느라 전쟁에 몹시 바빠 문학을 연구할 겨를을 내지 못했다. 또한 짐의 옛 나라는 여진이다. 백성이 다만 활과 말로써 업을 삼고 수렵을 풍속으로 하여 중원 문화가 전혀 미치지 못한 곳이었다. 이로 인해 유교 경서와 『사기』를 섭렵함이 결여되었으니 이는 짐의 마음에 걸림이다.

27* 염락관민(濂洛關閩): 염계(濂溪)의 주돈이(周敦頤), 낙양(洛陽)의 정호(程顥)·정이(程頤) 형제, 관중(關中)의 장재(張載), 민중(閩中)의 주희(朱熹)로, 송나라 4대 성리학자를 지칭하는 것이다.

28* 한유구소(韓柳歐蘇): 당나라의 한유(韓愈, 자 退之)와 유종원(柳宗元, 자 子厚), 송나라의 구양수(歐陽脩, 자 永叔)와 소식(蘇軾, 호 東坡)를 말한다. 송나라 때 저명한 문장 대가 왕안석(王安石, 王介甫), 증공(曾鞏, 曾子固), 소순(蘇洵, 蘇明允), 소철(蘇轍, 蘇子由)을 포함해 '당송8대가'라 칭한다.

29* 숭정기원(崇禎紀元): '숭정'은 명나라 마지막 임금 의종(1628~1644)의 연호다.

지금 문사를 상대하니 심히 마음에 위로가 되는구나. 너는 짐을 위하여 평일에 읽은 것의 대강을 들어 한번 외워 보아라."

이에 무치생은 감히 사양하기 어려워 어릴 때 처음 배운『사략』과『통감』[30*]의 첫 편을 가려 외웠다.

황제가 물었다.

"그것이 조선 고대사인가?"

무치생이 답했다.

"아닙니다. 지나 고대사입니다."

황제가 다시 물었다.

"나라의 모든 사람이 처음 배우는 교과가 모두 그런 책인가?"

무치생이 답했다.

"그렇습니다."

황제가 말했다.

"그렇다면 조선 인민의 정신이 자기 나라의 역사가 없고 다른 나라의 역사만 있으니, 이는 자기 나라를 사랑하지 않고 다른 나라를 사랑하는 것이다. 이로써 보건대 천여 년 이래의 조선은 단지 형식상 조선일 뿐이지 정신상 조선은 그 망한 지 이미 오래된 것이다. 처음 배우는 교과가 이와 같으면 어릴 때부터 머릿골 속에 노예정신이 깊이 뿌리 박혀 평생의 학문이 다 노예 학문이고 평생의 사상이 모두 노예 사상일 것이다. 이처

30* 『사략』과 『통감』:『사략』은『십팔사략(十八史略)』의 약칭으로 송말~ 원초에 걸쳐 살았던 증선지(曾先之)가 지나 태고에서 송말까지의 역사적 사실인 '십팔사'를 요약하여 초학자용으로 편찬한 책이다. 『통감』은 북송의 사마광(司馬光)이 1065년~1084년에 편찬한 편년체 역사서『자치통감(資治通鑑)』을 말한다. 대개 초학자는 원본을 3분의 1이상 간추린『통감절요』로 읽었다.

조선시대 초등교육기관인 서당에서는 먼저『천자문』으로 한자를 익히고,『동몽선습』・『격몽요결』・『명심보감』으로 문장독해를 배웠으며,『소학』・『십팔사략』・『통감절요』로 문리가 깨치면 사서삼경,『사기』등을 접했다.

럼 비열한 사회에 있다면, 이른바 영웅이 누구이며 이른바 유현이 누구이며 이른바 충신이 누구이며 이른바 공신이 누구이며 이른바 명류가 누구이든 필경 노예의 지위에 있을 뿐이다.

이러한 비열한 근성을 뿌리째 뽑아 버리지 않고서는 조선 민족의 자강 자립의 정신이 배태될 까닭이 없다. 그렇기 때문에 이런 종류의 방법을 개량하여 조선 역사를 인민의 머릿골 속에 살아있게 하면 그 민족이 어떠한 곳에 정처 없이 떠돌아다니더라도 조선이 망하지 않을 것이라고 말할 수 있을 것이며, 장래 희망의 결과도 이렇게 해야만 생겨날 것이다. 만일 그렇지 않으면 현상은 고사하고 장래의 희망도 결코 없을 것이니 너는 십분 주의하여 실행을 게을리 하지 말라."

또 다른 책을 외워보라고 하여, 무치생이 『소학』을 읊었다.

"새벽에 첫닭이 울면 일어나 세수하고…운운"

다시 『대학』을 읊었다.

"물을 격한 후에 지에 이르고…운운"

황제가 물었다.

"네가 『소학』을 읽었다면, 닭이 울 때 즉시 일어나 낯을 씻고 양치질한 적이 있었는가? 『대학』을 읽었다면, 능히 천하 사물의 이치를 깨달아 마음 속 지식을 끝까지 넓혀나간 적이 있었는가? 네가 과연 격물치지의 실제 공적이 있었다면, 천문, 지리, 각종 동식물의 이치를 설명할 수 있는가?"

무치생이 답했다.

"할 수 없습니다."

황제가 물었다.

"온 나라 유생이 모두 그러한가?"

무치생이 답했다.

"그렇습니다."

황제가 말했다.

"그렇다면 이른바 유생은 다 큰 소리로 지껄이기만 하고 실상이 없으며 세상을 속여 이름을 도적질하는 자들이다. 그 '충'이다, '효'다 함이 도무지 빈말뿐이고, '인'이다, '의'다 하지만 상투적인 말에 불과할 뿐 허황된 말과 겉치레로써 어찌 인민을 구제하고 국가에 기반을 닦는 실효가 있겠는가? 오직 그 실제를 버리고 허위를 숭상함이 이와 같은 까닭에, 그 표면이 우아하고 아름다우나 그 내용은 비루³¹*한 것이고, 또 그 입으로 말함이 맑고 시원하나 그 마음바탕은 더럽고 탁하여, 현명한 조상의 후예 내지 대대로 문벌 높은 집안을 자처하여 국가에 몸 바친다느니, 나라와 근심을 함께 한다느니 하였다. 성리학 서적을 대하면 학문의 재상이라 칭하는 자들이 나날이 다 나라를 팔아먹는 공신이 되며, 사회계와 대중 앞에서 애국주의를 부르짖으며 공익의 의무를 설명하던 자들이 다 합병을 찬성하는 앞잡이가 되었다.

이는 짐이 지난날 송나라 사람의 정황을 겪어본 바 있었는데, 어찌 조선이 또 송나라 사람의 병폐에 전염되어 이에 이를 줄을 참으로 헤아렸겠는가? 저 지나인들은 "무릇 조씨 송나라가 예의와 문물이 3대 이후에 제일이었고, 성리철학이 공자와 맹자의 정통을 이어 받은 것이 아니었는가?"라며 칭송하였다. 이러한 때 지나 천지에는 도덕원리를 강론하는 자가 수 천 수백 명, 충효절의를 숭모하는 자가 수 천 수 백명, 중화를 높이고 오랑캐를 물리치자는 주의를 제창하는 자가 수 천 수 백명, 내 몸을 잊고 나라를 걱정하는 의기를 자부하는 자가 수 천 수 백명에 이르렀다. 이렇게 볼 때 그 인민 하나하나가 충신 의사요, 그 나라의 기초가 대대로

31* 비루(鄙陋): 마음이 고상하지 못하고, 행실이 천박함을 말한다.

태산 반석이었지만, 급기야 우리 대금국 철갑 기병이 중원에 쳐들어가 변성을 함락시키는 날 휘종과 흠종 두 황제가 나의 포로가 되었고, 신주 만 리가 내 판도에 들어 왔을 때 송나라 황제를 위해 절의로 죽은 자가 이약수 한 사람 뿐이었다. 저 진회[32*]·왕륜[33*]과 같은 무리는 말할 것도 없고, 내가 주는 재물을 탐하고 내가 주는 관직을 받고 머리를 조아려 신하가 되길 자청하는 자가 수 천 수백 명이 아니던가! 그들의 지난날 이른바 '충신'이 오늘에 '반신'[34*]이 되고, 지난날 이른바 '의사'가 오늘에 '역적'이 되듯이, 순간순간을 예측하기 어렵고 뒤집혀 늘 같지 않음이 무슨 까닭인가? 오로지 그 국가는 형식만 그럴듯하고 실속 없는 글로써 꾸며댄 채 태평을 가장하고, 선비 무리들은 잘난 체하고 큰 소리나 치면서 명예를 도적질해 진실된 기운이 소멸되고 허위의 악풍만이 자라난 것 때문이 아니겠는가?

그 중에도 가장 가소로운 것이, 저 지나 사람들은 중화의 신성한 지위에서 스스로를 존귀하고 크다고 여겨 외국을 "오랑캐", "야만족"이라 부르며 심히 천시하고 모욕하기가 이를 데 없이 지나쳤다. 그렇지만 급기야 힘이 굴복 당하고 세력마저 다하게 된 경우에 아첨하는 태도와 비굴한 기색은 보는 사람에게 쓴웃음을 짓게 하는 것이었다. 짐이 처음에 군사를 일으켜 요나라를 멸하자 저 송나라에서 즉시 사신을 보내 덕을 칭송하면서 "해 뜨는 곳에서 실로 성인이 나셨도다"라고 하였다. 저들은 평소 우리 나라를 오랑캐라 욕하며 우리를 개나 양처럼 하찮게 대하다가 짐의 나라

32* 진회(秦檜, 1090~1155): 남송 초기의 정치가. 송 고종의 신임을 받아 19년간 국정을 맡았으며, 충신 악비(岳飛)를 죽이고 금나라와 굴욕적인 강화를 체결했다. 지나 영웅 악비와 대비되어 간신으로 알려진 인물이다.
33* 왕륜(王倫): 송나라 충신으로 고종 때 금나라에 사신으로 갔다가 사로잡혀 돌아오지 못하게 되었는데, 끝까지 굴복하지 않고 목숨을 바쳤다(『송사』 권371, 「왕륜열전」).
34* 반신(叛臣): 황제를 반역하거나 모반을 꾀한 신하를 말한다.

세력이 발흥하고 군사적 위엄이 강대해지는 것을 보고서 성인이라는 칭호를 짐에게 바치니, 그 본심을 숨기고 거짓행동으로써 남의 마음에 들려고 아첨함이 이와 같았다. 또 저 남송은, 짐이 남의 나라 종묘사직을 끊어 없애는 것이 차마 어려워 강의 왼쪽 한 모퉁이를 주고 그 임금[35*]을 책봉하여 송나라 제왕으로 삼았던 것이다. 그랬더니 그가 신하를 자칭하고 조카를 자칭하며 사실을 남김

남송 고종

없이 고백하고 온 정성을 다 바쳐 성심으로 복종하기에 겨우 한 집안을 이루게 해주었다. 그렇지만 그 나라 글월에는 "금나라 오랑캐"라 욕설을 퍼부음이 여전하니, 그러면 오랑캐의 신하는 오랑캐가 아니며, 오랑캐의 조카는 오랑캐가 아니라는 것인가? 이러한 점 또한 현실을 반성치 않는 가식적인 문자습관에서 오는 것이다.

저 송나라 사람들이 비록 '중화'만을 높이는 유습의 폐단으로 국가와 백성을 구제하는 실효를 거두진 못했지만, 그 학문과 문장은 자기들 나름의 기치를 세운 특색이 있었다. 그런데 조선 사람들은 이를 맹종할 뿐 자기 나름의 특색을 발표한 가치도 없고 한갓 '중화'를 숭상하는 유습의 폐단으로 더욱 허위만을 키움으로써 국가와 인민을 이와 같이 비참한

35* 그 임금: 남송의 고종(高宗, 재위 1127~1162)이다. 금나라는 송나라 정강연간(靖康年間, 1126~1127)에 수도 변경(현 개봉)을 함락시키고 휘종·흠종 이하 왕실의 3,000여 명을 포로로 잡아왔다. 이때 남쪽으로 도망친 고종은 휘종의 9자 이자 흠종의 동생으로 1127년 임안(현 항주)에 도읍하여 남송을 재건하였다.

지경에 빠지게 하였다. 그러고서도 오히려 그 잘못을 깨닫지 못한 채 오로지 중화인에 대한 쓸데없는 문장이나 떠받들고 비루한 유학자의 그릇된 습속을 고수하려고 하는가?

또 조선의 유학자들이 주창하는 '존화양이'란 무엇을 말함인가? 세계 만국의 보통 사람들 생각은 모두 제각기 자기 나라 존중을 의리로 삼는다. 그래서 중화인은 '존화양이'를 주장하는 것이다. 그런데 오늘날 조선 사람들은 다른 나라를 존중하여 일대 의리로 삼으니, 이것은 자기 나라 정신을 소멸케 하는 일대 마력이 아닌가? 임진왜란 때 명나라 원조의 은덕을 말할지라도, 조선 사람은 마땅히 그 때 전국 각처를 유린하고 두 왕릉의 도굴36*을 자행했던 왜구들에게 먼저 보복하고 나서 명나라의 은혜에 보답하는 의거가 있는 것이 정당한데, 명나라를 위해 원수 갚는다면서 자기들 불공대천의 원수를 완전히 잊고 말았으니 도대체 그런 의리가 어디에 있는가? 또한 과거 50년 전부터 일본 사람이 조선을 침범했는데 이를 살피지 않고 오로지 '존화'를 논하였으니 그 어리석음이 얼마나 심했던 것인가?

그리고 유가에서 공자의 춘추대의에 근거하여 '존화양이'를 신봉하는데, 공자의 춘추대의로 말하자면 오랑캐가 중국에 들어가면 중국으로 대우하고, 중국이 오랑캐가 되면 오랑캐로 다루는 것을 이르는 것이다. 그러므로 지리의 안팎으로 어찌 존중하거나 물리치는 대의가 있겠는가? 만일 지리의 안팎으로써 구별이 있다면 어찌 성인의 '대단히 공정하고 치우침이 없는 이념'이라 할 수 있겠는가? 공자가 오랑캐 땅에 살기 위해 바다를 건너고자 했던 것을 볼지라도 그 넓고 크게 두루 편력한 마음에 안팎의 구별이 없던 것을 알 수 있다. 설령 공자 『춘추』에 '존화양이'의 뜻이

36* 두 왕릉의 도굴: 두 왕릉은 조선 제9대 성종의 능인 선릉(宣陵)과 제11대 중종의 능인 정릉(靖陵) 등으로, 임진왜란 때 도굴되었다.

담겨있을지라도, 공자는 중화인이기에 그 뜻을 지속함이 오히려 마땅하다. 그렇지만 동쪽 바다 건너 사는 사람으로서 그 대의를 지니고 있음은 무슨 일인가? 송나라 유학자들이 자기 나라의 정황에 분개하여 『춘추』에 의탁해 존화양이론을 널리 퍼뜨려 자기 백성들에게 경각심을 줌은 있을 수 있지만, 조선 사람이 송나라의 그런 것을 맹종하는 것은 또한 어찌된 영문인가? 또 유림 가운데 가장 비루한 자가 말하기를, "우리 유학자는 공자를 위해 죽을지언정 나라를 위해 죽을 의리는 없다"고 까지 하니 이것은 또 무슨 말인가?

지난 40년 전에 천주교도가 정부로부터 학살을 당하자 프랑스 정부에 군대를 보내 줄 것을 애걸했는데, 그 때 마침 전쟁37*이 일어나 프랑스가 원정을 할 수 없었던 까닭에 다행히 무사할 수 있었다. '존화양이'의 대의를 고집한다면, 만일 한나라의 순체 · 양복38*, 당나라의 소정방 · 이세적이 다시 쳐들어와도 앞장서서 그들의 앞잡이가 되어 그 군사를 환영하고 노래를 부르지 않겠는가?

조선은 선비들의 주장으로 다스려지는 나라다. 사림의 영수로서 국민의 태두가 된 자가 '존화'의 의리를 주창하는 힘으로 '애국'의 의리를 주창했다면 어찌 오늘과 같은 현상이 일어났겠는가? 이 역시 중화인의 글월에 심취하여 현실의 문제를 강구치 못했을 따름이다.

대개 도덕의 범위로 말하면, 타고난 성품은 세계적으로 공통되고 그

37* 전쟁: 프로이센-프랑스 전쟁(1870~1871)을 말한다. 프로이센(Preußen)의 한자명 보로사(普魯士)와 프랑스의 불란서(佛蘭西)를 취해 '보불전쟁'이라고 한다.

38* 순체(荀彘) · 양복(楊僕): 위만조선 정벌에 나섰던 한나라 장수들이다. 『사기』, 「조선전」에, "위만조선이 한나라와 진번 이웃나라 간의 교통을 가로막자 한나라가 위만조선을 동서 양 방면에서 포위했다. 이때 누선장군(樓船將軍) 양복은 군사 5만을 이끌고 바닷길로 제에서 발해로 향했고, 좌장군(佐將軍) 순체는 요동에서 나와 우거(右渠)를 치니, 우거왕 또한 군사를 내어 험준한 곳에 의지해 대항했다"고 한다. 결국 패전하여 양복은 속죄금을 내고 서민이 되었고, 순체는 극형에 처해졌다.

정치 교화의 뜻도 대략 서로 같으나, 지리와 풍속의 관계에 따라 이곳에 적합한 것이 저곳에 적합하지 않은 것이 있으며 저곳에 적합한 것이 이곳에 적합하지 않은 것이 있다. 따라서 정치계와 교화계에서 다른 나라의 문물을 수입하여 자기 나라의 정치와 교화에 보탬이 되게 하더라도, 내게 맞지 않은 것은 취하지 말아야 할 것이며, 또 그 옳음과 장점을 취하고 그 그릇됨과 단점을 버려야 할 것이다. 그런데 오늘날 조선 사람들은 다른 나라의 문화가 자기 나라에 적합한지 적합하지 않은지를 살피지 않을 뿐 아니라 그 옳음과 그름, 장단점을 가려내지 않은 채 지나 땅에서 난 것이라 하면 모조리 선망하고 부러워하고 기쁜 마음으로 따라 남의 술찌꺼기를 좋은 술로 여기고 남의 연석³⁹*을 보물로 착각하니, 이는 다 '노예 근성'이다.

시나 부로써 인재를 뽑는 제도를 말할 것 같으면, 이는 수나라 양광이 창설한 것으로 본래 지나 제왕이 천하의 인재를 소멸시킬 야심으로 시행했던 것이다. 그런데 조선에서 이를 본받아 인재를 소멸시킴이 8백여 년에 이른 것은 무슨 연고인가?"

무치생이 아뢰었다.

"시라고 하는 것은 인간의 심지에 감흥을 불러일으키며, 풍속을 훈도하는데 가장 효력이 영험하고 뛰어난 것입니다. 3백편⁴⁰*을 숭상하는 것은 물론, 당 송 시대의 시가 가장 성했기 때문에 신은 어릴 때부터 매우 좋아했습니다."

황제가 말했다.

39* 연석(燕石): 북경 근처 연산에서 나는 돌로 모양이 옥과 비슷하나 가치가 없다.
40* 3백편:『시경』을 말한다. 육경을 중심으로 제자를 가르친 공자는 특히 시를 강조해 "시 3백편을 한마디로 말하면 생각에 사악함을 없게 하는 것"이라 하여『시경』이 인간의 감정을 순화시킨다고 강조했다.

"그러면 당·송 명가의 유명한 작품을 골라 한편 암송해 보아라."

이에 무치생은 이백의 「양양가」와 소식의 「독락원시」[41]를 외워, "백년이면 삼만 육천 일, 그 하루하루를 삼백 잔씩 기울려야 하네…", "한단지의 술로 봄날을 즐기고, 바둑을 두며 긴 여름을 보내네…"하며 읊었다.

황제가 이를 듣고 근심스런 용안이 되어 물었다.

"이것도 조선 아동들이 학습하는 시가인가?"

"그렇습니다"라고 대답하자, 황제가 말했다.

"슬프다! 이는 인민의 죽음을 슬퍼하여 상여가 나갈 때 부르는 「해로가」[42]같구나. 어떤 사람이든 인간의 신체는 근로로써 건강하게 되고 인간의 심지도 근로로써 단련되고, 인간의 지식도 근로로써 더욱 발달하는 것이다. 인간의 생산도 근로로써 풍족해지고, 인간의 사업도 근로로써 발달하고, 인간의 복록도 근로로써 이르는 것이다. 따라서 근로하는 인간은 하늘이 사랑하시고 신이 도우시는 것이다. 만약 인간이 근로하지 않는다면 신체가 피폐하고 연약해져서 반드시 질병이 생기고, 또 심지가 흩어져 신기가 왕성하지 못하며, 지식이 폐쇄되어 지혜가 신령하지 못하게 된다. 생산이 적어져 반드시 굶주림과 추위가 다가오고, 사업이 퇴폐하고 위축되어 날로 소멸될 뿐이며, 복록 또한 멀어져 재앙과 난리가 곧 일어날 것이니, 이러한 이유로 민족의 흥하고 망함은 오로지 '근로'와 '태만'으로 판단되는 것이다.

인간은 만물의 영장으로 이 세상에 태어나 어떠한 직무가 있으며 어떠한 책임이 있는가? 옛 성현[43]이 이르기를, "우주 간의 일이 모두 직분

41* 소식의 독락원시: 소식(1036~1101)은 당송 8대가의 한 사람이며, 독락원시란 『소식시집(蘇軾詩集)』권15의 「사마군실독락원(司馬君實獨樂園)」시를 뜻한다.
42* 해로가(薤露歌): 상여가 나갈 때 죽은 사람을 애도해 부르는 노래다. 사람의 목숨이 부추 위의 이슬과 같아서 쉽사리 말라 없어진다는 뜻의 가사와 구슬픈 곡조로 되어 있다.

내의 일이요, 직분 내의 일이 모두 우주 간의 일"이라고 하지 아니하였는
가? 대우[44*]가 촌음을 아꼈던 것, 문왕이 밥 먹을 시간도 없이 바빴던
것, 주공이 앉은 채로 아침을 기다렸던 것 모두가 그 직무를 폐하지 않고
그 책임을 버리지 않으려 함이었다.

개인의 생활이며 사회의 직무며 국가의 사업이며 하루의 책임과 십년
의 계획과 백년의 현재와 만세의 장래를 모두 그 담당한 바와 목적한
것으로써 진행하여 성취하고자 하면 낮에 행한 바를 밤에 생각하며 밤에
생각한 바를 낮에 행하여 일시 일각의 순간이라도 제멋대로 방탕하게
보내지 말아야 한다. 세월은 흐르는 물과 같다. 나를 위하여 연기되지
않는 것을 어찌 술 마시며 소일하거나 바둑을 두며 여름을 보내는 들뜨고
허황된 자 같은 행위로써 인민을 이끌어 나갈 수 있겠는가? 지금 어린
아이들에게 술 마시며 백년을 보내고 바둑 두며 긴 여름을 소모하는 시가
를 전수한다면, 이는 민족을 멸망케 하는 방법이 아닌가?

짐은 또한 이에 대하여 실험해 본 경험이 있기에, 너를 위해 말해 보고
자 한다. 짐의 가문 법도는 선조 이래 자연 도덕을 근본으로 하여 순박하
고 꾸밈이 없고 진실되고 거짓이 없어서 하늘이치에 부합되고 인심에
근본 바탕이 되었다. 이로써 우리 민족은 꾸밈없이 진실하고 부지런히
힘써 그 의복은 모시·삼베 실과 여우·이리 가죽으로 비단 옷의 화려한
장식이 없고, 음식은 새나 짐승 살코기 내지 잡곡이라서 기름지고 맛있는
음식이 없으며, 경작과 목축업으로 하루도 쉬지 않으니 도박을 할 겨를이
어찌 있겠으며 말을 달려 활을 쏘고 사냥하는 일로 사람마다 다투어 근면
하니 노는 일을 어찌 논할 수 있겠는가? 그러므로 체력이 강건하고 지기

43* 옛 성현: 주자와 대립하여 학문적 세력을 형성한 남송의 유학자 상산 육구연(陸九
淵, 1139~1192)을 말한다.
44* 대우(大禹): 중국 고대의 성왕인 '우왕'을 높여 이르는 말이다.

가 활발하여 맹렬히 나아가는 용기와 강건하게 싸우는 힘이 곰과 같고 호랑이와 같아 세계에서 그 어느 종족도 필적할 수 없는 강한 민족이 되었다. 저 지나처럼 비단 옷을 입고 기름진 음식을 먹으며, 평생을 장기·바둑이나 술로 삼고, 기생과 풍류로 세월을 보내며, 강이나 호숫가에서 흥취를 돋우며 시부를 읊조리며, 정원이나 숲 속 누대·정자에서 잔치가 한창인 민족이 어찌 승부를 겨루겠는가? 나는 '근로'한데 저들은 '태만'하며, 나는 '무강'한데 저들은 '문약'하며, 나는 '진실'한데 저들은 '허위'하다면 지극히 공정하신 천심이 누구를 돕겠는가? 응당 '근로'한 자와 '무강'한 자와 '진실'한 자를 도울 것이다. 세계에서 가장 인구가 많은 지나 민족도 '태만'과 '문약'과 '허위'로 말미암아 다른 민족한테 유린을 당했다. 하물며 소수의 조선 민족도 '태만'과 '문약'과 '허위'로 그 위기와 패망이 아주 극도에 달했는데 더욱이 민족경쟁이 지극히 참혹하고 극렬한 상황에서 생존의 행복을 바랄 수 있을까? 한 마디로 말해 조선 민족은 종전의 '태만'과 '문약'과 '허위'의 병을 뿌리채 뽑고, '근로'하고 '무강'하고 '진실'한 '신국민'을 양성치 않으면 실로 다시 살아날 기회가 없을 것이니 어찌 통탄치 않겠는가? 너는 깊이 살피고 깨달아 동포에게 경고하고 깨우치게 하여라."

제5장 금태조가 망국의 원인을 일깨워줌

무치생이 물었다.

"저 서양 여러 나라를 보면 수백리 토지와 수백만 인구로 나라의 독립을 보존하고 인권의 자유를 누리고 있는 경우가 많습니다. 조선은 3천리 토지와 2천만 인구가 있으니 역시 하나의 큰 나라를 이루고 있다고 하겠는데 오늘날 이 지경에 떨어진 것은 무슨 까닭입니까?"

황제가 답했다.

"슬프다! 너희 민족이 2천만이라고는 하나 칼을 잡고 총을 들어 몸 바쳐 적을 방어하는 자는 극히 적으니 어찌 하겠는가. 세계 여러 나라에는 국민이 되어 병역의 의무를 짊어지지 않은 자가 없다. 동방의 고대사에서 보더라도 삼국시대와 고려시대에는 다른 나라와 전쟁이 일어나면 창을 들고 활을 멘 지사가 끊임없이 넘쳐났으니 이는 한 사람도 병역의 의무를 다하지 않은 자가 없었기 때문이다. 현재 세계 각국의 제도로 말하자면 제왕의 아들이라 할지라도 모두 병학을 배워 터득하고, 귀족과 평민은 군인 경력이 없으면 인격을 갖추지 못한 것으로 간주한다. 조선은 벼슬아치에서 유생·향반·하급 관리에 이르기까지 모두 병역을 짊어지지 않고, 또한 귀족집의 아랫사람들이나 노예마저도 국가 병역보다 집주인의 사역을 맡고 있을 뿐이다. 이를 보면 벼슬아치도 국민이 아니고, 유생·향반·하급 관리, 귀족집의 아랫사람들, 노예 모두 국민이 아닌데 2천만 인구 중에서 국민의 의무를 짊어진 자가 몇 사람이겠는가? 국민의 의무를 짊어진 자는 군적에 오른 인민뿐인데 이들은 극심한 천대와 극심한 학정을 받았다. 이들이 내는 군포는 왕실의 경비로 쓰이고 벼슬아치의 녹봉도 되고 하급 관리의 급료도 되었기 때문에 군적에 기재된 인민은 젖먹이라 하더라도 군포를 내고, 이미 죽어 백골이 된 사람도 군포를 바쳐야 했다. 만약 젖먹이와 백골이 된 사람이 군포를 내지 못하면 그 친족한테 징수하거나 그 동네 사람에게 떠안겨 거두어 갔으니, 세상에 어느 나라가 이처럼 불평등하고 불법적인 학정이 일찍이 있었던가!

5백년 이래 이러한 불평등을 개선시키고자 한 정치가가 한 사람도 없었던 이 나라가 하루아침에 사변이 생겼을 때 적을 무찌르고 나라를 지킬 일을 누구에게 맡길 것인가? 끝내 정치의 기본도 없고 시무도 모르는 시대 변화에 어두운 선비들이 "우리 국민은 오로지 효제충신으로 교화되어 있어서 윗사람을 받들고 나이든 사람을 위해 죽을 의리가 있기 때문에 진·초의 견고한 갑옷과 날카로운 무기를 이겨낼 수 있다"[45*] 하고, 심지어 오늘에 이르기까지도 "총과 대포의 위력이 있다 해도 활과 화살에 못 당한다"고 말하니 이러한 교육 아래 또 어찌 적을 무찌르고 나라를 지킬 능력이 있겠는가?

또한 그 국민의 정신계를 말하자면 귀족집안은 단지 정권 쟁탈과 백성의 피를 빨아 자신의 가문만 살찌우고 기름지게 하려는 생각만 있다. 유학파들은 단지 예설과 학설의 차이에 따라 다투거나 저마다 문호를 세워 명예만을 쟁취할 정신뿐이니, 일반 평민은 관리의 학정 밑에서 그 고통이 이루 감당하기 어려웠다. 자제 중에 총명하고 준수한 이가 있으면 시부와 간찰 쓰는 기술로써 관리의 길을 도모하고 권세가와 귀족들을 섬겨 자신의 가문을 보존하려는 생각뿐이니 어찌 국가를 위하여 그 의무를 이행하려는 정신이 있을 수 있겠는가? 이를 보면 2천만 인구 중에 국민정신을 가진 자가 몇 명이나 될까? 이것이 조선의 2천만 민중이 서양 작은 나라의 수백만 민중을 따라가지 못함이다.

지금 개인의 가정으로 말하더라도, 어떤 집안은 그 자제가 서너 명에 불과하지만 이 서너 자제 각자가 모두 기능을 갖추고 직업에 근면하여 그 가업을 번성하게 한다. 어떤 집안은 그 자제가 8, 9명이나 되는데 모두 기능도 없고 직업에도 힘쓰지 않아 노력하지 않으면서 하는 일없이 놀고, 입고 먹기만 하여 많은 식구 때문에 생활이 더욱 곤란해 진다. 이 형제가 8, 9명 있는 집안이 저 형제가 서너 명 있는 집안에 미치지 못함은 환히

45* 효제충신으로~ 제압할 수 있다.: 『맹자』, 「양혜왕장구상」에, "장정들이 여가에 효성과 우애와 충성과 신용을 배워 집에서 어버이를 섬기고 밖에서 웃어른을 섬기도록 한다면, 몽둥이만을 가지고도 진나라와 초나라의 견고한 갑옷과 날카로운 무기를 이겨낼 수 있습니다[壯者以暇日修其孝悌忠信, 入以事其父兄, 出以事其長上, 可使制梃以撻秦楚之堅甲利兵矣]"라고 한 데서 온 말이다.

알 수 있는 사실이 아닌가? 그러므로 조선의 2천만 민중이 모두 그 국민의 의무와 국민의 정신으로 그 기능과 직업에 힘써야 독립의 자격과 자유의 능력이 생겨 이 인종경쟁 시대에 도태되는 화를 면하고 생존의 복을 누릴 수 있을 것이다."

무치생이 물었다.

"각국의 역사를 볼 때, 태평시대가 오래 계속되면 정치가 부패할지라도 인구는 증가되는데, 우리나라는 태평 3백년에 총 호구수와 총 논밭 면적이 해마다 줄어들고 있습니다. 모든 고을과 촌락이 보는 곳마다 쓸쓸하게 되어 가고, 철로가에서 산과 들을 바라보면 삼림이 마치 아이들 머리 깎은 것과 같이 벌거숭이가 되었고, 사람의 자취는 황량하여 차라리 황무지나 다름없는 광경이니 이것은 무슨 까닭입니까?"

황제가 답했다.

"이것도 정치가 불량한 결과다. 정치가 문명화된 나라는 그 백성의 납세가 많고 적음에 따라 그 권리의 우열을 정하기 때문에, 납세를 하지 않는 자는 국민의 자격을 모두 잃는다. 이와 반대로 조선 사람은 충신의 후예니, 선현의 봉사손이니, 효자·열녀의 가문이니 하는 허다한 명목으로 국세를 탈세하는 것이 권세 있고 실력 있는 자가 되니 이러한 이유로 호구수와 논밭 면적이 해마다 줄어드는 것이다.

정치가 잘 되는 나라는 관리들이 인민의 생명과 재산을 보호하는데 온 힘을 기울이는데, 조선의 관리들은 인민의 생명과 재산을 침해하고 양탈하는데 온 힘을 기울였다. 그래서 그 백성이 생활의 곤란을 겪게 되고 그로 인해 도시나 들판의 살기 좋은 곳을 버리고 먹을 것도 없고 의약도 구할 수 없는 깊은 산 속 골짜기로 숨었다. 그리하여 새나 짐승 같은 생활하다가 산천의 독으로 나쁜 병에 걸려 죽는 경우가 많았다. 일찍이 장산곶 쪽으로 가는 길 하나를 개통하지 않아 홍수나 가뭄이 한번 들면

서남지방의 곡식을 구할 수 없어서 굶어죽은 시체가 산더미처럼 쌓인 적도 있다. 법률에 밝지 못하여 불법 포악한 형벌을 당하여 원통하게 죽는 사람이 많으며, 방역을 시행하지 않아 한번 전염병이 돌 때 수많은 사람이 비명에 죽어 나가기도 했다. 그리고 조혼의 풍속으로 인해 기질이 부족한 사람이 요절하는 경우가 많았으니 이러한 모든 것이 인구를 감소시키는 원인이었다.

오늘에 이르러서 다른 민족의 강한 힘에 눌리게 되어 산업의 터전을 차례로 빼앗겨 불과 수십 년이 지나지 않아 자멸하고 말았으니 그 참상을 어찌 다 말로 표현할 수 있겠는가? 더구나 다른 나라로 떠돌아다니며 살아가는 인민들은 지도자도 없고 가르치고 이끌어주는 사람도 없다. 스스로 생활하고 다스릴 능력이 없으면 다른 민족의 학대가 없다고 하더라도 산업의 권리에 억눌리고 지식의 힘에 눌려 물 맑고 기름진 땅에서 살지 못하고 응달진 산비탈이나 추운 산골짜기 같은 악조건에서 거주하게 된다. 이런 곳은 산업이 번창될 수 없고 질병이 많이 생겨 인구의 감소를 면할 수 없게 되는데, 그러면 세상에서 조선 민족이라는 이름을 보존하기 어려운 지경에 이를 것이니 어찌 슬프고 원통함이 이리도 심할 수 있겠는가?

너는 이러한 뜻을 일반 동포에게 지성으로 권고하고 눈물로써 간곡히 설명하여라. 아무쪼록 우리 동포들이 아침이면 아침마다 저녁이면 저녁마다 경계하고 분발하여 농사짓고 누에치고 목축 등 산업에 충실하도록 하고, 혹 술을 함부로 마시거나 혹 노름의 잡기에 빠지거나 혹 태만과 낭비로 세월을 허송하는 일을 하지 말도록 하면, 수년 동안 근면하고 힘써 일한 결과 산업이 번창하여 늘 즐겁고 행복하게 살 수 있는 좋은 땅에서 생활을 할 수 있게 되어 자연 질병이 생기지 않아 자손이 번성하게 될 것이다. 또한 옛 성현의 교훈과 훌륭한 선비의 올바른 가르침에 따라 자제들을 교육시키면 지식이 열리어 나가고 품행이 훌륭하게 되어 다른 민족에게 우대를 받을 뿐 아니라 하늘의 도움도 받을 수 있을 것이다."

제6장 교육과 신국민 양성이 국가회생길

무치생이 물었다.

"현 시대의 각 민족이 그 지식과 세력의 우열로써 생존과 사멸의 계기를 판단하는데, 세력은 지식으로 말미암아 생기는 것이고, 지식은 학문으로 말미암아 생깁니다. 그렇기 때문에 교육이 발달한 민족은 생존하게 되고, 교육이 쇠퇴한 민족은 멸망하게 된다는 점을 귀가 있는 자라면 누구나 들은 것이요, 눈이 있는 자라면 누구나 보아 아는 것입니다.

그러나 외딴 산골마을에서 자라 농사나 짓고 짐승을 기르며 사는 신분에 있는 사람이라면 문자에 대한 배움이 전혀 없고 고향 어귀조차 벗어나 본 적이 없습니다. 그 동포들은 세계가 어떻게 변화되어 가는지, 또 민족 경쟁의 풍조를 듣도 보도 못하여 깨닫는 감각이 생기기 어렵습니다. 그리고 새 시대의 교육문제에 대하여 처음 듣고 처음 보기 때문에 그 방법을 어떻게 해야 하고 그 효력이 어떤지도 알기 어렵습니다. 만약 어려서부터 경서와 사기를 읽어 과거와 현재를 대략 이해하고 있는 유림 동포들이 세계 대세의 변천된 정황을 목격한 바도 있고, 신사상이 발표된 각 저술가의 서적과 각 언론기관에서 일간이나 월간으로 발간하는 신문·잡지를 입수해 접했다면 세계 각국이 신학술의 발명과 신교육의 발달로 문명이 부강하게 된 이유를 깨달았을 것입니다. 한데 끝내 이들 무리가 이를 반대하고 방해하여 일반 동포를 개명[46*]하게 이끌지 않고 어리석어 생각을

46* 개명(開明): 사람의 지혜가 열리고 문화가 발달되는 것이다.

어둡게 하려는 것은 무슨 까닭입니까?"

황제가 답했다.

"이는 곧 개혁시대에 나타나는 자연스러운 이치다. 왜냐하면 개혁시대에는 하등사회가 상등사회로 나아가 평등사회를 조성하게 되는데, 이러한 이치는 천지 진화의 공례로 막으려야 막을 수 없는 것이다. 저 유생파는 과거 시대에 상등지위를 차지하고 있던 자들이다. 만약 그 신시대가 도래하여 신학술과 신교육의 지식으로 유신[47*]사업을 이룩하게 되면 고등권리가 저들의 손에 있는 상태에서 하등사회가 진보할 방면이 없어지게 되니 어찌 평등사회를 조성하는 신시대가 오겠는가? 그러므로 오늘날에 이르러 '양반' 두 글자가 뇌수 속에 박혀 있는 자나 '유생' 두 글자가 뇌수 속에 박혀 있는 자 모두 신사상과 신지식이 들어가지 않으니, 이는 하늘이 그 혼을 빼앗아 열등한 인류로 떨어지게 하는 것이다."

무치생이 물었다.

"개혁시대의 진화 공례가 그와 같겠습니다만, 현재 하등사회 동포로 말하자면 문자에 대한 학식마저 전혀 없으니 어떠한 방법으로 이를 깨우쳐 이끌어 상등지위에 나아가게 하는 효력이 있을 수 있겠습니까?"

황제가 답했다.

"하등사회를 깨우쳐 이끄는 것이 상등사회보다 쉬운 일이다. 왜냐하면 사람의 이목이 본래 총명하지만 다른 물체가 사람의 이목을 가리고 막으면 그 총명을 잃게 되는 것이고, 사람의 뇌수가 본래 그 영험이 불가사의한 것이지만 오랜 습관이 뇌수에 박히게 되면 그 불가사의한 영험을 잃어버리게 되는 것이다. 그렇기 때문에 각국의 역사를 살펴보더라도 본래 구문화의 습속이 깊은 나라에서는 신문화의 발달이 더디고, 구문화의 습

47* 유신(維新): 낡은 제도를 아주 새롭게 고치는 것이다.

속이 옅은 나라에서는 신문화의 발달이 극히 신속하게 이루어지는 법이다. 그래서 4천년 구문명을 간직한 조선이 오늘날 신시대를 맞이하여 문명 발달에 있어서 구시대의 야만적이고 미개했던 저 섬나라 수준에도 미치지 못하는 것이다. 개인의 경우도 마찬가지다. 구학문의 습속이 뇌수에 박힌 사람은 늘 신문화에 대한 저항력이 강하고, 또 그 평소 고등지위에 처한 까닭에 스스로 현명하다고 믿고 스스로 만족해 하는 습성이 몸에 배어 있으므로 비록 아무리 많은 설득과 노력을 기울여도 그들의 사상을 바꾸기가 어렵다. 이에 비해 구문화의 습성이 없는 자는 뇌수 중에 본래 불가사의한 영험이 스스로 존재하여 신문화를 주입시키기가 어렵지 않고, 또 그 평소 하등사회에 처한 까닭에 스스로 현명하다고 믿고 스스로 만족해 하는 습성이 없어서 남의 권고와 타이름을 쉽게 받아들인다. 하물며 오늘날은 세계의 큰 기운이 평등주의로 기우는 시대다. 하등사회를 끌어 올려 상등지위로 나아가게 함은 곧 천지의 진화 정도에 순종하는 것이므로, 그 공효를 얻음이 또한 자연스런 추세인 것이다.

옛날에 모세가 고집스럽고 미련하며 음험하고 조급한 유태민족을 이끌고 사막을 방황한 지 40년 만에 가나안 복지로 인도한 일이 있었다. 하물며 우리 대동민족은 단군의 신성한 후예로서 이들을 지도하여 장래 평등세계의 새로운 낙원으로 이끌어 나아가는 것이 어찌 어렵겠으며, 하늘이 우리 대동민족의 생명을 아니 끊고자 하시는데 제2의 모세와 같은 사업을 이룩할 자가 어찌 또 없겠느냐?"

무치생이 아뢰었다.

"현재 우리 조선의 상류사회를 말하자면, 나라를 팔아 영화를 구하는 도적 같은 무리를 제외한 그 외에는 이른바 상류인사가 모세처럼 동포구제 사업에 전혀 뜻이 없고 오로지 제 몸만을 정결하게 지키고 스스로 편안해지려는 뜻으로 세상을 떠나 깊이 숨어서 백이·숙제가 고사리를 캐어 먹던 것을 이상으로 섬겨 이같이 처신하는 자가 많습니다."

황제가 말했다.

"아, 후세 사람이 옛 성현의 깊은 뜻을 오해하여 그릇됨이 이따금 이와 같구나! 백이·숙제가 주나라의 곡식을 먹지 않고 수양산의 고사리를 캐 먹은 것은 제 몸만을 정결하게 하려고 했던 것이 아니라 곧 세상을 구하고자 함이었다. 왜냐하면 백이와 숙제는 성스럽고 맑아 그 나라를 사양했던 사람들이다. 그런데 그와 같은 심정에서 주나라 무왕의 정벌을 보고서 읍하는 예를 갖추면서 사양하는 아름다운 풍속을 다시 볼 수 없게 되고, 천하의 사람들이 제왕의 권력에 의한 정벌을 일으키므로 찬탈의 변고가 반드시 일어날 것이라고 여겨 이를 방지하기 위하여 스스로 궁핍하고 허기진 상황에 그 몸을 던져 그 깊은 뜻을 천하 만세에 밝게 드러냈기 때문이니, 이 얼마나 큰 역량에서였는가! 그렇기 때문에 성인이요 어진 사람이라고 이르는 것이다. 만약 이들이 두 임금을 섬기지 않는다는 뜻만으로 궁핍하고 허기진 상황에 그 몸을 던져 죽었더라면 일개 절개를 지킨 선비에 불과할 뿐 어찌 성인이니 어진 사람이니 하고 부르겠는가? 백이와 숙제는 원래 요동의 한 모퉁이에 자리한 고죽국 사람으로서 은나라의 녹을 먹은 바가 없었으니 은나라를 위해 신하로서 절의를 지킬 의리가 없고, 주문왕을 가서 만난 적도 있는데 은나라를 위하여 충성을 다하고자 함이 아니라 단지 주무왕의 정벌에 대하여 반항심이 일어나 말고삐를 잡고 간청했고, 고사리를 캐어먹다 굶어 죽은 것이다. 이런 까닭에 그 시가[48]에서 "신농, 우·하[49]가 갑자기 망했으니, 내 돌아갈 곳 어디인가"라고 했으니, 이는 신농, 우·하의 읍하는 예를 갖추면서 사양하는 시대가 이미 멀어져 마땅히 돌아갈 곳이 없다는 것을 의미하는 것이다. 만약

48* 시가: 『사기』, 「백이열전(伯夷列傳)」.
49* 우·하(虞夏): 순임금과 우임금의 나라다.

그가 은나라를 위하여 절의를 지키려는 사람이었다면 당연히 "은나라가 이미 망해 버렸으니, 내 돌아갈 곳 어디인가"라고 했을 것이다. 후세에 절의 있는 선비가 성인의 '구세주의'를 상상하지 못하고 망령되이 고사리 캐는 유풍을 절의로 받아들이고 있음은 마치 주먹만 한 돌멩이를 큰 태산에 비교함과 같다."

무치생이 아뢰었다.

"은나라가 망하자 기자께서 동쪽으로 이동하여 조선에 오신 것이 어찌 스스로 편안하려는 뜻이 아니었겠으며, 주나라가 쇠퇴하자 공자께서 구이에 살고자 뗏목을 타고 바다를 건너려고 한 것이 어찌 불행한 시대를 한탄하면서 멀리 떠나려는 뜻이 아니었겠습니까?"

황제가 말했다.

"아, 조선 사람들이 대대로 기자를 숭봉하고 있었음에도 기자의 '주의'를 이해하지 못하고, 또 사람마다 공자의 글을 읽었음에도 공자의 '주의'를 이해하지 못하니 어찌 통탄할 일이 아닌가?

기자께서 주왕의 구속을 받았다가 주무왕에게 석방되었는데, 6백년 선왕의 종사가 이미 폐허가 되어 사방을 살펴보아도 마땅히 거처할 곳이 없었다. 그래서 점괘를 뽑아 그 갈 곳을 정해 보니 '명이괘'[50*]가 나왔다. 이에 "하늘이 내게 해외에 있는 오랑캐족을 문명케 하라는 뜻이다" 하고 은나라 유민 5천명을 거느리고 동쪽으로 나아갔는데, 이때 시·서·예·악·무·의·백공이 따라왔으니 그 때 사상이 어떠한 것이었겠는가? 마침내 단군 자손의 따뜻한 배려로 생활 터전을 얻으니 올바른 정치를 시행하며 교화를 행하여 자손의 번창함이 남쪽으로 열수에 이르고, 북쪽으로

50* 명이괘: 『주역』의 '지화명이(地火明夷)괘'를 말한다. 기자동래설을 부정하는 학자들은 이 '명이'를 태양이 지중에 들어간 상태, 곧 군자가 곤경에 처한 상황으로 해석한다.

영평에 이르러 모두 판도에 들어갔다. 옛날 은나라와 주나라가 번성했을 때 그 땅이 천리에 불과했는데 기씨조선이 4천여 리에 이르렀으니 실로 해동의 새로운 은나라라고 할 수 있는 것이다. 그렇다면 기자의 '주의'가 어찌 스스로의 편안함만을 찾는데 그쳤겠는가?

공자께서 요·순과 삼왕의 도로써 천하를 바꾸어 보고자 할 때 열국을 두루 다니며 앉아 쉴 틈도 없었으나 이때는 주나라 말기로 문물의 모든 것이 피폐하여 순박한 풍속이 쇠퇴하고, 교활하고 속이는 습속만이 성했다. 열국의 정치가들은 각기 사사로운 권력을 탐애하여 성인의 지성을 받아들이지 않았으므로 가는 곳마다 뜻이 달라 도를 행할 수 없었다. 이때 '바다 건너 오랑캐족은 풍속이 순박하고 후덕하며, 마음이 질박하여 문물이 피폐됨과 거짓이 없으므로 인의의 가르침을 펴서 깨우쳐 이끄는데 적합할 것이다. 이는 기자가 동쪽으로 간 까닭일 것이라'고 생각하였다. 이때 구이에 살고자 뗏목을 타고 바다를 건너 교화를 베풀고자 하였는데, 그 진실로 불쌍히 여기고 슬퍼한 '구세주의'가 이와 같으며, 내외를 가림 없이 광대하고 두루 걸쳤음이 이와 같았다. 후세 유학자들이 스스로 얕은 식견으로 그릇되게 해석하여 이르기를, "이는 병든 시대의 탄식"이었느니, "멀리 떠나 피하려던 뜻"이니 하였다. 그런데 성인은 하늘을 원망하지 않고 사람을 허물하지 않으니 어찌 때를 근심하여 멀리 떠나 피하려고 했겠는가?"

무치생이 물었다.

"그러면 오늘날 이 지경에 이르러 몸을 정결하게 하기 위해 멀리 은둔하려고 하는 것은 가히 의지할만한 의미가 없다는 것입니까?"

황제가 답했다.

"오늘날의 '의'는 조선 신민으로서 그 조국과 그 동포를 위하여 의무를 다함이 없는 것이다. 단지 제 몸만을 정결하게 지키고 스스로 편안해지려는 것을 본분의 천직으로 삼는 것은 그 죄가 매국노와 차이가 없다. 왜냐하면 무릇 천하의 일은 이로운 일이 아니면 반드시 해로운 일이 되고, 보탬이 아니면 반드시 손해나는 것이기 때문에 다른 사람을 이롭게 한 바가 없으면 반드시 해롭게 한 바가 있고, 다른 사람에게 보탬을 준 바가 없으면 반드시 손해를 입힌 것이다. 다른 사람에게 해를 끼치고 손해를 입히면 결코 선이 아니라 악이다. 만약 그 국가와 민족을 위하여 이로움을 준 바가 없고 보탬을 준 바도 없으면 어찌 해를 끼치고 손해를 입힌 바가 없겠는가? 그것은 바로 국가와 민족을 좀먹는 해충이자 뿌리를 갉아먹는 벌레다.

도박과 음주로 가산을 탕진하여 부모를 춥고 굶주리게 한 사람이나 집안일을 돌보지 않고 자신만 호의호식하여 부모를 춥고 굶주리게 한 사람은 그 불효에서 서로 같은 것이다. 황금을 사랑하고 높은 벼슬을 중히 여겨 그 나라를 팔아먹은 자나 그 몸을 아끼고 제 이름만을 중히 여겨 그 나라를 망하게 하는 자는 그 충성스럽지 못함에서 서로 같은 것이다. 나라를 팔아먹든 동족에게 화를 끼치든 헤아리지 않고 탐욕만을 일삼아 부귀를 도둑질하는 자나 나라가 망하든 동족이 멸망해 가든 상관치 않는 것을 청류51*로 자처하면서 명예를 도둑질하는 자는 그 도둑질에서 서로 같은 것이 아닌가?

저승에서 죽은 자의 죄악을 조사해 처리하고 있는데, 한 죽은 관리가 변명하며 말했다. "저는 아무 죄가 없습니다. 아무 죄가 없습니다. 저는 관직에 있으면서 아주 청렴하였습니다"라고 하자 염라대왕이 말했다. "마당에 세운 허수아비는 냉수조차 마시지 않으니, 너보다 낫지 않은가? 청렴을 유지한 것 외에 단 하나의 착한 일을 했다는 소문이 전혀 없으니

51* 청류(淸流): 명분과 절의를 지키는 깨끗한 사람들이다.

이것이 네 죄이니라!"하고 드디어 불에 달군 쇠로 단근질하는 형벌을 내
렸다. 그렇다면 조선 국민의 신분을 가진 자가 그 조국과 그 동포를 위하
여 의무를 다함 없이 표연히 멀리 떠나 홀로 그 몸만을 정결히 하고자
해도, 역시 저승의 법률에 따라 불로 달군 쇠로 단근질 당하는 형벌을
면치 못할 것이다.

　무릇 도덕은 공덕과 사덕의 구별이 있고, 사업은 공익과 사익의 구별이
있는데, 도덕과 사업의 정도도 시대의 진화를 따라 증진하게 되는 것이
다. 옛날 이웃 나라가 마주하여 개 짖는 소리나 닭 울음소리가 들릴 정도
라도 서로 왕래하지 않던 시대의 사람들은 저마다 사덕을 닦아 몸을 홀로
선하게 하고 사익을 도모하여 그 집안을 홀로 화목하게 하는 것만으로도
모두가 잘 살고 편안함이 충분하였다. 그러나 오늘날은 세계 인류의 생존
경쟁이 지극히 거세고 치열하여 마치 큰 바다에서 용솟음치는 파도와
같고, 큰 산에서 내뿜는 분화와 같으니 이 지구상에 국가와 민족이라는
이름을 가진 것은 각 집단이 서로 힘을 합치지 않으면 결코 생존할 수
없게 되었다. 그러므로 공덕이 없으면 사덕을 생각할 수 없고, 공익이
없으면 사익도 생각할 수 없는 것이다.

　이른바 조선학자계에서 도덕이 진화하는 정도를 깨닫지 못하고 단지
제 한 몸을 닦고 제 집안만 다스리는 것을 더할 나위 없는 도덕으로 인식
하고, 국가와 민족에 대한 공덕심과 공익심이 전혀 없었다. 그렇기 때문
에 결과적으로 오늘날 이 지경에 이르고 만 것인데, 오히려 "나는 죄가
없다. 나는 죄가 없다"고 말하는 것이 옳은가? 국가와 민족이 멸망해 가고
있는데 이를 수수방관하면서 몸을 사려 피할 길을 꾀한 죄가 이미 있는데,
하물며 또 이름을 깨끗이 하여 절개를 드높이는 것을 자처하여 수양산의
고사리 노래를 이어 가겠다고 하니 그 가식으로 헛된 명예를 노리는 행위
가 심히 극에 달함에 통탄하지 않을 수 없다. 그 죄를 물어 처리해야할

것인데 어찌 매국노와 차이가 있다고 하겠느냐? 너는 결코 이런 위선자와 가짜 의인들이 걸어간 길을 그대로 따라가지 마라."

무치생은 아뢰었다.

"우리나라 학자계에서 공덕과 공익을 발표하지 못한 죄가 없다고 말하기는 어렵지만, 다만 과거 시대에 잔인하고 끔찍했던 규모를 생각하면 지금까지 심장이 서늘해지고 담이 부들부들 떨리는 것을 깨닫지 못했습니다.

정치계의 압제도 극심하고 학문계의 무단도 미혹됨이 심해서 인민된 자가 감히 위에 있는 자의 불법에 반항하면 대역부도의 죄에 처해졌고, 선비된 자가 감히 선배의 언론을 위반하면 사문난적의 죄에 처해져 자신은 물론 그 집안까지 패망하는 화를 돌이키기 어렵게 되었으므로 이 같은 때 누가 감히 공덕과 공익을 위하여 생명과 가업을 버리려 하겠습니까? 그렇기 때문에 인민된 자는 조정에 어떠한 학정을 당할지라도 복종할 뿐이고 감히 한마디도 반항하지 못하며, 선비된 자는 세상의 도덕이 아무리 부패하더라도 그대로 옛 것에 따라 이를 지킬 뿐 감히 하나의 이치도 발명하지 못했으니, 이러한 사정을 참조하여 고려해 보시면 혹 용서받을 바가 있지 않겠습니까?"

황제가 말했다.

"그렇다면 이처럼 뼈도 없고 피도 없는 인민을 어디에다 쓰겠느냐? 자기 나라 정부의 학대에 반항하지 못하는 자가 어찌 다른 나라의 학대를 받지 않겠으며, 이처럼 쓸개 빠진 비겁한 선비들을 어디에다 쓰겠느냐? 자신의 화복 때문에 국민의 화복을 생각하지 않으니 어찌 다른 민족의 노예됨을 면할 수 있겠느냐?

과거 백 년 전에 저 서양의 여러 나라에서는 정치압제와 종교압제가 극심하고 맹렬했지만, 루소 같은 이는 백 가지 고생을 무릅쓰고 '민약

론'52*을 크게 부르짖어 혁명의 도화선을 만들었다. 크롬웰은 천하의 악명
에도 불구하고 폭군의 머리를 베고 헌법을 제정하였으며, 마르틴 루터는
교황의 위압에도 굴복하지 않고 종교혁명의 공을 이룩하였다. 4백 년 전
지나학문계에서는 주자학의 세력이 굉대하고 심히 굳건하였지만, 왕수
인53*이 천하의 비방을 무릅쓰면서 '양지학'을 주창하여 사기를 진작시켰
으며, 50년 전 일본에서는 막부의 무력 탄압이 강경하고 엄혹하였지만,
길전구방54*이 한 몸 생명을 던져 '대화혼'을 주창하여 유신의 기초를 세
웠다. 어찌하여 조선에는 이들과 같은 열혈아가 없어 정치혁명도 못하고
학술혁명도 못했는가?

루소와 『민약론』

길전구방(요시다 노리가타)

52* 민약론(民約論): 프랑스 사상가 J. J. 루소의 저서. 원명은『사회 계약, 또는 정치권
　　의 원리(Du contrat social, ou principes du droit politique)』로 1762년 네덜란드에서
　　출판되었는데, 통상 민약론으로 번역된다. 루소는 이 저서에서 "자연 상태 아래
　　원래 자유롭고 평등하던 인간이 사회계약으로써 사회 또는 국가를 형성하지만,
　　인간의 자유와 평등이 상실되는 것이 아니고, 최고의 의사인 일반 의사 속에 구현된
　　다"고 주장했다.
53* 왕수인(王守仁): 중국 명대의 유학자로 양명학(陽明學)의 개조(開祖)다.
54* 길전구방(吉田矩方): 요시다 노리가타. 요시다 쇼인(吉田松陰, 1830~1859)의 본
　　명이다. 일본 에도시대 사상가이자 교육자로서 메이지 유신의 주역들을 길러냈다.

천지의 진화로 인하여 새로운 것이 옛 것과 바뀌는 시대에 처하여 진실로 '과감성과 자신력'이 풍부한 호걸남자의 피를 갖지 못하면 능히 국가의 운명과 인민의 행복을 이룩하지 못한다. 만약 그 '과감성과 자신력'이 결핍되어 일의 시비에 두려워하고 화복을 따져 감히 한마디도 해보지 못하고 감히 하나의 일도 이룩하지 못하는 자는 결코 이 시대에서 살아갈 능력이 없느니라."

제7장 과감성과 자신력과 모험심을 논함

무치생이 아뢰었다.

"지나간 암흑시대와 부패사회에 태어나 자란 노후한 자들은 공덕이 무엇인지 공익이 무엇인지 국민의 자격이 무엇인지 국민의 책임이 무엇인지 본래 듣지도 알지도 못합니다. 그럼에도 불구하고 습성이 이미 고질화되어 깨우쳐 바로 잡을 수도 없고, 이미 기백이 쇠퇴하여 채찍질할 수도 없습니다. 책망해도 효력이 없고 설득해도 소용이 없으니 조국과 민족의 앞날을 위하여 어찌 이들에게 바람이 있겠습니까? 이는 오로지 청년자제를 교육하여 '신국민'을 양성하는 것 밖에 다른 방법이 없습니다.

신이 일찍이 조국의 역사를 받들어 조아려 두 번 절하고 스스로 마음속에 물었습니다.

'이 역사가 무슨 능력과 무슨 복력으로 4천여 년이나 혈맥을 이어와, 우리들이 생으로 이 나라의 흙과 물을 먹고 마시며 풍습을 잇고 문물의 혜택을 받아 조상 대대로 여기에서 나고 여기에서 늙으면서 여기에서 농사를 짓고 여기에서 상업을 하며 여기에서 배우고 여기에서 벼슬하여 세계인류에 대하여 "나는 조선국민이다"하며, 천지신명에 대하여 "나는

조선국민이다"라고 말할까?'

　그 은덕의 유래를 거슬러 생각해 본 즉, 이 반도 강산에 인재가 많이 나와 이 나라의 원기가 되고, 이 나라의 뱃심이 되고, 이 나라의 방패와 성이 되고, 이 나라의 기둥이 되어, 우리 국민에 온정을 베풀어 기르고 우리 국민을 보호한 은덕이었습니다. 그렇다면 4천 년간 이어 내려온 수많은 성현과 조상을 향하여 절하고 축원하고 노래하고 칭송해야 할 것이며, 오늘에 이르러 우리 청년 제군에게 역대 위인의 사업을 기대하고 권면하고 책려하고 고무시켜야 한다고 봅니다. 어떤 방법으로써 우리 청년 제군에게 '과감성과 자신력'을 풍부하게 하여 무한한 난관을 돌파하게 하며 중대한 책임을 감당하게 하여 4천년 역사의 선조들 유적을 아름답게 이어받겠습니까?'

　황제가 말했다.

　"천지간에 큰 '영물'이 있어서 세계를 둘러싸고, 과거와 현재를 종합하고, 또 바다와 육지를 늘리거나 줄이고, 바람과 구름을 부르고, 귀신을 부리고, 만물을 만드는 능력이 있기 때문에 성인도 이로써 성인이 되고, 영웅도 이로써 영웅이 되고, 국가도 이로써 성립되고, 사회도 이로써 조직되고, 모든 사업도 모두 이로써 성취하는 것이다. 따라서 이 영물의 실력과 신묘한 작용을 얻으면 천하에 이룩하지 못할 것이 없는데, 이를 수련하여 활용하는 자가 별로 없다. 만약 그 수련하는 원소가 충족되면 '과감성과 자신력'이 생겨 활용할 기관이 마치 쏟아지는 비처럼 막힐 것이 없으니, 이를 가리켜 '마음'이라고 한다.

　이것의 원질은 그 영험이 불가사의하여 우매하지 않고, 청명하여 허물이 없다.

　이것의 본능은 진실하여 거짓이 없으며, 독립하여 의지하지 않는다.

　이것의 진정은 정직하여 아첨하지 않고, 강직하여 굴하지 않는다.

금태조 동상

　이것의 본체는 공평 정대하고, 널리 두루 살핀다.

　이것의 능력은 시비를 가려내고, 감응이 귀신처럼 빠르다.

　이처럼 더 없는 보배 같은 품격과 한없이 영험한 능력을 사람마다 모두 갖고 있지만, 단지 사람들이 살아가면서 세속에 물들어 사회적 습관이 몸에 배고 육체적 욕망에 사로잡혀, '그 영험이 불가사의하여 우매하지 않음'이 '혼미하고 영험스럽지 않음'이 되고, '청명하여 허물이 없음'이 '더럽고 불결함'이 되며, '진실하여 거짓이 없음'이 '속이고 거짓으로 꾸밈'이 되며, '독립하여 의지하지 않음'이 '구차하게 의뢰함'이 되며, '정직하고 아첨하지 않음'이 '곡해하고 아부함'이 되었다. '강직하여 굴하지 않음'이 '나약하고 비열함'이 되며, '공평 정대함'이 '편협하여 음흉함'이 되며, '널리 두루 살핌'이 '좁게 치우쳐 편벽함'이 되며, '시비를 가려냄'이 '뒤집혀 착란함'이 되며, '감응이 귀신처럼 빠름'이 '꼭 막혀 통하지 못함'의 폐단이 생겼다.

　무릇 이것은 우리의 신성한 주인옹이고 공정한 감찰관이다. 생각의 옳고 그름과 행함의 시비를 대할 때, 이 주인옹과 감찰관을 속이지 마라. 이 주인옹과 감찰관이 허용해 주지 않고 명령하지 않는 일은 즉시 그만두고, 허용해 주고 명령한 일이면 남이 헐뜯거나 칭찬하는 것에 개의치 마라. 또 일이 어려운가 쉬운가를 헤아리지 말고 자신의 화와 복도 돌보지 말며, 칼끝이라도 밟고, 끓는 물과 타는 불 속이라도 뛰어 들어가 반드시 행하여 결과를 얻게 되면 이것이 바로 '과감성'과 '자신력'이다. 이러한 '과감성'과 '자신력'이 풍부해 지면 장자방의 큰 철퇴와 같은 빛도 번쩍일 것이고 워싱턴의 자유종과 같은 소리도 크게 울릴 것이다.

　비록 그렇지만 이 주인옹과 이 감찰관의 지위를 존중하고 능력을 발달시키자면 반드시 평일에 수련과 공덕을 쌓아야 하는데, 수련하는 처소로 '우환'과 '곤란'이 제일가는 학교다. 이 학교에서 졸업하면 천하에 어려운 일이 없고 험악한 길이 없어져 중대한 책임을 짊어지고 크나큰 사업을 할 수 있게 된다. 현재 조선청년이 그 제일가는 학교에서 공부하고 있으니 진실로 좋은 소식이다. 이것은 하늘이 조선 청년을 위하여 만든 것이다."

무치생이 아뢰었다.

"움직이는 모든 것은 다 생기를 갖고 있으나, 혹 천연적인 압력이나 혹 외래적 압력이 있으면 발달할 수 없습니다. 이러한 이유로 "노예의 씨앗이 성현을 낳을 수 없고, 발에 밟히는 풀은 싹이 터서 자라지 못한다" 고 합니다.

현재 조선의 정황을 말하자면, 6, 7년 동안 사회사상도 다소 변화되고 청년의 지기도 다소 분발되어 나라 안에 학숙 설립과 해외 유학이 자못 발달하는 양상을 보였습니다. 그러나 그 어쩔 수 없는 천둥벼락과 같은 위협과 태산 같은 압박이 날로 심해져 업신여김을 당하고 짓밟히고 좌절되어 다시 일어날 여지조차 없어지고, 하늘이 기울어지고 땅이 꺼지면서 한 점 생기도 없어지고, 물이 마르고 산이 막혀 한 줄기 활로조차 찾지 못하게 되었습니다. 이로써 일반 백성의 심정은 모두 절망적이고 낙담하는 상태가 되어 '곤란'이 비록 하늘이 세운 학교라고 할지라도 이같이 극심한 지경에 이르러서 실로 하늘이 내린 복이라고 생각하기 어렵습니다."

황제가 말했다.

"사물의 움직임은 압력 때문에 생기는 것으로 조선인이 받는 압력이 극도에 달하지 않으면 그 움직임이 생기지 않을 것이다."

무치생이 물었다.

"어찌해서 그렇습니까?"

황제가 답했다.

"조선은 본래 작은 나라 사람으로서 스스로 낮추고 스스로 노예가 된 것이 아닌가? 나라의 크고 작음이 어찌 하늘이 뜻하는 대로 계획되고 정해질 수 있는 것인가? 성탕[55]*은 70리의 작은 나라였고, 문왕[56]*은 백리의 작은 나라로서 천하에 큰 이름을 남겼고, 진나라는 서융에 치우친 작은 나라였지만 사해를 병탄하였으며, 월나라는 회계[57]*의 패잔병으로서 강력한 오나라와 싸워 이겼다. 현 시대의 가장 강대하고 웅걸한 나라를 보더라도, 영국과 러시아 같은 나라의 옛 역사는 모두 유럽의 작은 나라에 불과했지만, 오늘날 영국은 4만 리에 걸치는 식민지를 개척하고 러시아는 3만 리의 영토를 확장하지 않았는가?

조선의 지리적 형편을 보면 앞에는 대양, 뒤에는 대륙이 있기 때문에 만일 영웅이 나와서 활동 능력을 기르고 진취하는 기상과 그에 따른 책략을 강구한다면 태평양이 곧 조선 바다가 될 것이고, 북방 대륙 역시 조선 영토가 될 것이다. 해상권과 육지권을 모두 조선인이 소유하는 것도 가능할 것인데 어찌하여 조선인의 생각은 나라의 크고 작음을 하늘이 정한 것으로 인식하여 "우리는 작은 나라다. 작은 나라다"라고 하면서 "감히 대국을 섬기는데 몸가짐을 조심하지 않으리오"라고 말하며, "감히 나라 바깥의 땅 한발자국이라도 갖기를 원하는 망상을 하겠는가?"라고 하며 오로지 사대주의를 고수하고, 쇄국정책을 고집하여 다른 나라를 섬기는 것을 마치 하늘을 섬기듯 하여 말 한마디 글자 한 자 조차 소홀히 하지 않은 것인가? 두만강과 압록강과 대마해협을 하늘이 정한 나라의 한계로 생각하여 백성 가운데 혹 국경을 넘는 자가 있으면 잠상이나 범월죄로 주살하였으니 참혹하고 슬픈 일이 아닐 수 없다.

55* 성탕(成湯): 탕왕(湯王)의 다른 이름으로, 은(殷)나라 시조로 알려져 있다.
56* 문왕(文王): 중국 주(周)나라의 기초를 닦은 명군이다.
57* 회계(會稽): 회계산. 지나 춘추시대 월왕 구천은 회계산에서 오왕 부차(夫差)에게 패하여 사로잡힌 몸으로 온갖 수모를 당하였다. 겨우 본국으로 돌아가 20년간 섶 위에서 잠을 자며 쓸개를 옆에 두고 쓴맛을 보아 회계산의 치욕을 상기하는 고생 끝에 오나라를 멸망시켰다.

　조선 인민이 장구한 세월동안 우리에 갇힌 생활을 면할 수 없었으니 어찌 산업이 발달하고 시세에 대한 감각이 있을 수 있겠는가? 이와 같이 작은 조정과 좁은 산하에서는 비록 관·갈[58]과 같은 정략가가 있을지라도 시행할 곳이 없고, 손·오[59]와 같은 뛰어난 장수가 있을지라도 쓸모가 없을 것이다. 다만 정계에 있는 자는 단지 정권쟁탈만이 큰 사업이고 당론 주장을 큰 의리로 삼는다. 그러하니 그 인민이 마치 물고기가 자기 종족을 잡아먹고 개가 남은 뼈다귀를 먹으려 다투는 것과 같이 서로 침탈하고 서로 해치는 것을 가장 훌륭한 수단으로 여겼다.

　이것은 스스로 비하하는 근성이다. 이것이 다시 노예근성이 되고, 노예근성이 다시 고집스럽고 미련하고 이익만 좇는 몰염치한 근성이 된다. 이에 대해 극심한 압력이 있지 않으면 그러한 근성이 바뀌지 않고 동력도 생기지 않을 것이다. 또한 그 대외경쟁이 없었고 밖을 향하는 진취적 노력도 없었기 때문에 하는 일 없이 세월을 보내며 일 하나 이룬 바 없고 계획 한번 추진한 바가 없었다. 여기에 맡은 직무를 게을리 하고 눈앞의 편안함만을 취하는 습관과 나태하고 안일한 풍조와 이곳저곳 놀러 다니며 주색에 빠지는 일이 사회 전체에 전염되고 고질병이 되었다. 그리하여 뜻을 세우는 기운이 살아나지 못하고, 사지가 피로해져 문 밖에서 미풍도 감히 쏘이지 못하고, 머리 위의 파리조차 쫓아버리지 못할 정도로 정신활동이 완전히 없어지고 마치 엎드려 자다 죽은 것과 같은 상태가 되었으니, 이 또한 극심한 압력이 아니면 그 게으른 기풍을 진작해 동력을 일으키지 못할 것이다.

　옛날 지나 전국시대에 송나라 사람 묵자가 있었다. 송나라는 약소국으

58* 관갈: 중국 춘추 시대 제나라 재상인 관중(管仲)과 삼국 시대 촉한의 뛰어난 정치가인 제갈량(諸葛亮)을 말한다.
59* 손오(孫吳): 중국의 병법가인 손자(孫子)와 오자(吳子)를 말한다.

로 진나라와 초나라가 서로 전쟁하는 요충지대에 위치하고 있었던 까닭에 이들 나라로부터 갖은 멸시와 압박을 매우 심하게 받았다. 이에 묵자는 나라를 구하기 위한 간절한 생각으로 "정수리로부터 발뒤꿈치에 이르기까지 다 닳도록 온 몸을 바쳐 천하를 이롭게 하는 것으로써 본분을 삼으라"는 주의를 발표했다. 초나라가 송나라를 공격하고자 할 때 묵자의 문인들이 이를 간하여 말리기 위해 초나라에 가서 죽은 자가 70여명에 이르렀다. 이러한 까닭에 전국시대에는 강국을 억제하고 약한 나라를 도우려는 의협스러운 기풍이 크게 떨쳤는데, 이는 모두 묵자의 교화에 힘입음이었다.

조선은 이미 전부터 영구히 부용60* 대우를 받아 평등한 지위를 잃어버린 것뿐만 아니라, 오늘날과 같은 망극한 치욕과 무한한 고통을 겪게 되었다. 그러므로 마땅히 열혈남자는 격렬한 구국주의로써 조국 동포에게 세계인도의 평등주의를 크게 외쳐 널리 알려서 그 동포를 하등 지위에서 벗어나 상등 지위로 나아가게 하는 사상을 격발시키며, 또한 세계 각 사회에서 동정을 요구해야 할 것이다. 조선 동포들이 세계상 우등민족을 대할 만한 평등지식과 평등자격을 갖춘다면, 부도덕하고 불법적인 강압을 벗어나 평등지위를 차지할 능력도 가질 것이다. 하물며 평등주의는 하늘에서도 허락하시는 것이고, 시대의 기운이 나아가는 방향이며, 또한 세계 문명사회가 동정함이다. 자유주의가 발달하던 시대로 말미암아 워싱턴의 독립기가 개가를 올렸던 것처럼, 오늘날은 평등주의가 발달하고 있는 시대이기 때문에 만약 열혈남자가 나와 평등주의로써 동포를 깨우치고 세계에 호소하면 어찌 크게 좋은 결과가 없겠는가? 이는 눈앞의 '곤란'이 실로 조선 청년에게 있어서 크게 할 바를 마련해 주는 것이고,

---

60* 부용(附庸): 다른 나라에 예속되는 것으로, 작은 나라가 큰 나라에 의탁해서 지내는 일을 말한다.

또 큰 희망이 되는 기회인 것이다."

무치생이 아뢰었다.

"신이 일찍이 교육계에 몸담고 일한 적이 있사온데, 우리 조선 청년의 총명하고 재주 있고 지혜로움은 실로 다른 나라 사람보다 월등한 자질이 있어 학문을 성취하는데 유망한 이가 많지만, 그 인격이 웅장하고 위엄이 있고 굳세고 장대하며 강건하고 견실하여 용이 오르고 범이 뛰는 듯 한 기상과 바람처럼 달려 번개처럼 내리치는 수완으로 사업상 능력을 고루 갖춘 이가 봉황 깃털과 기린 뿔보다도 희귀하니, 이것이 바로 최대의 결점입니다. 그러므로 정신교육이 가장 필요하고, 정신교육의 재료로 고대 위인들의 역사가 필요합니다.

무릇 천지가 개벽한 이래 우리 동양 세계의 영웅에 대한 역사를 논하는 사람들은 대금태조 황제와 몽골 황제 칭기즈칸을 거론합니다. 폐하는 동방의 조그만 부락에서 일어나 소수 민족과 소수 병력으로 수년도 채 안되어 요나라를 멸망시키고 송나라를 취하여 바다로 둘러싸인 대륙을 정복하셨으니, 이는 천하 만고에서 없었던 업적입니다. 칭기즈칸은 북막 황무지 한 작은 나라에서 일어나 남쪽을 정복하고 북쪽을 쳐서 무적의 이름을 드날리며 아시아·유럽 양 대륙을 유린하였으니 이는 알렉산더와 나폴레옹에 비교할 바가 아닙니다. 그러나 칭기즈칸은 그들 몽골족의 영웅이고, 폐하는 우리 고려족의 영웅이시니 폐하의 평생 역사에서 우리 청년자제의 뇌수와 혼백을 깨우쳐 분발시키면 큰 효력이 나타날 것입니다."

황제가 말했다.

"백두산이 우뚝 솟아 대황을 차지하고 두만강 긴 강줄기가 만고에 흐르니 이는 짐의 발상지다. 우리 동방 민족이 이에 대하여 어찌 짐의 옛 자취를 상상해 보고자 하는 마음이 없겠는가? 그러나 시대가 다르면 하는 일도 역시 달라지므로 지금 시대는 8백 년 전과 사뭇 다르다. 8백 년 전은 가족시대에 그쳤으나 지금은 민족 시대이고, 8백 년 전은 육전시대였지만 지금은 해전시대이고, 8백 년 전은 활과 화살 시대였지만 지금은 총포 시대다. 짐이 가족의 강력함으로 천하를 정복하였지만 지금은 민족의 강력함이 아니면 불가능하다. 짐이 육전의 무적으로 천하를 정복하였지만 지금은 해전의 무적이 아니면 불가능하다. 짐이 활·화살의 뛰어난 재주로 천하를 정복하였지만, 지금은 총포의 뛰어난 기술이 아니면 불가능한데, 짐의 역사가 어찌 오늘날 청년에게 적합하다고 하는가? 그렇지만 짐의 정신적 역사가 혹 후인의 정신력을 기르는데 도움이 될지도 모르니 시험 삼아 생각해 보아라.

짐의 옛 나라는 여진이다. 처음에 요나라의 변방에 속하여 대대로 절도사의 직을 받아서 요나라의 사신이 오는 때면 임금과 신하가 모두 절을 올리고 연회의 예식을 갖추어 맞았다. 짐이 어린 시절 이를 못마땅하게 여겨 행치 않으니 요나라 사신이 크게 화를 내며 죽이려 했으나 짐이 두려워하지 않고 요나라의 무례한 침탈과 수색에 발끈하여 몹시 성을 내며 군사를 일으켰으니, 이는 그 정신적 역사로서 생각해 볼 수 있는 첫 번째 교훈이 될 것이다. 짐이 처음에 군사를 일으켜 인근의 각 부족을 정벌할 때 무장한 병사 70여명을 얻고 곧 천하를 횡행하며 천하에 진출할 뜻을 세웠으니 이는 그 정신적 역사로서 생각해 볼 수 있는 두 번째 교훈이 될 것이다. 요나라는 천하의 강대국이고, 송나라는 세계의 문명국이었지만 이를 곧 고목나무를 쓰러뜨리거나 썩은 나무를 뽑아내는 것 정도로 쉽게 여겼으니 이 또한 정신적 역사로서 생각해 볼 수 있는 세 번째 교훈이 될 것이다.

만일 그때 짐이 요나라의 강대함에 두려워하고 송나라의 문명을 숭배하였다면 동황 한 모퉁이 조그만 부락 생활마저도 보전키 어려웠을 것인데 어찌 세계 역사에 대금국의 영예가 있을 수 있었겠는가? 오로지 그때 짐의 안중에는 강대한 자도 보이지 않고 문명자도 보이지 않았기 때문에 그와 같은 결과가 있을 수 있었던 것이니 이는 짐의 정신력에 의한 것이었다. 지금 조선 청년도 그러한 담력과 용기를 기르고 가슴을 펴 너와 나의 대소와 강약이 없어야 어떠한 강대자를 대하더라도 두려운 마음이 없어지고 오로지 승리의 뜻이 굳건하게 될 것이다. 어떠한 문명자를 대하더라도 부끄러운 생각이 없고 적극적으로 취하는 뜻을 세워야 가히 청년의 자격을 가졌다고 할 수 있고 장래 희망이 있는 자라고 할 수 있다."

무치생이 아뢰었다.

"금나라 역사에 전하기를, 폐하께서 군사를 거느리고 밤에 흑룡강을 건너실 때 채찍으로 병사를 지휘하시며 명하기를, "나의 말머리만 보라!" 하심에 병사들이 좇아 강을 건넜는데 마침내 강을 건너고 난 뒤에 강물의 깊이가 잴 수 없을 정도로 깊었다는 일화가 있습니다. 이러한 사건에 대하여 근세 과학자들은 믿을 수 없는 일이라고 하지만, 신은 폐하의 정신력으로써 있을 수 있는 일로 생각되옵니다."

황제가 말했다.

"그렇다. 사람의 정신이 한번 다다르면 천지가 감격하여 어떤 일도 성사되지 않는 것이 없다."

무치생이 물었다.

"폐하의 용병술은 귀신같아서 출정하는 대로 반드시 이기실 수 있었는데 왜 그토록 위험을 무릅쓰셨습니까?"

황제가 웃으며 답했다.

"하늘이 짐에게 명하여 천하를 평정하라 하시는데 어찌 강물 하나 건너는 것을 두려워하여 적을 치는 좋은 기회를 놓치겠는가? 오직 그 모험정신이 그와 같았기 때문에 천하를 널리 평정할 수 있었던 것이다. 그런데 이러한 일은 실로 보통 과학자들에게는 이해되기 어려운 일일 것이다."

무치생이 아뢰었다.

"모험이라는 두 글자는 인간의 사업을 이루게 하는 대가입니다. 따라서 세계 위인의 역사를 대강 간추려 말해보자면, 홀로 만 리 사방으로 항해하면서 선원들이 죽이려는 음모도 두려워하지 않고 굽힘 없는 정신으로 아메리카 신대륙을 발견해낸 콜럼버스(스페인 사람)61*가 그런 사람이고, 또 일개 수도자 신분으로서 각국의 군주를 발밑에서 기어가게 했던 교황의 위력에 반항하여 신앙 자유의 기치를 세운 마르틴 루터(독일 사람)62*가 그런 사람입니다. 작은 배로 지구를 일주하며 온갖 죽을 고비를 무릅쓴 지 3년에 태평양 항로를 개척하여 동반구와 서반구의 교통로를 개통시킨 마젤란(포르투갈 사람)63*도 그런 사람이었고, 탐험정신으로 수만리 사막을 뚫고 아프리카 대륙을 답사하면서 풍토병, 토인, 맹수와 싸운 지 수십 년 만에 전 아프리카 대륙을 개통하여 백인 식민지로 개척해낸 리빙스턴(영국 사람)64*도 그런 사람이었습니다. 16, 17세기 유럽에서 신·구교도 간에 전쟁이 일어나 게르만족이 신교도를 모두 잡아 죽여 대부분 전멸할 즈음에 극히 열세한 작은 나라의 병력으로 무모한 세력임을 돌아볼 겨를도 없이 인류를 위하여 명을 청해 인민의 도탄을 구해내고 자신의 희생을

61* 콜럼버스(Christopher Columbus, 1451?~1506): 스페인 탐험가로 알려지기도 한 콜럼버스는 본래 이탈리아 제노바 출신이다. 포르투갈에서 선원으로 일했고, 스페인의 후원을 받아 미대륙을 발견했다. 본명은 크리스토포로 콜롬보(Cristoforo Colombo)이나 당시 공문서상 라틴어 표기인 콜롬부스(Colombus)가 전해져 오늘에 이른다. 관용 외래어표기법에 따라 '콜럼버스'라 표기한다.
62* 마르틴 루터 (Martin Luther, 1483~1546): 독일 아우구스티누스 수도회의 수도사로서 종교 개혁의 불씨를 당긴 장본인이자 루터교의 창시자다.
63* 마젤란(Ferdinand Magellan, 원어: Fernão de Magalhães, 1480~1521): 페르디난드 마젤란(페르낭 드 마갈량이스). 포르투갈 출신의 항해가이자 탐험가다. 유럽인들에겐 새로운 대륙인 아메리카 대륙이 발견되고 지중해와 중동지방을 거쳐 가던 육상 무역로 외에 새로운 동방항로에 대한 탐구가 한참이던 시절, 역사서에서는 처음으로 대서양과 태평양을 횡단한 것으로 기록에 남은 인물이다.
64* 리빙스턴(David Livingstone, 1813~1873): 데이비드 리빙스턴. 스코틀랜드 출신의 개신교 선교사이자 탐험가다.

후회하지 않은 아돌프(스웨덴 사람)[65*]도 그런 사람이었고, 나라의 힘이
약해진 것을 만회하고 우매한 백성을 깨우치기 위해 왕의 지위로 외국에
여행하여 몸소 고용자가 되어 기술을 배워와 국민을 가르침으로써 세계
강국으로 만든 표트르 대제(러시아 황제)[66*]가 그런 사람입니다. 군주의
불법적 전제정치에 대항하여 의기를 들고 국회군과 혈전을 벌이며 8년
만에 군주를 살해했다는 소리를 들으면서도 굴하지 않고 입헌 정체를
제정함으로써 세계 헌법의 사범이 된 크롬웰(영국 사람)[67*]이 그런 사람이
며, 미국 인민이 영국의 압박을 받아 무거운 조세와 인권의 유린을 견디
지 못하자 이에 대하여 일개 깊고 험한 산골 농부로서 독립의 기치를
내걸고 투쟁한 지 8년 만에 나라의 독립을 이루고 인간의 자유를 회복하
여 지구상 일등 국가의 영예와 복리를 누리게 했던 워싱턴(미국 사람)이
그런 사람입니다. 프랑스의 혁명 풍조가 요란하여 대륙이 요동치며 각
나라가 떠들썩할 때 일개 군대의 하급 장교로 분기하여 사방을 정벌하여
전 유럽을 석권했던 나폴레옹(프랑스 사람)[68*]이 그런 사람이고, 네덜란드
인이 오랫동안 스페인에 복속되어 종교의 압제와 학정에 시달림이 극심
했는데 일개 망명 지사로서 게르만지방에서 의병을 모집하여 혈전을 벌

[65*] 구스타프 아돌프(Gustav II Adolf den store, 라틴어 : Gustavus II Adolphus, 1594~
1632): 스웨덴 바사(Vasa)왕조의 구스타프 2세 아돌프 대왕이다. '30년 전쟁' 때 신
교군을 도와 침입하였으나 뤼첸전투(1632.11.16.)에서 보헤미아 출신으로 신성로
마제국의 사령관이었던 발렌슈타인에게 전사했다.
[66*] 표트르 대제(Пётр I Алексеевич, 1672~1725): 러시아 제국 로마노프 왕조의
황제(재위 1682~1725)인 표트르 1세다. 서유럽 국가를 돌아다니면서 신식 문물을
배웠는데, 네덜란드에서 자신을 평민으로 속여서 배 만드는 기술을 배웠다. 이로써
러시아는 북유럽의 강대국 스웨덴과의 전쟁에서 승리할 정도로 국력이 강해졌다.
[67*] 올리버 크롬웰(Oliver Cromwell, 1599~1658): 오늘의 영국 통일을 이룩한 17세기
출중한 정치가 겸 군인이다. 영국의 군주제를 폐한 1653년 12월 6일부터 죽을 때까
지 호국경으로 잉글랜드, 스코틀랜드, 아일랜드를 다스렸다.
[68*] 나폴레옹(Napoleon Bonaparte, 1769~1821): 18세기 말 프랑스 혁명 시대의 장군이
자 정치가로, 쿠데타로 종신 집정이 된 후 국민 투표를 거쳐 황제의 자리에까지
올랐다.

인지 37년 만에 국권을 회복하고 자신은 자객의 손에 생명을 잃었으나 회한이 없는 오란여 빌럼(네덜란드 사람)69*이 그런 사람입니다. 미국이 수십 년 전에 노예매매 풍습으로 인도주의가 다해 끊기고 남북분열의 위기로 위태로울 때 일개 뱃사람의 아들로서 이러한 난국을 바른 도리로 선전하고 민의로 풀어나가 보잘것 없는 한 몸을 국민 앞에 바쳐 평등의 이상을 실행해 천하의 법칙이 된 링컨(미국 사람)70*도 그런 사람이고, 이탈리아 민족이 오랫동안 오스트리아에게 노예 대접을 받았는데 일개 소탈한 소년으로서 이역으로 도망쳐 숨어 국혼71*을 일깨우며 청년 교육에 앞장섬으로써 마침내 나라를 독립의 지위로 회복시킨 마치니(이탈리아 사람)72*가 그런 사람입니다.

크리스토퍼 콜럼버스   마르틴 루터   페르디난드 마젤란

69* 오란여 빌럼(Willem van Oranje, 1533~1584): 네덜란드 건국의 아버지 빌럼 판 오란여다. 빌럼이 스페인왕 필립 2세의 반종교개혁 정책들에 저항하여 칼빈주의자들이 야기한 반란을 주도하여 1568년 대 스페인 독립 전쟁인 '80년 전쟁'을 시작했다. 1831년 빌럼 1세로 추대된 이래 국부로서 추앙받고 있으며 세습제로 계승해 현재 왕실도 그의 가문이다.

70* 링컨(Abraham Lincoln, 1758~1831): 에이브러험 링컨. 미국의 제16대(1861~1865) 대통령이다.

71* 국혼: 문맥상 '독립자주정신'의 의미다.

72* 마치니(Giuseppe Mazzini, 1805~1872): 주세페 마치니. 이탈리아 통일 운동을 이끈 애국자이자 혁명가다. 이탈리아 통일의 '혼'으로 추앙받는다.

데이비드 리빙스턴

구스타프 아돌프

표트르 대제

올리버 크롬웰

나폴레옹 보나파르트

오란여 빌럼

(좌)에이브러험 링컨
(우)주세페 마치니

이들이 모두 모험정신으로 모든 난관에 굽히지 않고 이겨 나가 그 사업의 목적을 달성하였던 것은 틀림없는 사실입니다. 그런데 이러한 '모험'이라는 두 글자에 대하여 쉽게 말하는 자는 많으나 그것을 실행하는 자가 적으니 어찌 탄식할 일이 아니겠습니까?"

황제가 말했다.

"이를 실행하지 못함은 다른 이유가 아니라 그런 사람이 사업을 이룩하려는 뜻이 있으나 단지 위험한 기회가 눈앞에 가로놓여 한편으론 앞장서고 한편으론 물러서서 그 목적지에 도달하지 못하는 것이다. 따라서 사람이 어떠한 사업을 목적하였을 때에는 유일 정신으로 오로지 그 목적만 보고 그 외의 다른 것은 염두에 두지 말아야 모험의 실행을 얻을 것이다. 짐이 병력을 이끌고 흑룡강을 건널 때에도 눈앞의 적을 취하는 형편만 보았지 물이 깊고 낮음을 살피지 않았다. 이를 미루어 헤아려 시행에 옮기면 만사가 다 그러하므로 지금 조선 청년도 눈앞에 단지 조국과 민족만을 보고 그 외에 일체 생각지 않으면 모험을 실행하는데 어려움이 없을 것이다."

제8장 단합심과 활동심은 민족자존의 길

이에 무치생이 물었다.

"폐하의 가족이 강력하여 천하를 정복했던 것은 역사상 사실입니다. 당시 정벌의 거사가 있으면 부형자제가 하나같이 종군하여 대장이나 편장이 되고, 선봉이나 후경[73*]이 되며, 장교나 병졸이 되기도 하는 등 가족

73* 후경(後勁): 후방을 지키는 병정을 말한다.

이 혈연으로 군단의 기틀을 이루었습니다. 이로써 그 병사들은 정예화되어 힘이 고르고, 그 장교들은 용감하여 뜻이 하나 되었으니 천하무적이었던 것입니다.

지금은 세계 각국이 모두 그 전체 민족의 힘으로 경쟁하는 시대이기 때문에 민족 단체의 힘이 아니면 다른 민족에 대적할 수 없고 승리를 거둘 수 없습니다. 그런 이유로 지금 세계에서 우등한 지위를 차지하고 있는 민족은 모두 단결된 정신과 단결된 세력으로 경쟁의 준비를 완고하게 하고 있습니다. 정치계, 종교계, 교육계, 실업계, 군사계가 모두 그 단체의 기관으로서 대중의 지혜를 합하여 커다란 집단의 지혜가 되고 대중의 힘을 합하여 집단의 힘을 이루는 까닭에 그 기초가 공고하고 그 실력이 건전하여 꾀하고자 하는 것을 반드시 획득할 뿐만 아니라, 하고자 하는 것을 반드시 이룩하고 남과 경쟁하는 경우에도 실패가 전혀 없고 반드시 승리를 얻게 되는 것입니다.

만약 단결된 정신과 단결된 세력이 없으면 모든 사업이 모두 다른 민족에게 굴복하게 되고 실패하여 정치권이나 종교권, 교육권, 실업권, 군사권의 모든 권리가 다른 민족의 차지로 돌아가 자기는 털끝 같은 자유권도 없이 생존할 수 없는 비참한 지경에 이를 것입니다.

우리나라 인사들도 이에 느낀 바 있어서 이처럼 경쟁이 극렬한 시대에 자기 보존 방책으로 국민 단체가 필요하다는 주의를 제창하고 설명하는 자가 있습니다. 그렇지만 근래 목격한 상황으로 보건대 국민전체의 단합은 차라리 말할 것도 없고 몇몇 개인들이 조직한 조그만 단체의 경우라도 단체 내부에서 서로 권리를 다투고 서로 세력을 다투어 닭장 속에 닭이 싸움을 벌이는 것과 같고, 또 벌통 안에서 벌들이 서로 싸우는 것과 같아 필경 분열되고 사라져 타인의 비웃음을 사는 이가 많고, 그 중 이른바 다수 단체는 더욱 자립적 정신이 없고 의뢰적인 행동으로 타인에게 이용되어 조국을 팔고 동포를 해침으로써 세계에서 가장 추악하고 비열한 본색을 드러냅니다. 해외 각지에 이주한 동포로 말하면, 이리저리 떠돌아다니며 생활하는 가운데 서로 친애하는 정분도 특이할 것이며, 다른 민족한테 모멸을 당하지 않으려는 생각도 있을 것이며, 또 고난과 고초를 겪는 가운데 천부적 양심도 생길 것입니다. 그러니 도대체 무슨 권리, 무슨 세력을 다투는 것인지, 서로 시기하고 서로 배척하여 당파의 분열이 많습니다. 가장 통탄스러운 것은 개인적인 행동으로 외국인의 구속을 받는 노예가 되어 마치 여우가 호랑이의 위세를 빌린 격으로 꺼드럭거리며 죄 없는 동포를 죽을 지경의 위험한 곳으로 밀어 넣은 것을 일삼는 자가 심히 많습니다. 호랑이나 이리도 같은 짐승을 잡아먹지 않는데, 그와 같은 비열한 종자는, 인류는 고사하고 짐승 무리에도 없습니다. 무릇 모든 인류가 다 천지의 기운을 받아 신체가 생겨나고 천지의 영을 받아 심성이 되니, 이런 이유로 "사해 사람이 모두 나의 동포"라고 합니다. 한 조상의 자손이라면 핏줄 관계로 서로 사랑하는 정이 응당 더욱 절실할 것입니다.

우리 대동민족은 어느 곳에서 태어났든지 또 어느 성의 어느 파로 태어났든지 간에 다 같은 단조의 혈손이기에 누구든지 모두 나의 친절한 형제가 아니겠습니까? 그런데도 이러한 사실들을 생각하지 않고 서로 싸우고 해침이 그와 같으니 필경 모두가 사라질 수밖에 없으므로 생각이 이에 미치면 실로 가슴을 치며 통곡할 수밖에 없습니다. 이에 대하여 어떠한 방법으로 하여야 그 극히 비열하고 극히 악한 심성의 뿌리를 뽑고 인애심과 공덕심을 길러 서로 친애하는 정으로 싸우고 해치는 일이 없이, 국민단체라고 하는 신성한 주의와 공고한 세력으로 자기를 보존하여 천지간에 우리 단군 혈통이 끝내 멸망하는 지경에 이르지 않게 되겠습니까?"

황제가 답했다.

"네 말이 가히 슬프고 또 네 마음이 참으로 괴롭겠구나. 이는 곧 민족의 존멸이 달린 기관이요, 근본적인 문제다. 그 말이 어찌 슬프지 않으며 그 마음이 어찌 괴롭지 않겠는가?

짐이 그 근본 문제에 대하여 명백히 말하겠다. 무릇 인간이 마음속으로 생각함에는 단지 '선악' 두 글자가 있는데 선과 악의 사이에 털끝 하나도 용납되지 않는다. 그러므로 생각 하나의 차이로 충신의사도 되고 난신적자도 되는 것이다.

대체로 조선은 예부터 칭하기를 군자국이라 하며 예의의 나라라 하여 4천년 신성한 후예로서 역사 있는 민족이 아닌가? 그 민족의 성질이 온화하고 충순하여 난폭하거나 사납지 않고, 총명하고 지혜로워 굼뜨거나 어리석지 않았는데 어찌하여 오늘날에 이르러 지극히 비열하고 지극히 사악한 종자로 타락하고 말았는가? 이는 다른 것이 아니라 스스로 편협되고 비하시키는 습관이 이어져 내려옴에 따라 일종의 비루한 성질을 키운 까닭이다.

무릇 과거의 역사를 말하자면, 오직 고구려 시대에 강한 무력의 기풍과 독립적인 성격이 있었고, 신라 중엽에 이르러 일시적인 정책으로 다른 나라에 의뢰한 행동이 있었지만 오히려 스스로 지키는 정신을 잃지 않아 대외 경쟁을 벌인 일이 있었다. 고려 말에 이르러서 비록 몽골로부터 심한 압제를 받기는 했으나 자강의 기풍이 전혀 없어지지 않았으니 최영 같은 호기에 찬 남아가 있어서 대외 활동으로 요나라 정벌 거사를 제창하기까지 하였다. 그러나 그 후 5백년 간은 순전한 부용시대이자 폐쇄시대였다. 대외경쟁과 밖으로 진취하려는 기상을 꿈조차 꾸는 이가 없게 됐으니 비록 혈기 있는 자라 할지라도 누구와 경쟁할 수 있겠는가? 오로지 사사로운 권력과 이로움을 탐하여 제 나라 안에서만 경쟁할 뿐이다. 이에 정당의 경쟁과 학파 간의 경쟁이 생겨나 서로 공격함이 분분하여 그칠 날이 없었으니 저 무리들의 생각으로는 그러한 경쟁에서 승리하는 것이

마치 거록74*대전에서 항우가 진나라의 군사를 격파했던 것과 적벽전투
에서 주유75*가 조조를 격파한 듯이 알고 있다. 그러나 이를 조금이라도
작은 일에 얽매이지 않는 남자의 눈으로 보면, 저들이 일삼는 정쟁은 파
리머리만한 작은 이득이요, 달팽이뿔 같은 텅 빈 이름에 불과한 것이다.
그런데도 이같이 비루한 행위를 세상에서 보기 드문 사업으로 인식하고
최고의 의리로 간주하니, 이로 말미암아 그 국민이 모두 비루한 기풍에
물들어 각기 자기가 취할 수 있는 분수 내에서 사사로운 권리를 다투어
제2의 천성을 이루었으니 어찌 국가를 돌아보고 동족을 친애하는 공덕심
과 의협심이 있겠는가? 그러한 이유로 오늘날에 이르러서도 나라를 팔고
동족에게 화를 미치는 지극히 비열하고 지극히 악한 행동이 바로 ‘비루’
두 글자의 결과이며, 사회를 이루는 속에서 공체를 생각하지 않으며 공의
를 지키지 않고 단지 그 사의와 사견으로서 시기하고 쟁투하여 단합하지
않고 분열되고 마는 것 또한 ‘비루’ 두 글자의 결과다. 이같이 비루한 것이
돌아갈 데라곤 짐승뿐이고, 짐승은 인간한테서 쫓겨나 죽임을 당할 뿐이
다. 그러나 이는 인간의 본래 성질이 아닐뿐더러, 조선 인민은 원래 신성
한 종족이다. 단지 과거시대의 비열하고 너저분한 풍습으로 인하여 날이
갈수록 더욱 타락하여 오늘에 이른 것이니 어찌 슬프고 가엾다 하지 않겠
는가?

　짐이 조선 민족의 보통교육을 위하여 해상보통학교와 대륙보통학교를
건설하여 경영하고자 하니, 해상학교 교사로 스페인 사람 콜럼버스를 초
빙하여 항해술을 가르치면 그 안목이 넓게 열려 좁고 편협한 마음을 씻어

74* 거록(鉅鹿): 중국 하북성 남부에 있는 유적으로 춘추전국시대 조나라의 도읍이다.
　　항우와 진나라 군사의 전쟁터였다.
75* 주유(周瑜): 중국 오나라의 명신. 위나라의 조조가 화북을 평정하고 진격해 오자
　　강화론자들을 누르고 촉의 제갈공명과 함께 적벽에서 위군을 대파하였다.

버릴 수 있을 것이고, 대륙학교 교사로 몽골 대신 야율초재[76*]를 초빙하여
아시아에서 유럽 대륙으로 말을 타고 내달리던 정신을 가르치면 그 신체
가 단련되어 연약한 성질을 개량할 수 있을 것이다. 이렇게 하면 비루한
풍습이 자연히 씻겨 없어지고, 신지식과 신도덕으로 동포를 사랑하는 사
상도 생겨날 것이며, 다른 민족에 대하여 인격을 잃어버리지 않는 효과도
있을 것이다."

이에 무치생이 아뢰었다.

"폐하께서 우리 민족의 생명을 구하고 살려내실 뜻으로 그와 같은 교육
을 경영하겠다고 하시니 참으로 감격하여 눈물이 쏟아짐을 이길 수 없습
니다. 그러나 만사 모든 물질이 그 종자의 질이 원래 좋지 않으면 비록
다른 곳에 옮겨 심는다고 하더라도 좋은 종자가 되지 못하는 것과 같이
우리 민족이 본래 신성한 후예였지만 과거 수백 년간에 비루한 풍습이
생육계에 유전성이 되었으므로 이것이 곧 태어나기 전 병의 뿌리입니다.
그렇기 때문에 근래 우리 민족이 혹 해외 각지에 이주하여 이국산천에
대한 안목도 넓히고 다른 민족의 풍조에 감화도 받았을 것이나 끝까지
동포사회의 단합 정도를 기대하기 묘연합니다. 이는 곧 원래 질이 좋지
못한 이유인지, 갖고 온 병의 뿌리가 가시지 않은 이유인지, 신은 이에
대하여 더욱 두렵고 걱정됨을 이루 말할 수 없습니다."

황제가 말했다.

"이것이 어찌 원래 종자의 죄이겠는가? 필시 병의 뿌리가 가시지 않아
그러함이다. 비록 해외에 이주한 자라도 훌륭한 교육을 받아 새로운 정신

76* 야율초재(耶律楚材): 요나라 출신으로 몽골제국 제2대 황제(재위 1229～1241) 오
   고타이의 정치고문으로서 정복지에 대한 몽골의 정책을 바꾸도록 건의했다. 이에
   따라 오고타이는 정복지의 전 주민을 살해하고 모든 것을 파괴하는 전통 방식 대신,
   그 지역의 부와 주민의 기술을 활용하는 정책을 쓰게 되었다.

이 머릿속에 들어가지 않으면 그것은 곧 옛날 근성이 남아있는 조선 사람인데 어찌 '신국민'으로서 자격이 있겠는가? 이것이 짐이 광대한 학교를 건설하고 고등교사를 초빙하여 훌륭한 교육을 실시하고자 하는 이유다. 만일 조선민족이 모두 이같은 교육을 받아 개인이 발달하고 수준이 올라가게 되는 경우에 그 광엄장대하고 활발한 기상과 폭넓고 활달한 기량이 생겨나 저 섬나라 종족이 감히 넘보지 못할 바가 될 것이다. 저들은 다만 해상에서 배를 타는 생활로 모험활동의 힘이 있지만, 우리 민족이 해상활동과 대륙에 비등할 자격을 아울러 갖추면 어찌 저들보다 우월하지 않겠는가? 너는 그 성적이 어떠할지 고대해 보아라."

이에 무치생이 물었다.

"앞서 말씀하신 바, 하늘이 세운 학교는 시대적인 관계로 청년의 자격을 만들어내는 곳이고, 해상보통학교와 대륙보통학교는 지리적인 방면으로 국민의 성질을 개량하는 곳이므로 교육기관이 어마어마하게 크다고 할 만합니다. 이로써 우리 민족의 앞길에 큰 희망을 걸 수 있게 되었는데 이외에 또 정신교육에 필요한 학교가 있습니까?"

이에 황제가 답했다.

"단군대황조께서 건설하신 4천여 년 역사학교가 있으니 그 위치가 빼어나고 규모도 완벽하다."

그러자 무치생이 아뢰었다.

"엎드려 바라옵건대 폐하의 특별하신 총애를 입어 우리 신조께서 건설하신 학교를 우러러 볼 수 있게 해주시면 실로 분에 넘치는 은혜가 되겠습니다."

이에 대신 종망[77*] 등에게 특별히 명하여 안내하게 하였다.

77* 종망(宗望): 금나라의 좌부원수로 태조의 둘째 아들이다. 본명은 알로보(斡魯補) 또는 알리부(斡里不)다. 금태종을 따라 우부원수 종한(宗翰, 粘罕)과 함께 송나라

제9장 대동중학교와 각 대학교를 시찰함

학교의 위치는 백두산 아래에 있는데, 서쪽으로 황해와 맞닿고, 북쪽으로 만주를 베고, 동쪽으로 벽해를 두르고, 남쪽으로 현해를 경계 삼았다. 단목 아래에 한줄기 대로가 평평하고 넓게 뻗어 학교에 바로 이른다. 무궁화와 불로초가 활짝 피어 아름답게 흐드러지고 풍경도 수려하여 일반 학도들의 건강에도 극히 좋은 곳이다.

무수한 '소학교'가 기라성처럼 즐비하였으나 일일이 시찰할 겨를이 없어서, 그 중에서 제일 저명한 '대동중학교'를 방문하였다. 대문 밖에 학교 건설의 역사를 금강석에 새겨 세워 놓았는데 개교일이 지금부터 4244년 전[78] 무진 10월 3일이다.

(좌)안유(안향)
(우)기자

안으로 들어가 교장실을 방문하니 후조선 태조 문성왕 기자가 교장으

를 침공해 멸망시킨 위인이다.
[78] 서기 전 2333년.

로 있고 실내에 「홍범도」와 「8조교」를 걸어 두었으며, 교감은 고려의
안유[79*] 씨다.

강실[80*]은 수천 칸인데, 신라 선덕여왕이 천문학 교사로 첨성대[81*]의
제도를 설명하고, 백제 왕보손[82*] 씨는 일본에 천문학을 전수해 주기 위해
이미 떠났다.

지문학 교사는 팽오[83*] 씨로 단군조선 시대에 국내 산천을 개통하던 역
사를 설명한다.

윤리학 교사는 후조선 소련·대련[84*] 씨와 신라의 박제상[85*] 씨다.

79* 안유(安裕): 고려 중기 명신 안향(安珦, 1243~1306)의 초명이다. 호는 회헌(晦軒),
   본관은 순흥으로 경북 영주시 순흥면 출신이다. 고려 말 혼란과 모순을 수습하고
   유학 진흥에 큰 공적을 남겨 조선 5백년의 정치이념 기반이 되었던 주자학을 일으
   켜 조선인들의 추앙을 받은 인물이다. 원래 이름 '향'이 조선조 문종의 이름과 같아
   서 피휘(避諱)하여 '유'로 바꿔 부르게 되었다.
80* 강실(講室): 강의실.
81* 첨성대(瞻星臺): 동양에서 현존하는 가장 오래된 천문대로서, 국보 31호로 경북
   경주시에 소재한다. 『삼국유사(三國遺事)』에 선덕여왕(善德女王) 때 돌을 다듬어
   쌓은 것으로 기록돼 있다. 선덕여왕은 신라 제27대 왕(재위 632~647)이다.
82* 왕보손(王保孫): 생몰년 미상. 백제 성왕 때의 역박사(曆博士)로 고덕(固德)의 관
   등에 있었다. 왜의 요청에 의하여 서기 554년(성왕 32) 2월에 역박사(易博士)·의
   박사(醫博士)·채약사(採藥師)·악인(樂人)과 함께 파견되어 왜 문화 발전에 많이
   기여했다.
83* 팽오(彭吳): 『신사기(神事記)』에서는 토지를 맡은 '팽우(彭虞)'와 글을 맡은 신지
   (神誌)와 농사를 맡은 고시(高矢)를 단군의 세 선관三僊이라 한다. 백암이 팽오
   (彭吳)라고 표기한 점은, 경전을 인용한 것이 아니라 『문헌비고』 등의 사료에서
   "단군이 팽오에게 명하여 국내 산천을 다스려 백성들이 살 곳을 정하게 하였다"라
   는 구절에서 따온 것임을 알 수 있다. 한편, 안정복은 『동사강목』에서 『한서』 '식화
   지(食貨志)'의 내용을 근거로 "팽오가 한나라 사람"이라고 반박하기도 했다.
84* 소련(小連)·대련(大連): 『예기』, 「잡기」 하편에 "공자가 말하기를, 소련과 대련은
   동이 자손이다. 부모상을 잘 치렀는데, 사흘 동안 게을리 하지 않고, 석달 동안
   해이하지 않고, 1년이 되도록 슬퍼했으며, 3년 동안 근심하였다"고 적혀 있다.
85* 박제상(朴堤上): 생몰년 미상. 신라 17대 내물이사금 때부터 제19대 눌지마립간(재
   위 417~458) 때까지 활약한 충신이다. 고구려와 왜에 각각 볼모로 잡혀 있던 왕제
   복호와 왕자 미사흔을 탈출시키는데 성공했다. 그러나 자신은 왜군에게 붙잡혀
   유배되었고 충절을 지켜 끝내 화형 당해 순국했다. 눌지왕은 그의 죽음을 애통하하

체조교사로 고구려 천개소문씨가 석자 구레나룻을 휘날리며 늠름한 풍채로 몸에다 수십 개의 긴 칼을 두르고 운동장에서 구령을 내며 검술을 가르치고 있다.

국어교사는 신라 설총[86*]씨가 맡는다.

역사교사는 신라 김거칠부[87*]씨와 고구려 이문진[88*]씨와 조선조 안정복[89*]씨다.

화학[90*]교사는 신라 최치원[91*]씨와 조선조 양사언[92*]씨다.

설총

며 대아찬으로 추증하였다.

86* 설총(薛聰): 655~?. 신라 경덕왕 때의 대학자로 향가표기법인 향찰(鄕札)의 권위자다. 경학을 깊이 연구하여 후학에게 구경(九經: 주역, 시경, 서경, 예기, 춘추, 효경, 논어, 맹자, 주례)을 가르치고, 강수·최치원과 더불어 신라 삼문장(三文章)의 한 사람으로 손꼽힌다.

87* 김거칠부(金居柒夫): 502~579. 신라 전성기인 진흥왕 때의 재상이자 장군이다. 내물왕 계통의 왕족후손으로, 545년에 왕명을 받아『국사(國史)』를 편찬하고 군사와 정치 분야에서 활발히 활동하였다.

88* 이문진(李文眞): 생몰년 미상. 고구려 후기의 학자로, 태학박사(太學博士)의 관직에 있었다. 서기 600년(영양왕 11) 왕명을 받아 역사서인『신집(新集)』5권을 편찬하였다.

89* 안정복(安鼎福): 1712~1791. 조선 후기 실학자로, 성호 이익의 제자다. 기존 한국 사론을 수렴하고 고조선에서 고려말까지의 역사적 사실을 고증하고 정립하여 조선조 대표적인 역사서로 평가받는『동사강목』을 편찬하였다.『동사강목』은 훗날 근대민족사학자들에게 많은 영향을 주었다.

90* 화학(化學): 오늘날 문학(文學)의 의미다.

91* 최치원(崔致遠): 857(문성왕 19)~?. 신라 말에서 고려 초의 유학자이자 대문장가. 선승들의 탑비문을 찬술하고, 노장사상에도 관심을 가져「난랑비서(鸞郎碑序)」에서 "우리나라에 현묘한 도가 있었으니 풍류라 이른다. 실로 삼교(도교·불교·유교)를 다 포함하여 이로써 뭇 중생들을 교화하였다"고 기록했다.

92* 양사언(楊士彦): 1517~1584. 조선 전기의 문인. 서예가로서 해서와 초서에 능하여 안평대군(安平大君)·김구(金絿)·한호(韓濩)와 함께 조선 전기 4대가로 손꼽힌다.

최치원

우륵

음악교사는 가야 우륵93* 씨와 신라 옥보고94* 씨가 맡는다.

도화교사는 신라 솔거95*와 고구려 담징96* 두 선사인데, 담징은 일본 도화학교수로 초빙되어 갔다고 한다.

93* 우륵(于勒): 생몰년 미상. 가야국 가실왕과 신라 진흥왕 때의 12현금(가야금) 명인 이다.

94* 옥보고(玉寶高): 생몰년 미상. 신라 경덕왕 때의 거문고 대가. 통일신라시대 귀족 출신이었지만 지리산 운상원에 들어가 50년 동안 거문고를 익혔다. 거문고를 위한 새로운 가락 30곡을 지었으며, 고구려에서 유래한 거문고를 신라에 계승시키는데 큰 공헌을 하였다.

95* 솔거(率居). 생몰년 미상. 통일신라의 명화가. 대표 작품으로 경주 황룡사의 「노송 도(老松圖)」, 「단군초상(檀君肖像)」 등이 있으나 전하지 않는다. 특히 노송도 벽 화는 소나무를 실감나게 잘 그려 새들이 착각하고 날아들다가 벽에 부딪혔다는 일화로 유명하다. 황룡사는 1238년 몽골군의 침략으로 전소되었는데, 현재 대규모 복원사업이 진행 중이다.

96* 담징(曇徵): 579~631. 고구려의 명화가. 『일본서기』에 의하면, 서기 610년(영양왕 21) 백제를 거쳐 일본에 건너가 채색과 종이·먹·연자방아 등의 제작방법을 전하 고, 나래奈良] 호류새法隆寺]에 기거하면서, 오경(五經)과 불법(佛法)을 강론하고 금당(金堂) 벽화를 그렸다.

산술교사는 신라 부도[97*]씨다.

물리교사는 조선조 서경덕[98*]씨다.

수신교사는 고려 최충[99*]씨다.

강실 옆에 활자기계실이 있어 만 권의 서적을 인쇄하여 출간하는데, 여기 활자[100*]는 조선조 태종대왕께서 창조하신, 세계 각국 가운데 가장 앞서 발명한 것이다.

중학교 서남쪽에 극히 굉장한 학교가 있는데 하나는 육군대학교다. 교장은 고구려 광개토왕이고, 교사는 고구려 을지문덕씨와 고려 강감찬[101*]씨다. 을지문덕씨는 살수대전에서 수나라 군사 백만 명을 전멸시켰던 사실을 설명하고, 강감찬씨는 흥화진에서 거란 군사 수십만을 격파하던 사실을 설명하고 있다.

97* 부도(夫道): 생몰년 미상. 신라 제12대 첨해이사금(재위 247~261) 때의 관리. 신라 6부의 하나인 한지부(漢祇部) 출신으로 집안이 가난하였으나 아첨하는 일이 없고, 글씨와 셈을 잘하여 당시 이름나 있었으므로 왕이 그를 불러 아찬으로 삼고 물장고(物藏庫) 사무를 맡겼다 한다.

98* 서경덕(徐敬德): 1489~1546. 조선 중기 유학자. 우주만물의 근원적 실체를 기(氣) 하나로 보는 기일원론(氣一元論)의 선구자다. 해와 달과 별들의 운동을 기본으로 한 원(元), 회(會), 운(運), 세(世)의 4가지 요소로써 우주의 시간 개념을 설명하여 조선 상수학(象數學)의 기초를 마련했다. 황진이 · 박연폭포와 더불어 송도삼절(松都三絶)로 유명하다.

99* 최충(崔沖): 984~1068. 고려 중기 문신. 1047년 법률관들에게 율령을 가르쳐 고려 형법의 기틀을 마련했다. 문장과 글씨에 능하고 교육사업에 힘써 '해동공자'로 불렸다.

100* 태종대왕께서~활자: 조선 태종 3년(1403) 계미년에 만든 조선시대 최초의 구리 활자 '계미자(癸未字)'를 지칭한다.

101* 강감찬(姜邯贊): 948~1031. 고려 현종 때의 명장. 1010년과 1018년에 걸친 거란의 침투를 막아냈으며, 특히 대외항전사상 나라를 구한 결정적 전투의 하나로 꼽는 구주대첩을 승리로 이끌었다.

광개토대왕   을지문덕   강감찬

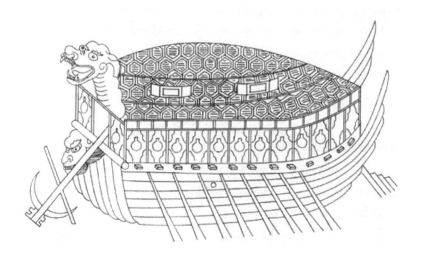

거북선

다른 하나는 해군대학교다. 교장은 신라 태종대왕102*이고, 교사는 고

102* 태종대왕: 602~661(재위 654~661). 신라 제29대 태종무열왕(太宗武烈王)이 된
   김춘추 장군을 말한다.

려의 정지[103*]씨와 조선조 이순신씨인데, 정지씨는 호남해도에서 왜선 120척을 크게 격파한 사실을 설명하고, 이순신씨는 철갑거북선을 창조하여 왜선 수백 척을 전멸시켰던 사실을 설명하고 있다.

이어서 각 전문대학교를 둘러보는데, 정치대학교 교장은 발해 선왕[104*]이고, 교사는 조선조 유형원[105*]씨와 정약용[106*]씨다.

법률대학교 교장은 신라 법흥왕[107*]이고, 교사는 신라 효소왕 때 율학박사 6인[108*]이다.

정약용

농업전문학교 교장은 백제 다루왕[109*]으로 논밭 경작법을 널리 펴고

103* 정지(鄭地): 1347~1391. 고려 말 무신. 순천, 낙안, 영광, 광주, 담양, 남원, 남해에서 왜적을 대파했고 요동 정벌 때 이성계의 위화도회군에 동조했다.

104* 선왕(宣王): 재위 818~830. 발해의 제10대왕. 이름은 대인수(大仁秀)로 대조영(大祖榮)의 아우인 대야발(大野勃)의 현손이다. 건흥(建興) 연호를 사용하였으며 발해의 전성기를 열어 발해를 '해동성국(海東盛國)'으로 중흥시킨 임금이다.

105* 유형원(柳馨遠): 1622~1673. 조선 실학의 비조(鼻祖)로 국가재정과 국민생활의 안정을 위해 토지·군사·교육 등 총체적 제도개혁을 주창하였다.

106* 정약용(丁若鏞): 1762~1836. 조선 후기 실학자. 자신의 정치개혁사상을 『목민심서』와 『경세유표』에 담았는데, 전자는 지방 행정에 관한 개혁 지침서이고, 후자는 국가기구 전반의 개혁원리를 밝힌 책이다.

107* 법흥왕(法興王): ?~540(재위 514~540). 신라 제23대왕. 지증왕대의 개혁 조치를 바탕으로 서기 520년에 율령을 반포하고 백관의 공복을 제정하였다. 군사제도 정비, 불교 공인, 신라 문헌상 최초에 연호인 '건원(建元)' 사용 등으로써 국가 체제 확립에 힘썼다.

108* 율학박사 6인: 율학박사(律學博士)는 고려시대 관직명으로, 신라 때라면 율령박사(律令博士)가 옳다. 정확한 표현은 '율령전(律令典) 박사 6인'이다.

109* 다루왕(多婁王) ?~77(재위 28~77). 백제의 제2대왕. 온조왕의 맏아들이다. 서기 10년(온조왕 28)에 태자가 되었고 온조왕이 승하하자 즉위하였다. 성격이 관대하고 후덕하며 위세와 명망이 있었다. 『삼국사기』, 「백제본기」'다루왕 6년(서기 33)조'에, "2월 나라 남쪽의 주·군(州郡)에 영을 내려 처음으로 논稻田을 만들게

있으며, 교사로 신라 지증왕110*이 '소를 부려 논밭갈이'의 편리를 설명한다. 양잠과 베 짜는 일을 신라와 백제 왕궁에 있던 부인들이 가르침에 임하고, 차 생산은 신라 대렴111*씨가 지나 종자를 구해 지리산에 옮겨 심고, 목면은 고려 문익점112*씨가 지나의 남방에서 옮겨와 나라 안에 많이 심었다.

공업전문학교 교장은 백제 개로왕113*이고, 교사는 신라 지증왕114*과 백제 위덕왕115*과 신라 이사부116*씨와 백제 고귀117*씨다.

하였다"는 기록이 있다.

110* 지증왕(智證王): 437~514(재위 500~514). 신라 제22대 왕. 서기 502년 3월 주주(州主)와 군주(郡主)에게 명하여 농사를 권장케 하였고, 소를 부려 논밭을 가는 우경법(牛耕法)을 처음 시행하였다.

111* 대렴: 김대렴(金大廉, ?~?). 『삼국사기』, 「신라본기」 권10 '흥덕왕 3년(828)조'에 "당나라에 갔다가 돌아온 사신 대렴이 차나무 씨앗을 가지고 왔으므로 왕이 지리산에 심게 하였다. 차는 선덕왕 때부터 있었는데, 이때 이르러 매우 성행하였다"고 기록돼 있다.

112* 문익점(文益漸): 1329~1398. 고려 말 공민왕 때 문신으로 1363년 원나라에 갔다가 귀국할 때 면포를 만드는 목화를 처음 전래하였다. 한국 의생활 발전에 획기적 전기를 마련한 인물이다. 문익점이 면화를 처음 재배한 '문익점면화시배지'가 현 경남 산청군 단성면에 소재한다.

113* 개로왕(蓋鹵王): ?~475(재위 455~475). 백제의 제21대왕이다. 정치에 안정을 기하고, 화려한 궁궐 축조 등의 대대적인 토목공사를 일으켰으나, 결과적으로 국력을 피폐화시켰다.

114* 『삼국사기』, 「신라본기」 '지증마립간 5년(서기 504)조'의 "가을 9월에 인부를 징발하여 파리성(波里城), 미실성(彌實城), 진덕성(珍德城), 골화성(骨火城) 등 12성을 쌓았다"고 한 구절에 근거한다.

115* 위덕왕(威德王): 525~598(재위 554~598). 백제 제27대 왕이다. 그는 부왕인 성왕의 왜국 불교국가 건설계획을 이어서 아스카 구다라 왕실의 불교 진흥에 박차를 가하였다. 서기 588년 여러 사신과 고승, 사찰 건축관계 기사들을 보내 고대 일본 문화의 발달에 기여한 아스카 불교문화를 꽃피웠다.

116* 이사부(異斯夫): 생몰년 미상. 내물왕의 현손으로 신라 진흥왕대에 활약한 정치가이자 장군이다. 공업전문학교 교사로 배치한 것은, 『삼국사기』 권44(열전4) 「이사부」 조에서 이사부가 우산국 정벌시 나무사자를 많이 만들어 전함에 나누어 싣고 갔다는 내용에 근거한다.

117* 고귀(高貴): 생몰년 미상. 백제 개로왕 때 도공이다. 『일본서기』 '웅략(雄略) 7년(463)조'에, "신한(新漢, 요새 온 백제인이라는 뜻)인 도부(陶部) 고귀(高貴), 안부

고구려의 혁공, 백제의 도공·대장
공·마구공·칠공·미술공, 신라의 철
공·그릇공·수예공·불상주조공·직
기공·조선공 등 각종 업이 크게 발달하
여 각국에서 견줄 바가 없으며, 또 각 공
사들이 일본에 교사로 건너간 자가 매우
많다.

최무선

고려 최무선[118*]씨는 화포 제조로 왜선
을 격파한 사실을 설명하고 있다.

의학전문학교 교장은 백제 성왕[119*]이
고, 교사는 신라 김파진씨와 한기무[120*]씨와 고구려 모치씨와 조선조 허
준[121*]씨인데, 모치[122*]씨는 일본 교사로 건너갔다고 한다.

(鞍部) 현귀(賢貴), 화부(畵部) 인사라아(因斯羅我), 금부(錦部) 정안나금(定安
那錦), 역어(譯語) 묘안나(卯安那)" 등 백제에서 건너간 기술자들의 이름이 다수
기록되어 있다. '도부'는 수혜기(須惠器, 가야토기와 비슷한 토기)를 만드는 기술
직이다.

118* 최무선(崔茂宣): 1325~1395. 고려 말 무관으로, 왜구의 노략질을 막기 위하여
화약과 화약무기를 처음 제작하였다. 1380년에 왜구가 500여척의 선박을 이끌고
금강 하구 진포로 쳐들어왔을 때 각종 화기로 무장한 전함을 이끌고 나아가 싸워
격파시킨 큰 공을 세웠다.

119* 성왕(聖王): ?~554(재위 523~554). 백제 제26대왕. 서기 553년(성왕 31)『일본
서기』에, 백제가 의박사(醫博士) 왕유능타(王有陵陀)와 채약사(採藥師) 반량풍
(潘量豊)과 정유타(丁有陀)를 보냈다고 기록되어 있다.

120* 김파진씨와 한기무씨: 생몰년 미상. 본명은 김무(金武)로, 김파진, 한기무 2인의
구분은 원문의 오역에서 비롯된 것으로 보고 있다. 즉 일본『고사기(古事記)』에
'김파진한기무(金波鎭漢紀武)'로 기록돼 있는데, 파진(波鎭)은 관등 파진(波珍)
찬의 오기이며, 한기(漢紀)는 그의 호로 본다.『일본서기』에 414년(실성왕 13)
윤공왕(允恭王)의 초청을 받고 일본에 건너가 약방문(藥方文)에 의하여 왕의 병
을 고쳤다고 한다.

121* 허준(許浚): 1546~1615. 조선 중기 선조에서 광해군 때의 의학자. 내의원에 봉직
하면서 내의·태의·어의로서 명성이 높았고,『동의보감』을 편찬하여 우리나라
의 의학 실력을 청나라와 일본에까지 드러냈다.

(좌)성왕 (우)허준

철학전문과는 지나철학과 인도철학 양 과로 나누어 설치하였는데, 지
나철학 교사는 고려 정몽주123*씨와 조선조 이황124*씨와 이이125*씨고,
인도철학 교수는 고구려 순도126*와 신라 원효127*와 고려 대각선사128*다.

122* 모치(毛治): 생몰년 미상. 고구려 의사. 『일본서기』에 고구려 특의(特醫) 모치가
　　　왜왕실 행사에 참석하였다는 기사가 있다.
123* 정몽주(鄭夢周): 1337~1392. 고려 말 문신. 고려에 새로 도입된 성리학을 연구하
　　　고 보급하는 학자·관료들의 지도자로서 존경 받았다. 고려 사회 체제를 고수했
　　　던 그는 역성혁명을 도모하던 이성계와 목표가 달라 결국 암살되었다.
124* 이황(李滉): 1501~1570. 조선 중기 문신이자 학자. 호는 퇴계. 사단(四端)은 이
　　　(理)에서 나오는 마음이고, 칠정(七情)은 기(氣)에서 나오는 마음이라는 '이기호
　　　발설(理氣互發說)'을 정립했다. 도산서원을 설립하여 후진양성과 학문연구에 힘
　　　썼으며, 영남학파를 이루고 일본 유학계에도 큰 영향을 끼쳤다.
125* 이이(李珥): 1536~1584. 조선 중기의 학자이자 정치가. 어머니는 사임당 신씨다.
　　　이미 15세 때 유교 서적 뿐만 아니라, 다른 여러 책도 통달하고 성리학까지 깊이
　　　연구하였다. 호조·이조·형조·병조 판서 등을 지내고, 국방 강화를 위해 선조에
　　　게 『시무육조』를 바치고, '십만양병설' 등 개혁안을 주장했다.
126* 순도(順道): 생몰년 미상. 고구려 귀화인으로 우리나라에 처음 불교를 전한 승려
　　　다. 서기 372년(소수림왕 2) 6월 진(晉)나라 왕 부견(符堅)이 순도를 시켜 불상과
　　　불경을 고구려에 전했고, 소수림왕은 사신을 보내 감사의 뜻을 표하고 순도에게
　　　왕자를 가르치게 하였다. 덕망이 고매하고, 자비롭고 너그러운 인품을 지녔으며,
　　　교화의 열의가 굳은 사람이었다 한다.

정몽주

이황

이이

(좌)원효
(우)대각국사 의천

127* 원효(元曉): 617~686. 신라의 승려. 당나라 유학 도중 간밤에 마신 물이 해골에
    괸 물이었음을 알고 '모든 것은 마음먹기에 달려 있음[一切唯心造]'을 크게 깨달았
    다는 일화가 유명하다. 평생 불교사상의 융합과 실천에 힘썼으며 한국 불교사상
    에 큰 발자취를 남겼다.

128* 대각선사: 대각국사(大覺國師)가 옳다. 고려 제11대 왕 문종의 넷째 아들로 본명
    은 왕후(王煦), 자는 의천(義天), 시호는 대각국사다. 교선일치(敎禪一致)를 역설
    하며 천태종(天台宗)을 개창하고 고려 불교의 융합을 실현, 한국 불교 발전에
    큰 업적을 남겼다.

문학전문과 교장은 조선조 세종대왕으로 국문을 창제하여 국민의 보통학식을 계발시키고, 한문교사는 백제 고흥[129*]씨와 신라 임강수[130*]씨와 고려 이제현[131*]씨와 조선조 장유[132*]씨이고, 백제 왕인[133*]씨는 일본 교사로 건너갔다고 한다.

세종대왕   강수   이제현

129* 고흥(高興): 생몰년 미상. 백제 근초고왕 때의 학자로서 『서기(書記)』를 편찬하였다. 『삼국사기』, 「백제본기」에 "백제는 나라를 창건한 이래 문자로 사실을 기록함이 없었다. 이 때에 이르러 박사 고흥을 얻어 비로소 서기를 갖게 되었다"고 기록돼 있다. 『일본서기』에서 『백제기(百濟記)』·『백제신찬(百濟新撰)』·『백제본기(百濟本記)』 등도 편찬했다고 하지만 전하지 않는다.

130* 임강수(任强首): ?~692. 본명은 우두(牛頭)였는데, 강수(强首)라는 호칭으로도 불렸고, 출신지를 따서 임생(任生)이라고도 했다. 통일신라 문무왕 때의 유학자이자 문장가다. 유학을 공부하여 그 사상과 문학을 근거로 하여 문장에 뛰어나 외교서한을 짓는 데 탁월한 능력을 발휘했던 대문호다.

131* 이제현(李齊賢): 1287~1367. 고려 후기의 학자이자 정치가. 당대에 이름난 문장가로, 원나라 조맹부 서체를 유행시키고 정주학(程朱學)의 기초를 확립했다.

132* 장유(張維): 1587~1638. 조선 중기 문신. 일찍이 양명학을 수용하여 지행합일(知行合一)을 주장하고, 저서인 『계곡만필(谿谷漫筆)』에서 당시 주자학의 편협한 학문풍토를 비판하였다.

133* 왕인(王仁): 생몰년 미상. 백제 13대 근초고왕(재위 346~375년) 때의 학자. 경사(經史)에 통달하여 『논어』 10권과 『천자문』 1권을 왜에 전했고, 태자에게 글을 가르쳐 한문학을 일으키게 했으며, 왕의 요청에 의해 군신들에게도 경사를 가르쳤다.

　　종교학은 대황조의 신교와 동명성왕의 선교와 지나의 유교와 인도의 불교가 차례로 흥왕하여 학당이 굉장하고 수려하며 교리가 눈부시게 발전하였는데, 유교와 불교는 일본에 파급되었다.

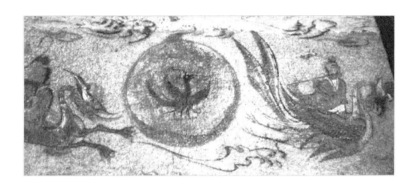

　　이러한 각 학교의 심방을 마치고 즉시 돌아와 결과를 보고하자, 황제가 물었다.
　　"네가 관찰한 상황에 의거해 볼 때 그 정도가 어떠하던가?"
　　이에 답했다.
　　"대황조의 교화가 융창하시므로 아동을 교육하는 규모가 굉장히 커서 소학교가 마치 별처럼 늘어서고 수풀같이 서 있었으나 미처 이를 시찰할 겨를이 없었습니다."
　　황제가 물었다.
　　"소학교는 국민교육의 근본이다. 국가가 진보하는 능력이 오직 여기에 있는데 오늘 시찰하지 못한 점은 크게 유감스럽다. 그러면 제일 저명한 중학교의 상황은 어떠하던가?"
　　이에 답했다.
　　"중학교는 문성왕 기자께서 교장을 맡으셨는데, 홍범학은 하늘과 인간의 지극한 이치이고 8조교는 법률의 시초였습니다. 그 지극한 이치와 묘한 용법을 한번 엿보아 헤아릴 수 있는 것이 아니었습니다. 심지어 천문·지문·윤리·역사·국어·화학[134*]·물리·산술·도화·음악·수신 등 각과 교사는 모두 현명한 재능과 정예하고 심오한 학술로 거침없는 강연이 마치 커다란 강물이 흐르는 것 같았으며 또 제 때 내린 비가 고루 적심과 같아 사람 손발이 춤추는 것을 깨닫지 못하게 했습니다. 특히 천개소문이 가르치는 체조와 검술 교육이 생기있고 힘차며 용맹스럽고 날쌔 마치 용이 오르고 범이 뛰는 듯한 놀라운 광경이었습니다.

황제가 물었다.

"각과 교사를 모두 적당한 인재로 얻었으니 좋은 청년을 양성한 실효가 매우 클 것이다. 각 대학교의 정도는 어떠하던가?"

이에 답했다.

"정학·법학·병학·농학·공학·의학·철학·문학 각 전문과가 모두 고상한 지위를 차지하고 있는데 그중 가장 양호한 것은 군사교육과 공사교육이 실로 세계적인 특색이 있는데, 다만 상업교육이 발달하지 못한 것이 크게 불충분한 점이었습니다."

황제가 말했다.

"이는 종래 조선인이 해상 무역에 주의를 기울이지 않았던 까닭이다. 오늘날의 세계는 항해를 힘써 장려하여 해상권을 점령하고 상업을 확장하는 것이 가장 선결해야 할 문제다. 이와 같이 인종이 번성하여 가득차고 경쟁이 극렬한 시대에 육지생활만으로는 유쾌한 재미를 얻지 못할 것이다. 국가 권리로 말하더라도 해양을 강토로 삼고 선박을 집으로 삼지 않으면 활동할 무대가 좁고 막히어 경쟁에서 승리를 거두기 어려우니

134* 화학: 문학의 의미.

그렇기 때문에 현 시대에 웅비하여 활약하려는 국민의 경쟁점은 첫째가 해상권이고, 둘째가 육지권인 것이다. 이는 짐이 조선민족의 교육을 위하여 해상보통학교를 건설하고자 하는 뜻이었다."

무치생이 물었다.

"단군대황조께서 학교를 세우신 기초가 저토록 공고하며 규모가 저토록 완비되었는데 제일 양호한 것은 군사교육과 공사교육이었습니다. 그래서 자손 대대로 그 복리를 이어받아 누리며 인격의 완전함과 건강한 국체를 지켜 4천여 년 역사의 찬란함이 밝게 빛나는 듯 합니다. 해외 다른 민족들이 다 그 풍속과 문화에 힘입어 우리를 경외하고 스승으로 삼기를 원했던 것인데 어찌하여 과거 수백 년간 지도자의 방침이 잘못돼서인지 일반 인심이 모두 헛된 영화를 좇고 실속 없는 학문이나 숭상하여 성리학의 껍데기로 명예를 낚으려 하고, 문장에 나타난 단어나 수식에 얽매여 마음을 파괴할 뿐이었습니다. 정학·법학·병학·농학·공학·의학 각 전문과에 학문의 씨앗을 철폐하고 배움의 뜰이 썰렁해져 선비 가운데 쓸 만한 인재가 없고 나라는 자립의 능력이 없어져, 마침내 그 결과 4천여 년 조국의 역사를 땅 속으로 빠져 들어가게 한 현상이 나타나게 되었습니다. 지난날에 우리를 선생이라고 부르던 자가 오늘날에 와서 우리를 노예라 부르고, 지난날에 우리를 신성하게 대하던 자가 오늘에 와서 우리를 짐승·가축으로 대우하니 하늘이 무너지고 땅이 꺼진들 이보다 더한 수치가 어디 있겠으며, 바닷물이 마르고 산이 무너진들 이보다 더 극한 원통함이 어디 있겠습니까?

오늘날에 무슨 방법으로 우리 대황조께서 건설하신 학교를 두 손으로 높이 받들어 가장 높은 하늘 위에 올리고, 4천여 년 역사의 광명을 한층 더 신성하게 하여 이 수치를 씻으며 이 원통함을 달랠 수 있겠습니까?"

황제가 답했다.

"그 방법을 어찌 다른 데서 구하겠느냐? 수치를 알고 원통함을 아는 것이 곧 그것을 극복하는 원동력이 되는 것이니 그래서 '역사학'이 정신교육에 필요한 것이다.

지난 날 우리 문명이 저들보다 훌륭했기 때문에 저들이 우리를 선생으로 부르며 신성하게 대우했었는데, 지금은 저들의 문명이 우리들보다 훌륭하기 때문에 우리를 노예라 부르며 짐승·가축으로 대우한다. 지금이라도 우리 문명이 진보하여 저들보다 훌륭하면, 노예 호칭이 변하여 선생이 될 것이고, 짐승·가축과 같은 대우가 신성한 대우로 변하게 될 것인데, 어찌 수치를 씻지 못하며 원통함을 달래지 못한 것을 염려하는가?

다시 말해 현재 '하늘이 세운 학교'에서 일반 청년의 과감성과 자신력과 모험심을 단련하고, 짐이 경영하는 '해상보통학교와 대륙보통학교'에서 일반 인민의 단합심과 활동심을 계발하고, '4천여 년 역사학교'에서 수치심을 알고 원통함을 알게 하는데 힘을 쏟아 각과 교육이 한데 발달하는 날이 오면 땅 밑에 묻힌 조선 국기가 다시 높은 하늘 위에 펄럭이는 것을 볼 수 있을 것이다."

제10장 사명을 자각하고 금태조와 고별함

무치생이 아뢰었다.

"지나간 대금국 역사에서 특별히 부모의 나라와 동족의 의를 위하여 항상 친애의 정을 표했던 점은 두 나라의 역사기록에서도 역력히 증명할 수 있습니다. 지금은 하늘과 지상을 오르내리시는 폐하의 신령함과 밝음으로 동족 인민을 간절히 생각하시어 현재의 고통을 구해내기 위하여 헤아릴 수 없이 심오함 속에서 신묘한 힘으로 지도하고 열어주시니 실로 베푸신 은혜에 감격하여 말할 바를 모르겠습니다.

신이 구구하게 원함은 폐하께서 다시 현세에 나타나시어 혁혁하신 훌륭한 무예와 용맹으로 대지를 치달리시며 이른바 20세기에 들어와서 나라를 멸망시키고 종족을 멸족하는 것을 공례로 삼는 제국주의를 정복하고 세계 인권의 평등주의를 실행하는데 우리 대동민족이 그의 선창자가 되고 주맹자가 되어 태평스런 행복을 세계에 두루 미치게 한다면, 끝없는 은택이고 더 없는 영광이겠습니다."

황제가 말했다.

"지난날 열국 간에 경쟁이 그칠 날이 없자 묵자의 '비공론'이 나타났고, 교황의 압제가 심해지자 마르틴 루터의 '자유설'이 주창되었으며, 군주전제가 극에 달하자 루소의 '민약론'이 나타났으며, 강대국의 압력이 심해지자 워싱턴의 '자유주의'가 떨쳐 일어났던 것이다. 이것이 한번 변하여 다윈이 '강권론'을 제창한 이후 이른바 제국주의가 세계에서 둘도 없는 기치가 되어 나라를 멸망시키고 종족을 멸족하는 것을 당연한 공례로 삼았다. 이에 따라 경쟁의 참화가 갈수록 비참함이 극에 달하게 되었으니 진화라는 관점에서 추론해 보더라도 평등주의가 부활할 시기가 멀지 않았다. 그러므로 지금은 강권주의와 평등주의가 바뀌는 시기로 이때를 맞이하여 최종점에서 극심한 압력을 받는 것이 우리 대동민족이고, 압력에 대한 감정이 가장 극렬한 것도 또한 우리 대동민족이다. 장래에 평화주의의 기치를 높이 들고 세계를 호령할 자가 바로 우리 대동민족이 아니고 그 누구이겠는가?

짐이 세상에 다시 출현한다고 할지라도 그 목적의 이행은 이러한 '주의'를 이행하기 위함을 넘지 않으니, 이 '주의'를 이행하는 경우에 일개 아골타(금태조의 이름)의 능력을 요구할 것이 아니라 우리 민족 가운데 수천만 명의 아골타가 출현하여 그러한 '주의'를 주창하는 것이 더욱 유력할 것이다. 너는 짐의 이러한 뜻을 일반 청년들에게 알리고 또 위촉하여 개개인이 모두 영웅의 자격을 스스로 갖추게 하고 영웅의 사업을 스스로 맡게 하여 평등주의의 선봉이 되게 하여라. 스스로 강해지면 짐이 특별히 상제께 청하여 그 목적을 성취하게끔 할 터이니 너는 이를 십분 명심하여라."

무치생은 감격에 못 이겨 엎드려 울다가 다시 얼굴을 들고 재차 청하여 아뢰었다.

"폐하께서 상제의 명으로 인간의 선악을 살펴 화복을 주재하시니, 보신 대로 우리나라의 매국적당의 죄목과 애국지사의 선행에 대하여 이미 결정하심이 있으십니까?"

황제가 말했다.

"그 일은 물어볼 필요가 없는 것이다. 매국적당의 악행 기록과 애국지사의 선행 기록은 이미 상제의 재가를 받아, 매국적당에게 아비규환의 지옥에 영원히 던져 칼로 자르고 불로 지지고 방아로 찧고 맷돌에 가는 극형을 시행하고, 애국지사에게 몇 번이고 환생하는 동안 한량없는 복락을 베풀어 주기로 결정하였다."

이에 무치생이 하늘이치와 신의 섭리에 대하여 문득 깨달은 바 있어 묵념하다가 이런 생각이 들었다.

'못난 내가 외람되이 황제의 소명으로 가르침을 받음이 이에 이름은 실로 우리 동포의 생명에 앞날을 열고 이끌어 주시고자 함이다. 내가 어찌 지극한 은혜를 감히 사사롭게 생각하겠는가. 이상 말씀하신 수많은 가르침을 일반 동포에게 신속히 선포함이 마땅할 것이다.'

무치생이 물러나기를 청하니, 황제가 말했다.

"조금 기다려라. 짐이 너를 위하여 특별히 줄 것이 있다."

이에 좌우에 명하여 금화전135* 한 폭을 갖고 오라고 한 뒤 탑전에 받들어 올렸다. 그리고 황제가 친히 큰 글자를 써서 하사했는데 바로 '태백음양일통' 여섯 자였다.

무치생은 머리를 조아려 은혜에 감사하고 물러나 전각 문밖으로 돌아나왔다. 때마침 금계가 세 번 울고 바다 저 너머 해가 떠오른다.

제11장 무치생이 깨어나 동포들에게 고함

이처럼 크게 길한 꿈을 꿀 줄 누가 미리 알았겠는가? 장래를 내 스스로 알게 되었으니, 우리 동포형제들은 이를 꿈이라 하겠는가, 생시라 하겠는가? 꿈이라고 하기에는 이야기한 모두가 '진정'한 것이고, 생시라고 하기에는 그 거닐었던 바가 '꿈 속 광경'이었다. 이에 대해 꿈속에서라도 진정을 얻으면 우리의 신령스럽고 명백함이 천지신명의 감응과 다름없음을 가히 스스로 알 수 있다. 그러므로 삼계 만물이 오로지 '마음'에 달렸다고 하는 것이다. 크나큰 마음이여, 그 진지한 정신은 감격치 않음이 없고 이룩하지 못할 것이 없다. 우리 동포형제들이여!

몽배금태조 끝.

135* 금화전(金花箋): 송나라 때 양질의 종이(宋紙)류다.

대통령이 들려주는 우리 역사

〈 원문 〉

大東古代史論 全

〈一〉

大東^{滿韓}_{統稱}古代史論

白庵 朴箕貞 著
檀崖 尹世復 閲

有民族而后有歷史然無歷史則亦無民族矣何則歷史者
民族之精神有祖國之歷史然後有愛國之精神有同族之
歷史然後有愛族之精神有獨立之歷史然後有獨立之精
神有自尊之歷史然後有自尊之精神故神聖之民族必有
神聖之歷史者也若其民族無歷史之精神者無愛國愛族
之精神無獨立自尊之精神不能自存於各族競爭之地幸
而得存不歸於奴隸賤種則必同化於他族故曰無歷史則
無民族其爲關係果何如耶然古代人羣之思想程度不出
乎家族主義故其歷史程度亦帝王之家譜而止耳個人之
行狀而止耳故當時人羣只知有家祖而不知有國祖只知有家
族而不知有民族況古代國家競爭雖兄弟親屬之國爭恨小
故背棄先好互相仇視互相吞噬不以爲怪當此之時安有所
謂同族之誼者哉此世界各國徃轍之同然者也
天地之進化日新而人智之進步日增家族主義進而爲民族
主義者以其爲民族競爭之時代故也旣有對他之競爭不可

不求吾同族之相助矣求吾同族之相助不可不溯吾所自出之
本原以明其血統之關聯以發其親愛之情根[1*]此現世各族皆
以發達其祖先歷史爲自强自主之精神爲對伉競爭之助力
者也今夫中土之漢族曾在春秋時代非所謂後屬疏遠相攻
如仇者乎至于今日同聲大呼曰我黃帝神聖之胄四萬萬[2*]
兄弟云者特以今日對他之觀念發生故有此主義之聲明者

〈二〉

耳然則我大東民族獨無此義之提倡可乎嗚呼我大東民
族有四千餘年之歷史者也四千餘年歷史之祖誰也太白山
檀木下天降神人非吾始祖耶盖以古代史證之滿韓原是
一國其民原是同族均皆檀祖神聖之裔也但派別旣遠分
離甚久鴨江一帶漠然燕越遂千有餘年矣今日乃民族主
義之時代也吾人亦當講明其同族之誼發揮其神聖歷史
求以自立於天下此誠精神敎育之根本問題也然而吾族之
所由來有兩派之別檀君降自白山始爲大東生民之始箕
子來自中土爲移植華人之始則以吾族全體之義祖檀君可
乎祖箕子可乎盖世界各地勿論何族其種有自本土而發生
者有自他處而移植者其派系固不一而其中有一主體之族使
客族同化則例以同族認之矣以檀箕之裔言之數千年間旣
已混血同化則箕子之裔未有不爲檀君之裔者而檀君先也
箕子後也求吾所自出之本原以檀君爲始祖可也我大東民
族史亦以檀君降世之年爲紀元可也此所以求吾神聖歷史
之發揮者也

1* 情根(정근): 깊고 깊은 애정의 근원.
2* 四萬萬(사만만): '만만'은 만의 만 배로 1억이다. 4만만은 곧 4억이다.

且據吾族之現狀竊有大聲疾呼之不能已者盖民族競爭
有以勢力而所勝者有以精神而所勝者以國富兵强之無敵
而制伏他族者勢力之所勝也以宗教及歷史之神聖而化
服他族者精神之所勝也慕容氏拓跋氏完顏氏成吉思汗以雄
强勇武之力能蹂躪他族無敵於一時而無宗教歷史之根基
於人心者故其勢力一墮其民反同化於他族矣中土之漢族間
以文弱之故或被屈於他族而其宗教歷史之精神鞏固不拔故
終能振起制伏他族矣猶太民族喪失祖國流璃四方而不同化於

〈三〉

他族能保猶太民族之名稱者以宗教之精神不至墜失故也現我
大東民族旣火其勢力之所勝者矣又乏宗教及歷史之精神根
基於人心者則駸駸日久必同化於他族世界歷史將無吾族之名
稱尤豈非十分恐懼者耶此余所以推原溯本作大東古代史論
者也惟我同族兄弟念之勉之

檀君朝鮮

天開東洋大陸廣遠山之大者東有太白(白頭山)西有崑崙豆
滿鴨綠發源于太白黃河發源于崑崙寔爲神聖誕降之地檀
君降于太白爲東方民族之祖黃帝降于崑崙爲中土民族之
祖檀君循鴨綠之源而西北行立國於平壤黃帝循黃河之源
而東南行立國於中原檀君造弓矢築城郭以鎭各族黃帝造
弓矢習干戈以服諸侯其御世之蹟大略相類而其以神仙養生
之術爲萬世仙宗又相類也天降神聖以開人文而檀君之降世在四
千三百年前黃帝之降世在四千六百年前此兩地之開發差有先
後之不同耳
盖太白爲東方之崑崙玅香金剛爲閬風蓬萊興開湖爲星宿

海智異漢挐爲方丈瀛洲此世界之神仙窟宅也長白之高遠遼

野之曠漠混同江忽汗河等地皆東荒之名勝人民繁殖之地也

檀君設都乃在於平壤及文化而築城於江華何也聖神首出

肇開人文而人文之發達適於氣候溫暖江海交通之地以上名山及大

陸形勝有餘而氣候寒冷海路遙遠不若平壤文化江華之

爲適也然則此時思想卽已胚胎文明矣

盖據民族史而論之滿韓之分離久矣隔江相望便若秦越

言語不通風俗不同則爲在其爲同族乎然而溯厥古代確有

〈四〉

足徵東史曰扶餘之先出自檀君又曰濊貊之先與扶餘同出皆檀

君氏子孫也又曰東沃沮亦檀君之裔也又曰沸流肅愼皆出於檀

君修山李種徽曰古史稱扶餘濊貊沸流沃沮皆出於檀君立國

傳世或數千年不絶此其所從來遠矣無乃檀君之德如姺姬湯

姬耶不然何如其久也按扶餘者漢書列傳扶餘國是也其地在

玄菟北千餘里其疆土爲數千里卽北方大國今開原縣地而史

稱檀君子孫立國於此傳世至數千年高句麗始祖東明聖王

自扶餘至卒本立國卒本者渤海所置率賓府今興京南界

也濊貊者扶餘之地名北扶餘王解扶婁東徙至迦葉原爲東

扶餘而亦曰濊貊今朝鮮江陵地也沸流者卒本扶餘之傍近小

國今侈家江近地也肅愼者在今黑龍江地三代以前曰肅愼曰

息愼故史記云舜北發息愼竹書云舜二十五年息愼氏貢弓

矢魯語云武王克商肅愼氏貢弓矢漢魏以下曰挹婁曰勿吉

隋唐之際曰靺鞨而服屬於高句麗及渤海完顔氏之興也合渤海靺

鞨兩族爲女眞卽金之舊國也完顔之先出自高麗故金史稱

高麗爲父母之邦東北沃沮今朝鮮咸鏡南北道地也以上諸族

併稱出於檀君則滿韓兩族原係同祖豈不明乎盖天造草昧[3]
首出東方爲四千餘年歷史之祖者曰惟檀君我大東民族不
祖檀君而誰祖也哉檀君以神聖之化肇開人文克享天心故盛
德之報悠久靈長子孫繁昌榮譽烜爀此通古斯種蔚然
爲世界名族者也苟非神聖之后何以有此哉
檀君嘗祀天於穴口之海(今江華)摩尼之丘塹城爲壇此祭天報
本之禮之所自出也故扶餘濊國高句麗百濟皆以冬月[4]祭天遼
金亦遵而行之此皆祖檀君之禮者也檀君之世以神道教民故

〈五〉

其宗教爲神教亦曰拜天教盖古代人羣思想服於神權故易
曰聖人以神道說教而天下服是也我東方歷代高句麗始祖以仙
教御世新羅始祖以神德立國者皆原於檀君也檀君以神人
降世爲東方教化之祖故今朝鮮教界有大倧教倧者神人之稱
寔奉檀君之神教者而卽歷史的宗教也今江華有祭天壇
遺址上方下圓西洋人稱爲東方建築之最古物云
檀國弓肅愼弩皆著名於天下此古代武器之發現也歷代東
方之人以善射爲特長以尙武爲風氣亦有其原之所自矣城郭
武器之大者而其建築已現於檀君之世則其他用武之跡亦
可想見矣或曰檀君之世以神道化民民自歸之卽神權時代
也當此之時安有武器之用耶曰古代人羣思想實爲文明胚胎
之始固皆服於神權之下矣然而蠢動之類不能無競爭人類
與獸類競爭者有之聖族與蠻族競爭者有之非有天縱聖

3* 草昧(초매): 천지가 처음 개벽하던 거칠고 어두운 세상.
4* 冬月(동월): 음력으로 시월, 동짓달, 섣달과 같은 겨울철의 달을 뜻한다. 문맥상
   초동(初冬)인 10월 상달로 해석하였다.

智爲之創物而利用則人類不能以戰勝獸類矣聖族不能以
征服蠻族矣檀君之世鴻荒肇闢虫獸惡物之害吾民生
者野番[5*]獝頑之優吾聖族者未始不多聖人首出欲奠安我
民生衛護我同族不有武器之利用則奚以哉此檀君之世弓
矢城郭之器所以發現者也然則吾大東民族所以特蒙天惠
保有其相生相養之福於無窮者何莫非神祖賜也
若夫檀君朝鮮之境城亦有可據而推認者乎星湖李瀷曰
殷傅說衣褐帶索築于秕傅之城不知秕傅在何地按墨子
昔傅說居北海之濱圜土之上衣褐帶索偏築于傅岩之城
兩說相近意者說是遼瀋之人乎孟子曰伯夷避紂居北海之
濱今孤竹舊墟在遼瀋而謂之北海之濱又舜竄共工于幽

〈六〉

州州者濱也中國之北濱于海捨此無其地也檀箕之世其地綜於朝
鮮又舜本東夷之人而孟子謂瞽瞍殺人則舜竊負而逃遵海濱
而處[6*]其逃也必在中國之外疑亦揩此也按中國人以幽州之地謂北
海之濱者以其地濱於海而在中國之北故也李氏謂檀箕之世
其地統於朝鮮者據箕子朝鮮在於幽州而可以證檀君朝鮮
之境域亦在幽州之地何者史云箕子東出朝鮮而朝鮮之名起
於檀君非自箕子而始有也永平府境內有朝鮮城卽箕子所
居之地前乎箕子而爲檀氏之有明矣又史云在鮮卑山之東故
曰朝鮮則檀君朝鮮北界鮮卑矣檀君降自白山白山者東

5* 番(번): 이민족.
6* 竊負而逃(절부이도), 遵海濱而處(준해빈이처):『맹자』에 "순 임금은 천하를 버리
  는 것을 헌 신을 버리듯이 본다. 몰래 아버지를 업고 도망쳐서 바닷가에 숨어 살며
  세상을 잊고 한평생을 즐겁게 보낼 것이다(舜視棄天下, 猶棄敝蹝也. 竊負而逃,
  遵海濱而處, 終身訢然樂, 而忘天下)"고 한 데서 온 말이다.

海之濱也設都於黃海之濱又祭天於穴口之海穴口者通西
南之海者也然則東西南海岸盡入於疆域矣以此證之檀君朝鮮
北據遼藩大陸東西南極於碧海黃海玄海之濱卽古代之全
部朝鮮也

箕子朝鮮

箕子朝鮮其始也永平府境內朝鮮城是也何以證之魏書云北
平郡領縣有朝鮮縣唐書云遼東本箕子國遼史云遼本朝
鮮故壤故有箕子遺風明一統志云朝鮮城在永平府境內相
傳箕子受封之地後魏置縣屬北平郡北齊省入新昌縣註
云今自遼東而西二千餘里正得永平府境卽古之北平郡也盛
京志云遼西之廣寧縣在周爲朝鮮界遼東之海城縣盖平
縣及金州皆箕子朝鮮地註云廣寧縣在醫巫閭之下醫巫
閭者幽州之鎭山也據此諸說可以證箕子朝鮮在於幽州矣又
史記蘇秦傳云燕東有朝鮮遼東先朝鮮而後遼東者
以朝鮮之近也貨殖傳云燕北北鄰烏桓扶餘東綰濊貊穢朝鮮

〈七〉

眞蕃之利此皆與燕接壤物貨交通之地也
然則吾邦由來以樂浪之平壤爲箕子所都遂成千古不二之
公認何歟此吾邦之人久處半部朝鮮之內史家之眼光未
嘗及於古代之全部朝鮮故也盖箕子當殷周革命之際但得
避身於周家版圖之外足矣其東出也逾越燕封得所謂
朝鮮縣者卽檀氏朝鮮之一隅地也遂定居於此與殷遺民
成一部落于時檀氏聞箕子有聖人之德也以其所寓之朝鮮
縣屬之箕子主治而政敎行焉禮義興焉於是東方有聖
人之國朝鮮人民固多歸向而幽州近地亦聞風來附周武王因

而委之待以不臣箕子固終身自靖而及箕子孫受爵于周
故史稱朝鮮侯及周末自稱爲王則又獨立國也乃史家書之
曰箕子受封于周其實箕子以罔僕7*爲志豈有受封爲臣之義
哉武王亦豈有奪人之國而封之之理哉故其始居在於永平
府境內之朝鮮城而及其子孫漸拓國境南至平壤設都又南
拓至洌水盡爲箕氏所有於是檀氏微弱而替矣若曰箕子
之東渡也直據平壤而都焉則求之理勢一切不合箕子以避身
自靖爲義豈其奪人國都而居之者哉不惟於義不合力有不
能耳設謂周武王封之而朝鮮在五服以外武王安得以所檀
氏之國以封箕子箕子亦安肯樂居於此哉設謂爲檀氏讓而
與之係是一隅邊地則可也豈有擧其國都而讓之者哉然
則箕子之始居在永平府境內朝鮮城而至其後代國步漸
拓至平壤設都者合於理勢而況史傳所載歷歷可徵非但
據推想而言之者乎
或曰然則平壤設都不在箕子立國之初明矣而今箕子陵

〈八〉

在平壤時北兎山箕子井田在平壤外城其他箕子宮箕子井
之屬皆有遺蹟之相傳何歟曰吾邦由來有如此相傳者多
矣高句麗始祖東明聖王立國於卒本扶餘卽今興京南界
而沸流水紇升骨城皆在於此至子琉璃王遷都於國內城至
十代孫山上王遷都於丸都城國內在今楚山北隔江之地丸都在
今江界北鴨綠江隔水地至十一代孫東川王始築平壤城移其
廟祀尋亦移居至十六代孫故國原王復移丸都甫二年又

還平壤之東黃城至十九代孫廣開土王又移丸都故今其地有
陵寢遺址扱碑文至二十代孫長壽王又移平壤然則東明聖
王未嘗至平壤而今其陵寢在中和郡龍山又平壤有麒麟
窟朝天石皆東明古蹟甚至鄭麟趾之史以今平安南道
成川郡謂之卒本而沸流水紇骨城松讓國之名皆在焉輿地
勝覽所誌亦如此又其荒謬無稽之甚者矣盖東明陵寢在
龍山者其後孫之移都也移奉其先陵於此也麒麟窟朝天
石亦其後孫進慕先蹟想像而名之以存紀念者而流傳之
久因成國粹遂使後人以爲是東明古蹟也箕子陵在兎山亦
其後孫移奉於此者也至若井田之在外城者據平壤誌距今
四百年前監司李廷濟像井田遺制劃其溝洫畎畝名之曰
井田之區者而井田者先王之制也天下志古之士莫不受而慕之者
也是以中國行人來到平壤必訪井田於此文以記之詩以歌之以
誇張其所得於天下於是平壤之井田遂成箕子之畫矣若
究其實則堯舜三王之井田廢於周末久矣而箕子之井田何
以獨存於三千年之後哉且箕子之爲治也井畫其田則宜遍圜皆是奚獨於
外城一區哉其他諸蹟亦皆麒麟窟朝天石之類也至若

〈九〉

江陵之濊春川之貊亦類於此北扶餘王解扶婁自濊貊之地
東徙江陵而居之因襲舊名故北溟人得古銅章其文曰濊
王之印此乃北方之濊貊爲東方之濊貊者也
盖吾邦古來流傳凡國名地名山名水名之名同實異者甚多
朝鮮則有遼東之朝鮮有樂浪之朝鮮平壤則有遼西之平
壤有樂浪之平壤玄菟則有東西玄菟沃沮則有南北沃沮
蓋馬則有東蓋馬西蓋馬馬韓則有南馬韓西馬韓卒本

有兩卒本扶餘有四扶餘浿水有三浿水太白有四太白若此之
類種種皆是也箕子之朝鮮城在永平府境內距遼東二千
里而後人但求之於樂浪之朝鮮可乎今乃求之於古代之全部
朝鮮則箕子之始居在永平之朝鮮城者斷無可疑我大東
歷史千古不明之案於是乎決矣
盖檀氏朝鮮之開拓起於白山中心於平壤以達於幽州之境箕
氏朝鮮之開拓起於幽州中心於平壤以達於洌水之濱此人文
之發達與天地之氣運迭爲循環者也虞舜以東方之人進於
中國以治天下時則爲檀君之世卽天地之氣運自東而西之日
也周武王以西方之人進於中國以服四方時則爲箕子之世卽
天地之氣運自西而東之日也人文之發達固有如是之關係矣
夫以檀君朝鮮箕子朝鮮之歷史證之則滿韓原是一國其民
原是同族者旣鑿鑿可據矣然則吾大東民族有神聖之祖
者也有神聖之文化者也有神聖之武風者也獨可無神聖之精神
乎神聖之精神烏乎在曰歷史是也無歷史者謂之蠻族謂之
奴隷之民以吾神聖之族而無歷史之精神可乎苟欲發揮吾歷
史之精神則率吾同族兄弟歸于所自出之始祖焉而已矣

〈十〉

檀崖生曰卓異之見正確之論實吾邦創有之文字開山大斧
一劈龍門而黃河之流始復其故矣最其宗旨之惓惓切切者
吾大東民族保有我神聖宗敎發揮我神聖歷史精神所存
萬古惟一者是也無乃天啓先生有以幸吾民族也
檀庵生曰創千古未有之論調了千古未決之史案何其爲歟
況宗敎也歷史也吾族之精神愚讀此輒拍案大呼曰我檀祖
神聖后裔三千萬兄弟云

원문

明臨答夫傳 全[1*]

〈一〉

明臨答夫傳 全

緖論

嗚呼라. 우리 檀君大皇祖의 子孫된 者여. 公等이 世界上 人類社會에 宗敎社會가 第一高等地位에 居호 所以를 知ᄒᆞᄂᆞ가. 山河가 變遷될지라도 宗敎의 思想은 變遷되지안코 天地가 飜覆홀지라도 宗敎의 思想은 飜覆ᄒᆞ지 안ᄂᆞ 故로 世界가 最高等 社會로 公認ᄒᆞᄂᆞ 것이라.

余가 우리 一般兄弟를 爲ᄒᆞ야 各敎門의 宗旨를 大略說明ᄒᆞ노니 盖 吾의 身은 殺홀지라도 吾의 仁은 成ᄒᆞ리라홈은 孔敎의 宗旨오 吾의 四大ᄂᆞ 涅槃ᄒᆞ야도 吾의 法身은 充滿ᄒᆞ다홈은 佛敎의 宗旨오 吾의 凡胎ᄂᆞ 地에 墮ᄒᆞ야도 吾의 谷神은 天에 昇ᄒᆞᆫ다홈은 仙敎의 宗旨오 吾의 肉身은 沈淪홀지라도 吾의 靈魂은 永生ᄒᆞᆫ다홈은 耶敎의 宗旨가 아닌가.

嗚呼라. 우리 檀君大皇祖 子孫의 四千年 神性ᄒᆞᆫ 歷史ᄂᆞ 卽孔夫의 仁이오 釋迦牟尼의 法身이오 老子의 谷神이오 耶蘇氏의 靈魂인즉 비록 山河가 變遷되고 天地가 飜覆될지라도 우리 歷史의 仁과 우리 歷史의 法身과 우리 歷史의 谷神과 우리 歷史의 靈魂이야 엇지 變遷ᄒᆞ고 飜覆홀 理가 有홀이오.

1* 明臨答夫傳全: 명림답부의 '답'자는 표지만 '答'자로 되어 있고, 본문에는 答의 이형자인 '荅'자로 기록돼 있다. 『삼국사기』 원문에도 '荅'자로 적혀 있다.

然則 우리 四千年 歷史에 가장 自主獨立의 資格이 完全ᄒ야 神性ᄒ 價値가 有ᄒ 者ᄂ 高句麗 時代라. 高句麗ᄂ 最初 建國ᄒᄂ 日부터 四面의 强敵과 血戰ᄒ야 其 基礎를 修築ᄒ얏고 七百餘年間에

〈二〉

우리 民族의 活潑勇壯ᄒ 氣象이 何如ᄒ뇨. 腥風血雨을 陽春和氣와 갓치 懽迎ᄒ고 刀山釖水를 平地坦途와 갓치 蹴蹋ᄒ얏슨즉 實로 世界民族을 對ᄒ야 匹敵이 無ᄒ 價値가 有ᄒ도다.

우리가 今日에 至ᄒ야 아모쪼록 高句麗 歷史를 崇拜ᄒ고 紀念ᄒ야 우리의 仁과 우리의 法身과 우리의 谷神과 우리의 靈魂이 此世上에 復活ᄒ여야 人類의 資格에 參預ᄒ지로다. 萬一 此仁과 此法身과 此谷神과 此靈魂이 全滅ᄒ고 다만 四大六身이나 世上에 寄在ᄒ야 飢ᄒ면 食ᄒ줄이나 知ᄒ고 渴ᄒ면 飮ᄒ줄이나 知ᄒ쑨이면 우리 民族이 設使 非常히 增殖되야 二億萬이 될지라도 다만 二億萬의 禽獸種子를 增加홈이니 他族의 食料品이나 더욱 供饋홀 쑨이로다.

然則 우리가 四千年 歷史에 가장 高句麗 歷史를 崇拜ᄒ고 紀念ᄒ자면 高句麗 時代의 哲人과 偉人의 歷史를 崇拜ᄒ고 紀念ᄒᄂ 것이 더욱 必要ᄒ지라. 主室에ᄂ 東明聖王, 大武神王, 太祖王, 故國川王, 廣開土王, 長壽王의 歷史이며 將相에ᄂ 扶芬奴, 乙豆智, 明臨苔夫, 乙巴素, 高奴子, 密友, 紐由, 溫達, 乙支文德, 泉蓋蘇文, 梁萬春 諸公의 歷史가 皆光明俊偉ᄒ야 萬古에 照曜ᄒᄂ 者라. 비록 史籍이 殘缺ᄒ야 全豹[2*]의 一斑[3*]만 存在하얏을지라도 우리가 아모쪼록 推想的으로 以ᄒ던지 理論的으로 以ᄒ던지 힘써 發揮ᄒ고 闡明ᄒ야 우리 民族 腦髓中에 祖先의 歷史精神을 貫注ᄒᄂ 것이 第一 急務라ᄒ노라.

2* 全豹(전표): 전모. 전체의 상황을 말한다.
3* 一斑(일반): 일부. 한 부분을 말한다.

또 高句麗 時代에 在ᄒ야 許多 偉人中에 明臨答夫氏는 仙敎界의 出身으로 救國救民主義를 實行ᄒ 者인즉 더욱 奇異ᄒ 資格

〈三〉

이 有ᄒ니 卽東洋의 克林威爾라. 彼西洋人이 克林威爾를 如何히 膜拜하고 稱誦ᄒ는가. 우리 東洋人은 明臨答夫氏를 爲ᄒ야 亦然홈이 可ᄒ도다.

克林威爾는 以爲ᄒ되 吾는 天下의 惡名을 蒙홀지라도 國民의 榮光은 與치 아니치 못ᄒ리라ᄒ며 吾는 天下의 至險을 蹈홀지라도 國民의 福地는 供치 아니치 못ᄒ리라ᄒ야 自己의 名譽와 生命을 一倂犧牲ᄒ고 天下의 大不韙을 冒ᄒ되 悍然 不顧ᄒ고 坦然[4*]履行ᄒ 者어니와 明臨答夫氏는 名義上 言홀지라도 王位篡奪者를 除ᄒ야 前王의 仇를 復ᄒ 者인즉 또ᄒ 克林威爾와 比較ᄒ면 差異ᄒ 點이 有ᄒ도다. 嗚呼라. 如斯히 宗敎出身으로 救國救民의 主義가 極點에 達ᄒ 者를 崇拜치 안코 誰를 崇拜ᄒ리오.

大皇祖降世紀元 四千三百六十八年 九月 日 著者 識

4* 坦然(탄연): 마음에 거리낄 것이 없음. 아무 걱정 없이 평온함을 뜻한다.

〈一〉
明臨荅夫傳

白庵 朴箕貞 著
檀崖 尹世復 閱

第一章 明臨荅夫의 出生地와 時代

　明臨荅夫는 高句麗 椽那部의 人이니 太祖王初年에 生호다. 盖史家의 理想으로 人物의 資格을 論호는 者ㅣ 몬져 其人의 出生地와 時代를 論호는 것은 其人의 資格이 地方風氣과 時代運會의 關係로 特成호는 理由가 有혼 緣故라.

　明臨荅夫의 人格으로 論호면 一等政治家도 되고 一等軍略家도 되는 더 特別히 宗敎家의 生活로 非常혼 大活動이 有혼 것은 世界人物史의 特異혼 資格이라 謂홀지며 渭水에서 漁釣호던 姜太公은 八十에 周를 佐호야 牧野에서 鷹揚호얏더니 明臨荅夫는 九十餘歲 老人으로 國家의 變故를 値호야 霹靂手段으로 天地를 驚動호고 山河를 震慄케 호얏스니 此는 古今歷史에 曠絶혼 奇蹟이오. 彼英國의 克林威爾는 淸敎徒의 領袖로 專制不法의 君主를 處置호며 政府를 改革호고 民權을 伸張호야 國家를 再造홈으로 西洋人이 此를 世界無雙혼 英雄이라 稱揚호는더 我東洋高句麗時代에 또한 如此혼 英雄이 有호얏스니 此는 東西歷史에 對照倂立홀 價値가 有혼 者라. 以此證之호면 明臨荅夫의 人格을 可히 認定홀터인더 地方風氣와 時代運會의 關係가 不無호도다.

其出生地로 言ᄒ면 卽今 興京南界니 白頭山의 支派로 天成奧區1*ᄒ
야 大山巨嶽이 風雲을 呑吐ᄒ며 三江五河와 曠野長谷이 靈氣를 含蓄
ᄒ 故로 自古以來에 盖世英傑이 此에셔 多出ᄒ얏스며 神仙道家의 者
流가 쏘ᄒ 此에셔 多出ᄒ얏슨즉 明臨荅夫의 奇偉ᄒ 人格

〈二〉

이 地理의 關係도 有ᄒ다 謂ᄒᆯ지며 其時代運會로 言ᄒ면 此時ᄂ 高句
麗의 風氣가 初開ᄒ고 國運이 方興ᄒᄂ 時代라. 故로 當時의 人이 長壽
를 多享ᄒ니 太祖王은 百十九歲오 次大王과 新大王도 亦皆百歲에 近
ᄒ얏스니 其時 人民의 健强壽考홈을 可以推想ᄒᆯ지라.

明臨荅夫가 九十餘歲에 非常ᄒ 大活動이 有ᄒ고 百十四歲의 壽를
享ᄒ 것은 쏘ᄒ 時代運會의 關係가 不無ᄒ다 謂ᄒᆯ지로다.

第二章 明臨荅夫의 初年行動

明臨荅夫ᄂ 椽那部의 農家者라. 其家ᄂ 卒本夫餘의 舊族으로 檀君
大皇祖의 神敎를 世々敬奉ᄒ야 職業을 勤修ᄒ고 陰德을 多施ᄒ니라.

荅夫가 生ᄒ야 骨格이 雄偉ᄒ고 眼光이 如電ᄒ니 父母가 奇愛ᄒ고
鄕里長老가 皆 非常ᄒ 人物이 될줄노 期待ᄒ더라. 七八歲로부터 力은
强弓을 挽ᄒ며 勇은 駿馬를 馳ᄒ며 又讀書를 不怠ᄒ야 理窟2*을 硏透
ᄒ니 文武의 才가 兼備ᄒ 一大英傑이러라.

十五歲時에 일즉 東明聖王廟에 拜謁ᄒ고 神仙의 道를 思慕ᄒᄂ 念
이 發生ᄒᆫ지라. 이에 出家修道의 意로 父母를 拜辭ᄒ고 獨自出門ᄒ야
國中 名山大川을 遍行遊覽ᄒ다가 經文을 携ᄒ고 太白山 草菴中에 入

1* 奧區(오구): 수풀이 우거지고 꽃이 만발한 경치.
2* 理窟(이굴): '이치의 소굴'이라는 뜻으로, 근본 이치, 진리를 말한다.

處ᄒ야 吸氣導引과 運斗步罡等法을 學習ᄒ니 此時 思想은 寀³*로 塵累을 超脫ᄒ고 物外에 逍遙ᄒ야 將次 紫府眞人과 靑鶴洞仙을 伴侶ᄒ야 長往不返ᄒ기로 心頭에서 誓ᄒ엿더니 一日은 岩石上에 跌坐ᄒ야 經文을 暗誦ᄒ더니 문득 璇風이 淡宕ᄒ고 綺雲이 玲瓏ᄒᆫ 中에 一老人이 飄然而來ᄒ니 容貌가 淸癯ᄒ고 鬚眉가 皓白ᄒᆫ지라. 莟夫를 喝ᄒ야 曰 這少年이 經文을 暗誦ᄒ니 玄理을 會得ᄒᄂᆫ가ᄒ거늘 莟夫가

〈三〉

그 常人이 아닌 줄을 知ᄒ고 合掌而拜ᄒ야 曰願컨ᄃᆡ 長者을 從ᄒ야 玅旨을 得聞코져ᄒ노이다. 老人이 曰爾의 面貌를 相ᄒ니 功名相이오 爾의 肩骨을 相ᄒ니 世間重大ᄒᆫ 責任을 擔負ᄒᆫ 者라. 萬一 職分을 抛棄ᄒ고 仙緣을 妄想ᄒ면 天意를 拒逆ᄒᆷ으로 殃禍를 不免ᄒᆯ지라. 況世間將來에 劫運이 非常ᄒ야 国家와 人民間에 奇禍이 多有ᄒᆯ지라. 此時를 當ᄒ야 衆生을 濟度ᄒᆷ이 爾의 天職이니 十分 銘念ᄒ라ᄒ고 因ᄒ야 長壽富貴 四字를 書ᄒ야 與ᄒ고 言訖에 飄然而去ᄒ니 莟夫가 且驚且悚ᄒ야 追而望之ᄒ니 雲海가 渺茫ᄒ야 其去處를 覓지 못ᄒ리라. 於是에 莟夫가 長壽富貴 四字를 持ᄒ고 念頭을 更轉ᄒ야 曰天이 我를 生ᄒ심이 神仙의 資格은 許치 아니ᄒ셧ᄂᆫ가. 人生이 長壽를 享ᄒ면 去神仙不遠이오 富貴가 비록 哲人高士의 願ᄒᄂᆫ 바 아니나 生前 富貴이 ᄯᅩᄒᆫ 人生의 幸福이라. 苟々히 要求ᄒᆯ 것은 아니로ᄃᆡ 萬一 自來ᄒᄂᆫ 境遇이면 ᄯᅩᄒᆫ 逃避ᄒᆯ 것은 아니라. 況神人이 我를 爲ᄒ야 指導ᄒᆫ 바 有ᄒ니 我가 此를 不遵ᄒ면 反히 殃禍가 有ᄒᆯ넌지 不可不念이라ᄒ고 因ᄒ야 出山入世의 行을 作ᄒ다.

然則 莟夫가 入世ᄒᆫ 以後에ᄂᆫ 如何ᄒᆫ 行動이 有ᄒᆫ가. 將次 政治界에

3* 寀: '實(실제 실)'의 속자(이하 같음).

入ᄒ야 政略上 經綸으로 百官을 指揮ᄒ고 庶務를 總理ᄒ야 赫々ᄒ 功名을 建ᄒᆯ가. 軍人界에 入ᄒ야 軍略上 手段으로 百萬將卒을 統率ᄒ고 海陸風雲을 蹴踏ᄒ야 轟々ᄒ 威望을 揚ᄒᆯ가.

荅夫의 膽勇과 智略으로 此를 做得ᄒᄀ기가 綽々餘裕ᄒᆯ지며 況太祖王時代에 国土를 廣拓ᄒ며 国步를 發展ᄒ기로 南征北伐에 国家가 多事ᄒ고 ᄯ 支那의 漢人이 前憾을 不釋ᄒ야 屢々來侵ᄒᆷ으로 邊境이 多虞ᄒ지라. 此時를

〈四〉

當ᄒ야 一智一策과 一藝一能의 士가 擧皆登庸ᄒ야 朝에 曠官이 無ᄒ고 野에 遺賢이 無ᄒ 日이라. 荅夫의 才略으로써 仕宦出身을 要求ᄒ면 실로 靑紫를 取ᄒᆷ이 芥子을 拾ᄒᆷ과 如ᄒ지만은 荅夫의 思想은 此에 不在ᄒ고 오직 宗敎界에 入ᄒ야 根本的 敎化로 人民의 精神을 團合ᄒ며 國家의 元氣를 培養ᄒᆷ에 在ᄒ 故로 드ᄃ여 椽那部 皂衣大仙의 職에 居ᄒ니라.

第三章 皂衣大仙의 地位

原來 高句麗ᄂ 檀君大皇祖의 神敎를 奉承ᄒ야 祭天事神의 禮를 尊重히ᄒ고 東明聖王ᄭᅥ셔 天仙으로 降世ᄒ야 国家를 建設ᄒ며 人民을 救濟ᄒ시고 終年에 羽化升天ᄒ신 蹟이 有ᄒ 故로 祭天事神이 國의 大典이 되야 特別히 皂衣頭大仙師의 職을 置ᄒ니 天을 祭ᄒᆷ에ᄂ 王을 副ᄒ야 其禮를 主ᄒ고 政事를 議ᄒᆷ에ᄂ 樞臣이 되고 人民을 敎育ᄒᆷ에ᄂ 師長이 되야 全國 仙敎徒를 統轄ᄒ고 又 各州各城에 大仙을 置ᄒ야 敎徒를 分管ᄒ니 精神界와 실權界에 在ᄒ야 勢力이 俱太ᄒ즉 실로 有道者가 旗幟를 高揚ᄒ고 福音을 廣播ᄒᆯ 地位라. 所以로 明臨荅夫갓ᄒ

大英傑이 此地位에 居ㅎ야 專히 教理를 發揮ㅎ며 教務를 擴張ㅎ기로 九十餘年 光陰을 經過ㅎ니 其誠力의 懇摯ㅎ 바와 光輝의 發越홈이 寀로 国論을 可否ㅎ며 國民을 左右홀 能力이 有ㅎ더라.

然ㅎ나 其時 高句麗의 主權된 国王이 教權과 民權을 尊重히ㅎ야 太平福樂을 安享ㅎ는 日이면 明臨荅夫의 一生은 道德界의 趣味로 逍遙自在홀 쑌이어늘 不幸히 王室에서 簒奪의 事를

〈五〉

行ㅎ고 教權을 抑勒ㅎ며 民權을 摧壓ㅎ는 遂成王時代를 遭遇홈으로 王室과 國民間에 大衝突이 起ㅎ얏도다.

高句麗 歷史에 遂成王은 비록 殘暴不仁ㅎ고 專制不法ㅎ는 人君이나 雄悍勇武ㅎ야 萬斤의 重으로 壓ㅎ고 雷霆의 威로 加ㅎ는 時代라. 萬一 明臨荅夫로 더부러 君臣의 誼로 相見치 안코 敵国의 態로 相接ㅎ는 境遇에 王軍이 凱歌를 唱ㅎ얏스면 高句麗의 教權과 民權이 一敗塗地[4*]에 永々撲滅ㅎ는 日이오 民軍이 得勝ㅎ면 王의 運命이 可憐ㅎ 地頭에 故홀지니 此에 對ㅎ야 高句麗 国民의 程度如何와 明臨荅夫의 智勇如何와 遂成王의 禍福如何를 十分注目홀만ㅎ 機會로다.

雖然이나 此回에 王室과 国民間에 戰爭이 起ㅎ 것은 王의 作孽로 由홈이니 於是乎其原因을 證據ㅎ기 爲ㅎ야 遂成王의 歷史를 述ㅎ노라.

第四章 遂成王의 歷史

遂成王은 太祖王의 親弟이니 雄勇鷲猛의 人이라. 太祖王 六十九年

4* 一敗塗地(일패도지):『사기』,「고조본기(高祖本紀)」의 "싸움에 한번 져서 간과 뇌가 땅바닥에 으깨어진다"고 한 데서 온 말로, 전쟁에 여지없이 패해 다시 일어날 수 없게 되는 지경에 이름을 뜻한다.

에 禦漢의 役으로부터 其活動을 始現ᄒ니라. 是時에 高句麗의 聲勢가 日로 張ᄒ니 漢廷에서 以爲ᄒ되 一次大擧ᄒ야 高句麗를 懲치 아니ᄒ면 遼를 保치 못ᄒ리라ᄒ고 兵數十萬을 發ᄒ야 幽州刺史 馮煥으로 大將을 삼고 玄菟太守 姚光은 右將이 되고 遼東太守 蔡諷은 左將이 되야 몬져 濊를 伐ᄒ야 其渠帥를 殺ᄒ며 兵仗과 財物과 人畜을 無算히 獲ᄒ고 乘勝長驅ᄒ야 我의 國都를 直指ᄒ니 國人이 大震ᄒ더라. 太祖王이 羣臣을 召ᄒ야 戰守의 宜를 問ᄒ니 衆議가 紛々하야 或戰을 主ᄒ고 或守를 主ᄒ야 一是를 莫衷5*이라. 王弟 遂成이 獨

〈六〉

히 言이 無ᄒ니 王이 其故를 問ᄒᄃᆡ 對ᄒ야 曰諸臣은 다 舌로 戰ᄒ거와 臣은 獨히 兵으로 戰코져ᄒ노이다. 王이 이예 遂成으로 莫離支(卽今 軍部大臣)를 삼고 諸將을 率ᄒ야 出戰케 ᄒ다.

時에 遂成의 年이 이믜 望六頹齡에 至ᄒᆫ지라. 白鬚를 飄拂ᄒ고 披甲6*上馬ᄒ니 王이 其老를 慰ᄒᄃᆡ 遂成이 曰臣의 年은 老ᄒ얏스나 臣의 釼7*은 老치 아니ᄒᆫ이다ᄒ고 馳ᄒ야 坐原에 至ᄒ니 敵兵이 아직 來到치 못ᄒ얏거늘 遂成이 喜ᄒ야 左右를 顧ᄒ야 曰彼煥等은 竪子라 兵을 不知로다. 人의 國을 侵犯ᄒᄂᆫ 者는 맛당히 輕騎로 疾馳ᄒ야 몬져 險要를 奪據홀지어늘 彼가 大兵을 率ᄒ고 此에 來ᄒᆫ지 多日에 尙今까지 曠野에 逗留ᄒ야 險要의 地를 我에게 讓ᄒ얏스니 엇지 敗치 아니ᄒ리오ᄒ고 因ᄒ야 此를 據ᄒ야 形制의 勢를 示ᄒ고 使를 派遣ᄒ야 和議를 提出ᄒ니 煥等이 이믜 地利를 失ᄒ얏슴이 進을 求ᄒ야도 不得이오 退코져ᄒ야

5* 一是를 莫衷: 사자성어로 '막충일시(莫衷一是)'란 "의견이 엇갈려 하나로 통일되지 못함"을 의미한다.
6* 披甲(피갑): 갑옷을 입음. 무장함.
7* 釼(검): '劍'과 동자(이하 같음).

도 不可ᄒᆞᆫ지라. 이예 和를 托ᄒᆞ야 退코져 홀시 許多히 金幣를 要求ᄒᆞ거늘 遂成이 此를 佯許ᄒᆞ고 別로 偏將을 遣ᄒᆞ야 輕騎三千을 率ᄒᆞ고 玄菟과 遼東을 襲ᄒᆞ야 城郭을 焚ᄒᆞ고 守兵二千을 殺ᄒᆞ니 煥等이 此報를 接ᄒᆞ고 大驚ᄒᆞ야 急히 軍을 回ᄒᆞ야 赴救ᄒᆞ거늘 遂成이 鮮卑兵八千을 率ᄒᆞ고 追ᄒᆞ야 遼隊縣8*에 及ᄒᆞ야 大戰ᄒᆞ니 馮煥과 姚光은 皆單騎로 先走ᄒᆞ고 蔡諷은 頗히 强勁ᄒᆞᆫ 態度로 功曹椽龍瑞9*와 兵馬椽公孫酺等으로 더부러 拒戰ᄒᆞ거늘 遂成이 此를 奮擊ᄒᆞ야 大破ᄒᆞ고 諷及瑞10*酺를 斬ᄒᆞ고 數萬人을 殺ᄒᆞ니 此ᄂᆞᆫ 麗人이 漢人과 交戰ᄒᆞᆫ 以來 第一大勝捷이라. 師가 還ᄒᆞ니 王이 大喜ᄒᆞ야 드듸여 相加의 職으로 遂成을 授ᄒᆞ니 位가 百僚의 上이오 軍國大權이 다 其手에 故ᄒᆞ고 威가 內外에 振ᄒᆞ더라.

〈七〉

惜ᄒᆞ다. 古今人物史에 雄偉傑特ᄒᆞᆫ 好個男兒가 許多ᄒᆞ지만은 每常 長處로 因ᄒᆞ야 短處가 有ᄒᆞᆫ 故로 英雄豪傑과 仁人君子의 資格을 合ᄒᆞ야 完全無缺ᄒᆞᆫ 人이 된 者가 極少ᄒᆞ도다. 遂成은 王의 親弟로 雄材奇略이 有ᄒᆞ야 曠世의 偉勳을 立ᄒᆞ고 無等의 恩寵을 受ᄒᆞ얏스니 若其 謙退謹愼의 懿行으로 臣子의 職分을 恪守ᄒᆞ고 王室의 輔佐를 盡心ᄒᆞ얏스면 國家의 無窮ᄒᆞᆫ 慶福이오 自己도 完全人格으로 萬世에 流芳홀지어늘 不幸히 雄心의 因緣으로 野心의 種子가 胚胎ᄒᆞ야 後來 結果가 歷史上 大汚點을 加ᄒᆞ얏도다.

遂成이 大輔의 印綬를 惹ᄒᆞ고 箕丘에서 獵ᄒᆞ다가 夕陽을 顧ᄒᆞ고 喟

8* 遼隊縣(요대현): 중국측 기록인『삼국지(三國志)』권30,「고구려전(高句麗傳)」에 요수현(遼隧縣)으로 기록돼 있다.
9* 龍瑞(용서): 용단(龍端)의 잘못이다.『동사강목』에 '용서'로 기록된 것을 비판없이 따온 데서 비롯한 것이다.
10* 瑞(서): '단(端)'의 잘못이다.

然히 嘆ᄒ야 曰人生一世가 一場春夢과 如ᄒ도다. 於是에 貫那于台 菸
支留11*와 沸流那皂衣 陽神과 桓那于台 彌儒12*等이 其意를 揣知ᄒ고
陰히 遂成다려 謂ᄒ야 曰慕本王이 崩ᄒ실ᄉ 羣僚가 古鄒加先公을 立
코져ᄒᆫᄃᆡ 先公이 寶位를 不有ᄒ시고 老로서 讓ᄒ셧거ᄂᆞᆯ 今王은 老髮이
皓然ᄒ되 讓意가 無ᄒ니 是ᄂᆞᆫ 先公의 意를 繼치 못ᄒᄂᆞᆫ 者이니 子13*ᄂᆞᆫ
此를 熟計ᄒ소셔. 遂成이 佯曰 君位承襲에 嫡으로써홈은 天下의 常經
이라. 王이 비록 老ᄒ얏스나 太子가 有ᄒ니 엇지 敢히 覬覦ᄒ리오. 彌儒
曰 大武神王이 慕本王을 捨ᄒ고 閔中王을 立ᄒ얏스니 弟의 賢으로 兄
의 後를 承홈은 王朝의 已例라. 子ᄂᆞᆫ 疑치 말지어다. 遂成이 이예 支留
等과 密謀ᄒ야 王位를 圖코져ᄒ더라.

遂成의 弟 伯固가 獵場에서 遂成의 異志가 有홈을 察ᄒ고 諫ᄒ야
曰禍福이 人을 擇홈이 아니라 人이 禍福을 擇ᄒᄂᆞ니 今에 子ᄂᆞᆫ 王의
親弟오 百僚의 首라. 功이 高ᄒ고 位가 尊ᄒ니 맛당히 忠義로

〈八〉

써 心을 存ᄒ며 禮讓으로써 己를 克ᄒ야 上으로ᄂᆞᆫ 王의 德을 輔ᄒ며
下으로ᄂᆞᆫ 民의 心을 得ᄒ 然後에 富貴를 可히 保ᄒ지며 禍亂이 作지
아니ᄒᆯ지에ᄂᆞᆯ 今乃流連에 樂ᄒ야 返홈을 不知ᄒ니 엇지 福을 擇ᄒᄂᆞᆫ
道리오ᄒᆫᄃᆡ 遂成이 荅14*曰 富貴懽樂은 人의 自求ᄒᄂᆞᆫ바라. 此를 得ᄒ
ᄂᆞᆫ 者ㅣ 寡ᄒᄂᆞ니 今에 吾가 可樂의 地에 居ᄒ야 志를 肆치 못ᄒ면 將次
何를 待ᄒ리오ᄒᄂᆞᆫ지라. 伯固가 이에 僭亂의 事가 必有ᄒᆯ 쥴을 知ᄒ고
杜門不出ᄒ니라.

11* 菸支留(어지류): '미유'의 잘못이다.
12* 彌儒(미유): '어지류'의 잘못이다.
13* 子(자): 문어체에서 '그대'를 이르는 말이다.
14* 荅: '答(대답 답)'의 속자.

第五章 大仙師巫의 先見

盖星象家와 卜筮家의 占候預言ㅎ는 事를 卽今에는 理學者와 科學
者들이 皆誕妄無案에 付ㅎ나 此는 古代人羣의 思想程度를 硏究치 아
니홈이로다. 盖古昔時代에는 風氣가 淳質ㅎ고 人事가 單純ㅎ야 一切
學術思想이 胚胎萌芽ㅎ는 時代라. 天時의 灾祥과 人事의 吉凶을 對ㅎ
야 恒常恐懼修省ㅎ는 意도 有ㅎ며 坯 天下의 大事와 天下의 大疑가
有ㅎ면 當時 人羣의 思想이 此를 尋常人智로써 決斷치 못ㅎ는 것으로
認ㅎ고 반다시 神明의 指示를 要ㅎ야 卜筮로써 決斷ㅎ는 것은 古人의
思想程度가 如此홈이나 是로 以ㅎ야 聖人의 聰明睿知로 開物成務[15*]
ㅎ시민 坯흔 因時制宜ㅎ야 神道로써 敎를 設ㅎ시니 故로 大事와 大疑
가 有ㅎ면 반다시 卜筮로 決斷ㅎ야 衆疑를 解釋ㅎ심이 卽至公至正의
道라. 經傳[16*]으로 視홀지라도 周易과 洪範이 哲理의 祖宗으로 卜筮의
事를 言ㅎ얏고 周禮는 占夢의 官이 有ㅎ며 詩經은 大人의 占이 有ㅎ고
左氏春秋에 裨竈梓愼의 流가 皆司祝의 官으로써 一時 君相[17*]의 顧問
이 된지라. 世運이 日開에 人智가 增進ㅎ고 人權이 發達됨으로

〈九〉

灾祥吉凶等事에 關ㅎ야 別로 疑懼가 無ㅎ고 專히 人智로써 決斷ㅎ
며 人權으로써 履行ㅎ야 神明의 指示를 要ㅎ는 바 無흔지라. 於是에
星象卜筮의 源流가 斷絶되얏스나 推數占候ㅎ야 吉凶을 預言ㅎ는 者가

15* 開物成務(개물성무):『주역』계사전(繫辭傳)상(上) 11장 첫머리에, 공자가『역』의
목적에 대해, "『역』은 만물의 도리를 알아 일을 성취하게 해주는 것으로서, 천하의
도가 모두 이 속에 내재해 있으니, 바로 이와 같은 것일 따름이다[夫易, 開物成務,
冒天下之道, 如斯而已者也]"라고 한 데서 온 말이다.
16* 經傳(경전): 경서(經書)와 해설서.
17* 君相(군상): 임금과 정승.

往々히 道家와 陰陽家에셔 出ᄒ니 此盖精神修養의 工夫로 其心灵의 虛明홈과 天時人事에 關ᄒ야 知幾必先ᄒᄂ 識見이 쏘흔 凡人과 大異ᄒ지라. 於是에 象數의 學을 假ᄒ야 吉凶을 預言홈이니 此를 專히 誕妄無實이라홈은 쏘흔 偏論이라 謂홀지로다.

此로 以ᄒ야 高句麗時代의 大仙師巫의 職任을 推想컨듸 盖神仙道家者流로 祭天事神의 禮를 掌홈이 春秋時代의 司祝과 如ᄒ며 又推數占候의 學으로 人君의 顧問이 된 者로다. 太祖王이 일즉 豹가 虎尾를 斷ᄒᄂ 것을 夢흔지라. 此로써 皁衣大仙師巫의게 問흔듸 師巫曰 虎ᄂ 獸類의 王이오 豹ᄂ 同類의 小者라. 意者컨듸 王의 族이 王의 後를 斷코져 謀ᄒᄂ 者ㅣ 有홈인져 하얏스니 此盖大仙師巫가 遂成의 叛意를 先見ᄒ고 特히 占夢을 托ᄒ야 王으로 ᄒ야곰 其幾를 悟코져홈이라. 于時에 左輔 穆度屢와 右輔 高福章은 曰不善을 作ᄒ면 吉이 變ᄒ야 凶ᄒ고 善을 作ᄒ면 凶이 變하야 吉홈은 天道의 必然이니 王은 다만 国을 憂ᄒ시며 民을 愛ᄒ야 善을 力行ᄒ시면 무삼 凶變이 生홀이오ᄒ니 此ᄂ 正理를 據ᄒ야 言홈이나 大仙師巫의 先見은 不及이라. 雖然이나 大仙師巫의 禍가 此에셔 胎ᄒ얏도다.

第六章 遂成의 簒位

此時에 遂成이 內로 異志를 蓄흔 것은 衆人이 不知ᄒᄂ 줄노 認ᄒ얏더니 絆然히 大仙師巫이 豹夢의 占으로 王쯰 告흔 言을 聞ᄒ고 萬一

〈十〉

遷延ᄒ다가는 中間漏洩로 成事치 못홀가ᄒ야 叛謀가 益急흔지라. 乃其 左右 親近者의게 密論ᄒ야 曰王이 老ᄒ얏스나 吾髮이 亦白ᄒ얏스니 可히 坐待치 못홀지라. 汝等은 我를 爲ᄒ야 計ᄒ라 하니 左右가 皆曰 謹히

命을 從ᄒ리다ᄒᄂᄃᆡ 獨히 一人이 挺身而對ᄒ야 曰今에 王子가 不祥의 흠을 發ᄒ되 左右가 敢히 直言으로 諫ᄒᄂᆫ 者ㅣ 無ᄒ니 엇지 可歎홀 바 아니리오. 吾ᄂᆫ 死를 冒ᄒ고 直言코져ᄒ노라. 遂成이 曰何言고. 其人이 曰今王이 賢明ᄒ샤 內外에 異心을 懷ᄒ자ㅣ 無ᄒ거ᄂᆯ 子가 功을 恃ᄒ고 姦諛의 輩를 締結ᄒ야 明君을 廢코져ᄒ니 此가 엇지 單縷로 萬鈞를 引함과 異ᄒ리오. 此ᄂᆫ 至愚의 事니 子ᄂᆫ 速히 圖를 改ᄒ고 慮를 易ᄒ라. 如此ᄒ면 王이 其或子의 善을 知ᄒ고 揖讓의 擧를 行ᄒ려니와 不然이면 將次 禍가 及ᄒ리라ᄒᄃᆡ 遂成이 크게 不悅ᄒ며 又其密謀가 漏洩될가 恐ᄒ야 左右로 ᄒ야곰 其人을 殺ᄒ니라.

旣而오 遂成이 다시 一功을 立ᄒ고 國民의 心을 折服ᄒ 後 王位를 奪ᄒ면 反抗者가 無홀줄로 思ᄒ고 太祖王 九十四年에 兵을 發ᄒ야 遼西安中縣18*을 伐ᄒ야 帶方令을 殺ᄒ며 樂浪太守의 妻子를 虜ᄒ며 器機輜重을 無數히 獲ᄒ고 凱를 旋ᄒ야 都에 還ᄒ니 其威名이 益盛ᄒ야 國人의 心이 皆攸附ᄒᄂᆫ지라. 於是예 簒奪의 擧가 朝夕에 在ᄒ니 右輔 高福章이 乃大驚ᄒ야 王ᄭᅴ 告ᄒ야 曰遂成이 將次 叛ᄒ리니 王은 急히 圖ᄒ소셔. 王曰 吾ᄂᆫ 將死의 老物이오 遂成은 鎭國功臣이라. 吾가 位를 彼의게 禪홈이 何如오. 福章曰 遂成은 忍人이오 悍人이라. 今日에 禪을 受ᄒ면 明日에 王의 子孫을 害홀지니 願컨ᄃᆡ 王은 熟計ᄒ소셔ᄒᆫᄃᆡ 王이 비록 覺悟ᄒ얏스나 是時에 遂成의 威權을 可奪치 못홀 勢가

〈十一〉

有ᄒ지라. 早速히 位를 禪ᄒ면 或彼가 感悅ᄒ야 悍毒을 肆치 아니홀 줄로 思ᄒ고 乃詔를 下ᄒ야 寶璽를 遂成의게 授ᄒ고 別宮에 退居홀ᄉᆡ 遂成이 드듸여 王位에 卽ᄒ니 遂成의 年이 已七十六이러라.

18* 安中縣(안중현): 안평현(安平縣)의 잘못이다.

噫라. 遂成王의 殘忍心과 專制力이 果然 如何흔 極度에 達흐뇨. 禪을 受흔 後 卽時에 高福章을 恨ㅎ야 死刑에 處ㅎ고 穆度屢를 竄逐ㅎ고 貫那于台 彌儒로써 右輔를 삼으며 桓那于台 菸支留로써 左輔를 삼으며 沸流那皂衣 陽神으로써 中畏大夫를 삼으니 此는 다 王의 纂位ㅎ는 事에 同謀흔 腹心이러라. 旣而오 太祖王의 元子 莫勤이 謀叛흔다ㅎ야 此를 殺ㅎ니 其弟 莫德이 禍延흘가 懼ㅎ야 自縊ㅎ야 死ㅎ니 於是에 国人이 王의 功을 忘ㅎ고 其暴虐을 嫉惡ㅎ는 念이 多ㅎ더라.

第七章 大仙師巫의 被禍

皂衣大仙師巫는 太祖王의 豹夢을 占흔 人이라. 遂成王이 殺흘 意를 抱흔지 已久ㅎ얏스나 但大仙의 職에 在흔 故로 此를 殺ㅎ면 國人의 怒를 拂흘가 恐ㅎ야 猶豫ㅎ야 發치 못ㅎ얏더니 卽位三年七月에 平德原에 出獵흘식 白狐가 王을 隨ㅎ야 鳴ㅎ거늘 此를 射ㅎ다가 不中ㅎ고 大仙師巫를 顧ㅎ야 曰白色의 狐는 余의 始見흔 바로다. 大仙師巫 曰狐는 獸의 妖者오 白狐는 狐의 尤妖흔 者라. 今에 駕前에서 鳴흔 것은 甚히 不祥흔 事라. 此는 天이 徹戒ㅎ야 王으로 ㅎ야곰 恐懼修省케 흠이니 王은 德을 修ㅎ여야 禍를 轉ㅎ야 福을 삼을지니라. 王이 此言을 聞흠이 곳 大仙師巫를 除흘 機會라ㅎ야 大怒曰吉ㅎ면 吉ㅎ고 凶ㅎ면 凶흘 것이지 汝가 이믜 白狐를 凶흔 것이라ㅎ다가 또 可히 福이 될 것이라ㅎ니 是는 仙人의 言이 아니라 奸人의 言이라ㅎ고 卽時 斬刑을 加ㅎ니 此擧가 다만 大仙師巫 一人에게 洩憤

〈十二〉

흘쁜 아니라 王은 本來 專制의 慾이 甚熟흔 者라 国中 仙教徒의 勢力이 多大흔 것을 嫌忌ㅎ다가 今에 大仙師巫를 除흔 것은 仙教徒의 勢力을

減削ᄒ기로 威壓을 加ᄒ미라. 大仙師巫는 一国의 導師라. 今乃無罪히 虐殺을 彼ᄒ얏스니 国民의 憤怒가 엇지 激發치 아니ᄒ리오. 於是에 國民이 反抗의 旗를 擧ᄒ야 大仙師巫를 爲ᄒ야 洩冤ᄒ기를 聲言ᄒ다가 王이 兵卒을 命ᄒ야 武力으로 强壓ᄒ니 不久ᄒ야 鎭靖에 故ᄒ다. 盖王의 爲人이 世界歷史上에 亦一傑王이오 僭雄이라. 對外 戰爭에는 勇健ᄒ 威風이 素著ᄒ얏고 政治界에는 猛烈ᄒ 專制手段이 有ᄒ 者라. 所以로 當時 貴族大家와 名臣宿將이 皆其威福을 惟命이오 活潑勇壯ᄒ 高句麗民族이 皆其束縛을 受ᄒ미 二十年에 及ᄒ니라.

第八章 明臨答夫의 活動

然ᄒ나 劇烈ᄒ 專制下에 반다시 劇烈ᄒ 反動力이 生ᄒᄂ니 秦始皇이 虎視天下ᄒ는 時代에 張子房의 大鐵椎가 轟發ᄒ고 加士拉이 威壓瑞士ᄒ는 時代에 威廉泰路의 獨立旗가 暗動이라. 今에 高句麗 遂成王專制下에는 何處에셔 反動力이 發生ᄒ얏ᄂ뇨. 椽那部 大仙敎堂에서 晧々老翁이 風雲을 憒噓ᄒᄂ도다. 此時에 明臨答夫는 九十餘年 長歲月에 朝々夕々으로 手에는 仙書를 奉ᄒ고 身에는 羽服을 被ᄒ고 口에는 玄理를 吐ᄒ니 誰가 此老仙腦中에 救国救民의 熱血塊가 膨脹鬱結ᄒ 줄을 知ᄒ얏스리오. 古人詩에 云ᄒ 바 大人虎変을 愚不測이라 當年頻似 尋常人者ㅣ 是로다.

遂成王이 太祖王의 二子를 殺ᄒ며 大臣을 許多히 誅ᄒ고 竄ᄒ며 又大

〈十三〉

仙師巫를 殺ᄒ야 敎徒를 抑勒ᄒ며 武力을 濫用ᄒ야 民權을 壓制ᄒ니其殘忍不法이 此에 至ᄒ얏도다.

明臨荅夫는 元來 情人이오 義人으로 久히 教門에 從事흔 故로 天理를 尊흐고 人民社會에 周旋흔 故로 公義을 重히 흐는딕 今에 遂成王이 太祖王의 恩愛를 孤負흐고 其位를 奪흐며 其二子를 殺흐얏스니 此는 天理에 容치 못흘 바오 有功흔 大臣을 誅竄흐니 此는 国法에 容치 못흘 바오 無罪흔 大仙師巫를 斬殺흐야 教權을 削除흐며 武力으로 民權을 摧壓흐니 此는 人道의 容치 못흘 바라. 荅夫ㅣ 於是에 悲憤流涕흐야 曰彼獨夫가 不死흐면 天理人道가 滅흐야 우리 神聖흔 宗教와 神聖흔 民權이 다 亡흘지니 余가 不得不 前王을 爲흐야 殘命을 不惜흘지며 教權과 民權을 爲흐야 熱血을 灑흘지로다.

然흐나 遂成王의 威權이 日張흐야 烈焰이 方熾흠과 如흐며 海潮이 方溢흠과 如흔즉 遽然히 此를 撲滅흐거나 防遏코져흐다가는 明臨荅夫의 一身만 失敗에 陷흘쑨 아니라 國家와 教會와 人民이 더욱 慘酷흔 悲境에 墊溺흘지니 不可不 可乘흘 機會를 乘흐야 義旗를 擧흐리라흐고 教堂內에 潛伏흐야 志士를 攬結흐며 衆心을 收拾흐고 더욱 純柔忠勇흔 教徒를 引흐야 麾下에 置흐더라.

如斯히 深山에 豹가 隱흐야 霧를 擁흐고 大澤에 龍이 處흐야 雲을 呼흘 際에 時哉時哉라 機會가 來到흐얏도다. 遂成王 二十年 三月에 太祖王이 幽居흔 別宮에서 崩흐시니 壽는 百十九歲라. 外間傳聞이 頻히 喧藉흐야 曰遂成이 弑를 行흠이라흐니 此는 宋太宗 匡義가 兄子德昭를 弑흠으로써 弑兄의 跡을 掩치 못흠과 如히 太祖王의 二子를 殺흐

〈十四〉

얏스니 別宮에 幽囚된 太祖王을 弑흐얏다흐는 云々을 宜乎[19]免치 못흘지로다. 遂成王이 此不韙의 言을 塞코져흘시 原來 高句麗는 国葬에 禮

19* 宜乎(의호): 마땅히.

儀가 甚壯ᄒ지라. 此로 以ᄒ야 太祖王葬에 黃金으로 棺槨을 備ᄒ며 巨
石을 運ᄒ야 陵殿을 作홀식 五部에 詔ᄒ야 部各數千人을 發ᄒ야 葬期
에 來會케 ᄒ거늘 荅夫ㅣ 暗喜ᄒ야 心腹의 壯士를 擇ᄒ야 指揮를 聽케
ᄒ고 部內 丁勇五千을 發ᄒ야 葬에 赴케 홀식 進ᄒ야 都城에 至ᄒ니
荅夫ㅣ 衆을 對ᄒ야 悲愴ᄒ 辭色으로 몬져 太祖王의 仁慈ᄒ신 德을
說ᄒ며 太祖幽囚의 苦를 設ᄒ면셔 悲淚를 灑ᄒ고 因ᄒ야 大聲으로 叫
ᄒ야 曰此仁慈ᄒ신 王을 叛ᄒ 者ㅣ 誰며 此仁慈ᄒ신 王을 幽ᄒ 者ㅣ
誰며 此仁慈ᄒ신 王의 無辜ᄒ 二子를 殺ᄒ 者ㅣ 誰오ᄒ고 又步를 進ᄒ
야 叫曰 大仙은 囯의 導師어늘 此를 濫殺ᄒ 者ㅣ 誰며 二輔ᄂ 囯의
棟樑이어늘 此를 誅ᄒ고 竄ᄒ 者ㅣ 誰며 朝廷의 憲章을 擅改ᄒ 者ㅣ
誰며 人民의 權利를 剝奪ᄒ 者ㅣ 誰오. 惟我 大衆은 囯內에 此大罪人
이 有ᄒ 것을 不知ᄒᄂ가ᄒ니 衆이 此言을 聞ᄒ고 正히 憤沸ᄒᄂ 態가
有ᄒ거늘 荅夫ㅣ 又大叫ᄒ야 曰公等이 此大罪人을 不知ᄒᄂ가. 엇지
不知홀 理가 有ᄒ리오만은 但官政虐熖下에 中心으로ᄂ 記ᄒ나 敢히 口
로 言치 못ᄒ이니 我가 請컨ᄃ 公等을 代ᄒ야 言ᄒ리라ᄒ고 仍히 怒拳
으로 地를 拍ᄒ야 大叫曰 此大罪人은 今王 遂成이 아닌가. 此大罪人
을 誅코져ᄒᄂ 者는 我를 從ᄒ라ᄒ니 衆이 齊聲曰諾다ᄒᄂ 者ㅣ 數萬
人이라.

第九章 王軍과 民軍의 衝突

遂成王이 此를 聞ᄒ고 大驚ᄒ야 急히 王軍을 發ᄒ야 出拒홀식 左

〈十五〉

輔 菸支留 曰民怒ㅣ 方張ᄒ지라. 逆ᄒ면 勝ᄒ기 難ᄒ고 諭ᄒ면 散ᄒ기
易ᄒᄂ니 願컨ᄃ 王은 戰을 取치 말고 一使를 發ᄒ야 其興亂의 由를

問호소셔. 王이 怒호야 曰民으로써 敢히 王을 逆호거늘 王이 反히 民에
게 下홈이 可호가. 爾는 必是 荅夫와 相通이 有혼 者라호고 菸支留을
獄에 下호고 自將호야 出戰홀시 王은 本來 戰術에 老鍊혼 手段이라.
況民兵의 勢大홈을 見호고 엇지 輕易히 大敵호리오. 乃山陽에 馳至호
야 險을 據호야 陳을 布호거늘 荅夫가 望見호고 笑曰彼가 其罪의 大홈
을 自知호고 義軍의 威를 畏호야 乃險地를 據호야 自保코져호는도다.
然이나 上帝는 義를 助호시고 不義를 誅호시나니 險을 保혼딜 天은 勝
치 못홀지라. 엇지 幸免을 得호리오호고 衆을 麾호야 進호니 時에 大風
이 起호야 塵沙를 揚호는지라. 王軍은 山上에 在호야 險을 據호고 民軍
은 山下에 在호야 地利를 失호얏스니 王軍이 勝勢가 有혼즉 正是 高句
麗国民의 膽勇 如何를 發表호는 機會로다. 大抵 高句麗는 最初 創業時
代부터 四方의 敵国과 血戰호야 国을 立호얏고 또 国을 立혼 以來로
數百年에 일즉 戰爭에 休息혼 日이 無호지라. 故로 其國民이 個々驍勇
호고 個々健鬪호야 死地에 赴홈을 生地에 趣홈과 無異혼 性質이라. 엇
지 地勢과 風勢의 不利로써 却顧不前호는 態가 有호리오. 又荅夫의 衆
은 皆敎權과 民權으로써 各其 生命을 삼는 者라. 敎權과 民權을 爲홈에
進호야 死홀지언정 退호야 生홈은 不爲홀지라. 其中에 一人이 有호야
當前大呼曰 我等이 敎權과 民權을 爲호야 侵害者를 除코져호면셔 엇
지 小風을 畏호야 退却호리오. 天은 義를 助호고 不義를 誅호시느니
汝等은 勿惧호고 但我를 隨호야 進호

〈十六〉

라호더라.
　戰혼지 未久에 風忽逆吹호야 塵沙가 漲天호니 王軍이 開眼을 不得
호거늘 荅夫ㅣ 疾叫曰天이 不義를 誅홀 機會를 賜호시니 我等은 努力
호야 前進호자호니 壯士가 皆 緣崖攀木호고 踊躍而登호야 王軍을 直

衝ᄒ니 王軍이 勢不能支ᄒ야 드듸여 潰散ᄒ니라.

第十章 遂成王 被弑와 新大王 卽位

遂成王이 走ᄒ야 国都에 還ᄒ니 壯士가 皆已離散ᄒ고 城中人民도 本來 王의 不義를 不服ᄒ던 心이 有ᄒ 故로 王을 爲ᄒ야 民軍을 禦코져 ᄒ는 者ㅣ 無ᄒ니 二十年 專制手段이 此에 至ᄒ야 秋毫도 效力이 無ᄒ니 世界上 国家의 主權된 者는 此를 可히 鑑ᄒ지로다. 然ᄒ나 王은 雄心이 素富ᄒ 人이라. 大勢가 已去에 衆心이 驚慌ᄒ되 王은 衣冠을 整齊ᄒ고 威儀가 自若ᄒ야 宮에 入ᄒ니 或이 勸ᄒ야 曰事가 已去ᄒ얏스니 大王은 急히 遼西에 往投ᄒ야 漢의 救援을 求ᄒ소셔ᄒᄃᆡ 王이 愀然曰 我가 차라리 我民의 手에 死ᄒᆯ지언졍 엇지 敵國에 投ᄒ야 生을 求ᄒ리오ᄒ얏스니 此로써 觀ᄒ면 王의 負罪는 雖大ᄒ나 後來의 泉男生이 兄弟爭權으로 以ᄒ야 敵國에 投ᄒ야 宗国을 覆ᄒ 者에게 比ᄒ면 可히 同年20*ᄒ야 語ᄒᆯ 者가 아닌즉 王은 実로 死를 不怕ᄒ는 男子오 国을 不負ᄒ는 人이라 謂ᄒᆯ지로다.

王이 儼然히 端坐ᄒ야 民軍이 入ᄒᆷ을 待ᄒ더니 旣而오 苔夫가 至ᄒ야 王을 執ᄒ야 王의 罪를 數ᄒ니 衆이 皆曰 王을 可殺이라ᄒᄂᆞ지라. 王曰 死는 吾가 이믜 스사로 決斷ᄒ 바니 更히 言ᄒᆯ 바 無ᄒ고 但爾等은 新王을 立ᄒ 後에 善히 輔佐ᄒ야 国家를 維持ᄒ라ᄒ고 弑를 臨ᄒᆷ이

〈十七〉

顔色이 如常ᄒ더라. 苔夫等이 太祖王의 殯殿에 詣ᄒ야 二子를 爲ᄒ야 復讎의 由를 告ᄒ고 國中에 令을 下ᄒ야 前日에 王과 同惡ᄒ 者를

20* 同年ᄒ야 語: '같은 해로 논한다'는 의미로, 똑같이 간주한다는 말이다.

一切不問이라ᄒ고 大小諸臣을 會ᄒ야 新君迎立을 議ᄒ고 菸支留를 獄中에서 招出ᄒ야 前王弟伯固을 迎ᄒ야 寶璽를 獻ᄒ니 伯固ㅣ 俯伏三讓ᄒᆫ 後位에 卽ᄒ니 是ᄂ 新大王이라. 遂成王은 次大王으로 諡ᄒ고 次大王의 子鄒安은 讓国君을 封ᄒ고 国中에 大赦ᄒ다.

第十一章 明臨荅夫의 勢力과 政治

新大王이 卽位ᄒᆫ 後로 国의 大權은 皆荅夫의게 委任ᄒ고 王은 拱手而聽ᄒᆯ뿐이라. 旣而오 大輔左輔右輔大仙의 職을 皆罷ᄒ고 相加一人을 置ᄒ야 一切 政權兵權敎權을 悉委ᄒ니 自此로 十六年間의 高句麗ᄂ 明臨荅夫의 高句麗가 되엿더라.

大抵 權利와 勢力이란 것은 一切 人類界에 最大ᄒᆫ 競爭點이라. 무릇 知識이 有ᄒᆫ 者ᄂ 知識으로 此를 競爭ᄒ고 腕力이 有ᄒᆫ 者ᄂ 腕力으로 此를 競爭ᄒ야 知者도 此에 死ᄒ며 勇者도 此에 死ᄒ고 天地鬼神도 此를 愛惜ᄒ야 恒常 盛滿을 忌ᄒ고 缺點을 予ᄒᄂ니 此ᄂ 天下萬事에 純全ᄒᆫ 利益이 無有ᄒᆫ 바오 古今 人物에 完全ᄒᆫ 福祿이 稀少ᄒᆫ 바라. 以上에 述ᄒᆫ 바 遂成王의 歷史로 觀ᄒᆯ지라도 王의 爲人은 宲로 絶倫의 膽力이 有ᄒ고 曠世의 奇功이 有ᄒᆫ 者로ᄃ 惟其德義가 缺乏ᄒ고 權利를 濫用ᄒ야 公衆의 惡感를 拂ᄒ고 神明의 陰誅를 被ᄒ야 末稍運命이 如彼히 極不幸ᄒᆫ 結果가 有ᄒ얏도다. 况人臣이 되야 威가 人主를 震ᄒ고 勢가 一国을 領ᄒ면 其身을 殆ᄒ고 其家를 覆지 아니ᄒᆫ 者가 歷史上에 絶無ᄒ다 謂ᄒᆯ지라. 今에 明臨荅

〈十八〉

夫ᄂ 国君을 弑ᄒ고 国君을 立ᄒ야 古今 人臣界에 非常ᄒᆫ 事를 行ᄒᆫ 者로 國家의 大權을 獨擅ᄒ고 世人의 大福을 久享ᄒ되 人君이 此를

不忌ᄒᆞ고 衆心이 此를 不怨ᄒᆞ야 長壽富貴 四字가 完全圓滿ᄒᆞ얏스니 此도 ᄯᅩᄒᆞᆫ 古今歷史에서 非常ᄒᆞᆫ 福力이라 謂ᄒᆞᆯ지로다.

盖荅夫ᄂᆞᆫ 精神氣魄이 크게 過人ᄒᆞᆫ 者로 九十餘年을 大仙의 職에 居ᄒᆞ야 道家修養法에 得力이 深厚ᄒᆞ고 積久ᄒᆞᆫ지라. 故로 国家의 權利와 勢力을 如彼히 獨佔ᄒᆞ얏스되 聰明과 魄力이 强壯不衰ᄒᆞ야 大小事務에 濡滯ᄒᆞᄂᆞᆫ 바 無ᄒᆞ고 其自身을 律ᄒᆞᆷ에ᄂᆞᆫ 澹泊質素를 守ᄒᆞ야 聲色貨利의 貪戀이 無ᄒᆞᆫ즉 賄賂의 醜累이 自遠ᄒᆞᆯ 것이오. 비록 大權을 獨擔ᄒᆞ고 衆務를 總轄ᄒᆞ나 人才를 需用ᄒᆞᆷ에 私로써 公을 滅치 아니ᄒᆞ야 其才를 必得ᄒᆞ고 其職을 必稱케 ᄒᆞᆷ으로 政治의 闕失이 少ᄒᆞ고 公衆의 猜忌가 無ᄒᆞ야 能히 令終의 效果가 有ᄒᆞ니라.

第十二章 明臨荅夫의 武功

以上 所述은 明臨荅夫가 宗敎界의 出身으로 政治界에 就ᄒᆞ야 勇健敏活ᄒᆞᆫ 手腕을 試ᄒᆞᆫ 바어니와 外敵에 對ᄒᆞ야 戰略上 手段은 又何如ᄒᆞᆫ고. ᄯᅩᄒᆞᆫ 智勇이 兼全ᄒᆞᆫ 軍略家로다. 新大王七年 冬十一月에 漢玄菟太守 耿臨이 兵十萬을 率ᄒᆞ고 來侵ᄒᆞ거늘 荅夫曰 彼衆이 雖多나 遠來深入ᄒᆞ니 千里轉運에 粮不得繼오 又天時가 嚴寒ᄒᆞ야 馬無蒭草ᄒᆞ니 此皆 兵法의 大忌라. 我가 堅守持久ᄒᆞ면 敵이 必自窘而退ᄒᆞ리라ᄒᆞ고 乃閉城固守ᄒᆞ니 漢兵이 果然 飢寒의 窮迫으로써 引還ᄒᆞ거늘 荅夫가 精銳數千을 率ᄒᆞ고 風雨갓치 疾馳ᄒᆞ야

〈十九〉

坐原에 追及ᄒᆞ야 奮擊ᄒᆞ니 漢兵이 大敗ᄒᆞ야 器機輜重을 悉皆遺棄ᄒᆞ고 僵屍遍野ᄒᆞ야 生還이 無幾라. 自此로 漢人이 相傳ᄒᆞ야 曰高句麗에 百歲老將이 有ᄒᆞ야 勇捷如飛ᄒᆞ니 必是 仙人骨格이오 仙家兵術이라ᄒᆞ

더라. 荅夫의 行政은 더욱 講武에 注意ᄒᆞ야 年이 百歲에 逾ᄒᆞ얏스되 騎射馳逐을 少年健兒와 無異ᄒᆞ야 射獵ᄒᆞᄂᆞᆫ 時期에 或曠廢ᄒᆞᄂᆞᆫ 바 無ᄒᆞᆫ지라. 일즉 羣僚를 對ᄒᆞ야 强國의 策을 論ᄒᆞᆯᄉᆡ 荅夫ㅣ 曰吾國은 本來 武力으로ᄡᅥ 成立ᄒᆞᆫ 者라. 至今에도 四面强敵의 衝에 在ᄒᆞ야 武力이 아니면 一日이라도 保存치 못ᄒᆞᆯ지라. 萬一 吾國民이 漢人의 文雅를 崇慕ᄒᆞ야 漸次 文弱에 陷ᄒᆞ면 必然코 衰亡을 不免ᄒᆞᆯ지니 强國을 엇지 希望ᄒᆞ리오ᄒᆞ니라. 荅夫가 맛참ᄂᆡ 功名富貴로ᄡᅥ 終ᄒᆞ니 年이 百十四歲러라.

明臨荅夫傳 終

〈一〉

어화우리 青年덜아 故國山川 이짜이라
北扶餘의 檀君子孫 二千餘年 享國일세
神祖遺澤 無窮ᄒ야 萬世万世 億萬世라
渾江一帶 滔滔ᄒ니 東明聖王 北來ᄒ야
高句麗를 建設ᄒ니 虎視天下 宏壯ᄒ다
丸都古城 차자보니 廣開土王 碑文이라
南征北伐 所向處에 東洋大陸 震動ᄒ네
盖世英雄 蓋蘇文은 山海關의 古墓로다
龍泉府를 도라보니 渤海太祖 事業일세
四十萬衆 一號令에 海東盛國 일어낫네
우리同族 金太祖는 白頭山에 터를싹가
二千五百 精兵으로 橫行天下 足足ᄒ네
우리오날 것너온일 上帝命令 아니신가
아모쪼록 精神차려 祖上歷史 繼述ᄒ세

원문

泉蓋蘇文傳

〈一〉

泉蓋蘇文傳

緒論

　薩水風雲에 隋兵을 鏖殺ㅎ 乙支文德은 隋史가 其蹟을 述ㅎ얏거늘 吾國史家에셔는 乙支公의 平生을 敍述ㅎ 文字가 無ㅎ고 閒山海戰에 倭賊을 大殲ㅎ 李舜臣은 倭人이 其傳을 作ㅎ얏거늘 吾國人士는 忠武 全書를 愛讀ㅎ는 者ㅣ 少ㅎ니 此는 吾國民이 英雄[1*]을 崇拜ㅎ는 思想 이 冷淡ㅎ 緣故가 아닌가. 惟彼各國人의 英雄崇拜熱은 何如ㅎ뇨. 英雄 舌端의 一咳一唾를 得聞ㅎ면 平生의 至榮으로 誇張ㅎ며 英雄服裝의 一絲一縷를 拾得ㅎ면 天下의 至寶로 擎玩ㅎ며 通衢大道에 屹然ㅎ 銅 像은 英雄의 前身이오 金櫃石室의 燦然ㅎ 書籍은 英雄의 歷史오 尋常 演劇에 英雄이 躍出ㅎ며 汗漫小說에 英雄이 縱橫ㅎ며 樵童牧竪가 皆 英雄을 謳歌ㅎ며 婦人女子가 皆英雄을 絺繡ㅎ니 浩浩ㅎ 大千世界에 英雄이 最多部分을 占領ㅎ얏도다.

　盖其國人이 英雄을 崇拜홈이 若是ㅎ 것은 個々人이 自己前途도 英 雄事業이 有ㅎ기를 願ㅎ는 것이오 自家子弟도 英雄資格이 出ㅎ기를 願 ㅎ는 것이오 一般政界學界 各社會에도 無數ㅎ 英雄이 翺翔ㅎ기를 願

1* 雄(웅): ‘雄’과 동자(이하 같음).

ㅎ는 것이니 其國에 엇지 英雄의 種이 繁殖지 아니ㅎ리오.

吾國人士는 英雄을 待遇홈이 冷淡흔 것은 自己前塗도 英雄事業이 有ㅎ기를 不願ㅎ는 것이오 自家子弟도 英雄資格이 出ㅎ기를 不願ㅎ는 것이오 一般政界學界 各社會에도 英雄이 翺翔ㅎ기를 不願ㅎ는 것이니 其國에 엇지 英雄의 種이 絶乏지 아니

〈二〉

ㅎ리오.

大抵 英雄은 邦國의 干城이오 人民의 司令이어늘 英雄을 冷淡히 待遇ㅎ는 것은 國의 干城을 毁棄ㅎ고 民의 司命을 蔑視홈이니 엇지 生存의 基礎와 活動의 舞臺를 得ㅎ리오. 此는 吾國과 吾民의 今日 此境에 陷溺흔 바로다.

雖然이나 余가 西으로 平壤에 遊覽ㅎ니 其城은 曰乙支城이라ㅎ며 其山은 曰乙支公山이라 ㅎ니 此는 人民間에 天然的 紀念이 相傳不替ㅎ는 바오 南으로 固城에 至ㅎ니 今其父老子弟가 皆忠武公爺를 稱號ㅎ니 此는 人民間에 天然的 愛慕가 久益親切흔 바오 今年에 鴨水를 渡ㅎ야 寬甸 懷仁縣 等地에 旅行ㅎ니 凡我人인이 居留ㅎ는 村落은 皆故林忠愍慶業을 爲ㅎ야 春秋로 行祀ㅎ니 此는 또흔 人民間에 天然的 思想으로 由흔 者이니 此個良心彛性을 啓導ㅎ고 培養ㅎ얏스면 吾國民의 英雄을 崇拜ㅎ는 思想이 엇지 他國人에 不及ㅎ리오. 但過去 五百年間 風潮는 所謂 上等社會에서 英雄을 不崇拜홀 뿐아니라 곳 英雄의 種을 撲減한 時代로다. 何로 以ㅎ야 言홈이뇨. 過去 五百年間에 國民이 泰斗갓치 景仰ㅎ는 者는 儒林派오 國民의 生殺機關을 握흔 者는 貴族黨이라. 此兩派의 歷史가 何如오ㅎ면 最其佳良흔 時代로 言홀지라도 가장 聲譽가 赫々흔 諸公의 事業이 不過 是謹飭的 淸儉的 規模로 僅僅自守홀而已오 大政治家의 手腕으로 民氣를 振作ㅎ고 國步를 發展

케 ᄒᆞᆫ 者는 未有ᄒᆞᅌᆞᆺ고 及其 每下愈況2*ᄒᆞᆫ 程度로 言ᄒᆞ면 儒林派에셔ᄂᆞᆫ 일즉 理窟은 硏透ᄒᆞ야 國民의 思想을 啓發ᄒᆞᆫ 者도 無ᄒᆞ며 歷史를 發揮ᄒᆞ야 國民의 性格을 培養ᄒᆞᆫ 者도 無ᄒᆞ

〈三〉

며 政學을 硏究ᄒᆞ야 國民의 利益을 供給ᄒᆞᆫ 者도 無ᄒᆞ고 但唐宋人의 浮文虛式을 粧綴ᄒᆞ던 餘毒을 傳染ᄒᆞ야 一般社會의 風氣를 消鎭케 ᄒᆞᆯ 쑨이오 貴族派에셔ᄂᆞᆫ 權利를 濫用ᄒᆞ야 國民의 志氣를 摧壓ᄒᆞ며 國民의 膏血을 吸收ᄒᆞ야 武斷의 習이 極度에 達ᄒᆞ니 一般國民이 此等 不道不德과 不智不勇者를 對ᄒᆞ야 人神갓치 仰望ᄒᆞ며 雷霆갓치 恐畏ᄒᆞ야 오직 此를 趨走承奉ᄒᆞ며 詔媚服事ᄒᆞᆷ으로써 保全身家의 策을 삼앗스니 如此ᄒᆞᆫ 惡風潮下에 其國民이 엇지 高尙ᄒᆞᆫ 思想과 俊逸ᄒᆞᆫ 志氣로 英雄을 崇拜ᄒᆞ며 英雄을 願學ᄒᆞᆯ 者ㅣ 有ᄒᆞ리오.

如斯히 五百年間에 英雄의 種을 消磨ᄒᆞ며 斬伐ᄒᆞ야 民智를 錮塞ᄒᆞ고 民氣를 束縛ᄒᆞ던 結果가 究竟如何ᄒᆞ뇨. 二十世紀 今日에 我 檀君大皇祖의 子孫 二千萬衆은 廣大ᄒᆞᆫ 天地間에 寄生ᄒᆞᆯ 處가 無ᄒᆞᆫ 境遇에 至ᄒᆞᆯ 쑨이로다.

嗟呼라. 余도 大皇祖 子孫의 一個殘喘으로 四方을 顧瞻ᄒᆞ니 我安適歸오 鴨江西岸에 竹杖이 踽涼ᄒᆞ야 遼瀋大陸을 眺望ᄒᆞ니 此ᄂᆞᆫ 千數百年前에 우리 先民諸公이 馳騁踊躍ᄒᆞ던 地가 아닌가. 第一 吾邦四千年 歷史에 絶大英雄 泉蓋蘇文의 古墓가 山海關近地에 在ᄒᆞ다云ᄒᆞ더라.

蓋泉蓋蘇文의 歷史로 言ᄒᆞ면 三尺虯髯에 凜々ᄒᆞᆫ 風采ᄂᆞᆫ 唐人 太平

2* 每下愈況(매하유황):『장자(莊子)』제22「지북유(知北游)」편에서, 도의 정체를 묻는 동곽자(東郭子)의 질문에 장자가 "돼지의 아래 부분으로 내려갈수록 비계가 있는지 없는지를 분명하게 알 수 있다"고 회답한 말이다. 매하유황은 매황유하(每況愈下)로 바뀌고 '형편이 날로 악화됨'이라는 의미로 쓰이고 있다.

廣記에 畵出ᄒᆞ얏스며 旌旗兵疊四十里의 堂々ᄒᆞᆫ 陣勢ᄂᆞᆫ 柳公權의 健筆로 模寫ᄒᆞ얏스며 高句麗大將蓋蘇文·去屠長安一瞬息·今年若不來進攻·明年八

〈四〉

月就興兵이란 詩歌ᄂᆞᆫ 如蓮居士 稗談에 載在ᄒᆞ얏고 至于今北京奉天等地에셔 蓋蘇文의 歷史와 釰術로 演戲를 作ᄒᆞ야 世人의 耳目을 震動케 ᄒᆞ거늘 吾國人士ᄂᆞᆫ 其平生을 敍述ᄒᆞᆫ 文字도 無ᄒᆞ고 其風采를 模寫ᄒᆞᆫ 畵帖도 無ᄒᆞ고 其武藝와 釰術을 陳演ᄒᆞᄂᆞᆫ 戲劇도 無ᄒᆞᆯ 쑨아니라 但一種口氣가 凶賊이라 罵ᄒᆞᆯ 쑨이니 一로써 百을 蔽ᄒᆞ고 罪로써 功을 掩ᄒᆞᄂᆞᆫ 것이 可ᄒᆞᆯ가.

彼英國의 克林威爾와 日本의 豊臣秀吉이 皆倫敎上 大不韙를 冒ᄒᆞᆫ 罪案이 有ᄒᆞᆫ 者이나 英人은 克林威爾를 天人과 갓치 崇拜ᄒᆞ고 日人은 豊臣秀吉을 國祖와 갓치 崇拜홈을 不見ᄒᆞᄂᆞᆫ가. 或者ᄂᆞᆫ 此에 對ᄒᆞ야 曰 彼國은 功業을 尊重ᄒᆞ고 倫理를 崇尙치 아니ᄒᆞᄂᆞᆫ 緣故라ᄒᆞ나 倫理를 崇尙ᄒᆞᄂᆞᆫ 漢土에 第一大史家 司馬遷氏ᄂᆞᆫ 項羽의 史를 帝主本紀에 列치 아니ᄒᆞ얏ᄂᆞᆫ가. 拘儒曲士의 偏見淺識으로 萬古無雙ᄒᆞᆫ 英雄의 精神을 抹殺ᄒᆞᆫ 것이 엇지 可惜ᄒᆞᆯ 者ㅣ 아니리오. 嗚呼라. 忠武公 李舜臣은 古今 水軍의 第一偉人이오 世界鐵艦의 祖어늘 後人이 此를 繼續ᄒᆞ야 發達케 못홈은 何故이며 高句麗大將 泉蓋蘇文은 對外競爭에 第一指를 乘ᄒᆞᄂᆞᆫ 英雄이오 世界釰術의 祖어늘 後人이 ᄯᅩᄒᆞᆫ 繼續ᄒᆞ야 其法을 傳ᄒᆞᆫ 者ㅣ 無ᄒᆞᆫ 것은 何故인가. 過去 五百年間 風潮를 追想ᄒᆞ면 寧欲無言이로다.

然則 英雄의 精神이 存ᄒᆞ며 不存ᄒᆞᄂᆞᆫ 것은 卽其國人 思想界에 在ᄒᆞᆫ 것이니 今日 吾人의 思想이 如何ᄒᆞᆫ가. 目下 情景이 過去 英雄을 崇拜홀만ᄒᆞ고 現在 英雄을 渴望홀만 ᄒᆞ도다. 於是乎 三寸禿筆로 此를 述ᄒᆞ

야 社會諸君의 一覽을 供ᄒ노니 四千年歷史에 第一指를

〈五〉

乘ᄒᄂᆫ 英雄魂이 復活ᄒᆫ넌지 우리도 남과 갓치 自由鍾을 轟振ᄒ자면 우리 先民의 精神點으로써 우리 腦力을 滋養ᄒ여야 可ᄒᆯ줄노 思惟ᄒ노라.

大皇祖降世 四千三百六十八年 九月 日 著者 識

〈一〉

泉蓋蘇文傳

白庵 朴箕貞 著
檀崖 尹世復 閱

第一章 泉蓋蘇文의 幼年志望

泉蓋蘇文[1]은 亦曰淵蓋蘇文이니 高句麗 營留王時人이오 東部大人의 子라. 身長 九尺餘오 龍瞳이 閃々ᄒᆞ야 人不敢仰視ᄒᆞ고, 虯髥이 長三尺 故로 唐人이 稱ᄒᆞ야 曰虯髥客이라ᄒᆞ니라.

幼時로부터 兵法의 精通흠과 武藝의 絶倫흠이 天縱의 才가 有ᄒᆞ고 獨히 長白山에 入ᄒᆞ야 釰術을 演習ᄒᆞᆫ지 數年에 드듸여 世界獨一이오 古今無雙ᄒᆞᆫ 釰仙이 된 故요 至今 千數百年 以下의 人이 尙蓋蘇文의 舞釰臺를 指點ᄒᆞᄂᆞ니라.

一日은 釰을 仗ᄒᆞ고 長白山巓에 登ᄒᆞ야 北으로 中原을 望ᄒᆞ니 山河萬里가 掌上에 羅列흔지라. 長嘯一聲에 天海의 氣를 呑吐ᄒᆞ고 喟然히 嘆을 發ᄒᆞ야 曰堯舜의 揖遜時代가 旣遠ᄒᆞ고 春秋以下의 智力競爭ᄒᆞᄂᆞ 時代가 되니 此地球上 最大塊가 恒常 英雄의 競逐場이 되고 畢竟 英雄의 所有物이 되ᄂᆞᆫ지라. 目下 隋室이 大亂ᄒᆞ야 水陸 百萬大兵이 我先民 乙支文德의게 大敗而歸흔 以後로 四海가 怨叛ᄒᆞ니 萬民이 塗炭이라.

1[*] 연개소문의 성이 '천(泉)'으로 기록돼 있는 것은 '연(淵)'자가 당나라 고조의 이름인 '이연(李淵)'과 같아서 피휘를 하기 위함에서 비롯된다.

草野羣雄이 乘時角逐ᄒᆞ야 金甌一統에 主人位가 尙闕혼 今日이라. 余가 此釖을 提ᄒᆞ고 疾足敏腕으로 中原一鹿을 逐得ᄒᆞ야 大獵의 功을 奏ᄒᆞ고 海內生靈을 救濟ᄒᆞᄂᆞᆫ 것이 엇지 丈夫의 能事가 아니리오ᄒᆞ고 於是에 率賓府 所産의 千里駿驄을 跨ᄒᆞ고 山海關을 一躍ᄒᆞ야 越

〈二〉

ᄒᆞ니 長城萬里ᄂᆞᆫ 秦始皇의 禦外策이 可笑ᄒᆞ도다. 鮮卑 氏羌 諸番族과 營州牧子等이 此를 踰越ᄒᆞ야 中土를 蹂躪ᄒᆞ되 防禦혼 者ㅣ 曾有흔가. 南北朝時代에 北燕王 高雲과 北齊帝 高歡은 俱是 高句麗王族으로 此에 入ᄒᆞ야 一時 偏覇의 業을 成ᄒᆞ얏더니 今日 高句麗 英傑 泉蓋蘇文이 三尺長釖으로 中原에 直走ᄒᆞᄂᆞᆫ 思想을 誰能知得이리오.

是時를 當ᄒᆞ야 山東의 竇健德과 洛陽의 李密과 蜀의 蕭銑과 秦의 薛仁果等이 皆乘亂崛起ᄒᆞ야 神州大器를 覬覦ᄒᆞᄂᆞᆫ 者이나 彼等은 碌々 竪子라. 蓋蘇文의 敵手될 者ㅣ 無ᄒᆞ도다. 力拔山氣蓋世ᄒᆞᄂᆞᆫ 西楚覇王 項羽로 ᄒᆞ야곰 漢太祖 劉邦갓흔 大英雄을 遭遇치 아니ᄒᆞ얏스면 엇지 時不利兮騅不逝의 終局이 有ᄒᆞ얏스리오. 蓋蘇文은 海東天地에 第二 項羽라. 今日 中原에 全ᄒᆞ야 何等 英雄을 遭遇ᄒᆞ얏ᄂᆞᆫ가.

于時 九州四方에 殺氣가 滿天ᄒᆞ얏ᄂᆞᆫ듸 惟獨 晋陽城上에 一線瑞氣가 雲霄를 觸起ᄒᆞ니 大陸春風에 仙李花가 始開ᄒᆞ얏도다. 蓋蘇文이 此에 到ᄒᆞ야 大唐國 三百年 皇統의 創業主될 李世民을 接見ᄒᆞ니 如何흔 觀法이 有흔가. 龍鳳의 姿와 天日의 表로 濟世安民의 才가 有ᄒᆞ다홈은 異人의 預言이 진실로 虛傳이 아니오 天授라. 非人力은 果然 上帝의 簡命이 自有ᄒᆞ도다. 又其麾下의 文武僚屬을 見ᄒᆞ니 李靖 李孝恭 尉遲敬德과 房玄齡 杜如晦 魏徵 等이 皆一時將相의 才인즉 人心의 歸嚮을 可見이니 正是楚覇王時代에 漢太祖가 倂世而出ᄒᆞ얏도다. 天命과 人心을 察흠이 人力으로 爭키 不可흔즉 不得

〈三〉

不 神命大器를 將ᄒ야 此人의게 讓與ᄒ 쑨이로다.

設使 此時에 蓋蘇文의 志望이 一步를 差退ᄒ야 密勿[2]치 攀鱗附翼[3]의 意를 表示ᄒ엿스면 卽日 龍驤衛大將軍 山東道大摠管이오 卽日 子女帛이 豊富如雲ᄒ며 突兀如山ᄒ 것이오 將來 凌烟閣[4]功臣像의 第一位를 占키 不難ᄒ지만은 是는 姑舍ᄒ라. 此行의 志望은 遠般功名 以上에 在ᄒ 者로써 엇지 人의 下에 居ᄒ야 富貴를 圖ᄒ리오. 且其 祖國을 離ᄒ고 此에 來ᄒ 것은 神州赤縣의 主權者 一位를 布望ᄒ 바이어니와 此를 不得ᄒ 境遇에 他國의 臣이 되야 祖國을 背叛ᄒ는 것이 또 엇지 男子의 事리오ᄒ고 歸意를 遂決ᄒ얏는듸 李世民은 또ᄒ 蓋蘇文의 爲人을 大奇ᄒ야 大事를 共濟ᄒ고 大福을 俱享ᄒ 意로 勸諭ᄒ야 挽留코져 ᄒ되 此를 不聽ᄒ고 馬를 回ᄒ야 東還ᄒᄉᆯ 李世民이 此消息을 聞ᄒ고 大驚ᄒ야 曰此人이 若外國에 在ᄒ면 吾中國人이 安全을 不得ᄒ리라ᄒ고 急히 騎勇者 數十騎을 遣ᄒ야 星夜疾馳ᄒ야 黃河岸에 追及ᄒ지라. 追騎이 大呼 曰高句麗大人 泉蓋蘇文公은 暫히 駕를 駐ᄒ야 余等의 言을 聽ᄒ라 ᄒ거늘 蓋蘇文이 長釖을 拔ᄒ고 怒目으로 大喝ᄒ니 追騎가 皆魂膽이 驚碎ᄒᆷ을 不覺ᄒ야 下馬覆拜ᄒ거늘 蓋蘇文이 大笑曰 爾主는 我를 再見코져ᄒ는가 三十年後 遼東城下에서 相見ᄒᆯ 日이 有ᄒᆯ지니 何必今日이리오. 爾等인 以此復命ᄒ다 追騎가 但稽首難々ᄒ고 郢地引還ᄒ더라.

嗟呼라. 蓋蘇文이 十年엔 磨一釖ᄒ야 中原逐鹿場에 一試코져 ᄒ얏다가 時勢의 不適ᄒᆷ으로 此를 不果ᄒ야 霜刃을 鞘에 納ᄒ고 秋風匹

2* 密勿(밀물): 임금 곁에서 부지런히 힘쓰며 나라의 기밀에 참여함.
3* 攀鱗附翼(반린부익): 처음 창업하는 제왕에게 붙어서 부귀를 구하는 것을 말한다.
4* 凌烟閣(능연각): 공신의 초상을 그려 모시고 제사하는 곳이다.

〈四〉

馬가 遼河를 更渡ᄒ야 窄々ᄒᆫ 故國山川에 蝸角上生活을 復作ᄒ니 其
磅礴鬱積ᄒᆫ 不平的 懷抱를 何處에 寄托ᄒᆯ가. 將次 若不方丈 神仙窟宅
에 玉淸宮觀을 建築ᄒ고 丹經王의 地位를 占ᄒᆯ넌지 雪山蔥嶺如來淨界
에 兜率諸天을 管領ᄒ야 佛門天子의 徽號를 得ᄒᆯ넌지 英雄이 得意치
못ᄒᆫ 境遇에 此等 淸淨生活로 物外에 自放ᄒ야 人世를 備玩ᄒᄂ 것이
또ᄒᆫ 高尙ᄒᆫ 品格이라 謂ᄒ지만은 此도 또ᄒᆫ 人의 三生에 因緣이 素有
ᄒᆫ 結果라 엇지 容易做得ᄒᆫ 者리오. 出世入世에 方所가 靡定ᄒ야 沉吟
度日ᄒᄂ 際에 乃里中 健兒와 屠門少年 等이 蓋蘇文의 出鬼入神ᄒᄂ
釖術을 願學ᄒ야 下風에 來處ᄒᄂ 者ㅣ 甚衆ᄒ지라. 於是에 蓋蘇文이
此等 少年을 提絜ᄒ고 或 深山大澤에 出沒ᄒ야 猛獸를 斬ᄒ며 巨蟒을
斷ᄒ고 或平原曠野에 馳騁擊刺ᄒ야 勇氣를 發舒ᄒᆷ으로써 消遣의 資를
作ᄒ니 自此로 門下에 釖士이 如雲ᄒ야 或慷慨義俠心으로 人의 仇를
報ᄒ며 或睚眦小忿으로 惡聲을 必報ᄒ야 五步之內에 殺人尋常者ㅣ
往々有之ᄒ니 是로 以ᄒ야 國中에 居室豪族等이 皆蓋蘇文의 雄鷙勇悍
ᄒᆫ 威嚴과 其徒黨의 風聲氣焰을 忌憚ᄒ고 恐怖ᄒᄂ 者ㅣ 多ᄒ더라.

第二章 泉蓋蘇文의 活動

蓋政界의 公道를 破壞하고 社會의 公憤을 蓄積ᄒᄂ 者는 貴族政治
時代라. 孔子갓ᄒᆫ 大聖人도 天下에 轍環ᄒ야 其道를 行치 못ᄒᆷ은 其時
의 列國이 皆貴族政治라 齊의 晏嬰과 楚의 子西ᄂ 皆當時 賢大人라
稱하ᄂ 者로ᄃᆡ 尙且 公義를 不存ᄒ고 私權

〈五〉

을 恐失ᄒ야 聖人의 行道를 沮止ᄒ얏거든 何況其他리오. 故로 世界歷

史에 何國을 勿論ᄒ고 世卿巨室이 要津을 蟠據⁵*ᄒ고 政柄을 掌握한
時代에ᄂ 草野賢俊이 進身無路ᄒ야 비록 政治가 日로 腐敗ᄒ고 國勢
가 日로 危凜ᄒ지라도 智者가 其策을 售치 못하고 勇者가 其腕을 揮치
못ᄒᄂ지라. 是로 以ᄒ야 我國 古來에 薛仁貴와 薛闕頭와 王思禮 갓ᄒ
智士猛將이 皆貴族勢力下에 登庸을 不得ᄒ지라. 乃其憤慨ᄒ 思想으
로 他國에 徃投ᄒ야 功名을 樹立ᄒ 것이니 大抵 國家ᄂ 人을 得ᄒ면
昌ᄒ고 人을 失ᄒ면 亡흠은 不易의 理어ᄂᆯ 乃吾國의 才俊을 棄擲ᄒ야
他國의 所用을 供給ᄒ니 天下의 不幸이 엇지 此에셔 大ᄒ 者ㅣ 有ᄒ리
오. 然則 社會上 熱血男子가 如此치 貴族專橫ᄒᄂ 時代를 當ᄒ면 何等
方法이 通當할가. 彼의 勢焰을 對ᄒ야 袖手傍觀도 不可ᄒ고 歛身遠避
도 不可ᄒ고 舌端의 辯論으로 苦諫ᄒ야도 無效ᄒ 것이오 筆下의 文字
로 論駁ᄒ야도 無益ᄒ지라. 惟是大勇猛大手腕으로 此를 掃除ᄒ야 廓
淸ᄒ고 此를 改革ᄒ야 更張ᄒ 外에ᄂ 他道가 更無ᄒ도다. 不然이면 其
國이 不亡者ㅣ 未有ᄒ니라.

高句麗 歷史로 言ᄒ면 世々로 英主가 多作ᄒ야 朝廷의 紀綱을 振肅
ᄒ며 民氣가 强勁ᄒ야 政黨의 壓制를 不受ᄒ얏고 且對外競爭이 恒常
劇烈ᄒ야 國家가 多事흠으로 伴食宰相과 紈袴子弟들이 世蔭을 憑藉ᄒ
야 權利를 濫用키 不能ᄒ지나 榮留王 時代에 至ᄒ야ᄂ 開國歷史가 이
믜 六百餘年이라. 世臣巨室의 根蒂가 派因ᄒ야 政權을 掌握ᄒ고 國論
을 主張ᄒ야 新進 才俊을 猜忌ᄒ

<六>

고 沮遏ᄒ야 自家의 勢力을 維持코져 흠은 自然ᄒ 勢라. 於是乎 蓋蘇文
의 霹靂手段이 出現ᄒ얏도다.

5* 蟠據(반거): 근거를 두고 지키는 것이다.

　此時에 十部大人은 皆世卿巨族으로 國王의 股肱이 되야 各其 政界의 要路를 占據ᄒ고 軍國의 重任을 擔荷ᄒ니 鍾鳴鼎食의 第宅이 入雲ᄒ고 前旄後鉞[6*]의 氣勢가 如燄이라. 誰가 此를 對抗하며 抵制ᄒ리오. 原來 蓋蘇文은 何等 大志가 有ᄒ 者인가. 區々ᄒ 高句麗 朝廷에서 彼 十部大人輩을 向ᄒ야 權利競爭의 思想이 本無ᄒ지만은 乃彼等이 蓋蘇文의 雄勇鷙悍ᄒ과 釼士를 多畜ᄒ에 對ᄒ야 猜疑恐怖가 日甚ᄒ야 陰密히 相議ᄒ고 協力ᄒ야 蓋蘇文을 害코져 ᄒᄂ지라. 蓋蘇文이 此狀을 知ᄒ고 笑曰 彼竪子輩가 我의 釼鋩을 膏코져ᄒᄂ가ᄒ고 乃霹靂手段으로 一擧에 盡行撲滅ᄒ니 天地가 爲ᄒ야 驚動ᄒ고 山川이 爲ᄒ야 震慄ᄒ더라. 榮留王이 十部大人의 慘火를 見ᄒ니 엇지 自安을 得ᄒ리오. 密히 左右로 더부러 蓋蘇文을 圖코져ᄒ니 此局을 當ᄒ야 蓋蘇文이 비록 天下의 大不韙를 冒ᄒ지라도 悍然不顧ᄒ고 決然敢行ᄒ 者이라. 드듸여 王을 弑ᄒ고 王의 姪 藏을 立ᄒ니 是ᄂ 寶藏王이라. 蓋蘇文이 莫離支의 位에 居ᄒ야 軍國大權을 秉執ᄒ고 南征北伐의 大活動을 試ᄒᄉㅣ 每 出入에 身에ᄂ 數十個의 長刀를 佩ᄒ고 勇將健卒가 左右에 俯伏ᄒ니 恰然히 雷電이 閃過ᄒ과 如ᄒ더라.

第三章 唐國과 開戰

　是時에 大唐國 創業主 太宗 李世民은 十八歲에 兵을 擧ᄒ야 四方의 群雄을 討平ᄒ고 家를 化ᄒ야 國을 成ᄒᄉ 身在行陣에 櫛風沐
〈七〉
雨ᄒ야 百戰百勝ᄒᄂ 名將이오 及其四海를 富有ᄒ 後에ᄂ 賢能을 擧

6* 旄鉞(모월): 천자의 명을 받은 장수가 가진 지휘봉과 큰 도끼를 말한다.

用ᄒ며 政治를 修明ᄒ야 身致太平ᄒᆫ 英主라.

是로 以ᄒ야 其版圖의 擴張ᄒᆷ은 前古에 無比ᄒ고 威武의 顯揚ᄒᆷ은 海外에 遠加ᄒ니 西으로 高昌과 吐谷渾을 滅ᄒ며 北으로 突厥을 破ᄒ며 頡利를 擒ᄒ며 薛延陀를 推服ᄒ고 南의 交趾와 林邑이 皆方物을 獻ᄒ야 稽顙來庭ᄒ고 其他 前古未通ᄒ던 骨離, 赤幹[7*], 朱俱波, 甘棠 等 國이 皆款塞納貢ᄒ야 此ᄂ 支那 數千年 歷史에서 全盛ᄒᆫ 時代라.

東方一隅에 高句麗ᄂ 地의 大小와 民의 衆寡로 論ᄒ면 彼ᄂ 泰山이오 我ᄂ 拳石이지만은 蓋蘇文의 大膽雄略으로ᄂ 大小衆寡가 初無ᄒᆯᄲᆫ더러 兩雄이 倂世ᄒᆷ이 一次旗鼓相當ᄒ야 雌雄을 決ᄂᄂ 것이 世界戲場에으로 一快事오 또 我가 비록 中原天子의 地位ᄂ 李世民의게 讓與ᄒ얏스나 十萬 鐵騎로 遼東大野에 馳突ᄒ야 優勝旗를 競爭ᄒᆷ에ᄂ 決코 彼의게 退步ᄒᆯ 바 無ᄒ다ᄒ니라.

果然 東西 兩雄이 玉帛의 和誼를 失ᄒ고 干戈의 敵意로 相見ᄒᆯ 時期가 臨迫ᄒ야 遼河長天에 慘澹ᄒᆫ 風雲이 弄騰ᄒᄂ또다. 是時에 高句麗가 百濟와 連和ᄒ야 新羅 党[8*]項城을 攻ᄒ야 羅人이 唐에 入貢ᄂᄂ 路를 塞ᄒ니 唐太宗이 丞 相里玄奬을 遣ᄒ야 璽書로써 兵을 戢ᄒ라 喩告ᄒ거늘 蓋蘇文이 玄奬의게 謂ᄒ야 曰高句麗와 新羅ᄂ 怨隙이 已久ᄒ고 往者에 隋가 大擧ᄒ야 我國을 侵伐ᄂᄂ 日에 新羅가 其隙을 乘ᄒ야 我의 五百里地를 奪取ᄒ얏스니 今에 地를 還ᄒ고 城을 返치 아니ᄒ면 兵을 己치 못ᄒ리라ᄒᆫ딕 玄奬이 此ᄂ 言辭로 解紛치 못ᄒᆷ을 知ᄒ고 드디여 其言으로써 唐帝의게 復命ᄒ니 唐帝가 다시

〈八〉

蔣儼을 遣ᄒ야 國書를 贈ᄒ되 一邉은 高句麗와 신라의 和議를 紹紛

7* 骨離, 赤幹: '골리간(骨利幹)'의 잘못이다.
8* 党(당): '黨'의 약자.

ㅎ얏스나 一邊은 其國大兵衆홈을 藉ㅎ야 殆히 興兵問罪의 意味를 包含ㅎ얏거늘 蓋蘇文이 此를 見ㅎ고 大怒ㅎ야 蔣儼을 窟室中에 拘囚ㅎ야 曰爾主는 乃父를 劫ㅎ야 兵을 擧ㅎ고 乃兄을 弑ㅎ야 儲位를 奪ㅎ고 乃弟를 殺ㅎ야 其妻를 取ㅎ얏스니 實로 天地에 容치 못홀 罪가 有ㅎ거늘 反히 他人의 事를 詰코져ㅎ느냐. 爾의 國이 雖大ㅎ고 爾의 衆이 雖多ㅎ나 泉蓋蘇文 釗頭에는 一擊之下에 粉碎를 不免ㅎ리니 余는 爾主가 自來ㅎ야 雌雄을 決홈을 待홀쑨이로다.

唐帝가 此를 聞홈이 엇지 怒氣가 山湧홈을 禁ㅎ리오. 已徃海外諸國을 征伐홀時에는 皆命將出師ㅎ얏더니 今乃高句麗에 對ㅎ야는 國際上 恥辱이 滋甚흔 故로 親征의 計를 決ㅎ야 其臣 褚遂亮等의 切諫9*이 有ㅎ야도 不聽ㅎ니라.

於是에 唐帝가 張亮에게 命ㅎ야 水軍四萬三千과 戰艦 五百艘을 率ㅎ고 東萊로부터 海에 泛ㅎ야 平壤에 趣ㅎ라ㅎ고 李世勣은 步騎六萬과 蘭河二州降胡를 率ㅎ고 遼東에 趣케 홀식 兩軍이 合勢ㅎ야 幽州에 集ㅎ고 新羅 百濟 奚卽庫莫 契丹等 軍을 合同ㅎ야 分道來攻ㅎ니 兵이 三十餘萬이오 親征의 駕를 扈從ㅎ야 前茅와 後勁이 된 者는 江夏王 李道宗 長孫無忌 薛仁貴等 九將이니 皆一代名將이라. 三月에 定州에 至ㅎ야 戰事를 議決ㅎ고 五月에 遼東에 至ㅎ야 蓋牟 卑沙 白岩 等 城을 犯ㅎ야 朝氣의 方銳로 連捷을 得ㅎ야 長驅大進ㅎ니 其勢가 殆치 江河가 橫決ㅎ고 長潮가 溙來홈과 如ㅎ야 不日에 高句麗國土를 席捲홀 줄로 意氣가 揚々

〈九〉

ㅎ니라. 此時에 蓋蘇文은 諸城의 失守흔 報를 接ㅎ얏스나 秋毫도 動念

9* 切諫(절간): 임금에게 옳지 못하거나 잘못된 일을 고치도록 올리는 말이다.

이 無ㅎ고 彼의 深入홈을 利用ㅎ야 一戰에 片甲을 不返케 ㅎ기로 勝算을 定ㅎ얏더라.

蓋此役에 唐帝가 天下兵力을 擧ㅎ야 來홈은 高句麗 疆土를 貪홈도 아니오 高句麗의 國民을 仇視홈도 아니오 다만 蓋蘇文 一個人의게 憤을 洩코져홈이니 唐帝以下로 一般將卒의 敵意가 皆蓋蘇文의게 在흔즉 蓋蘇文 以外에는 更히 抵抗홀 者가 無홀 줄로 思量ㅎ얏고 後世에 史를 讀ㅎ는 者도 此에 至ㅎ면 다만 蓋蘇文과 猛烈흔 衝突이 有홀 줄로 思惟홀지니 誰가 高句麗天地에 更히 空前絶後흔 安市城主 梁萬春 갓흔 大軍略家가 有ㅎ야 屹然히 獨立의 性質과 獨立의 地位로 世界 歷史에 獨立的 男子의 價格을 發表홀 줄을 知ㅎ얏스리오.

第四章 安市城主의 大勝捷

安市城主 梁萬春은 材勇이 兼備흔 人이라. 榮留王 末年에 蓋蘇文이 十部大人을 殺ㅎ고 弑立의 擧를 行ㅎ고 莫離支의 位에 居ㅎ야 雷霆의 猛威로 號令叱咤ㅎ는 日에 擧國이 震惧ㅎ야 風靡ㅎ되 惟獨 梁萬春이 安市一城을 守ㅎ야 屹然對抗홈으로 蓋蘇文이 屢次 兵을 加ㅎ되 不勝흔지라. 因ㅎ야 城으로써 與ㅎ고 自主의 權을 委任ㅎ얏더니 至是ㅎ야 彈丸黑子의 一城池로 唐의 三十萬大兵을 拒敵ㅎ야 大小百餘戰에 終乃 大勝利를 得ㅎ얏스니 此는 安市一城으로 獨立國을 成흔 者이라. 엇지 萬古無雙흔 獨立人格의 英雄이 아니리오.

〈十〉

安市城은 遼東의 屬縣이라. 卽今蓋平縣 東北七十里에 在ㅎ니 其地로 言ㅎ면 山에 依ㅎ야 險을 負ㅎ얏스니 西北은 高ㅎ고 東南은 低흔즉 金城鐵瓮의 險은 아니오 其人衆으로 論하면 一小縣에 戎備가 萬人에

不過홀지라. 其時 形勢로 觀ᄒ면 蓋牟城이 其西南에 在ᄒ고 駐蹕山은 咫尺相望의 地라. 此兩地가 이믜 唐의 占據ᄒᆫ 바 되얏ᄉᆞᆨ 安市에 孤危 홈이 ᄯᅩᄒᆫ 一髮에 在ᄒ거ᄂᆞᆯ 此로써 天下의 兵을 抗ᄒ얏ᄉᆞ니 梁萬春의 一身이 곳 萬里長城이로다.

唐帝가 ᄯᅩᄒᆫ 安市城主의 才勇을 憚ᄒ야 此를 避ᄒ고 徑히 建安城을 攻코져ᄒ되 李世勣이 不從홈으로 드듸여 全軍을 擧ᄒ야 城을 圍ᄒ거ᄂᆞᆯ 萬春이 兵士로 ᄒ야곰 城에 登ᄒ야 唐帝의 旗纛을 望見ᄒ고 鼓噪ᄒ야 唐帝를 罵ᄒ야 曰彼가 비록 天下兵力을 擧ᄒ야 來ᄒ얏ᄉᆞ나 우리 高句 麗人의 銳釖은 抵當치 못ᄒ리라ᄒ니 此ᄂᆞᆫ 唐帝의 憤怒를 排코져ᄒᄂᆞᆫ 玅筭[10*]이라. 唐帝가 비록 知明ᄒ나 統一海內ᄒ던 武力과 尊居萬乘ᄒᆫ 地位로써 么麼 高句麗兵卒等의게 慢罵의 聲을 聞ᄒ니 此를 엇지 梁萬 春의 計策으로 認ᄒ고 含忍得過ᄒ리오.

果然 大怒ᄒ야 李世勣을 命ᄒ야 曰城을 克ᄒᄂᆞᆫ 日에 男子ᄂᆞᆫ 老幼업 시 皆坑ᄒ라ᄒ니 城中人이 此를 聞ᄒ고 守城의 意가 益々堅固ᄒ니 惜 乎라. 唐太宗의 智略으로써 此에 至ᄒ야 人의 術中에 陷홈을 免치 못ᄒ 얏도다. 萬春이 ᄯᅩ 敢死者 千餘人으로 ᄒ야곰 夜에 城을 縋ᄒ야 下ᄒ야 나가 敵營을 劫ᄒ니 唐軍이 大擾ᄒ야 氣奪ᄒ니라. 唐帝가 이예 李道宗 으로 ᄒ야곰 諸軍을 督ᄒ야 城東南隅에 土山을 築ᄒ야 城中을 瞰코져 ᄒ거ᄂᆞᆯ 城中이 ᄯᅩᄒᆫ

〈十一〉

其城을 增高ᄒ야 土山과 對峙ᄒ고 士卒로 ᄒ야곰 分番交戰홀ᄉᆡ 每 日 六七合에 至ᄒᆫ지라. 道宗이 ᄯᅩ 衝車와 礮石으로써 城堞을 壞ᄒ거ᄂᆞᆯ 城中이 木柵을 立ᄒ야 其缺을 塞ᄒ다. 道宗이 戰ᄒ다가 足을 傷ᄒ니

10* 玅筭(묘산): 妙算.

唐帝가 親히 爲ㅎ야 針을 下ㅎ더라. 唐兵이 山을 築ㅎ야 晝夜不息이
六十日이오 工役을 用홈이 六十萬夫라. 山頂이 城에 去ㅎ기 數丈이라.
城中을 下逼코져ㅎ야 唐將이 守ㅎ다가 山이 忽頹ㅎ야 城을 壓ㅎ니 城
이 崩ㅎ거늘 麗軍이 城缺處를 從ㅎ야 唐兵을 擊退ㅎ고 土山을 奪ㅎ야
守ㅎ니 六十日 晝夜에 六十萬夫의 功役을 勞き 土山이 麗軍의게 奪據
き바 된지라.

彼의 怒가 엇지 益甚치 아니ㅎ리오. 唐帝가 諸將을 召ㅎ야 力戰치
못홈을 責ㅎ고 三日을 期ㅎ야 城을 必克ㅎ라ㅎ고 親히 矢石을 冒ㅎ고
督戰하나 麗軍의 勇氣가 益奮ㅎ야 勢不可當이라. 唐帝가 流矢에 中ㅎ
야 其目을 傷ㅎ니 故로 牧隱 李穡이 有詩曰 是囊中一物耳러니 邯知玄
花落白羽라 ㅎ니라.

安市城相距 百餘里에 鷄冠山이 有ㅎ니 唐帝가 兵敗ㅎ야 單騎로 獨
走ㅎ야 山谷中에 入ㅎ니 四顧이 人烟이 無ㅎ고 山風이 悲號이 草木이
蕭瑟ㅎ고 天日이 已暮이 路徑이 昏黑이라. 飢疲가 已甚ㅎ야 所之를
莫知홀 際에 山上一小庵이 有ㅎ야 燈火가 熒々ㅎ거늘 此에 徃叩ㅎ니
一老媪가 出迎ㅎ야 庵中에 引入ㅎ야 酒食으로 款待ㅎ고 寢宿을 安穩
케 ㅎ더니 鷄鳴에 乃覺き즉 小庵과 老媪는 形迹이 無ㅎ고 但山上에
巖石이 鷄冠과 恰似き 자가 有き지라. 後에 其事를 記ㅎ야 其地에 寺를
建ㅎ고 名ㅎ야 曰鷄鳴寺라ㅎ니 今

〈十二〉

其遺墟가 尙在ㅎ야 居人의 相傳이 有ㅎ니라.

此에 至ㅎ야 唐帝의 狼狽가 已甚ㅎ도다. 赫々き 大唐國이 四方을 征
伐ㅎ야 戰必勝攻必取ㅎ다가 今에 天子가 自將ㅎ야 三十餘萬 勇將健卒
이 風雨갓치 馳ㅎ며 雷霆갓치 奮ㅎ야 山岳을 倒ㅎ며 江海를 捲ㅎ는 形
勢로 東方一隅 安市城下에서 數月을 苦戰하다가 寸功을 不就ㅎ고 乃

殘甲을 棄ㅎ며 敗兵을 曳ㅎ야 呻吟의 聲氣와 悽凉의 狀態로 踉蹌退歸
ㅎ는 것이 天下에 莫大흔 羞恥이지만 計가 窮ㅎ고 力이 絀ㅎ야 再戰키
不能흔 中에 遼野가 早寒ㅎ야 朔風이 捲地ㅎ고 雪花가 漫天이라. 人馬
의 凍斃ㅎ는 者가 十의 八九인즉 兵法의 云흔 바 知難而退라 흠이 目下
의 良策이로다. 乃勅을 降ㅎ야 師를 班ㅎ거늘 萬春이 城에 登ㅎ야 拜辭
ㅎ니 唐帝가 縑百疋로 賜ㅎ야 其才勇과 忠勤을 稱賞ㅎ더라. 昨日은 戎
馬가 交綏ㅎ야 戰事가 方殷ㅎ다가 今日은 鞠躬爲禮ㅎ야 辭氣가 溫雅
ㅎ니 嗚呼라, 安市城主는 實로 大東數千年 歷史에 代表的 人物이라
謂흘지로다.

　初에 蓋蘇文이 唐의 李世勣, 張亮 等이 水陸並進ㅎ야 平壤에 趣흠을
聞ㅎ고 戰具를 大備ㅎ며 各路에 要害를 據ㅎ야 敵兵이 至흠을 待ㅎ야
其釖을 一試코져 ㅎ얏더니 乃安市城에셔 唐이 大敗ㅎ야 其師를 旋흘ᅥ
唐帝가 使者를 遣ㅎ야 蓋蘇文의게 方服을 與ㅎ고 班師[11*]의 期로써 告
ㅎ고 修好의 意로써 諭ㅎ니 元來 蓋蘇文은 唐을 傲視ㅎ는 氣槪로써
엇지 敬意가 有ㅎ리오. 乃使者를 謂ㅎ야 曰爾主가 妄히 國의 大와 兵의
衆을

〈十三〉

　恃ㅎ고 此擧가 有ㅎ얏스나 泉蓋蘇文이 在ㅎ니 百萬의 衆인들 엇지
所用이 有ㅎ리오. 予가 곳 部下數萬精兵을 率ㅎ고 其殘卒을 追擊ㅎ야
片甲不返케 ㅎ깃지만은 이믜 使節의 通信이 有ㅎ고 弓服의 賜問[12*]이
有ㅎ니 아직 釖을 韜[13*]ㅎ야 爾主의게 一條生路를 借흠으로써 報謝ㅎ노

11* 班師(반사): 군사를 이끌고 돌아감.
12* 賜問(사문): 하사하여 위문함.
13* 釖(검)을 韜(도)ㅎ야 칼전대(칼집주머니)에 칼을 집어넣음, 즉 '칼을 거두어 둔 상
　　태'라는 의미다.

라. 爾國이 若能再戰홀진디 更히 戎器를 修繕ᄒ야 來ᄒ면 我도 ᄯ흔 應接周旋이 有ᄒ리라ᄒ니 唐帝가 此를 聞ᄒ고 恨怒가 益甚ᄒ야 再擧의 意가 有ᄒ니라.

第五章 唐兵이 再來又敗

唐帝가 天下의 大로써 東方一小國을 親征ᄒ다가 大敗而歸ᄒ얏슨즉 國威의 挫損도 甚흔 者이오 屢次行人을 遣ᄒ야 和好를 求ᄒ되 蓋蘇文 의 拒絶을 被ᄒ얏슨즉 忿恨도 益潑홀 者오 又其時에 蓋蘇文의 威聲가 海內에 膾炙ᄒ야 虬髥客의 風采ᄂ 畵帖과 書冊에 傳寫ᄒᄂ 者ㅣ 多ᄒ 며 燕趙間遊俠客은 蓋蘇文의 釰術이 天下無敵이라 爭相稱道ᄒ며 稗 談巷謠에ᄂ 高句麗大將蓋蘇文 去屠長安一瞬息. 今年若不來進攻 明年 八月就興兵이라는 詩歌를 盛傳ᄒ니 唐帝의 猜悖ᄒᄂ 念이 種々丙枕이 不安흔지라. 是로 由ᄒ야 翌年二月에 諸將을 集ᄒ야 再擧의 圖를 議홀 시 李世勣 牛進達 等이 曰高句麗ᄂ 山城의 險固를 負흔 故로 前此에 我軍이 安市의 失敗가 有흔지라. 今에 ᄯ 前日과 갓치 遼東의 陸路를 從ᄒ야 大軍을 行ᄒ면 險阻 千里에 得失如何를 保키 難흔지라. 若水軍 을 人發ᄒ야 登萊海路를 取ᄒ야 平壤으로 直趨ᄒ면 彼의 海岸防備ᄂ 必然

〈十四〉

踈虞홀지니 如此ᄒ면 平壤을 可取오 安市의 恥를 可雪홀지니다.
　唐帝가 其策을 從ᄒ야 七月에 李世勣과 牛進達 等으로 ᄒ야곰 水軍 數萬을 率ᄒ고 戰艦 數百艘로 海를 蔽ᄒ야 來ᄒ니 其勢가 甚盛ᄒ더라.
　原來 高句麗의 疆域은 東北으로 大陸을 割據ᄒ고 西南으로 大海를

襟帶ᄒ얏스니 陸路의 守備도 重要ᄒ거니와 萬一 海岸의 防禦가 疎虞
ᄒ면 또ᄒ 國을 保키 不能ᄒ지니 高句麗 歷代의 設備가 엇지 陸을 偏重
ᄒ고 海를 偏輕ᄒ얏스며 況蓋蘇文의 戰略으로 敵軍이 海路를 取ᄒ 計
策이 有ᄒ 것을 不知ᄒ리오. 於是에 麗人이 海岸의 要害를 據ᄒ야 唐兵
이 到着ᄒᄆ을 待ᄒ다가 果然 數百艘의 軍艦이 海岸에 到泊ᄒ야 一齊히
陸에 下코져 ᄒ거늘 麗人이 出兵突擊ᄒ야 大小 百餘戰에 唐兵이 又敗
ᄒ니 牛進達 等이 單舸를 乘ᄒ고 走還ᄒ지라.

　唐帝가 益怒ᄒ야 牛進達 等의 大將印綬를 收ᄒ고 翌年 春에 更히
大擧홀식 是時 唐朝에 薛萬徹이 勇冠三軍ᄒ야 諸將이 莫及이라. 乃萬
徹로써 征東大將軍을 拜ᄒ고 水師 三萬人을 率ᄒ고 海를 渡ᄒ야 進擊
케 ᄒ고 釖南道14*로 ᄒ야곰 木을 伐ᄒ야 軍艦을 增造ᄒ더니 萬徹 等이
鴨綠江에 入ᄒ야 池灼城을 攻ᄒ다가 曠日持久에 屢敗ᄒ야 引還ᄒ니라.

　大抵 此後에 唐帝가 蓋蘇文 一個人의게 憤을 洩코져ᄒ야 數十萬의
尸骸를 遼野에 擲ᄒ며 累千萬의 軍資를 渤海에 投ᄒ얏스되 終乃寸功
을 不就ᄒ고 國力이 자못 疲弊ᄒ며 民怨이 또ᄒ 騷訛홀 境遇에 至ᄒ으
로 大臣 房玄齡이 憂憤을 不勝ᄒ야 臨終의 遺言으로 切諫ᄒ얏고 唐帝
또ᄒ 後悔ᄒ야 臨崩의 遺詔로 遼東

〈十五〉

의 役을 遂罷ᄒ얏스니 此는 高句麗 七百餘年 對外競爭ᄒ 歷史에 蓋蘇
文의 大膽雄略이 曠前絶後ᄒ 最終點이 된 바로다.

14* 釖南道(검남도): 지금의 중국 사천성(四川省)으로, 당나라 때 검문관(劍門關)의
　　남쪽에 있다하여 검남도(劍南道)라 불렀다. 수나라의 고구려 침공시에 징발을 면
　　했던 지역이지만, 당태종은 다시 군량선과 병선을 마련하기 위해 검남도에 선박
　　건조를 명한다. 서기 648년 7월 좌령좌우부(左領左右府) 장사(長史) 강위(强偉)를
　　검남도로 보내 나무를 베어 배를 만들게 하였는데, 큰 것은 길이 100자, 넓이 50자
　　나 되었다고 전한다.

第六章 各國과 競爭

蓋寶藏王朝 二十四年間은 蓋蘇文의 政治時代인즉 許多活動이 皆蓋蘇文의 政略인줄노 認定홀지로다. 初에 契丹이 廣開土王 時로부터 高句麗의게 服屬ᄒᆞ얏더니 後에 高句麗를 叛ᄒᆞ고 唐에 臣服ᄒᆞ야 唐帝東征ᄒᆞᄂᆞᆫ 役에 兵으로써 唐을 助ᄒᆞᆫ지라.

寶藏王 十四年에 將軍 安國을 遣ᄒᆞ야 契丹을 擊ᄒᆞ야 其罪를 問ᄒᆞ고 二城을 取ᄒᆞ다. 翌年에 百濟와 靺鞨로 더부러 新羅를 伐ᄒᆞ야 三十二城을 取ᄒᆞᆫ디 羅人이 唐에 援을 乞ᄒᆞ니 唐이 程名振 蘇定方을 遣ᄒᆞ야 救ᄒᆞ니라.

寶藏王 十八年에 唐이 蘇定方 劉仁願 等을 遣ᄒᆞ야 新羅 金庾信 等과 兵을 合ᄒᆞ야 百濟를 攻ᄒᆞ야 滅ᄒᆞ고 劉仁願이 泗比城에 駐屯ᄒᆞ야 百濟諸城을 鎭守ᄒᆞᄂᆞᆫ지라. 王이 此를 憂懼ᄒᆞ야 蓋蘇文의게 防備홀 策을 問ᄒᆞᆫ디 蓋蘇文이 對曰 彼新羅人이 恒常 唐國을 依賴ᄒᆞ야 隣國을 蠶食홀 野心으로 屢次 唐의 援兵을 借ᄒᆞ야 吾國을 侵犯ᄒᆞ더니 맛참ᄂᆡ 唐의 嚮導가 되야 百濟를 滅ᄒᆞ얏스니 是ᄂᆞᆫ 我大東民族으로 ᄒᆞ여곰 他族의 奴隷를 作홈이니 此를를 엇지 坐視ᄒᆞ리오. 臣이 請컨디 一擧에 彼唐의 鎭守兵을 擊却ᄒᆞ고 新羅의 罪을 討ᄒᆞ야 百濟故地를 收復홀지니다. 王曰 彼唐의 所憚者ᄂᆞᆫ 獨將軍一人이라. 將軍이 若國都를 離ᄒᆞ고 遠征ᄒᆞ면 唐人이 반다시 其隙을 乘ᄒᆞ야 舟師로써 平壤을 襲ᄒᆞ리니 是를 不可不慮라. 今에 新羅를 伐코져 홀진디 몬져 偏將을 遣ᄒᆞ야 漢

〈十六〉

北諸城을 攻取홈이 可ᄒᆞ다ᄒᆞ고 因ᄒᆞ야 兵을 擧ᄒᆞ야 七重城 〔今積城〕을 攻ᄒᆞ니 縣令匹夫가 拒戰ᄒᆞᆫ지 二旬에 麗軍이 乘風縱火ᄒᆞ고 急攻ᄒᆞᆫ디 匹夫가 麾下壯士로 더부러 戰亡ᄒᆞ니 城이 遂陷이라. 麗人이 因ᄒᆞ야

諸城을 進取코져ᄒ더니 新羅가 唐에 告急ᄒᆫ지라. 唐이 龐孝恭[15*]을 遣ᄒ야 來侵ᄒ거늘 蓋蘇文이 長子 南生으로 ᄒ야곰 蛇水上에 出戰ᄒ니 唐兵이 大敗ᄒ야 死者ㅣ 萬人이오, 孝恭[16*]과 其子十三人이 皆死ᄒ다.

第七章 唐將의 敗還

唐廷에서 敗報를 接ᄒ고 驚ᄒ야 廷議를 開ᄒ고 一次大擧ᄒ야 由來宿를 一雪코져ᄒᆯ새 大將 任雅相 蘇定方 蕭嗣業 等을 遣ᄒ야 唐兵及降胡三十五軍이 水陸分道ᄒ야 長驅大進으로 旋旗ᄂ 海를 蔽ᄒ고 鼓角은 山을 震ᄒ야 平壤에 直越ᄒ니 國人이 大震이라. 王이 羣臣을 會ᄒ야 策을 議ᄒᆯ새 或이 獻議ᄒ야 曰敵勢가 甚盛ᄒ니 使를 遣ᄒ야 和를 講ᄒᆷ이 可ᄒ다ᄒ거늘 蓋蘇文이 怒叱曰我高句麗ᄂ 建國以來로 他國과 戰ᄒᆯ줄만 知ᄒ고 和ᄒᆯ줄은 不知ᄒ니라ᄒ고 乃釰을 仗ᄒ고 國中人民의게 誓告ᄒ야 曰我高句麗國民은 祖先時代부터 武力으로 生活ᄒᆫ 者라. 昔者에 隨兵百萬이 薩水一戰에 生還者가 不過 九百餘人이오 唐軍 三十萬이 安市大戰에 生還者가 僅千餘人이라. 故로 我高句麗國民의 忠勇은 天下가 皆憚ᄒᄂ 바어늘 엇지 今日에 大敵을 逢ᄒᆷ으로써 一毫라도 退縮ᄒᆯ 念이 有ᄒ리오. 且蓋蘇文이 在ᄒ니 敵衆이 雖盛ᄒ나 何所用之리오. 汝等은 各其 敵愾의

〈十七〉

心을 奮ᄒ야 刀를 礪ᄒ고 弩를 張ᄒ야 一로써 百을 當ᄒ고 十으로써 千을 敵ᄒ라ᄒ니 於是에 國民의 勇氣가 益奮ᄒ야 死를 冒ᄒ고 敵과 殺ᄒ기로 決心ᄒ더라. 乃堅壁清野의 計를 行ᄒ야 人民으로 ᄒ야곰 粮草

15* 龐孝恭(방효공): '방효태(龐孝泰)'의 잘못이다.
16* 恭 → 泰

를 收ᄒ야 山谷에 入保케 ᄒ고 諸將으로 各路의 城守를 嚴히ᄒ니 唐兵
이 屢戰不利라. 雅相은 軍中에서 死ᄒ고, 粮食이 已盡ᄒ야 士卒이 飢疲
라. 定方이 大懼ᄒ야 人으로 ᄒ여곰 海路를 從ᄒ야 新羅의게 告急ᄒ야
粮은 僅得ᄒ얏스나 兵이 疲ᄒ여 戰키 不能ᄒ지라.

　　乃雪夜를 乘ᄒ야 潛帥[17*]로 海에 出ᄒ야 其國에 還ᄒ니 自比로 唐人
이 相戒ᄒ야 曰蓋蘇文이 在ᄒ면 高句麗를 可히 圖치 못ᄒ리라 ᄒ더라.

第八章 泉蓋蘇文의 宗教思想

　　以上所述은 皆蓋蘇文의 戰略史라. 其行政手段이 如何ᄒ 것은 史籍
에 槪見ᄒ 者ㅣ 無ᄒ즉 後人이 推想키 不能이로다.

　　特別히 宗教界에 就ᄒ야 一個事業이 有ᄒ니 嘗曰彼中土ᄂ 三教가
倂興ᄒ얏거ᄂᆞᆯ 吾國은 儒佛二教가 倂興ᄒᄂᄃᆡ 道教가 不立ᄒ 것이 國의
缺典이 될 샏더러 吾國은 始祖 東明聖王씌셔 仙教를 創立ᄒ심으로
世々子孫 此를 奉承ᄒ다가 儒佛이 渡來ᄒ 後로 仙教가 寢微ᄒ야 至今
은 廢而不講흠에 至ᄒ얏스니 엇지 國教를 維持ᄒᄂ 主義리오 ᄒ고 道
관을 建築ᄒ며 도경을 廣求ᄒ고 道家者流를 延致ᄒ야 教理를 講論케
ᄒ니 國王이 暇日로 臨幸ᄒ야 其講을 聽ᄒ니라. 此로써 觀ᄒ면 蓋蘇文
의 人格을 評ᄒᄂ 者ㅣ 다만 武將家라 稱ᄒ며 다만 釰術家라 稱하며
或 殘暴好殺의 人이라 指斥흠은 자못 眞面目이 아니도다. 彼數個

〈十八〉

長刀身上에 猛氣英風이 凜々如雪ᄒ고 閃々如電ᄒ 中에 宗教一線이 光
彩를 特放ᄒ얏스니 엇지 千古奇蹟이 아니리오.

17* 潛帥(잠수): 몰래 군대를 움직이는 것이다.

第九章 泉蓋蘇文의 考終18*

蓋蘇文이 寶藏王 二十四年으로써 卒ㅎ니 後人이 廟를 立ㅎ야 祀하고 其釖術은 演劇으로 相傳ㅎ야 至于今 千數百年에 不絶ㅎ니라. 嗚呼라. 赫々흔 高句麗의 七百餘年 歷史가 蓋蘇文의 英魂과 갓치 萬古에 常存치 못ㅎ고 乃蓋蘇文의 肉體로 더부러 地下에 沉淪ㅎ얏도다.

蓋蘇文이 死흔 後에 更히 蓋蘇文이 無흔 故로 高句麗가 亡ㅎ얏더니 又何千數百年을 經過ㅎ도록 海東天地에 更히 蓋蘇文 갓흔 英雄이 不作ㅎㄴ가. 悠々昊天은 我民族의 情景을 眷顧矜憐치 아니ㅎ시ㄴ뇨. 今日에 至ㅎ야 我民族의 歷史로 ㅎ야곰 復活케 홀 者ㄴ 必英雄其人이라 ㅎ노라.

結論

萬象이 森羅ㅎ고 人類가 複雜흔 中에 特別히 其類에 卓出ㅎ야 聖賢이 되며 仙人이 되며 佛祖가 되며 英雄이 되ㄴ 者ㄴ 皆獨立自主의 力이니라. 天下가 皆覇術을 尙ㅎ되 我ㄴ 王道를 行흔다 흠은 聖賢의 獨立自主오, 生則必死ㄴ 人事의 必然이로딕 我ㄴ 長生不死의 道를 修흔다 흠은 仙人의 獨立自主오, 天上天下에 惟我獨尊이라 흠은 佛祖의 獨立自主오, 以至一節의 高尙者와 一藝의 入玅19*者도 쏘흔 獨立自主의 精神이 아니면 不能ㅎㄴ 것인딕 況英雄爲名者은 가장 腦力이 强勁ㅎ고 가장 腕力이 敏活흔 者로써 萬一 獨立自主의 資格이 十分 完全치 못ㅎ면

18* 考終(고종): 고종명(考終命). 『상서(尙書)』에서 말한 오복 - 수(壽, 오래 삶), 부(富, 많은 재물), 강녕(康寧, 몸이 건강하고 마음이 편안함), 유호덕(攸好德, 어진 덕을 닦음), 고종명(하늘이 내린 명대로 살다가 편안히 죽음) 중의 하나다.
19* 玅(묘): '妙'와 동자(이하 같음).

英雄으로 認定키 不可ㅎ니 長者를 隨ㅎ야 行步를

〈十九〉

能히 ㅎ는 者는 穉子가 아니며 丈夫를 從ㅎ야 去就를 以ㅎ는 者는 女子가 아닌가.

三國時代의 人物을 論ㅎ건딕 金庚信은 國家主義를 持흔 者오, 薛仁貴는 個人主義를 持흔 者인딕, 金庚信은 曰吾國은 地少兵寡ㅎ니 맛당히 大國의 援助를 借ㅎ리라 ㅎ얏스며 薛仁貴는 曰區々흔 小國에셔 生於斯老於斯ㅎ는 것보다 赫々흔 大國에 住投ㅎ야 功名을 立ㅎ리라 ㅎ얏스니 彼가 皆其目的은 得達ㅎ얏스나 獨立自主의 資格은 缺乏흔 者라. 是故로 金庚信의 流弊는 一種依賴性을 傳授ㅎ야 事大 苟安ㅎ고 自强을 不圖ㅎ는 國民의 先祖가 되얏고, 薛仁貴는 自己의 功名을 貪ㅎ야 祖國을 反噬ㅎ얏스니 是는 賣國奴의 魁帥라, 更何足言이리오. 至若 泉蓋蘇文은 個人主義에도 獨立自主者오, 國家主義에도 獨立自主者니 此個資格으로 論ㅎ면 實로 倫比흘 者ㅣ 無ㅎ도다. 或者는 此에 對ㅎ야 曰寡가 衆을 敵지 못ㅎ고 弱이 强을 敵지 못흠은 勢의 必然이라. 故로 曰以小事大者는 畏天者니 畏天者는 保其國이라ㅎ얏거늘 泉蓋蘇文이 不度德不量力ㅎ고 妄히 大國과 怨을 搆ㅎ야 抵抗ㅎ다가 畢竟은 其身이 沒흔지 未幾에 其國이 드듸여 唐의게 滅흔 바 되얏스니 是를 엇지 智略이 優足흔 英雄이라 謂ㅎ리오. 余曰否々라. 高句麗는 土地와 人民으로 言ㅎ면 唐을 敵지 못흘지나 其國의 精神으로 言ㅎ면 大武神王 以下로 歷代君臣이 皆獨立精神으로 恒常 大國의 地를 攻取ㅎ며 大國의 兵을 抵抗ㅎ던 國이라. 國運의 不幸으로 末葉에 至ㅎ야 泉男生, 男建 等이 兄弟爭權ㅎ야 骨肉相殘으로 敵兵을 引入ㅎ야 七百餘年 宗社를 丘墟케 흔지라. 萬一 男生, 男建 等이 同心戮力ㅎ야 可

〈二十〉

乘의 隙이 無흐면 唐太宗이 天下兵力으로도 勝利를 不得흔 高句麗를 八十老骨 李世勣이 烏得以滅흐리오. 故로 高句麗ᄂ 大國을 抵抗흠으로써 亡흠이 아니오 兄弟爭權으로써 亡흐니라. 且夫寡가 衆을 敵지 못흐고 弱이 强을 敵지 못흠은 勢則然矣나 越王 句踐은 五千名 殘卒로 十年 生聚흐고 十年 敎訓흐야 强吳의 仇를 報흐얏고 金太祖 阿骨打ᄂ 白頭山下 에 一小部落으로 崛起흐야 一擧에 遼를 滅흐고 再擧에 北宋을 取흐얏스니 此로 觀흐면 國의 勝敗存亡이 土地大小와 人民衆寡에 不在흐고 其國人才如何에 在흔 것이니 泉蓋蘇文의 大膽雄略으로 엇지 大小衆寡를 較計흠이 有흐리오.

大抵 泉蓋蘇文 歷史에 關흐야 人倫 道德으로 律흐면 實로 不可隱謂흘 罪案이 有흐니 其 獨立自主의 資格과 對外競爭의 膽略은 我邦四千年에 다시 匹儔흘 者ㅣ 有흔가. 況 吾儕가 今日 此境을 當흐야 泉蓋蘇文 갓흔 英雄의 一瞋一喝흐는 聲氣와 一踊一躍흐는 動力만 得흐야도 如何흔 效力이 有흐깃ᄂ가. 覽者ᄂ 思之어다.

泉蓋蘇文傳 終

〈一〉

歷史歌

어화우리　靑年덜아　故國山川　이싸이라
北扶餘의　檀君子孫　二千餘年　享國일세
神祖遺澤　無窮ㅎ야　萬世万世　億萬世라
渾江一帶　滔滔ㅎ니　東明聖王　北來ㅎ야
高句麗를　建設ㅎ니　虎視天下　宏壯ㅎ다
丸都古城　차자보니　廣開土王　碑文이라
南征北伐　所向處에　東洋大陸　震動힌네
盖世英雄　蓋蘇文은　山海關의　古墓로다
龍泉府를　도라보니　渤海太祖　事業일세
四十萬衆　一號令에　海東盛國　일어낫네
우리同族　金太祖는　白頭山에　터를쌱가
二千五百　精兵으로　橫行天下　足足힌네
우리오날　것너온일　上帝命令　아니신가
아모쏘록　精神차려　祖上歷史　繼述ㅎ세

원문

渤海太祖建國誌

〈一〉
渤海太祖建國誌

緒論

惟我 檀君大皇祖끠읍셔 天降ㅎ신 神人[1]으로 大東天地를 開闢ㅎ사 萬世子孫을 爲ㅎ야 白頭山 南北部의 絶勝ㅎ 基址로써 授與ㅎ시니 東 西南三面은 大海요 北方一帶는 大陸이라. 高原의 牧畜과 平野의 農業 과 沿海의 商業이 無不具足ㅎ며 西北의 勁悍ㅎ 武風과 東南의 溫粹ㅎ 文化가 交相發達ㅎ야 萬萬世無窮期로 此地의 主人翁이 된 者는 우리 檀君大皇祖의 子孫이 아닌가.

盖世界各地에 部落制度가 進步되야 國家制度를 成立ㅎ니 國家者는 人類社會中에 가쟝 勢力이 偉大ㅎ고 基礎가 鞏固ㅎ고 名義가 尊重ㅎ 團體라. 人類의 情誼로 言ㅎ면 家族主義가 親切ㅎ나 國家主義에 比ㅎ 면 勢力이 偉大치 못ㅎ고 道德의 範圍로 言ㅎ면 世界主義가 廣大ㅎ나 國家主義에 比ㅎ면 基礎가 鞏固치 못ㅎ 故로 吾人은 반다시 國家를 依仗ㅎ야 生活ㅎ느니 若國家가 不有ㅎ는 境遇이면 吾의 生命과 吾의 權利와 吾의 名譽와 吾의 地位가 皆他人의 手에 在ㅎ야 生殺禍福이

---

[1] 神人(신인): 본뜻은 '이신화인(以神化人)'이다. 『대종교신리(大倧敎神理)』(1910) 에서는 "삼신일체이신 하느님께서 사람으로 화하여 세상에 내려오신 까닭에 신인 이라 부른다[上帝靈神, 化人降世, 故曰神人]"고 정의하였다.

皆他人의 命을 聽ᄒ고 自己는 一毫의 自主ᄒ는 能力이 無ᄒ니 形貌가
雖人이며 名稱이 雖人이나 其實은 牛羊犬豕와 一般이라. 他人이 驅逐
코져ᄒ면 驅逐ᄒ고 他人이 屠宰코져ᄒ면 屠宰ᄒᄂ니 天下에 至冤至痛
과 極恥極辱이 엇지 此에 加ᄒ 者ㅣ 有ᄒ리오. 是故로 國民의 名義를
帶ᄒ 者는 國을 爲ᄒ야 磨頂放踵²* ᄒ며 國을 爲ᄒ야 盡心竭力ᄒ며 國을
爲ᄒ야

〈二〉

粉骨碎身을 不顧ᄒ는 者도 有ᄒ니라.

嗚呼라. 道德時代가 降ᄒ야 智力時代에 至ᄒ니 人類社會에 가쟝 劇
烈ᄒ 者는 國家競爭이라. 大抵 人世의 罪惡으로 論ᄒ면 國을 滅ᄒ는
罪惡이 人을 殺ᄒ는 罪惡보다 尤甚ᄒ고 極大ᄒ지만은 國與國이 競爭ᄒ
境遇에는 非理의 貪慾과 不法의 惡行이 少도 忌憚이 無ᄒ되 仁義로써
調劑치 못ᄒ고 法律로써 制限치 못ᄒ야 優勝劣敗와 弱肉强食을 公例
로 認行ᄒ이 至ᄒ얏또다.

雖然이나 天道好還ᄒ고 人事多變ᄒ야 國權과 人權의 常勝이 無ᄒ고
常敗가 無ᄒ지라. 甲의 勢力이 强ᄒ 時에는 乙의 弱을 勝ᄒ고 乙의 勢
力이 强ᄒ 時에는 甲의 弱을 勝ᄒ야 其强其弱이 互相循環ᄒ고 其勝其
敗가 迭相報復ᄒ야 世界上 大演劇의 奇觀을 呈出ᄒ는되 其間에 弱을
轉ᄒ야 强을 成ᄒ고 亡을 繼ᄒ야 興을 致ᄒ는 者는 必命世偉人이 有ᄒ
지라.

吾邦四千年 歷史에 對外競爭으로 以ᄒ야 或勝或敗ᄒ며 或存或亡ᄒ
야 其機가 屢次變換ᄒ이 有ᄒ되 其變換ᄒ는 機를 乘ᄒ야 旋乾轉坤의
大力量과 起死回生의 妙方術로 旣失ᄒ 國土를 回復ᄒ고 旣滅ᄒ 國民

2* 磨頂放踵(마정방종): → 摩頂放踵. '정수리로부터 닳아서 발뒤꿈치까지 이른다'는
뜻으로, 온몸을 바쳐서 남을 위하여 희생함을 이르는 말이다.

을 更活ᄒ 者은 東明聖王과 渤海太祖이시니 진실로 命世偉人이 아니면 其孰能之리오. 今其歷史를 溯考ᄒ건ᄃᆡ 漢이 四郡을 置ᄒᄂᆫ 日에 二千餘年 朝鮮歷史가 世界上에 抹殺됨을 當ᄒ얏더니 東明聖王이 出ᄒ사 高句麗를 建設ᄒ야 우리 祖國을 光復ᄒ셧스며 唐이 都護府를 置ᄒᄂᆫ 日에 七百餘年 高句麗歷史가 九地下에 沉沒됨을 見ᄒ얏더니 渤海高王이 出ᄒ사 海東盛國을 建

〈三〉

設ᄒ야 우리 民族을 救濟ᄒ셧스니 其威德大功을 우리 國民이 如何히 記念ᄒ고 如何히 誦恩ᄒᆯ가. 陸이 移ᄒ고 谷이 遷ᄒ며 山이 崩ᄒ고 海가 渴ᄒᆯ지라도 此紀念과 此誦恩은 窮盡ᄒᆯ 時가 無ᄒᆯ지로다.

今에 吾人이 世界史를 讀ᄒ면 阿米利加의 新天地를 開闢ᄒ 華盛頓과 意大利의 新山河를 整頓ᄒ 加富耳[3*]갓ᄒ 偉人의 事業을 對ᄒ야 崇拜ᄒ고 讚誦치 아니ᄒᄂᆫ 者ㅣ 無ᄒ거늘 況吾祖國偉人의 建國事業은 特別히 親切ᄒ 情誼가 有ᄒ즉 崇拜ᄒ고 讚誦ᄒᆷ이 尤當如何ᄒ리오.

雖然이나 現在 吾國民의 思想界를 察ᄒ건ᄃᆡ 東明聖王과 渤海太祖의 建國ᄒ신 歷史를 對ᄒ야 紀念ᄒ고 誦恩ᄒᄂᆫ 者가 極히 少數에 居ᄒᆯ지니 此ᄂᆫ 無他[4*]라 由來 歷史學이 發達치 못ᄒ 緣故로다.

通哉며 悲大다. 우리 四千餘年 祖國 歷史로 ᄒ야곰 今日 此境에 至케 ᄒ 者ᄂᆫ 誰오. 其種種原因을 枚擧키 不遑ᄒ고 最近 國民敎育界에 關ᄒ야 所謂 文學家가 其責을 逃치 못ᄒᆯ 바 有ᄒ도다. 大抵 國民敎育界에 第一要ᄒ 者ᄂᆫ 地理學과 歷史學이니 地理ᄂᆫ 國民의 身體오 歷史ᄂᆫ 國民의 精神이라. 人의 身體와 精神이 健全活潑ᄒ여야 本體를 做得ᄒ

3* 加富耳(가부이): 梁啓超 저/신채호 역, 『이태리건국삼걸전(伊太利建國三傑傳)』(廣學書舖, 1907)에는 '加富爾'로 표기되어 있다.
4* 無他(무타): 다른 까닭이 아니거나, 다른 까닭이 없음의 뜻이다.

고 壽命이 長久홈과 如히 國民敎育界에 地理學과 歷史學이 普通發達
ᄒ여야 其民이 海陸方面에 對ᄒ야 活動進步ᄒ 思想도 有ᄒ고 國家主
義에 關ᄒ야 忠愛ᄒᄂ 思想도 有ᄒ지어ᄂ 我國의 文學者ᄂ 地理를 論
ᄒ즉 泰山 黃河와 岳陽樓 洞庭湖의 名稱을 盲誦홀 ᄲᆞᆫ이오 歷史를 論ᄒ
즉 天皇氏 以下로 唐宋史記의 糟

〈四〉

粕을 醉談홀 ᄲᆞᆫ이오, 本國地理와 本國歷史ᄂ 學課以外에 付ᄒ니 一般
敎育界의 方法이 如此히 誤謬ᄒ 中에 最其有力ᄒ 學家ᄂ 特別히 一種
言論을 主倡ᄒ야 專히 他國을 推尊ᄒ고 紀念홈으로써 惟一無二ᄒ 義
理를 삼고 自國精神은 自然銷滅케 ᄒ얏스니 其民이 엇지 國家思想이
有ᄒ며 祖國偉人을 崇拜홀 思想이 有ᄒ리오.

不寧惟是라 今에 吾人이 眼을 擧ᄒ야 江北一帶를 眺望ᄒ즉 曠漠ᄒ
原野가 曾是誰家의 所有인가. 檀君后裔 扶餘의 基址ᄂ 玄菟北千餘里
에 在ᄒ고 箕氏朝鮮의 境界ᄂ 永平府에 至ᄒ얏고 高句麗의 十部[5*]百七
十六城과 渤海의 五京十五府가 皆我祖先의 故土어ᄂ 千餘年來에 我
民族이 此에 對ᄒ야 經營者ᄂ 姑舍ᄒ고 夢想者도 初無ᄒ얏스니 此ᄂ
何故인가. 歷史가 闕漏ᄒ야 祖先의 遺蹟을 記得ᄒ 者ㅣ 無ᄒ 所以니
所謂 文學家의 罪를 可히 勝言ᄒ리오. 第一可悲可痛ᄒ 者ᄂ 渤海史를
棄置不修ᄒ 者ㅣ 是라. 渤海太祖ᄂ 高句麗의 舊將으로 亡國餘燼을 收
拾ᄒ야 高句麗 舊疆을 克復ᄒ얏스니 渤海史로써 高句麗의 系統을 承
홈이 可ᄒ거ᄂ 史家에서 何故로 此義를 不講ᄒ뇨.

高麗成宗十二年에 契丹 蕭遜寧이 大軍을 擧ᄒ야 來寇홀시 遜寧이
聲言ᄒ야 曰爾國은 新羅地에서 興ᄒ얏스니 高句麗地ᄂ 我의 所有어ᄂ

5* 十部(십부): 5부(五部)의 잘못이다.

爾가 侵蝕ᄒᆞ얏다ᄒᆞᄂᆞᆫ지라. 徐熙가 抗辨ᄒᆞ야 曰我國은 卽高句麗의 舊
라. 故로 國號를 高麗라ᄒᆞ고 平壤에 都을 置ᄒᆞ얏스니 若地界를 論ᄒᆞ면
爾國의 東京이 皆我境이니 엇지 侵蝕이라 謂ᄒᆞ리오 ᄒᆞᄃᆡ 遜寧이 可히
爭치 못ᄒᆞᆷ을 知ᄒᆞ고 드듸여 和을 請

〈五〉

ᄒᆞ얏스니 歷史의 關係가 何等重要ᄒᆞᆫ가.

然則 高麗가 이믜 高句麗의 系統을 據ᄒᆞ야 國境을 辨明ᄒᆞ고 何故로
渤海史ᄂᆞᆫ 不修ᄒᆞ뇨. 渤海의 疆土ᄂᆞᆫ 高句麗의 疆土라. 高句麗의 系統을
承ᄒᆞ야 其疆土의 舊를 不失코져 ᄒᆞᆯ진ᄃᆡ 渤海史를 修ᄒᆞ야 高句麗를 継
ᄒᆞᆷ이 必要ᄒᆞ고 且渤海三百年間에 文物制度가 彬彬可觀ᄒᆞᆷ이 史筆의 光
輝를 發表ᄒᆞᆯ 者가 多ᄒᆞ고 又渤海末葉에 王族及士庶가 高麗에 來投ᄒᆞ
ᄂᆞᆫ者가 不絶如水ᄒᆞ얏스니 其時史家가 此를 紹介ᄒᆞ야 史料를 采輯ᄒᆞ기
가 ᄯᅩᄒᆞ 容易ᄒᆞ거늘. 惜乎라. 高麗四百年間에 一個具眼ᄒᆞᆫ 學者가 渤海
史를 修ᄒᆞᆷ이 未有ᄒᆞ얏ᄯᅩ다.

伊後八九百年을 継ᄒᆞ야 茶山 丁若鏞氏가 我邦疆域考를 著ᄒᆞᆯ시 渤
海疆域을 載ᄒᆞ얏고 惠風 柳得恭氏가 渤海考를 述ᄒᆞ얏고 淵泉 洪奭周
氏가 渤海世家를 撰ᄒᆞ얏스나 僅히 唐書中에 渤海人 交通한 文字를 據
ᄒᆞᆯ쑨이니 엇지 渤海故土를 向ᄒᆞ야 遺文古蹟을 拾得ᄒᆞᆯ 處가 有ᄒᆞ리오.
三百年 海東盛國의 聲明物采가 歷史上에 流傳ᄒᆞᆷ도 若是히 殘缺不存
ᄒᆞ얏스니 더욱 可悲可痛ᄒᆞ도다. 右三家의 博洽으로도 其攷據材料가 此
에 止ᄒᆞ얏거든 余의 固陋末學으로 ᄯᅩ 엇지 發揮潤飾ᄒᆞᆷ이 有ᄒᆞ리오. 但
今日 精神敎育에 最其必要ᄒᆞᆫ 者ᄂᆞᆫ 祖國偉人의 歷史라. 於是乎 東明聖
王實記를 撰ᄒᆞ고 継ᄒᆞ야 渤海太祖建國誌를 述ᄒᆞ야 敎育界에 補助을
效코져ᄒᆞ노니 무릇 書를 讀ᄒᆞᄂᆞᆫ 者ᄂᆞᆫ 其要點을 研究ᄒᆞᆷ이 第一必要ᄒᆞᆫ지
라. 渤海太祖의 出身ᄒᆞᆫ 歷史를 推想ᄒᆞᆫ건ᄃᆡ 一個亡國遺踪이라. 如何ᄒᆞ

能力으로 一呼에 四十萬衆을 得ᄒ야 五千里大國을 建設ᄒ얏ᄂ뇨. 讀者於此에 着

〈六〉

意硏究홀 바 有ᄒ도다. 蓋其原素의 一은 太祖의 武略이 絕倫ᄒ야 用兵如神ᄒᆫ 故로 唐史에 曰驍勇善用兵이라 ᄒ얏고 其一은 渤海民族이 強勇多智ᄒᆫ 故로 松漠紀聞에 曰渤海人이 多智謀ᄒ고 驍勇이 他國右에 出ᄒ야 三人渤海當一虎라ᄒ얏고 其一은 高句麗遺民이 勁悍勇敢ᄒᆫ 原質로 亡國의 痛恨을 誓死必雪ᄒ야 義旗一擧에 爭先效命ᄒᆫ 故以가 아닌가. 讀者ᄂᆫ 重加硏究홀지어다.

　　　　　　　檀君大皇祖降世 四千三百六十八年 十月 日 著者 識

〈一〉
渤海太祖建國誌

白庵 朴箕貞 著
檀崖 尹世復 閱

第一章 渤海以前의 高句麗末運

粵昔 大東에 高句麗와 新羅와 百濟의 鼎峙ᄂ 三國時代오, 新羅와 渤海의 並立은 南北朝時代라. 渤海ᄂ 高句麗의 舊疆을 據ᄒ야 高句麗의 系統을 承ᄒ 國인 故로 渤海建國의 初를 述코져흠이 高句麗의 末運으로부터 起ᄒ노라. 盖高句麗 七百餘年 歷史ᄂ 我大東民族이 가쟝 强勇活潑ᄒ 氣象으로 獨立自主의 價格을 世界에 發表ᄒ 榮譽的 歷史라. 始祖東明聖王이 天縱神武로 蕞爾ᄒ 卒本部落에서 王迹을 肇基ᄒ사 國土를 開拓ᄒ심으로부터 大武神王이 東北扶餘를 統一ᄒ며 鮮卑梁貊을 服屬ᄒ며 樂浪諸郡을 攻取ᄒ야 檀君大皇祖의 舊疆을 克復ᄒ얏스며 廣開土王이 南으로 倭를 征ᄒ며 北으로 燕과 契丹을 伐ᄒ야 威武를 四海에 顯揚ᄒ얏스며 薩水大戰에 隋兵百萬이 虫沙[1*]를 化ᄒ며 安市一役에 唐軍三十萬이 敗旗를 捲ᄒ얏스니 此ᄂ 東方戰史에 가쟝 轟轟赫赫ᄒ 勳業이오 其他 對外競爭에 凱歌를 唱ᄒ 光榮이 相續不絶ᄒ지라.

1* 虫沙(충사): 주나라 목왕이 남정(南征)했을 때 전군이 전사하여 장교는 원숭이와 학이 되고 병졸은 벌레와 모래로 화하였다는 고사인 '원학충사(猿鶴虫沙)'에서 유래한 말이다.

蓋其七百餘年間에 人人이 敵愾를 持ᄒ고 日日로 戈矛를 修ᄒ야 國力을 健張케 ᄒ고 國步를 發展케 ᄒ야 亞東大陸에 覇權을 獨佔ᄒ얏더니 嗚呼라, 國運의 隆替가 有ᄒ고 人權의 伸縮이 有ᄒ야 一盛一衰와 或勝或敗는 世界에 一劇場이라. 歐洲全土를 統一ᄒ야 覇

〈二〉

業이 赫赫ᄒ던 羅馬도 陸沉의 悲況을 呈ᄒ고 小亞細亞와 歐羅巴와 阿非利加의 三大洲를 征服ᄒ던 突厥도 式微의 衰運을 直ᄒ얏도다. 高句麗末運에 至ᄒ야 彼唐人과 羅人이 互相聯合ᄒ야 呑噬의 野心을 逞코져ᄒ나 泉蓋蘇文이 生存ᄒ 日에는 屢次來侵ᄒ다가 畢竟敗歸ᄒ더니 蓋蘇文이 旣死ᄒ고 男生 男建 等에 當國ᄒ야는 不幸히 骨肉相殘의 奇禍가 發生ᄒᆷ으로 終乃大敵을 引入ᄒ야 宗國을 顚覆ᄒ니 七百餘年 覇業의 歷史가 寶藏王二十四年 九月에 至ᄒ야 忽焉陸沉ᄒ지라. 如期히 天翻地覆ᄒᆫ 日을 當ᄒ야 其悲劇慘劇의 情況이 何如ᄒ뇨. 君王以下로 將相公卿은 降幡下에 俘虜가 되며 二十八代의 宗廟社稷은 黑爐中에 邱墟가 되며 十萬將卒의 忠肝義膽은 原野에 暴露ᄒ며 歷代府庫의 寶鼎金璽는 海航에 輪運되며 華麗ᄒ 錦繡江山은 異國의 版圖을 粧ᄒ고 神聖ᄒ 檀祖后裔는 他人의 奴隸를 作ᄒ지라. 大東世界가 慘無天日ᄒ 中에 彼李世勣은 原來難當賊으로 自稱ᄒ던 者라. 不道의 强力과 非理의 貪慾으로 人의 國을 滅ᄒ얏스미 或國民의 反抗이 暗動ᄒᆯ가ᄒ야 名姓豪族의 三萬家를 江淮에 移ᄒ며 或歷史가 存在ᄒ면 國性이 不泯ᄒᆯ가ᄒ야 史庫書樓의 幾萬卷을 炬火에 付ᄒ얏스니 其滅國手段의 殘暴ᄒᆷ이 如此ᄒ며 陰巧ᄒᆷ이 如此ᄒ야 我民族의 一線 生路를 開放ᄒ 바 無ᄒ지만은 皇天이 我民族의 生命을 絶코져 아니ᄒ시니 於是乎 渤海太祖의 曠絶古今ᄒ 大活動이 出現ᄒ얏또다.

〈三〉

第二章 太祖의 家系와 人格

渤海太祖의 姓은 大氏오 名은 祚榮이니 高句麗將 仲象의 子라. 其家
는 馬韓族으로 太白山東粟末靺鞨部에 居ㅎ야 右族이 된지라. 粟末은
靺鞨七部의 一이니 靺鞨이 高句麗烽上王時代로부터 蕃屬이 되야 兵役
을 服ㅎ얏고 粟末은 其疆域이 더욱 密邇혼 故로 高句麗名族이 此에
居住혼 者 多ㅎ니 大氏 高氏 張氏 楊氏 寶氏 烏氏 金氏 李氏 朴氏
崔氏 申氏 任氏 諸族이 是라. 故로 支那南北朝時代에 北齊帝 高歡은
曰渤海人이라 ㅎ며 高句麗大將 泉蓋蘇文도 唐史에 或曰渤海人이라
ㅎ얏스니 蓋蘇文은 高句麗 東部大人의 子라. 長白山附近에서 生혼 故
로 曰渤海人이라 홈이로다. 渤海王室의 后族은 高氏오, 又馬韓諸族이
渤海에 移住혼 歷史가 自在ㅎ며 高麗王 太祖ㅣ 亦曰 渤海는 我의 婚姻
이라 ㅎ얏스니 其疆土는 高句麗의 舊物이오, 其氏族은 高句麗의 同種
이라. 渤海史로써 高句麗의 系統을 承홈이 歷史의 正例오, 況大氏가
世世로 高句麗에 仕ㅎ야 仲象과 祚榮 二世가 皆高句麗의 將이 되얏스
니 渤海의 建國이 卽高句麗를 興復홈이로다.

太祖는 天資ㅣ 英武ㅎ야 驍勇이 絶倫ㅎ고 器量이 宏大ㅎ야 智略이
過人이라. 幼時로부터 武事를 喜ㅎ야 射藝와 釼術이 皆鍊得精玅ㅎ고
又古今書籍을 博涉ㅎ야 成敗의 故를 深曉ㅎ니라. 居常에 慷慨ㅎ야 大
志를 抱홈이 嘗曰 男兒將來에 開天闢地的 大事業을 做得코져ㅎ면 冒
險의 經歷이 아니면 不能이라. 我渤海人이 本來 驍勇혼 故로 三人이
一虎를 當혼다ㅎ는딕 余는 一身으

〈四〉

로 一虎를 當ㅎ리라ㅎ고 獨히 大山深谷에 出入ㅎ야 猛獸을 射獵ㅎ며 駿馬를 策ㅎ야 峻坂에 馳突홈이 平地와 如ㅎ더라. 一日은 兵家書를 讀 ㅎ다가 以爲ㅎ되 用兵의 道ᄂ 地利의 要害를 夙講홈이 可ㅎ다ㅎ고 乃 國中에 名山大川과 高城深池를 遍行周視ㅎ야 戰守의 宜를 察ㅎ고 南 으로 浿江에 溯ㅎ야 登萊海路를 探取ㅎ며 西으로 遼河를 涉ㅎ야 契丹 의 關防을 覘得ㅎ며 東北으로 黑龍江沿岸에 至ㅎ야 日本北海道를 眺 望ㅎ고 乃還ㅎ니 一副興圖가 胸中에 瞭然ㅎ러라. 其長成홈에 及ㅎ야 父仲象과 共히 高句麗에 仕ㅎ야 將軍의 職에 居ㅎ얏스나 一障의 任에 不過ㅎ니 英雄의 手腕을 揮홀 舞臺ᄂ 不得ㅎ지라. 다만 沉晦ㅎ야 時를 待홀뿐이로다. 寶藏王十八年에 唐國과 新羅가 兵을 合ㅎ야 百濟를 滅 ㅎ니 脣亡齒寒의 機가 十分 危急ㅎ얏고 二十四年에 泉蓋蘇文이 死ㅎ 고 男生 男建等이 權을 爭ㅎ야 內亂이 起ㅎ니 彼眈眈伺隙ㅎᄂ 唐羅의 兵이 不日城下에 至홀지라. 太祖ㅣ 慨然히 良策을 陳ㅎ야 顚을 扶ㅎ고 危를 持코져ㅎ나 年이 少ㅎ고 位가 卑ㅎ야 當局者의 採用을 不得ㅎ지 라. 乃陰密히 四方의 志士를 延攬ㅎ고 結託ㅎ야 後日 活動의 資料를 準備홀시 第野勃이 쏘흔 强勇好兵ㅎ고 慷慨有志의 人이라. 寢ㅎ면 衾 을 聯ㅎ며 食ㅎ면 卓을 同ㅎ며 時事를 暢談ㅎ면 塤篪가 相和ㅎ야 兄弟 間 知己를 自得ㅎ니 識者ㅣ 於此에 大氏의 興홈을 卜ㅎ니라.

第三章 高句麗 遺民의 生氣

悲大라. 國家가 破滅ㅎ야 王業이 蕭條흔 境遇에 吳宮花草ᄂ

〈五〉

麋鹿이 踐踏ㅎ고 洛陽銅駝ᄂ 荊棘에 埋沒ㅎ얏스니 萬般光景이 人으

로 ᄒ야곰 心을 灰케 ᄒ고 淚을 墮케 ᄒ쑨이오. 且彼滅國者의 手段은 其遺族을 對ᄒ야 반다시 雷霆의 猛威로써 壓ᄒ고 羅織의 密法으로써 施ᄒ야 斬草의 復生과 死灰의 復燃을 許치 아니ᄒᆫ즉 誰가 其故國을 爲ᄒ야 落心되고 絶望되지 아니ᄒ리오만은 昔에 秦이 楚를 滅ᄒᆷ이 楚男 公이 曰楚雖三戶나 亡秦必楚라 ᄒᆷ은 何를 謂ᄒᆷ이뇨. 其國民의 思想界 를 察ᄒᆷ이라. 故로 其國이 비록 破滅되얏스나 其民의 生氣가 不死ᄒ야 能히 精神上 國家를 存得ᄒ면 반다시 興復의 氣運을 挽回ᄒᄂᆫ 日이 有ᄒᆫ 것이로다.

高句麗ᄂᆫ 東方의 一大强國이라. 其民이 慷慨好義ᄒ고 勁悍好武ᄒ 야 歷代競爭에 榮譽가 赫赫ᄒ더니 不幸히 末葉에 至ᄒ야 唐人이 其內 亂을 乘ᄒ고 ᄯᅩ 新羅의 協力으로 此를 攻取ᄒ고 其地를 權ᄒ야 九府를 置ᄒ고 都護府를 平壤에 置ᄒ야 重兵으로 鎭守ᄒᆯᄉᆡ 其始에ᄂᆫ 强力壓 迫의 策으로 其豪族을 移ᄒ며 其國史를 焚ᄒ며 險固ᄒᆫ 城池를 夷[2*]毀 ᄒ며 忠義의 人士를 誅戮ᄒᆷ이 極히 猛烈ᄒ고 慘毒ᄒ나 其舊族餘衆의 反抗的 精神은 斬伐鎔解키 不得ᄒ지라. 是로 以ᄒ야 賣國求榮ᄒᆫ 泉男 生輩ᄂᆫ 婦女童穉라도 皆痛恨切齒ᄒ야 其皮를 寢ᄒ며 其肉을 喫코져 아니ᄒᄂᆫ 者ㅣ 無ᄒ고 釰牟岑大兄이 水臨城에셔 義旗를 一擧에 遠近 이 嚮應ᄒ야 祖國을 回復ᄒ기로 義聲을 振作ᄒ얏스니 비록 時勢의 不 利로 功業은 未就ᄒ얏스나 高句麗國

<六>

民의 生氣가 不死ᄒᆷ은 世界에 發表ᄒᆯ지라. 唐이 於是에 慰撫懷綏의 策으로 其遺族을 封ᄒ야 刺史縣令等 職을 授ᄒ고 其才俊의 人은 官祿 으로 餌ᄒ야 慷慨不平의 氣을 銷化코져ᄒ나 全體民族의 反抗的 精神

2* 夷(오랑캐 이): '羠(벨 이)'의 오자다.

은 依然不衰ᄒᆞ지라. 唐이 그 馴服키 難ᄒᆞᆷ을 知ᄒᆞ고 乃平壤의 都護府를 撤ᄒᆞ야 遼東故城에 移ᄒᆞ얏다가 又新城(今遼陽西)에 移ᄒᆞ고 又平州(今廣寧北)에 移ᄒᆞ고 又 遼西故都에 移ᄒᆞ얏다가 終乃撤廢ᄒᆞᆷ에 至ᄒᆞ얏스니 此는 高句麗 民族의 生氣가 其國運을 隨ᄒᆞ야 泯滅치 아니ᄒᆞᆷ으로 唐의 都護轄治는 漸次退縮되고 渤海太祖의 活動基礎는 屹然湧出ᄒᆞ니라.

第四章 英雄의 藏身

盖英雄의 平生은 神龍의 變化와 如ᄒᆞ야 或屈或伸ᄒᆞ며 或潛或躍ᄒᆞ는 態度가 尋常人의 窺測지 못ᄒᆞᆫ 바 有ᄒᆞ니라. 方其 蟄伏韜晦ᄒᆞᆯ 時에는 怯懦無勇者오 庸碌無能者인 듯ᄒᆞ나 其腦中에 凝聚ᄒᆞᆫ 思想과 胸中에 錯綜ᄒᆞᆫ 經綸은 將次 風雲을 捲舒ᄒᆞ고 天地를 震撼ᄒᆞᆷ에 在ᄒᆞᆯ지라. 伍子胥가 吹篪[3*]行乞ᄒᆞᆯᄉᆡ 其窮이 雖甚ᄒᆞ나 覆楚의 念은 頃刻不捨ᄒᆞᆯ 것이오, 劉玄德이 種菜消遣ᄒᆞᆯᄉᆡ 其貌가 雖閒ᄒᆞ나 興漢의 志는 寸毫不退ᄒᆞᆯ지라. 今에 大氏父子兄弟가 宗國이 淪亡ᄒᆞᆫ 悲運을 値ᄒᆞ야 其悲憤慷慨의 心懷를 何以按住ᄒᆞ며 激昻踸躒의 勇氣를 何以制伏이리오. 卽時 急激行動으로 義旗를 倡擧ᄒᆞ야 全國의 義勇을 召集ᄒᆞ고 敵軍의 鋒銳를 衝突ᄒᆞ야 成敗利鈍은 不計ᄒᆞ고 祖國을 爲ᄒᆞ며

〈七〉

同胞를 爲ᄒᆞ야 熱血을 一酒ᄒᆞ얏스면 男子의 快事이지만은 但 目下準備가 素無ᄒᆞᆫ 勢로 憤激을 不堪ᄒᆞ야 擧動이 急遽ᄒᆞ면 勝利의 萬一을 期必키 難ᄒᆞᆯ지라. 此는 一身一家의 禍福뿐 아니오 國民全體에 利害關係가 多大ᄒᆞ니 輕擧키 不可ᄒᆞ고 若其 頑然沒覺ᄒᆞ고 靦然無恥ᄒᆞᆫ 禽獸

3* 篪(호): '지(篪)'의 잘못이다.

心腸으로 都護府의 政令을 服從ᄒ야 奴隷를 自作홈은 片刻이라도 堪忍치 못ᄒ지라. 況唐의 官吏가 我人을 對ᄒ야 或家族의 勢力이 鄕里에 素著ᄒ 者와 或學術과 才能이 社會에 超楚ᄒ 者와 或膂力과 膽氣로 羣衆이 嚮服ᄒᄂ 者와 或忠憤ᄒ 思想으로 祖國을 謳歌ᄒᄂ 者는 注目이 或甚ᄒ며 偵察이 頻煩ᄒ야 無辜히 鞭策의 辱과 譴戕의 苦를 當ᄒᄂ 者ㅣ 不可勝數인딕 況大氏ᄂ 有名ᄒ 將家라. 萬一 彼의게 實心歸化ᄒ ᄂ 態度가 無ᄒ면 彼가 곳 眼中釘으로 認ᄒ야 何等 禍機가 有ᄒᄂ지 不知한 바오. 且區區히 生活을 經營홈이 아니나 何年何月이던지 時機가 來到ᄒ면 旗竿을 揭ᄒ고 國魂을 唱ᄒᄂ 日이 有ᄒ지니 彼의 勢力範圍內에셔ᄂ 微細ᄒ 行動이라도 自由키 不能ᄒ지라. 於是에 其家衆을 率ᄒ고 營州東에 徙居ᄒ야 便是 逋逃踪跡이오, 遊獵生活이라. 此가 果然 其身과 其家을 保全ᄒ 計策인가. 草澤에 龍이 潛伏ᄒ 것은 將次 九天에 飛騰ᄒ 思想이라. 耕牧의 暇와 射獵의 隙으로써 一般父老를 對ᄒ면 相國의 歷史와 先王의 政敎와 先民의 功業을 亹亹談論ᄒ야 國家思想을 銘刻ᄒ고 奮發케 ᄒ며 靑年子弟를 聚會ᄒ면 兵法과 釖術로써 敎授ᄒ야 將來 需用의 材를 養成ᄒ며 其弟野勃로 ᄒ야곰 各

〈八〉

地에 遊歷ᄒ야 材智의 士와 忠勇의 人을 訪問ᄒ고 結合ᄒ야 多數의 同情을 得ᄒ고 獨히 三尺長釖과 千里駿驄으로 唐國內地와 突厥 契丹 等 邊境에 往來ᄒ야 天下의 時機를 覘察ᄒ얏스니 將來 驚天動地的 大事業이 實로 這間閒養歲月에 此等苦心經營으로 由ᄒ 者이로다.

第五章 活動時期

是時ᄂ 唐의 女主武后가 帝位를 篡ᄒ야 海內를 統治홈이 비록 太宗

의 餘烈을 就ᄒ야 海外各國을 制馭코져ᄒ나 其國家의 內容은 亂機가
이믜 發生ᄒ였더라. 初에 契丹이 唐에 附ᄒ야 服事을 甚謹홈은 高句麗
의 强盛을 畏홈이러니 밋 高句麗가 滅홈이 契丹諸種이 遼河를 渡ᄒ야
麗境에 雜居ᄒ니 國力이 因ᄒ야 發達되ᄂ지라. 드듸여 唐을 向ᄒ야 强
梁傑傲의 態를 示ᄒ던니 至是ᄒ야 契丹將 李盡忠이 唐을 叛ᄒ야 營州
都督 趙翽를 殺ᄒ니 邊境이 搖亂이라. 唐이 兵을 發ᄒ야 此를 鎭定ᄒ기
에 努力ᄒ니 他顧를 不遑홀지라. 於是에 大氏父子가 此機을 乘ᄒ야 高
句麗 遺民을 招集ᄒ야 復國의 義擧를 聲明ᄒ니 旬日之間에 從者數萬
이라. 이예 靺鞨部長 乞四比羽로 더부러 聯合ᄒ야 太白山 東北部를
佔據ᄒ고 奥婁河를 阻ᄒ야 壁壘를 築ᄒ고 唐에 拒홀시 時에 唐이 契丹
의 患을 旣平ᄒ지라. 使를 遺ᄒ야 仲象과 比羽를 諭ᄒ고 公爵으로써
予ᄒ되 此를 不受ᄒ니 武后ㅣ 大怒ᄒ야 이예 玉鈐衛大將軍 李楷固와
中郞將 索仇를 命ᄒ야 兵十萬을 率ᄒ고 奥婁河를 渡ᄒ니 其勢가 甚盛
ᄒ거늘 比羽ᄂ 險阻를 恃ᄒ고 守備

〈九〉

를 稍懈ᄒ얏더니 敵兵이 含枚突進ᄒ야 我의 不備를 襲擊ᄒ니 比羽가
拒戰ᄒ다가 敗死홀지라. 此時에 仲象은 七十餘歲 老將으로 衰矣라. 無
能爲役ᄒ나 한갓 忠義의 憤發로써 此擧를 唱ᄒ얏다가 不幸히 二竪의
作孼로 軍中에서 病歿ᄒ니 數日之內에 吊旗를 再擧홀지라. 敵勢ᄂ 方
銳ᄒ고 兩將이 俱歿ᄒ얏스니 衆心의 沮喪홈과 形勢의 危懍홈이 十分
盡頭에 迫ᄒ지라. 各隊將卒이 蒼黃罔措ᄒ야 散去코져ᄒᄂ 者ㅣ 有ᄒ
즉 天이 高句麗遺民의 義擧를 眷念치 아니ᄒ시ᄂ가. 夫何不幸의 甚홈
이 此에 至ᄒ뇨. 惟其如此ᄒ 難局을 當ᄒ여야 大英傑의 忍耐力과 果敢
性과 敏銳ᄒ 手腕과 神妙ᄒ 策略을 乃見홀지로다. 太祖ㅣ 於是에 諸將
佐를 召ᄒ야 各其 戰守의 方略을 授ᄒ 後 釰을 仗ᄒ고 轅門에 立ᄒ야

衆을 論호야 曰昔에 越王勾踐이 五千殘卒로써 强大호 吳를 破호얏스
니 兵의 勝負는 衆寡에 不在호 것이오, 且用兵에 善호 者는 恒常 轉敗
爲勝호느니 若一蹶로 以호야 其志가 挫호면 天下에 何事를 可做호리
오. 天이 我大東民族을 哀憐호사 千載一時의 好機會로써 與호야 我의
祖國을 復호고 我의 同胞를 救케 호실시 予小子가 實로 其命을 膺受호
고 其責을 擔負호얏스니 今日의 擧는 有進無退라. 予가 이믜 萬全의
勝筭으로써 諸將와 協議호야 各隊를 指揮케 호얏스니 汝等은 此二毫도
疑懼의 念을 存치 勿호고 各其勇을 奮호고 力을 齊호야 一로써 百을
當호며 十으로써 千을 敵호라. 此이 擧의 凱歌를 唱호면 大東天地에
一等名國을 建立호야 我同胞로 호야곰 萬世無疆의 福을 享

〈十〉

케 홀지니 我等이 엇지 區區히 軀命을 顧念호고 形勢를 量度호야 其義
務를 克盡치 아니호며 其目的을 必達치 아니호리오호야 辭氣가 激烈호
고 忱誠이 懇惻호니 衆이 다 非常히 感激되야 死力을 效호기로 決心호
니 於是에 兩將의 所領軍卒이 皆太祖部下에 合同호야 指揮를 聽호니
라.

第六章 天門嶺의 大勝捷

田單이 曰藏홈이 處子와 如호며 出홈이 脫兎와 如호리라호며, 成吉
思汗이 曰靜時에는 牝牛의 伏홈과 如호며 臨戰에는 飢鷹의 搏擊홈과
如호리라호얏스니 此는 兵家의 第一要訣이라. 今에 渤海太祖의 戰史
를 觀호건디 實로 此法에 合호도다. 是時에 太祖는 一個亡國의 逋踪이
오 一個 無名의 英雄이라. 風雲變化의 韜略과 神鬼不測의 手段이 有호
것은 敵將이 知치 못호는 바오, 況其所領 兵卒은 敗殘의 餘라. 敵의

大兵은 乘勝長驅ᄒᆞᄂᆞᆫ 勢가 殆히 烈風이 落葉을 掃홈과 如ᄒᆞᆫ즉 其氣가 驕盈ᄒᆞ고 其行이 輕躁홀지라. 其勢를 因ᄒᆞ야 利導홈은 太祖의 成筭이라. 몬져 弟野勃과 將軍 張文休等으로 ᄒᆞ야곰 部下精卒二千을 率ᄒᆞ고 天門嶺에 馳至ᄒᆞ야 其險을 據ᄒᆞ야 伏을 設ᄒᆞ야 待케 ᄒᆞ고 太祖ᄂᆞᆫ 다만 羸卒數百으로 敵을 嘗ᄒᆞ야 弱으로써 誘ᄒᆞ며 怯으로써 示ᄒᆞ야 每戰輒走ᄒᆞ니 李楷固와 索仇等이 비록 戰術에 鍊熟ᄒᆞᆫ 者이나 如此ᄒᆞᆫ 狀況을 見홈이 果然 我로써 弱ᄒᆞ다 謂ᄒᆞ며 怯ᄒᆞᆫ줄노 認ᄒᆞ야 地租의 要害도 察치아니ᄒᆞ며 兵卒의 困疲도 慮치아니ᄒᆞ고 倍道進蹕ᄒᆞ야 天門嶺에 直至ᄒᆞ니 山勢가 險峻ᄒᆞ고 林壑이 深邃ᄒᆞᆫ

〈十一〉

中에 忽然 天降霹靂이라. 强弓勁弩가 一時齊發ᄒᆞ며 飛石滾木이 四面突擊ᄒᆞ니 敵衆이 蒼黃狼狽ᄒᆞ고 紛紅潰散ᄒᆞ다가 崖에 墮ᄒᆞ며 壑에 顚ᄒᆞ야 屍橫如林ᄒᆞ고 血流成渠라. 張文休가 提釰突前ᄒᆞ야 索仇를 擊斬ᄒᆞ니 楷固ᄂᆞᆫ 敢히 交戰치 못ᄒᆞ고 急히 馬를 策ᄒᆞ야 重圍를 突ᄒᆞ고 一條血路를 尋覓ᄒᆞ야 僅히 身으로써 走免홀지라. 武后가 此報를 接ᄒᆞ고 大驚ᄒᆞ야 羣臣을 召ᄒᆞ야 更히 兵을 大擧ᄒᆞ야 其恥를 雪ᄒᆞ기로 建議를 問ᄒᆞ니 羣臣이 皆曰 昔에 太宗皇帝가 三十萬大軍으로 安市一城을 攻圍ᄒᆞᆫ지 數月에 寸功을 不就ᄒᆞ고 反히 兵馬의 損失이 多ᄒᆞ야 生還者가 千餘人에 不過홀지라. 今에 大祚榮이 數千瘡痍의 衆으로써 我의 十萬精兵을 禦ᄒᆞ야 從容指揮로 全勝을 獲ᄒᆞ얏스니 此其勇智가 크게 過人홈이 有ᄒᆞᆫ 者라. 彼가 戰勝의 威를 藉ᄒᆞ야 高句麗餘衆과 靺鞨諸部를 號召ᄒᆞ면 百萬의 衆을 咄嗟可集홀지니 我가 비록 天下의 兵力으로써 加홀지라도 取勝키 不能홀지라. 다만 國威를 挫損홀ᄯᅮᆫ 아니오 兵連禍結ᄒᆞ면 天下의 患이 ᄯᅩᄒᆞᆫ 可히 測지 못홀 者ㅣ 有홀지니다. 武后가 懼ᄒᆞ야 敢히 再擧를 圖ᄒᆞ지 못ᄒᆞ니라. 此一役으로 以ᄒᆞ야 五千里 海東盛國

의 基礎가 突然成立되고 幾千萬 大東民族의 活機가 勃然興起ᄒᆞ고 三百年 文明政治의 氣象이 藹然呈露ᄒᆞ얏스니 此ㅣ 엇지 古今歷史에 絶對的 勳業이 아니리오. 天生偉人ᄒᆞ야 拯濟斯民ᄒᆞ시니 其沛然의 勢를 孰能禦之리오.

第七章 太祖建國

〈十二〉

大抵 吾人이 書를 讀ᄒᆞᆷ이 最敬最愛ᄒᆞ며 奇節壯絶ᄒᆞ며 大快大樂ᄒᆞᆫ 者ᄂᆞᆫ 偉人의 建國史가 아니가. 噫라. 大東天地에 高句麗의 歷史가 塚中에 瘞埋되며 大東民族의 生命이 虎口에 寄托되야 窮天極地에 恥辱이 無限ᄒᆞ고 悲風凄雨에 苦痛이 不絶ᄒᆞ다가 突然히 白頭山下 龍井府에 五千里大國이 天으로부터 降ᄒᆞ얏ᄂᆞᆫ가 地로부터 湧ᄒᆞ얏ᄂᆞᆫ가. 此ᄂᆞᆫ 渤海太祖의 腦力으로 由ᄒᆞ야 生ᄒᆞᆫ 者이며 大東民族의 心血로 以ᄒᆞ야 成ᄒᆞᆫ 者이로다.

天門嶺一戰에 大敵이 遁逃ᄒᆞ고 四隣이 震慴ᄒᆞ니 此ᄂᆞᆫ 皇天이 寵賜ᄒᆞ신 千載一會라. 太祖ㅣ 於是에 將卒을 犒勞ᄒᆞ고 高句麗舊版圖를 按ᄒᆞ야 山河를 整頓ᄒᆞ고 人民을 撫綏ᄒᆞᆯᄉᆡ 乃檄文을 發ᄒᆞ야 驛傳[4*]으로 四方에 布諭ᄒᆞ니 其文曰,

夫國家ᄂᆞᆫ 人民을 集合ᄒᆞ야 成立ᄒᆞ고 人民은 國家를 依仗ᄒᆞ야 生存ᄒᆞᄂᆞ니 國家와 人民은 榮辱禍福과 勝敗興滅에 關ᄒᆞ야 一體惟均이오 不能獨異라. 故로 其民이 十百이라도 惟一國家오 其民이 億萬이라도 惟一國家ᄂᆞᆫ 天地의 常經이오 古今의 通義라. 惟我大東은 檀祖血孫의 神聖種族이오 槿域靈區의 錦繡江山이라. 白山이 蟠據大荒ᄒᆞ고 黃海

4* 驛傳(역전): 먼 곳에 보고할 때 공문을 역참(驛站)에서 다음 역참으로 넘겨주고 받는 일을 말한다.

가 環繞半島ᄒ야 金城鐵壁에 形勝이 險要ᄒ고 陸海珍藏에 生産이 豊厚라. 凡我同胞는 自厥祖先으로 皆忠勤質朴ᄒ고 勁悍勇剛ᄒ야 國基를 鞏固케 ᄒ고 國威를 煇爀케 홈으로 三千年 歷史에 光明이 日新ᄒ고 六千里 版圖에 聲勢가 式廓[5*]ᄒ더니 乃者邦運이 極否ᄒ고 旻天이 疾威라. 奇禍가 發於蕭

〈十三〉

巷ᄒ고 强隣이 乘其虛邑이라. 城郭이 以之灰燼ᄒ고 宗社ㅣ 以之邱墟ᄒ니 痛彼敵將이 爲豺爲鯨ᄒ야 我의 父老를 俘ᄒ며 我의 書籍을 燬ᄒ고 忠義慷慨의 人士는 叛民이라 誅屠ᄒ고 險阻要害의 城池는 賊藪라 焚蕩ᄒ니 無厭의 野心을 逞ᄒ고 不法의 苛政을 施홈이 式日斯生ᄒ야 其機를 莫測이라. 惟我父兄子弟가 動足에 罹荊棘ᄒ고 擧手에 觸網羅ᄒ야 捿捿遑遑ᄒ고 惴惴慄慄ᄒ야 現狀이 旣極愁慘에 來日이 亦無限量이라. 某는 高氏遺臣이오 東部舊族이라. 乃値國破家亡之悲運ᄒ야 備嘗東奔西竄之苦情이라. 千年毫邑에 長泣麥秀之歌ᄒ고 十歲稽山에 彌勵薪膽之志러니 幸賴 義旅效命ᄒ고 志士恊謨ᄒ야 旌旗[6*]所麾에 風雲이 爲之變色ᄒ고 戈矛所向에 霜雪이 爲之眇威라. 皇天이 錫以好機ᄒ시고 鬼神이 授以竗筭일ᄉᆡ 天門一役에 大敵이 盡殲ᄒ고 神州諸邦에 遠人이 震懼ᄒ니 此는 乃我民族의 再見天日之會오. 於亦大丈夫의 垂名竹帛之秋라. 千載一時는 容何俟於他日이며 同心合力을 切有望於諸君이로니 凡厥有志는 寧或後期리오.

此時 遠近各地에서 天門嶺의 大捷音을 聞ᄒ고 一般人衆이 皆懽忻

5* 式廓(식확): 강역의 규모를 말하는 것으로, 『시경』, 「대아(大雅)」편 '황의(皇矣)'에 "상제께서 이루고자 하신 바는 그 강역 경계의 규모를 넓히는 것이다上帝耆之 憎其式廓"라고 했다.

6* 旌旗(정기): → 旌旗. '정기'란 깃대 끝에 꿩의 꽁지깃으로 꾸민 장목을 늘어뜨린 의장기를 말한다.

踊躍ㅎ며 □□□□7*ㅎ야 詳確흔 後報를 待ㅎ다가 右檄文이 一時傳播
됨은 其彌天雲霧中에 瑞日이 湧出ㅎ며 積年枯旱餘에 甘雨가 滂沱홈이
오. 此를 爭相遍授ㅎ고 爭相翻謄홈은 곳 風行의 周遍이오 電氣의 迅速
이러라. 遺民故

〈十四〉

老는 感極涕泣ㅎ고 靑年子弟는 狂喜蹈舞ㅎ며 婦女童穉는 撞鐘爲樂ㅎ
고 僧侶道士는 焚香祝福ㅎ니 天晴海晏에 和氣瀜瀜이라. 於是에 高句
麗故土의 本部와 扶餘 沃沮 肅愼 各屬部의 將領과 兵卒等이 旋旗는
耀日ㅎ고 鼓角은 □8*天ㅎ야 太白山東部大將轅門에 一齊聚集ㅎ니 衆
이 四十餘萬이라. 於是에 太祖ㅣ 各部 將領과 兵卒을 爲ㅎ야 牛酒로
犒饗ㅎ고, 其遠來의 辛苦을 慰ㅎ며 同情의 厚誼를 謝ㅎ니 衆이 太祖의
龍顔을 瞻望9*ㅎ며 玉音을 聽聆ㅎ니 果然 天帝의 愛子오 生靈의 眞主
라. 各部將領等이 相議ㅎ야 曰我等이 久히 無國無君혼 人民으로 他族
의 奴隷를 作ㅎ얏스니 是는 羣羊이 牧子를 得지 못홈이오 赤子가 慈母
를 遇치 못홈이러니 皇天이 我民族을 遺棄치 아니ㅎ사 救世의 眞人을
送ㅎ야 東土生民의 主權을 付託ㅎ셧스니 我等이 엇지 天寶를 奉行치
아니ㅎ리오ㅎ고 翌日 早期에 各部將領이 中軍帳下에 齊進ㅎ야 合辭10*
奏請ㅎ야 曰民은 國을 依ㅎ야 活ㅎ고 國은 君을 賴ㅎ야 活ㅎ는 故로
民은 可히 一日이라도 國이 無치 못홀 것이오 國은 可히 一日이라도
君이 無치 못홀 것이라. 惟玆 大東은 檀君神祖끠옵셔 建邦 啓土ㅎ심으
로부터 天祿이 靈長ㅎ야 君於玆者로 我檀祖의 孫이오 民於玆者로 我

7* 원문 4자 판독 안됨.
8* 원문 1자 판독 안됨. '震(진)'자로 보인다.
9* 瞻望(첨망): 멀리서 우러러봄.
10* 合辭(합사): 여러 관사나 관원이 합동하여 임금께 상소할 때 사연을 합하여 하나의
   상소로 올리는 것이다.

檀祖의 孫이니 天이 엇지 他族의 竊據흠을 許ㅎ시리오. 七百年前에 漢이 朝鮮을 取ㅎ야 四郡을 置ㅎ엿더니 東明聖王의셔 高句麗를 建設ㅎ야 檀祖의 基業을 克復ㅎ심으로 二十八代의 王業이 隆昌ㅎ고 國光이 尊榮

〈十五〉

ㅎ더니 乃者에 國運이 不幸ㅎ야 內亂이 召殃에 外敵이 乘釁이라. 其貪慾을 逞ㅎ며 其强力을 加ㅎ야 我의 國을 縣ㅎ고 我의 民을 奴ㅎ니 我大東民族이 水深火熱[11*]中에 陷溺ㅎ야 罔極한 恥辱을 蒙被ㅎ고 無限흔 苦痛을 叫呼흠이 幾十年于玆러니 將軍은 天縱神武으 世篤忠孝라. 祖國의 沉淪을 痛恨ㅎ시며 生民의 塗炭을 悲哀ㅎ야 百難을 備嘗ㅎ며 萬死를 不顧ㅎ고 數千瘡痕의 衆으로 十萬精銳의 敵을 擊破ㅎ되 終日을 不逾ㅎ얏스니 機文이 一播에 五千里山河가 雲合雷同ㅎ야 翕然歸服ㅎ니 此는 有史以來로 未有흔 威德大業이라. 天이 與ㅎ시고 人이 歸흠을 於此可見이니 伏願ㅎ건되 將軍은 大位를 早定ㅎ야 上으로 皇天의 付託을 膺ㅎ시며 下으로 萬民의 顒望을 副ㅎ소셔. 太祖ㅣ 曰今日成功은 諸將卒과 一般人民이 盡忠效命흔 結果니 予가 何功之有리오. 天이 大寶로써 有德을 賜ㅎ시느니 予의 否德으로 엇지 此를 堪承ㅎ리오. 今玆所請은 予로 ㅎ야곰 危懼를 不任케 흠이오 天意를 體ㅎ며 人心에 孚ㅎ는 바 아닌즉 諸君은 且休어다ㅎ시니 太祖는 비록 謙讓의 意를 執ㅎ시나 各部將領과 兵卒人民等이 一時蹈舞ㅎ야 萬歲를 懽呼ㅎ니 聲震天地라. 於是에 壇을 築ㅎ야 天을 祭ㅎ고 太祖ㅣ 王位에 卽ㅎ시니 國號는

11* 水深火熱(수심화열): 백성들이 겪는 큰 고통을 일컫는 말이다. 『맹자』, 「양혜왕하(梁惠王下)」 '피수화야(避水火也)'장에서 맹자는 주나라 무왕과 문왕의 예를 들어 나라를 빼앗았는데도 그 나라 백성들이 기뻐하는 것은 포악한 군주를 없애고 자신들에게 이로운 정치를 하기 때문이라고 했는데, 여기서 백성들이 당하는 고통을 '물과 불'의 비유로써 말하고 있다.

大震國이라ㅎ며 元을 建ㅎ야 震朝라ㅎ니 渤海國은 唐人의 稱ㅎ 바라.
檀君大皇祖와 東明聖王廟를 建ㅎ야 祭天事神의 禮ᄂ 皆高句麗의 舊
을 承襲ㅎ고 政府의 官制ᄂ 政堂省을 置ㅎ야 大內相이 居ㅎ고 左右司
政을 置ㅎ야 左右允이 副ㅎ고 左六司ᄂ 忠部 義

<十六>

部 仁部가 各一卿이니 其支司ᄂ 曰爵部 倉部 膳部오 右六司ᄂ 智部
禮部 信部가 各一卿이니 其支司ᄂ 曰戎部 計部 水部라. 皆郞中과 員
外等 職이 有ㅎ고 宣詔省을 置ㅎ야 左相과 左平章事와 侍中과 左常侍
와 諫議等 官이 居ㅎ고 中臺省을 置ㅎ야 右相과 右平章事와 內史와
詔誥와 舍人[12*]等이 居ㅎ고 中正臺를 置ㅎ야 大中正 一人과 小正 一人
이 居ㅎ니 此ᄂ 御史의 職이오 其他ᄂ 殿中과 宗屬과 太常과 司賓과
大農과 司藏과 司屠寺[13*]와 文籍院과 胄子監과 巷伯局이 有ㅎ고 武職
은 左右猛賁과 態衛와 南北左右衛大將軍이 有ㅎ니 各官이 皆以品爲
秩ㅎ야 三秩以上은 紫를 服ㅎ야 牙笏金色이오, 五秩以上은 緋를 服ㅎ
니 牙笏銀魚오, 六秩七秩은 淺緋衣를 服ㅎ고 八秩九秩은 綠衣木笏이
러라. 地方區域은 五京十五部六十二州로 制定ㅎ니 五京은 曰上京 中
京 東京 南京 西京이오, 十五府ᄂ 曰龍井府 曰顯德府 曰龍原府 曰南
海府 曰鴨綠府 曰長領府 曰扶餘府 曰莫頡府 曰定理府 曰安邊府 曰率
賓府 曰東平府 曰鐵利府 曰懷遠府 曰安元府[14*]라. 於是에 詔를 降ㅎ야
大赦를 頒ㅎ고 鰥寡孤獨은 救恤ㅎ고 賢良才智를 登庸케 ㅎ니 政敎가
修明ㅎ고 人民이 安樂ㅎ야 五千里山河에 自由鍾이 轟轟ㅎ고 獨立旗가
翩翩ㅎ야 天下가 稱ㅎ야 曰海東盛國이라ㅎ니라.

12* 詔誥와 舍人: '조고사인(詔誥舍人)'의 잘못이다.
13* 司屠寺(사도시): '사선시(司膳寺)'의 잘못이다.
14* 安元府(안원부): '안원부(安遠府)'의 잘못이다.

第八章 渤海의 疆域

右의 述한 바는 太祖의 建國ᄒ신 歷史와 建國ᄒ신 制度의 大概
〈十七〉
이니 此는 大東民族이 歌誦ᄒ며 紀念홈이 萬世不替홀 바어니와 盖地理
와 歷史는 互相表裏의 關係가 有ᄒ 故로 歷史를 硏究코져ᄒ면 自然
地理의 叅攷가 有ᄒ지라. 玆에 其疆域의 範圍를 記ᄒ야 讀者의 觀念을
紹介ᄒ노니 비록 渤海의 歷史를 後ᄒ야 千餘年來에 國運의 屢遷홈이
滄海桑田과 如ᄒ얏스나 當時疆域의 史를 據ᄒ면 某海某嶺은 某京某府
에 屬ᄒ며 某山某河는 某州某城에 屬ᄒ 遺蹟을 可히 尋得홀지며 ᄯ한
太祖의 功德所及을 推想홀 바 有ᄒ도다.

渤海의 上京은 龍井府니 亦曰龍泉府라. 龍州와 湖州와 渤州를 領ᄒ
지라. 府는 忽汗河〔卽今虎兒河〕東에 在ᄒ니 寧古搭과 隔水의 地라.
河는 北으로 一進ᄒ야 鏡泊이 되니 卽今湄沱湖오 又北으로 流ᄒ야 混
同江이 되니 形勝이 東荒의 第一이라. 渤海를 前ᄒ야 肅愼氏의 都가
此에 在ᄒ얏스며 渤海를 後ᄒ야 金人이 此에 都를 建ᄒ 故로 古大城이
寧古搭 西南六十里 虎兒哈河[15*]南에 在ᄒ니 周三十里에 四面七門이
오, 內城은 周五里에 東西南 各一門이오, 其內에는 宮殿遺基가 有ᄒ고
元人은 此에 府를 設ᄒ야 名曰胡里改라 ᄒ니라. 中京은 曰顯德府니
盧州와 顯州와 鐵州와 場州와 榮州와 興州를 領ᄒ지라. 府는 上京南
三百里 東牟山下에 在ᄒ니 卽渤海舊國이라. 東牟山은 鏡泊南 二百里
에 在ᄒ니 今曰額敦山이라. 其高가 六十里오, 二河가 出ᄒ니 南曰 福
爾虎河오 西曰 飛虎河라.

15* 虎兒哈河(호아합하): 홀한하(忽汗河)의 현재 지명이다.

東京은 曰龍原府라. 亦曰柵城府니 慶州와 鹽州와 穆州와 賀

〈十八〉

州를 領호지라. 古北沃沮의 地오 今鍾城, 慶興, 穩城 等地라.

南京은 曰南海府니 沃州와 晴州[16]와 椒州를 領호지라. 古南沃沮의 地오 今의 磨天嶺以南과 鐵關以北의 地라.

西京은 鴨綠府[17]니 神州와 豊州와 桓州와 正州를 領호고, 曰長領府니 瑕州와 河州를 領호지라.

鴨綠府는 今平壤以北이오, 長領府는 白頭山以西에 營州道니 盖其嶺脉이 長數千里 故로 曰長嶺이라.

扶餘府는 古扶餘地오 今開原縣이니 扶州와 仙州를 領호고, 莫詰府는 扶餘西北에 在하니 鄭州와 高州를 領호니라.

定理府는 今興京地니 定州와 潘州를 領호고, 安邊府는 今興京의 北이니 安州와 慶[18]州를 領호니라.

率賓府는 今興京 西南 靉河東에 在호니 華州와 益州와 建州를 領호니라.

東平府는 今烏喇의 東이오 寧古搭의 西니 伊州와 蒙州와 沱州와 黑州 比州를 領호니라.

鐵利府는 豆滿江의 北이오 興開湖[19]의 南이니 廣州와 汾州와 蒲州와 海州와 義州와 歸州를 領호니라.

懷遠府는 今寧古搭 左右迤에 在호야 達州와 越州와 懷州와 紀州와 富州와 美州와 福州와 邪州와 芝州를 領호고, 安元府는 寧州와 都州[20]

16* 晴州(청주): '정주(睛州)'의 잘못이다.
17* 鴨綠府(압록부): 원사료에 '압록부(鴨淥府)'로 나온다.
18* 慶州(경주): '경주(瓊州)'의 잘못이다.
19* 興開湖(흥개호): → 興凱湖.
20* 都州(도주): '미주(鄅州)'의 잘못이다.

와 慕州와 常州를 領ᄒ고, 又郢州와 銅州와 束州²¹ᵗᄂᆞᆫ 獨奏州가 되니 混同江左右에 在ᄒ야 京師에 直達ᄒᄂᆞᆫ 故로 曰獨奏州라.

〈十九〉

物産은 柵城의 豉와 扶餘의 鹿과 莫頡의 豕와 率賓의 馬와 顯州의 布와 沃州의 綿과 龍泉²²ᵗ의 紬와 位城의 鐵과 盧城의 稻와 湄沱湖의 鯽과 太白山의 菟와 南海의 昆布와 丸都의 李와 樂遊의 梨가 皆著名ᄒᆞᆫ 産品이러라.

第九章 渤海의 宗敎와 風俗

渤海의 宗敎ᄂᆞᆫ 高句麗와 同ᄒ야 檀君大皇祖의 神敎로 祭天事神의 禮를 尊重히 홈은 固然ᄒᆞᆫ 바어니와 太祖의 家世ᄂᆞᆫ 太白山東에 在ᄒ고 又韓族이 됨으로 姓을 大氏라ᄒ니 盖東方人이 大를 韓이라 謂홈이라. 又其國號를 震이라 홈은 帝出乎震의 義니 檀君은 我大東의 天帝이신 故로 太祖ᄭᅴ셔 天帝의 子孫으로 震方에 出홈이라홈이오 又太祖ᄭᅴ셔 卽位ᄒ시기 前에 震檀圖가 太白山 石窟中에셔 出現홈이 有ᄒ니 此ᄂᆞᆫ 檀君大皇祖ᄭᅴ셔 後世子孫을 救活ᄒ시기 爲ᄒ야 太祖를 送ᄒ시고 震檀圖의 休命으로 錫予ᄒ신 바로다.

渤海의 風俗은 鞍馬로 爲家ᄒ고 射獵으로 爲業ᄒ야 武事의 天才가 有ᄒ고 勤勞를 服ᄒ며 質朴을 尙ᄒ야 怠惰奢泛의 風이 絶無ᄒᆞᆫ 故로 他族보다 特異ᄒᆞᆫ 資格을 具有ᄒ얏고 又其婦女의 性質이 勁悍ᄒ야 國中右族家婦女等이 互相 姉妹의 誼를 結ᄒ야 若其夫가 所愛者이 有ᄒ면 其女를 毒殺ᄒ고 其夫가 他女를 愛하ᄂᆞᆫ 事이 有ᄒ되 其妻가 不覺ᄒ

21* 束州(속주): '속주(涑州)'의 잘못이다.
22* 龍泉(용천): '용주(龍州)'의 잘못이다.

면 其罪를 詰討ᄒ고 又娼妓의 蓄홈을 嚴防ᄒᄂᆫ 故로 他國은 娼妓가
有ᄒ되 渤海ᄂᆫ 獨無ᄒ얏스니 此를 或妬悍의 習이라 謂ᄒ나 女子社會

〈二十〉

의 權利가 强勁홈은 泰西諸國의 婦人界와 恰似ᄒ도다. 盖男女를 莫論
ᄒ고 他의 無理ᄒᆫ 束縛을 不受ᄒ고 自己의 固有ᄒᆫ 權利를 伸張홈이
第一快樂이라. 一夫一婦ᄂᆫ 人道의 當然이니 渤海婦人界에서 能히 結
社合力ᄒ야 男子界의 蓄妾과 蓄娼을 制止ᄒ얏스니 此로써 觀ᄒ면 渤海
의 男子만 强勇多智홀 ᄲᅳᆫ 아니라 卽女子界도 亦然ᄒ도다. 天下의 婦人
된 者ᄂᆫ 誰가 其夫의 蓄妾과 蓄娼을 嫉妬ᄒ고 怨望치 아니ᄒ리오만은
但其智力이 薄弱ᄒ야 敢히 制止치 못홈이라. 惟此渤海의 婦人界ᄂᆫ 能
히 智力으로써 其實情을 行ᄒ야 權利을 不失홈이 아닌가. 然則 男子가
되야 他人의 束縛을 受ᄒ고 固有ᄒᆫ 權利을 伸치 못ᄒᄂᆫ 者는 엇지 鬢丈
夫라 謂ᄒ리오. 大抵人羣의 勢力은 團合으로 由ᄒ야 生ᄒᄂ니 此渤海
婦人界의 姉妹社會를 觀홀지어다.

第十章 渤海의 文學

渤海의 舊國으로 論ᄒ면 東荒一隅에 在ᄒᆫ 靺鞨七部의 一인즉 人文
胚胎의 根源을 遡求키 難ᄒ고 新國으로 論ᄒ면 太祖ᄭᅴ셔 神竗[23*]ᄒᆫ 武
略으로 大亂을 勘定ᄒ셧고 其民族은 剛勇好武ᄒᄂᆫ 性質로 他族보다
優勝ᄒᆫ 地位를 占ᄒ얏스며 況國家가 新造이 庶事가 草創ᄒᆫ즉 君臣上
下가 文學에 注意키 不遑ᄒᆫ 時代가 아닌가. 然ᄒ나 其文學程度를 言ᄒ
건디 國家의 官制ᄂᆫ 文籍院과 胄子藍을 置ᄒ야 國君의 元子衆子와 公

23* 神竗(신묘): → 神妙.

卿大夫及凡民의 子弟를 敎育ᄒᆞᄂᆞᆫ 制度가 有ᄒᆞ고 國中의 聰俊을 選拔ᄒᆞ야 中土에 派遣ᄒᆞ야 學術을 博采ᄒᆞ며 文物을 輸入홈이 彬彬

〈二十一〉

可觀이오 又古今의 書籍을 廣求ᄒᆞ야 漢書, 唐禮, 三國志, 晉書, 三十六 國春秋等 書가 皆文籍院의 儲藏이 되야 敎育의 材料를 供給ᄒᆞᆫ 故로 海東盛國의 榮譽가 他國歷史에 播傳됨이 有하얏스니 其發達의 迅速ᄒᆞᆫ 原因이 何에 在하뇨. 一曰歷史오 一曰地理라. 盖渤海의 歷史ᄂᆞᆫ 檀箕의 神聖ᄒᆞᆫ 敎化와 高句麗의 文物制度를 承接ᄒᆞᆫ 根基가 有ᄒᆞ고 其地理ᄂᆞᆫ 西南으로 海路를 交通ᄒᆞ야 文物輸入의 便利ᄒᆞᆫ 機關이 有ᄒᆞ니 此兩種 의 原因으로 以ᄒᆞ야 文學의 發達홈이 如彼히 迅速ᄒᆞ얏또다.

第十一章 太祖의 外交

大抵 國家가 成立ᄒᆞ면 此國이 彼國을 對ᄒᆞ야 반다시 競爭도 生ᄒᆞ고 交際도 有ᄒᆞᆫ 故로 競爭의 實力과 交際의 政略이 完備ᄒᆞ여야 其國을 安固케 ᄒᆞ며 活動케 ᄒᆞᄂᆞᆫ 能力이 有ᄒᆞᆫ 것은 智者를 不待ᄒᆞ고 知了ᄒᆞᄂᆞᆫ 바라. 今에 太祖ᄂᆞᆫ 이믜 我와 敵國되ᄂᆞᆫ 者를 對ᄒᆞ야 競爭의 實力으로 此를 攘斥ᄒᆞ고 國家를 建設ᄒᆞ얏은즉 四隣의 列邦을 對ᄒᆞ야 外交政略 이 또ᄒᆞᆫ 必要ᄒᆞᆫ 問題라. 然ᄒᆞ나 外交ᄂᆞᆫ 恒常時勢를 因ᄒᆞ야 利用ᄒᆞᄂᆞ니 太祖의 建國ᄒᆞ신 時期로 論ᄒᆞ면 契丹과 突厥이 壤土가 接近ᄒᆞ야 가장 密接關係가 有ᄒᆞᆯᄲᆞᆫ더러 是時에 唐國이 能히 外征의 擧를 肆行치 못홈 은 契丹과 突厥이 聯合ᄒᆞ야 其勢를 沮遏홈이니 此兩國의 同情을 得ᄒᆞ 면 實로 我의 保障이 될지라. 於是에 行人을 遣ᄒᆞ야 聯和를 結ᄒᆞ야 邊 境을 安靖케 ᄒᆞ고 新羅에 使를 派ᄒᆞ야 疆界劃定의 問題를 解決ᄒᆞ였다. 太祖十五年에 至ᄒᆞ야 唐이 使를

〈二十二〉

遣ᄒ야 宿憾을 釋ᄒ고 和好를 講ᄒ니라.

第十二章 太祖의 裕後

盖渤海 三百年 歷史에 太祖高王으로부터 第二世 武王과 第三世 文王은 發達時代오 成王, 康王, 定王, 僖王, 簡王을 歷ᄒ야 宣王에 至ᄒ야ᄂ 全盛時代라. 是ᄂ 太祖의 遺烈을 繼承ᄒ야 基業을 光大케 ᄒ 歷史인 故로 비록 遺籍이 殘缺ᄒ야 全鼎의 一臠을 拾得키 難ᄒ나 特別히 武王, 文王, 宣王 三朝史에 就ᄒ야 其大槪를 撫述ᄒ야 其國家의 程度ㅣ 如何홈을 證코져ᄒ노라. 武王은 太祖의 元子니 名이 武藝라. 太祖ㅣ 在位ᄒ신지 二十一年에 崩ᄒ시니 諡를 高王이라ᄒ고 王이 立ᄒ니 元을 改ᄒ야 曰仁安이라 ᄒ다. 王은 天才ㅣ 勇武ᄒ고 智略이 雄偉ᄒ야 我大東 四千年 歷史에 一大英傑의 主라. 位에 卽홈으로부터 太祖의 基業을 益拓ᄒ야 東北諸夷를 征服ᄒ니 四隣이 震驚ᄒ더니 四年에 至ᄒ야 黑水國이 唐에 附ᄒ야 渤24*利州刺史가 되니 唐이 黑水部를 置ᄒ야 部長으로써 都督을 拜ᄒ고 姓名을 賜ᄒ야 曰李獻誠이라ᄒ고 將을 命ᄒ야 黑水經略使를 領ᄒ고 幽州都督에 隷屬케 ᄒ거늘 王이 以爲호되 此ᄂ 黑水가 唐의 佷導가 되야 東方의 大局을 危殆케 홈이라ᄒ고 乃羣臣을 召ᄒ야 大策을 決홀ᄉ 王曰 始에 黑水가 唐에 通ᄒ며 突厥에 交涉ᄒ면 반다시 我의게 先告ᄒ더니 今唐의 官吏를 請호되 我의게 告흔바 無ᄒ니 是ᄂ 我를 叛ᄒ고 唐으로 더부러 戰를 謀ᄒ야 腹背로 我를 侵코져홈이니 我가 엇지 先發制人의 計를 取치 아니ᄒ리오. 乃兵을 發ᄒ야

24* 渤(발): 원 사료(『신당서』, 「흑수말갈」 전)에 '발(勃)'로 나온다.

〈二十三〉

黑水를 征ᄒᆞᆯᄉᆡ 王弟門藝ᄂᆞᆫ 唐을 畏ᄒᆞ야 曰黑水를 攻ᄒᆞ면 卽唐을 攻ᄒᆞᆷ이라ᄒᆞ야 屢諫ᄒᆞ되 王이 不聽ᄒᆞ고 黑水를 取ᄒᆞ야 東平府黑水를 置ᄒᆞ되 唐이 敢히 詰치 못ᄒᆞ니라. 自此로 王이 一次支那를 向ᄒᆞ야 武威를 揚코져ᄒᆞᆯᄉᆡ 北方의 陸路를 取ᄒᆞ쟈면 道을 契丹에 假치 아니ᄒᆞ면 不可ᄒᆞᆫ지라. 然ᄒᆞ나 是時에 契丹이 唐에 對ᄒᆞ야 嫌怨이 無ᄒᆞᆫ즉 我의 假道를 容許ᄒᆞᆷ이 無ᄒᆞᆯ지라. 王이 以爲ᄒᆞ되 唐을 伐ᄒᆞ자면 登萊海路를 取ᄒᆞ기 外에ᄂᆞᆫ 他道가 無ᄒᆞ다ᄒᆞ고 乃兵船을 造作ᄒᆞ며 水軍을 組練ᄒᆞ야 越海進取의 策를 準備ᄒᆞ더니 十四年에 至ᄒᆞ야 大將 張文休를 遣ᄒᆞ야 水軍 數萬을 率ᄒᆞ고 海를 越ᄒᆞ야 登州를 伐ᄒᆞ니 刺史 韋俊이 城을 據ᄒᆞ야 拒戰ᄒᆞ다가 大敗ᄒᆞ야 我軍斬殺을 被ᄒᆞ니 城中이 或竄或降ᄒᆞ야 一鼓에 陷落된지라. 人馬와 器仗을 無數히 鹵獲ᄒᆞ고 凱를 旋ᄒᆞ다. 時ᄂᆞᆫ 唐玄宗 開元二十年이라. 國勢의 隆盛ᄒᆞᆷ과 兵力의 强大ᄒᆞᆷ이 大唐 三百年 歷史에 中興時代라. 海外諸國이 能히 抵抗ᄒᆞᆯ 者가 無ᄒᆞ고 且東方半島의 形便으로 言ᄒᆞ면 新羅가 唐에 投ᄒᆞ야 兵役의 援助를 擔負ᄒᆞᆷ이 已久ᄒᆞᆫ지라. 唐이 登州의 怨을 報코져ᄒᆞᆯᄉᆡ 兵을 大發ᄒᆞ야 左領衛將軍[25*] 蓋福順[26*]으로 ᄒᆞ야곰 我를 侵케 ᄒᆞ고 太僕卿 金思蘭을 遣ᄒᆞ야 新羅의 兵을 請ᄒᆞ니 新羅大將 金允中等이 領兵來會ᄒᆞᆫ지라. 兩國의 大兵으로써 渤海를 向ᄒᆞ야 侵犯ᄒᆞ니 彼가 必勝必取의 預算으로 長驅大進의 勢가 有ᄒᆞᆫ즉 渤海의 情形이 實로 孤危ᄒᆞᆫ 境遇에 陷ᄒᆞ얏다 謂ᄒᆞᆯ지나 然ᄒᆞ나 此ᄂᆞᆫ 王의 雄

〈二十四〉

才大略으로 對外競爭에 手腕을 一試ᄒᆞᆯ지며 渤海民族의 强悍武勇을 世

25* 左領衛將軍(좌령위장군): '우령군장군(右領軍將軍)'의 잘못이다.
26* 蓋福順(개복순): '갈복순(葛福順)'의 잘못이다.

界에 發表홀 機會로다. 王이 諸將을 命ᄒ야 各路의 要害를 據ᄒ야 西으로 唐兵을 敵ᄒ고 南으로 羅兵을 拒ᄒ니 彼가 비록 勢大ᄒ나 엇지 渤海軍人의 精銳를 抵當ᄒ리오. 苦戰흔지 數月에 銳氣가 大挫ᄒ야 不得已殘甲을 棄ᄒ고 敗兵을 曳ᄒ야 退歸코져흔 際에 天時가 嚴寒ᄒ야 朔風이 凜烈ᄒ고 大雪이 堆積ᄒ니 人馬의 凍斃흔 者ㅣ 十의 八九라. 於是에 各自遁還ᄒ니 渤海의 軍聲이 中外를 震動ᄒ고 王의 威武가 遠近에 顯揚ᄒ야 唐이 敢히 報復을 思치 못ᄒ고 使를 遣ᄒ야 和誼를 復講ᄒ니라.

武王이 在位十九年에 崩ᄒ시니 太子 欽茂ㅣ 立ᄒ야 元을 改ᄒ야 曰大興이라ᄒ니 是爲 文王이라. 王은 先朝의 武烈을 繼承ᄒ야 文敎를 修明ᄒ실ᄉ 天下의 書籍을 購入ᄒ야 國中의 子弟를 敎育홈으로 渤海學生이 中土에 徃遊ᄒ야 唐의 制科를 應ᄒ야 登第者가 多有ᄒ니라. 十九年에 上京에 徙都ᄒ니 卽龍泉府오 三十年에 更히 東京에 徙都ᄒ니 卽龍原府라. 王은 在位五十八年間에 對外競爭은 無ᄒ고 內治를 修ᄒ야 文化를 闡ᄒ니 是ᄂ 渤海歷史의 文治時代라 謂ᄒᄂ니라.

成王, 康王, 定王, 僖王, 簡王을 歷ᄒ야 宣王 仁秀ㅣ 立ᄒ니 卽太祖의 弟野勃의 四世孫이라. 王은 天資英偉ᄒ고 才兼文武ᄒ야 太祖의 風이 有흔지라. 簡王이 崩흠이 嗣子가 無ᄒ니 諸大臣이 王을 迎ᄒ야 大位를 丞ᄒ고 元을 改ᄒ야 曰建

〈二十五〉

興이라ᄒ다. 盖文王以來로 累世升平의 福을 享ᄒ야 邊境이 無事에 人民이 安樂ᄒ니 文化의 程道ᄂ 可觀홀 바 有ᄒ나 對外競爭이 無흔 故로 武强의 風이 漸次退步에 濱흔지라. 王이 卓絶흔 政見으로 以爲ᄒ되 國民이 安樂을 久享ᄒ면 怠惰의 風이 長ᄒ고 文華를 崇慕ᄒ면 懦弱의 質을 成ᄒ야 國步가 退縮되며 國力이 衰微홈에 至ᄒᄂ니 今에 累世升

平의 民으로써 武功에 從事ᄒ야 其氣를 振作지 아니ᄒ면 決코 長治久 安의 道가 아니라ᄒ고 首先軍制를 改良ᄒ며 訓練을 勉勵ᄒ야 太祖及武 王時代의 元氣를 回復ᄒ고 南의 新羅와 北의 契丹을 伐ᄒ야 疆土를 恢拓ᄒ고 海北諸部를 征服ᄒ니 威武의 聲이 大振ᄒ지라. 於是에 政治 制度를 更張ᄒ야 內로 政府各職과 外로 地方各官의 制를 悉行改定ᄒ 여 面目을 一新케 ᄒ니 其名稱과 物采가 皆帝國의 典憲이오 文明의 制度러라. 嗚呼라. 歷觀古來에 繼體의 君이 皆先世의 豊富ᄒᆫ 業을 藉 ᄒ고 安康ᄒᆫ 福을 享ᄒᆷ에ᄂ 般樂怠敖[27*]와 流連荒淫으로 亂亡의 禍를 釀ᄒᄂᆫ 者ㅣ 아니면 因循姑息ᄒ며 優遊恬嬉ᄒ야 浮文虛式으로 太平을 粉飾ᄒᄂᆫ 結果로 政治를 腐敗케 ᄒ며 民氣를 銷鑠케 ᄒ야 膏肓의 疾을 遂成ᄒ되 救療키 不能ᄒᆯ 境遇에 至ᄒᄂᆫ 者ㅣ 多ᄒ거늘 宣王의 宏謨遠 畧은 目下의 安泰로써 幸福을 삼지 아니ᄒ시고 憂慮을 삼아 戎務를 擴 張ᄒ야 國疆을 斥大ᄒ며 官制를 改革ᄒ야 新政을 懋圖ᄒ시니 此ᄂ 萬 代政治家의 模範이라. 是로 以

<二十六>

ᄒ야 太祖의 建國史를 繼ᄒ야 宣王時代에 至ᄒ면 其 國家의 程度如何 를 可히 認定ᄒᆯ지니 大抵 支那人士의 自尊自大ᄒ야 外國을 藐視ᄒᄂᆫ 眼光으로도 渤海에 至ᄒᄂᆫ 史筆로 書ᄒ야 曰海東盛國이라ᄒ며 公評으 로 稱ᄒ야 曰海東盛國이라 ᄒᆷ이 엇지 偶然ᄒ 者리오. 此ᄂ 太祖의 英文 神武로 創業垂統ᄒ시고 武王, 文王, 宣王의 肯構肯穫[28*]으로 國步를

27* 般樂怠敖(반락태오): 『맹자』, 「공손축상(公孫丑上)」 '인즉영(仁則榮)'장에 나오는 구절로, "나라가 평화로우면 마음껏 즐기고 게으름 피우며 거만을 부려 스스로 화 를 불러들인대今國家閒暇, 及是時般樂怠敖, 是自求禍也]"는 뜻이다.
28* 肯構(긍구) · 肯穫(긍확): 『서경』, 「주서(周書)」 편 '대고(大誥)'에 "그 아들은 집터 도 닦으려 하지 않는데 하물며 집을 지으려 하겠소? 그 아버지가 땅을 일구어 놓았 으나, 그 아들은 씨도 뿌리려 하지 않는데 하물며 거둬들이려 하겠소[厥子 乃弗肯 堂 矧肯構. 厥父菑 厥子乃弗肯播 矧肯穫]"의 구절에서 유래한다. 성왕이 집을

增進케 흔 所以니 於乎休哉며 於乎偉哉로다.

結論

夫祖國歷史는 吾人의 精神上 學問이라. 其國家系統과 民族派別과 版圖區域과 先民遺蹟等에 對ㅎ야 種種觀念이 我로 ㅎ야곰 祖先을 紀念ㅎ며 同族을 親愛ㅎ며 地位와 權利의 保全홀 思想을 啓發ㅎ고 滋養홈이 實로 他種書籍의 比홀바 아닌 中에 偉人의 建國事業은 其勇進, 活動, 冒險, 排難, 眞摯, 堅忍, 寬弘, 濶達, 光明, 純正, 諸種 德性이 皆我의 腦魂을 喚醒ㅎ며 志氣를 奮發케 홈이 精神上 學問에 더욱 緊切흔 效力이 有흔 者ㅣ 아닌가.

渤海太祖는 我祖國 歷史에 建國偉人이라. 國家의 系統으로 言ㅎ면 檀祖以下 高句麗歷史를 繼承흔 者오, 民族派別로 言ㅎ면 馬韓種族이 白山東部에 繁衍흔 者오, 版圖區域과 先民 遺蹟으로 言ㅎ면 我祖先 舊疆을 歷歷可證이오, 我先民諸公의 活躍ㅎ던 遺風을 可히 想像홀지니 此는 吾人의 無窮흔 觀念이 存흔 者이며 太祖의 建國ㅎ신 歷史로 觀ㅎ

〈二十七〉

면 其勇進, 活動, 冒險, 排難 眞摯, 堅忍, 寬弘, 濶達, 光明, 純正, 諸種 德性이 燦然具存ㅎ야 我로 ㅎ야곰 感激涕泣케 ㅎ며 我로 ㅎ야곰 蹈舞 踊躍케 ㅎ야 我의 自强心과 進就心과 希望心을 鼓發ㅎ고 激昂ㅎ는 大效力이 有흔 者인즉 精神上 學問에 何等 必要ㅎ고 緊切흔 者ㅣ인가. 讀者는 此를 深味홀지어다.

渤海太祖建國誌 終

짓는 일과 농사를 짓는 일을 비유로 들어, 후손은 마땅히 선인(先人)의 유업을 계승해야 할 것임을 여러 사람들에게 설득하는 내용이다.

〈一〉

歷史歌

어화우리　靑年덜아　故國山川　이싸이라

北扶餘의　檀君子孫　二千餘年　享國일세

神祖遺澤　無窮ᄒ야　萬世万世　億萬世라

渾江一帶　滔滔ᄒ니　東明聖王　北來ᄒ야

高句麗를　建設ᄒ니　虎視天下　宏壯ᄒ다

丸都古城　차자보니　廣開土王　碑文이라

南征北伐　所向處에　東洋大陸　震動ᄒ네

盖世英雄　蓋蘇文은　山海關의　古墓로다

龍泉府를　도라보니　渤海太祖　事業일세

四十萬衆　一號令에　海東盛國　일어낫네

우리同族　金太祖는　白頭山에　터를싹가

二千五百　精兵으로　橫行天下　足足ᄒ네

우리오날　것너온일　上帝命令　아니신가

아모쪼록　精神차려　祖上歷史　繼述ᄒ세

원문

夢拜金太祖

〈一〉
夢拜金太祖

序

　宇宙가 廣邈ㅎ고 萬象이 森羅ㅎ니 大化가 流行에 以氣相吹라. 其性態이 最靈ㅎ고 動力이 最大흔 者ᄂᆞᆫ 命之曰人이오. 人類社會에 處ㅎ야 地位가 最高ㅎ고 勢力이 最大흔 者ᄂᆞᆫ 兩個大家가 有ㅎ니 曰讀宗敎家와 政治家오. 此兩家地位에 處ㅎ야 遞相宣戰ㅎ며 遞相取勝ㅎ야 世界를 指揮ㅎ고 權利를 主持ㅎᄂᆞᆫ 者ᄂᆞᆫ 又兩個巨物이 有ㅎ니 一曰强權專制者오 一曰自由平等者라. 宗敎家로 論ㅎ면 波羅門敎의 專制權을 對ㅎ야 釋迦牟尼가 平等主義로써 戰ㅎ고 羅馬敎皇의 專制力을 對ㅎ야 馬丁路得이 自由主義로써 戰ㅎ얏스며 政治家로 論ㅎ면 政府의 壓制를 對ㅎ야 盧埈의 民約論이 倡ㅎ고 强國의 壓制를 對ㅎ야 華盛頓의 自由鍾이 鳴ㅎ얏스니 其天地를 闔闢[1*]ㅎ고 萬類를 制伏ㅎᄂᆞᆫ 것이 果然 何等力量인가 然ㅎ나 右兩個巨物의 戰爭史를 觀ㅎ건ᄃᆡ 最初의 先鋒旗幟를 揭ㅎ고 宣戰의 意를 發佈ㅎᄂᆞᆫ 者ᄂᆞᆫ 拔山扛鼎의 腕力이 有흔 者가 아니오. 乃其身體ᄂᆞᆫ 衣를 勝치 못ㅎ며 言辭ᄂᆞᆫ 口에 出치 못ㅎᄂᆞᆫ 人이 雪窓籝燈下에서 三寸禿筆을 弄ㅎᄂᆞᆫ 者의 手로 以흠은 何故인가. 此ᄂᆞᆫ 人의

1* 闔闢(합벽) : 닫고 엶.

思想力이 恒常手腕力의 先驅가 되는 所以로다.

無恥生은 吾黨의 長老라. 生來에 蒲柳弱質로 病與爲友ᄒᆞ고 江湖冷踪으로 窮不離身이라. 況又望六頹齡에 頭가 童ᄒᆞ

〈二〉

고 齒가 豁ᄒᆞ니 宜乎桑蓬의 宿志가 已倦ᄒᆞ고 蒲團의 穩寢을 是要ᄒᆞᆯ지나 乃其腦中에 耿耿[2*]不已者는 恒常社會風潮를 對ᄒᆞ야 反抗ᄒᆞ고 挑戰ᄒᆞᆯ 思想이라. 十餘年來에 日日로 衰腕을 揮ᄒᆞ고 禿筆을 擧ᄒᆞ야 學術界의 頑固守舊者와 戰ᄒᆞ며 政治界의 橫暴不法者와 戰ᄒᆞ야 分毫의 功果을 不就ᄒᆞ고 社會의 容接을 不得이라. 於是에 白首가 飄然ᄒᆞ야 天涯殊域에 漂泊棲屑ᄒᆞ니 宜乎悔恨의 意가 有ᄒᆞᆯ지나 乃其思想이 一層進步ᄒᆞ야 現二十世紀의 大活劇大慘劇ᄒᆞᆫ 帝國主義를 對ᄒᆞ야 人權平等의 理想을 吐ᄒᆞ니 豈不異哉아. 盖現世所謂帝國主義者는 達爾文이 强權論을 唱ᄒᆞᆫ 以後로 全世界가 風靡雷同ᄒᆞ야 優勝劣敗를 天演[3*]이라 謂ᄒᆞ며 弱肉强食을 公例라 謂ᄒᆞ야 人의 國을 滅ᄒᆞ며 種을 滅ᄒᆞᆷ으로써 政治家의 良策으로 許ᄒᆞ는 者라. 其大勢所趨[4*]를 誰能禦之며 其强力所加를 誰能抗之리오. 乃先生이 眇然一身으로 其衝을 當ᄒᆞ야 其戰을 挑코져 ᄒᆞ니 誰가 狂者愚者로써 嘲笑치 아니ᄒᆞ리오. 然ᄒᆞ나 先生의 一段自信處는 有ᄒᆞ니 盖其身이 新舊交換時代에 處ᄒᆞ야 閱歷의 實驗이 有ᄒᆞᆫ 故로 天地運化의 變遷을 推測ᄒᆞᆫ 바 有ᄒᆞ고 其學이 儒佛仙三敎界에 出入ᄒᆞ야 硏究의 所得이 有ᄒᆞᆫ 故로 惟心의 能力을 確信ᄒᆞᆫ 바 有ᄒᆞᆷ이라. 然ᄒᆞ나 其所力持[5*]ᄒᆞ는 平等主義로써 現世界에 霸權을 獨佔ᄒᆞᆫ 强權主義

2* 耿耿(경경): 마음에서 사라지지 않고 걱정됨.
3* 天演(천연): 진화를 의미한다.
4* 大勢所趨(대세소추): 대세의 흐름을 말한다.
5* 力持(역지): 견지함.

者와 挑戰코져홈이 其精神

〈三〉

所注가 何處不到리오. 昔에 王陽明先生이 石槨三年에 良知의 天啓를
得ᄒ얏스니 夢拜金太祖一錄이 ᄯᅩᄒᆞᆫ 엇지 神啓가 아니라 謂ᄒ리오. 覽
者ᄂᆞᆫ 諒會홀바오 惟我靑年諸君은 各其旗를 持ᄒ고 鼓를 鳴ᄒ야 先生
의 指揮를 從ᄒ야 人權平等의 凱歌를 唱ᄒ기로 惓惓希望ᄒ노라.

大皇祖降世四千三百六十八年 十一月 日 尹世復 書

<一>

夢拜金太祖

白庵 朴箕貞 著
檀崖 尹世復 閱

檀君大皇祖降世四千三百六八年 夏五月에 無耻生이 同社의 朋友를 辭ᄒ며 膝下의 子女를 抛ᄒ고 茫茫天地에 一片浮雲이 無係無着으로 鴨綠一帶를 飄然直渡ᄒ니 卽遼瀋大陸의 興京南界라. 婆猪江을 溯ᄒ야 恒道川에 到着ᄒ니 山中開野ᄒ고 野中有川ᄒ야 別一洞天이라. 年來에 我同胞가 此에 移住홈이 漸殖홈으로 同志諸賢이 從以就居ᄒ야 學塾을 開設ᄒ고 子弟를 敎育ᄒ니 文明風潮가 若是波及홈은 實로 慰洽홀바오 我同胞의 前途를 爲ᄒ야 深切히 祝賀홀바 有ᄒ도다.

盖此地ᄂ 我의 祖先故土라. 今其興圖의 全部를 按ᄒ야 古代의 遺蹟을 訪흔즉 白頭山은 檀君大皇祖의 發祥ᄒ신 地오 自玄菟而北ᄒ야 千餘里에 古扶餘國今開原縣은 檀祖后裔의 基址오 自遼東而西ᄒ야 二千里에 永平府ᄂ 箕氏朝鮮의 境界오 西으로 金州海岸을 界ᄒ며 東으로 黑龍江을 沿ᄒ며 北으로 開原縣에 至ᄒ야ᄂ 皆高句麗와 渤海의 疆域이라. 我祖先時代에 如此히 廣大흔 基址를 開拓하시던 情況을 追想ᄒ건딕 嚴寒酷熱과 戰ᄒ며 疾風暴雨와 戰ᄒ며 毒虫猛獸와 戰ᄒ며 四隣의 强敵과 戰ᄒ야 幾千萬身의 汗을 揮ᄒ며 幾千萬腔의 血을 濺ᄒ야 子孫의 産業을 授與ᄒ시지 아니ᄒ얏ᄂ가. 奈何로 子孫된 者ᄂ 祖先의 汗과 祖先의 血을 繼續지 못ᄒ고 千餘年來에

〈二〉

祖先의 基業을 烏有物에 付ᄒ얏ᄂᆞᆫ가. 江左一隅의 小朝廷의 規模로 偏安을 苟圖ᄒ며 姑息을 習熟ᄒ야 千有餘年에 일즉 祖先舊疆을 向ᄒ야 一撮의 土를 拾取코져ᄒᆫ 者ㅣ 未有ᄒ얏스니 此로써 觀ᄒ면 千年以下에 我民族은 皆祖先의 罪人이오 我歷史ᄂᆞᆫ 他國의 奴籍이라. 乃其祖先의 罪人된 것은 反省치 아니ᄒ고 自稱ᄒ야 曰禮義之邦이라ᄒ며 他國의 奴隷된 것은 羞愧치 아니 ᄒ고 自名ᄒ야 曰小中華라ᄒ니 所謂禮義之邦은 祖先의 功德을 紀念치 아니ᄒᆞᆫ 者의 美名이며 所謂小中華ᄂᆞᆫ 他國의 奴隷을 自甘ᄒᆞᆫ 者의 徽號인가. 惟其由來의 原因이 如此ᄒᆞ故로 畢竟今日現狀의 結果가 有ᄒ얏도다.

此ᄂᆞᆫ 歷史의 感念으로 古今을 俯仰ᄒ야 或蒼山落日에 彷徨躑躅ᄒ며 或旅舘寒燈에 悲憤吁歎ᄒ다가 因ᄒ야 歷史의 聯想으로 地理上研究에 及ᄒ니 盖地理ᄂᆞᆫ 人物界에 關係되ᄂᆞᆫ 影響이 有ᄒ 故로 曰深山大澤에 必生龍蛇라. 此滿洲山川은 從古以來에 英雄豪傑이 出産ᄒᆞᆫ 淵藪[1*]라. 大略言之ᄒ면 卒本과 丸都ᄂᆞᆫ 高句麗의 東明聖王과 大武神王과 廣開土王의 發祥地오 白山東部ᄂᆞᆫ 渤海의 高王과 武王과 宣王의 發祥地오 盛京과 會寧과 興京은 遼太祖와 金太祖와 淸太祖의 發祥地이며 石勒과 高歡과 泉蓋蘇文과 梁萬春과 完顔宗幹과 耶律楚材 諸人이 皆此土의 産이라. 天이 英雄豪傑의 種으로 ᄒ야곰 此土에 多植ᄒ야 四方의 各族을 鞭笞ᄒ고 宇內의 特權을 享有케 함은 何故인가. 此ᄂᆞᆫ 吾人이 地理에 對ᄒ야 硏究홀바 有ᄒ도다. 盖白頭山이 大荒을 蟠據ᄒ야 其

〈三〉

高가 數百里오 其橫亘이 數千里라. 其上에 大澤이 有ᄒ야 周가 八十里

1* 淵藪(연수): 못과 숲, 고기와 짐승이 모였다는 말이다. 문맥상 '사람이 모인 곳'이라는 의미다.

라. 西으로 流ㅎ야 鴨綠江이 되고 北으로 流ㅎ야 混同江이 되니 鴨綠은
千里長流로 西海에 入ㅎ고 混同은 六千里長流로 東海에 入ㅎ니라. 山
이 南北二宗을 分ㅎ야 南宗은 朝鮮八道가 되고 北宗은 滿洲三省이 되
니 大幹長支가 橫亘ㅎ고 分劈ㅎ야 滿洲大陸을 造成흠이 北은 千里大
陂의 興開湖가 有ㅎ고 西는 七百里平蕪의 遼東大野가 有ㅎ고 其他三
江五河는 山勢를 環擁ㅎ야 地脉을 淳瀦[2*]ㅎ고 無數흔 長谷과 無數흔
曠野는 風雲을 吐納ㅎ야 靈氣를 含蓄ㅎ얏스니 其雄深博大ㅎ고 蜿蜒磅
礴의 氣가 人物을 産出흠이 特別히 出類拔萃의 人은 勇健雄偉흔 氣槪
와 恢弘闊達흔 器量으로 宇內에 雄飛홀 思想과 四海를 呑吐홀 經綸이
有홀바로다. 此는 靑年諸君이 地理의 硏究로 其志氣를 培養ㅎ고 其心
腦[3*]을 開拓홀바오. 又地理의 聯想으로 以ㅎ야 民族性質을 硏究ㅎ건디
盖通古斯種은 世界歷史에 特別히 優等民族으로 著名흔 者이라. 其原
因이 維何오. 盖其地가 高原에 處ㅎ야 風氣가 寒冷흔 故로 其民이 天
時와 戰ㅎ야 忍耐性이 富ㅎ고 其生活은 溫帶熱帶와 如히 物産이 豊富
치 못흔즉 牧畜과 射獵이 아니면 資生을 不能홀지라. 牧畜을 業ㅎ는
故로 其民이 水草를 逐ㅎ야 遷徙가 不常ㅎ니 活動力이 多ㅎ고 射獵을
業ㅎ는 故로 其民이 馳騁射擊을 習ㅎ야 武事의 天才가 有ㅎ고 衣食의
原料가 豊足치 못흔 故로 其民이 怠惰遊閒의 風이 無ㅎ고 勤勉力作의
性이 足ㅎ니 此其民族이 世界

〈四〉

上優等地位를 占흔바라. 但其缺點이 되는 바는 山勢가 高峻ㅎ야 外來
의 風氣를 遮障흔 故로 排外性은 長ㅎ되 開通力은 短ㅎ며 衣食에 奔走
흔 故로 勤儉性은 有餘ㅎ되 文學의 工은 不足ㅎ니 此는 現時代에 至ㅎ

2* 淳瀦(정축): 물이 흐르지 않고 흥건히 괴인 것을 말한다.
3* 心腦(심뇌): '마음과 정신'의 뜻이나 문맥상 심흉(心胸, 포부)으로 해석된다.

야 文明發達이 他族에 不及호바라. 盖此에 長호 者는 반다시 彼에 短호
느니 所以로 天下에 完全호 福利는 未有호니라. 嗚呼라. 我朝鮮族과
滿洲族은 均是 檀君大皇祖의 子孫으로 古昔時代에는 南北을 割據호
야 互相競爭도 有호고 互相交涟도 有호다가 畢竟은 統一이 되지 못호
고 分離가 되야 豆滿과 鴨綠이 天劃의 界限을 成호야 兩地人民이 敢히
此에 逾越치 못호고 此에 錯居치 못호지 千有餘年이라. 於是에 風俗이
不同호고 言語가 不通호야 漠然相視홈이 便是殊方異族이라. 加호야
鎖國時代에 齷齪호 政策으로 法禁이 嚴密호야 或越境渡江者가 有호면
誅戮을 輒行호는딕 貪汚의 官吏가 人民의 財産을 掠奪호기 爲호야 潛
商이라 犯越이라호는 罪名으로 無辜호 人民의 血을 江岸에 流케 홈이
又三百餘年이라. 是는 無耻生이 渡江호는 日에 曾徃四十餘年前 我同
胞의 寃死者를 爲호야 悲涙를 一灑호 바로다.

天運이 循環호고 世事가 變遷됨이 朝家의 解禁을 不待호고 自然我
同胞의 自由로 渡江移住호는 者가 歲加月增호야 西北間島와 長白部
와 海龍府 等地에 我同胞의 村落이 無處不有호니 將來에 如何호 好結
果가 有홀넌지 預言키 難호거니와 其開通의 影響을 觀察호건딕 實로
偶然홈이 아니로다.

於是에 歷史와 地理와 民族의 觀念으로 輾轉思惟호되 如何호 方

〈五〉

法으로 我祖先時代의 榮譽를 回復홀가. 如何호 方法으로 玆絶勝江山
에 無數호 英雄兒를 喚出홀가. 如何호 方法으로 其民族性質에 對호야
長處를 利用호고 短處를 改良호야 文明程度에 引進홀가. 此로 以호야
起居食息間에 念根이 不斷호야 沈吟度日이 五六個月을 經過호얏스되
終是好個方法을 透得지 못호지라. 管子ㅣ 曰思之思之에 鬼神이 通之
라호니 余의 沈思默念호 結果로 或神明의 指導를 得홈이 有홀가호얏더

니 居然秋序가 已過ᄒ고 冬候가 奄至ᄒ니 陰曆十月三日은 我檀君大
皇祖의 降世紀念日이라. 一般同志와 學生諸君으로 더부러 紀念式을
行ᄒ고 客榻에 輾轉ᄒ야 大倧敎의 神理를 靜念ᄒ다가 是夕에 栩栩然
히 莊生의 蝴蝶[4*]을 化ᄒ야 風을 御ᄒ고 雲을 乘ᄒ야 白頭山最高頂에
陟ᄒ야 大澤畔에 至ᄒ니 天海가 相連ᄒ야 灝氣滉瀁ᄒ고 星月이 交輝
ᄒ야 異彩玲瓏ᄒ 中에 嵬峩焜煌ᄒ 一殿閣이 雲霄에 聳出ᄒ니 額曰開
天弘聖帝殿이라. 此를 仰瞻ᄒ고 默念ᄒ야 曰往昔大金國明昌年中에
白頭山神을 崇封ᄒ야 曰開天弘聖帝라ᄒ고 廟를 建ᄒ얏더니 此殿閣이
是로다. 盖大金國太祖皇帝는 我平州人 金俊氏의 九世孫이오 其發祥
地 今咸鏡北道會寧郡이오 其民族歷史로 言ᄒ면 女眞族은 渤海族의
變稱者오 渤海族은 馬韓族의 移住者ㅣ 多ᄒ지라. 金國歷史로 言ᄒ면
豆滿江邊一小部落으로 崛起ᄒ야 一擧에 遼를 滅ᄒ고 再擧에 北宋을
取ᄒ야 支那天地에 主權을 掌握ᄒ얏스니 均是吾土의 産이오 吾族의
人으로 特別히 天帝의 愛

〈六〉

子가 되야 無等ᄒ 福祿을 膺受ᄒ고 無上ᄒ 光榮을 發表홈은 實로 檀君
大皇祖의 餘蔭과 白頭山의 靈佑로 以홈이라 謂홀지어늘 今日 吾儕[5*]는
區區ᄒ 小朝鮮의 山河도 保全치 못ᄒ고 他族의 凌踏과 驅逐을 被ᄒ야
流離漂泊으로 天地間에 寄托홀 바를 知치 못ᄒ니 上下八百年間에 民
族程度의 墜落홈이 엇지 此極에 至ᄒ뇨. 蒼天蒼天[6*]아. 我獨何事오 ᄒ

4* 蝴蝶(호접):『장자』제물론(齊物論)에 "과거에 장주가 꿈에 나비가 되었을 적에는
   훨훨 나는 나비였는데, 꿈을 깨니 바로 장주였대昔者 莊周夢爲胡蝶栩栩然胡蝶也
   俄然覺 則蘧蘧然周也]"고 한 데서 온 말이다.
5* 吾儕(오제): 오등(吾等). 우리들.
6* 蒼天蒼天(창천창천): '창천'은 "아, 슬프다!"의 뜻이다. 이를 더 강하게 하기 위하여
   반복한 것이다.

고 巖石上에 危坐ᄒᆞ야 喟然長歎ᄒᆞ고 潸然泣下ᄒᆞ야 歸意를 不省ᄒᆞ얏더
니 忽然雲霧中에 珮玉이 鏘鏘ᄒᆞ고 羽服이 翩翩ᄒᆞ야 一位仙官이 來呼
ᄒᆞ야 曰大金太祖皇帝ᄭᅴ셔 召命이 有ᄒᆞ시다ᄒᆞ거늘 無恥生이 크게 驚悚
ᄒᆞ야 所喩를 不知라. 乃仙官을 隨ᄒᆞ야 開天弘聖帝殿 東偏으로 趨進ᄒᆞ
야 又一殿閣을 仰瞻ᄒᆞ니 琪花瑤草ᄂᆞᆫ 玉墀를 點綴ᄒᆞ고 天球赤刀ᄂᆞᆫ 寶
扆를 輝映ᄒᆞᄂᆞᆫ디 桓桓熊虎의 士와 濟濟[7*]惟惺의 臣이 左右에 列侍ᄒᆞ야
威儀가 淸肅이라. 於是에 龍顔이 穆穆[8*]ᄒᆞ야 玉音을 特宣ᄒᆞ니 若曰朕
이 昔者에 上帝의 命을 膺ᄒᆞ야 人間의 不道를 征伐ᄒᆞ고 億兆生靈을
救濟ᄒᆞ얏더니 又此天國에 升ᄒᆞᆷ으로부터 上帝의 命으로 衆生의 善惡을
鑒察ᄒᆞ야 禍福의 柄을 司ᄒᆞᄂᆞᆫ지라. 上天은 至公無私ᄒᆞ사 善을 福ᄒᆞ고
淫을 禍ᄒᆞᆷ이 錙銖[9*]의 差忒이 無ᄒᆞ거늘 俄者에 爾가 天을 呼ᄒᆞ야 悲歎
哀籲의 聲을 發ᄒᆞ니 何等抱寃이 有ᄒᆞᆫ가. 爾ᄂᆞᆫ 悉陳無隱ᄒᆞ라.

　無恥生이 惶恐拜伏ᄒᆞ고 稽首而奏ᄒᆞ야 曰天道의 福善禍淫은 臣의
愚昧로도 確信不疑ᄒᆞᄂᆞᆫ 바로소이다. 雖然이나 天下의 善은 國을 忠ᄒᆞ
고 族을 愛ᄒᆞᄂᆞᆫ 者에셔 孰大ᄒᆞ며 天下의 惡은 國을

〈七〉

賣ᄒᆞ고 族을 禍ᄒᆞᄂᆞᆫ 者에셔 孰大ᄒᆞ리오. 今乃臣의 所覩로 以ᄒᆞ건디
國을 忠ᄒᆞ고 族을 愛ᄒᆞᄂᆞᆫ 者ᄂᆞᆫ 皆血을 刀鎗에 膏ᄒᆞ고 骨을 原野에 暴ᄒᆞ
야 非常ᄒᆞᆫ 慘禍를 被ᄒᆞ고 國을 賣하고 族을 禍ᄒᆞᄂᆞᆫ 者ᄂᆞᆫ 皆黃金을 橫帶
ᄒᆞ고 朱綬가 若若ᄒᆞ야 非常ᄒᆞᆫ 福樂을 享ᄒᆞ니 此ᄂᆞᆫ 天下耳目에 極히
彰著ᄒᆞᆫ 者로디 其禍福의 報施ᄒᆞᆷ이 若是히 大差가 有ᄒᆞ거든 況其善惡

7* 濟濟(제제): 위의(威儀)가 성대한 모양이다.
8* 穆穆(목목): 공경스럽고 아름다운 모양이다.
9* 錙銖(치수): 옛 지나의 저울 눈에서 기장 낱알 100개를 1수(銖), 24수를 1냥(兩),
　　8냥을 1치(錙)라고 일컫는 데서 유래한 용어다. 문맥상 가벼운 무게를 뜻한다.

이 彰著치 못한 者는 其禍福의 報施如何를 孰知하리오. 此는 臣이 天道를 對하야 實로 訝惑의 念과 怨懟의 情이 無키 不能한 바로소이다.

帝ㅣ 此를 聽하시고 大笑하야 曰爾가 平日에 聖哲의 敎訓을 佩服하고 天下의 義理를 講究한 者로써 天理와 人慾을 對하야 大小를 分別치 못하며 肉體와 靈魂을 對하야 輕重을 審擇지 못하는가. 盖天理와 人慾의 大小로 言하면 天理는 人의 性命上에 就하야 高尚하고 淸潔한 者ㅣ요, 人慾은 人의 口腹에 就하야 卑下하고 汚穢한 者ㅣ라. 今에 人을 命하야 曰爾가 高尚한 地位에 處코져 하는가 卑下한 地位에 處코져하는가하면 반다시 高尚한 地位를 取할지며, 爾가 淸潔한 物品을 愛好하는가 汚穢한 物品을 愛好하는가하면 반다시 淸潔한 物品을 要할지라. 人이 能히 國을 忠하고 族을 愛하면 是는 天理의 高尚淸潔한 者를 取하야 神聖한 資格으로 令名이 無窮하야 萬世의 崇拜를 受할지니 是何等 大幸이며 若其國을 賣하고 族을 禍하면 是는 人慾의 卑下汚穢한 者를 取하야 狗彘의 不若으로 醜辱이 無限하야 萬世의 唾罵를 飽할지니 是何等不幸인가. 肉體와 靈魂의 輕重으로 言하

〈八〉

면 人이 父母의 精血을 受하야 肉體가 되고 造化의 虛靈을 受하야 靈魂이 된지라. 肉體의 生活은 暫時오 靈魂의 存在는 永久라. 人이 能히 國을 忠하고 族을 愛하는 者면 其肉體의 苦楚는 暫時오 其靈魂의 快樂은 無窮할지며 若其國을 賣하고 族을 禍하는 者면 其肉體의 快樂은 暫時오 靈魂의 苦楚는 無窮할지니 엇지 天道의 報施로써 差忒이 有하다 謂하리오.

無耻生이 曰然則 天道의 福善禍淫은 다만 理를 據하야 言홈이 아니오 事實로 確証이 有하닛가. 帝曰 物이 有한 後에 則이 有한 것이니 事와 理가 本是一物이라. 其事가 無하면 엇지 其理가 有하리오. 但死生

의 界가 幽深玄渺ᄒ야 人의 精神力으로 察識지 못ᄒᆯ바 有ᄒ고 物의 器
械力으로 測量치 못ᄒᆯ바 有ᄒ니라. 無耻生이 曰然則 上帝ᄭᅵ셔 善者은
靈魂의 快樂을 予ᄒ시고 惡者ᄂᆫ 靈魂의 苦楚를 予ᄒ시ᄂᆫ 事實을 可히
得聞ᄒ올잇가. 帝曰 天道至公ᄒ니 可히 私를 容치 못ᄒᆯ것이오 神道至
明ᄒ니 可히 欺를 行치 못ᄒᆯ지라. 一切人衆의 善惡을 皆冥司[10*]에셔 赤
黑二簿로 記錄ᄒᆫ바 有ᄒ야 赤籍의 善者ᄂᆫ 快樂으로써 予ᄒ고 黑籍의
惡者ᄂᆫ 苦楚로써 予ᄒᄂ니라. 無耻生이 曰其快樂과 苦楚를 予ᄒᄂᆫ 實
況을 ᄯᅩᄒᆫ 可히 得聞ᄒ올잇가. 帝曰赤籍의 善者ᄂᆫ 其等第를 隨ᄒ야 或
其名字를 天錄에 列書ᄒ야 上淸[11*]眞人의 地位를 得ᄒᄂᆫ 者도 有ᄒ고
或人世에 輪生ᄒ야 賢智福祿의 人이 되ᄂᆫ 者도 有ᄒᆫ 것이오 黑籍의
惡者도 其等第를 隨ᄒ야 或阿鼻地獄에 永久沉淪ᄒ야 刲燒舂磨의 刑
을 被ᄒᄂᆫ 者도

<九>

有ᄒ고 或人世에 輪生ᄒ야 虫獸賤惡의 物이 되ᄂᆫ 者도 有ᄒ니라. 無
耻生이 曰天堂地獄의 說은 人皆習聞이나 一切人衆이 皆現在의 榮辱
만 知ᄒ고 將來의 榮辱은 不知ᄒ며 肉體의 苦樂만 知ᄒ고 靈魂의 苦樂
은 不知ᄒᄂᆫ 故로 爲善者ㅣ 少ᄒ고 爲惡者ㅣ 多ᄒ지라. 上帝의 萬能으
로써 善者로 ᄒ야곰 現在의 榮이 有ᄒ고 惡者로 ᄒ야곰 現在의 辱이
有케 ᄒ며 善者로 ᄒ야곰 肉體의 樂이 有ᄒ며 惡者로 ᄒ야곰 肉體의
苦가 有케 ᄒ면 一切人衆이 皆善을 取ᄒ고 惡을 棄ᄒᆯ지니 其功化됨이
더욱 神妙치 아니ᄒ닛가. 帝曰 此ᄂᆫ 爾의 所見이 大誤ᄒᆫ 바 有ᄒ도다.
天道와 神理ᄂᆫ 眞誠而已라. 故로 人의 立心行事가 眞誠에 出ᄒ여야

10* 冥司(명사): 저승에서 죽은 사람의 일을 담당하는 관리 또는 기관을 말한다.
11* 上淸(상청): 도교에서 최고 이상향을 나타내는 삼청(三淸) 곧 옥청(玉淸), 상청(上
淸), 태청(太淸)의 하나다.

天의 佑와 神의 助가 有ᄒᆞᄂᆞ니 眞誠으로 善을 行ᄒᆞᄂᆞᆫ 者ᄂᆞᆫ 榮辱禍福의 關念이 無ᄒᆞᆯ지라. 若其榮辱禍福의 關念으로 善을 行ᄒᆞ면 是ᄂᆞᆫ 僞善이라. 天이 此를 厭ᄒᆞ시고 神이 此를 惡ᄒᆞᄂᆞ니 엇지 榮과 福을 與ᄒᆞᆷ이 有ᄒᆞ리오. 且爾가 所謂榮辱과 所謂禍福에 對ᄒᆞ야 크게 誤解ᄒᆞᆫ 바 有ᄒᆞ도다. 試思ᄒᆞ라. 一身의 榮辱禍福과 國民의 榮辱禍福으로 論ᄒᆞ면 孰大孰小며 孰重孰輕가. 是故로 仁人志士ᄂᆞᆫ 一身의 汚辱을 蒙ᄒᆞ야 國民의 榮華를予ᄒᆞ며 一身의 苦楚를 取ᄒᆞ야 國民의 福樂을 施ᄒᆞᄂᆞ니 其國家를 奉ᄒᆞ야 泰山에 措코져ᄒᆞᄂᆞᆫ 者면 自身을 鴻毛의 輕과 等視ᄒᆞᆯ지며 其民衆을 導ᄒᆞ야 天堂에 躋코져ᄒᆞᄂᆞᆫ 者면 自己ᄂᆞᆫ 地獄의 苦를 代受ᄒᆞᆯ지니라. 朕은 忠國愛族ᄒᆞᄂᆞᆫ 義士의 血과 骨로써 無上ᄒᆞᆫ 寶品으로 認定ᄒᆞ거ᄂᆞᆯ 爾ᄂᆞᆫ 此를 禍物이라 謂ᄒᆞᄂᆞᆫ가. 朕은 賣國禍族ᄒᆞᄂᆞᆫ 奴輩의 金과

〈十〉

爵으로써 極醜ᄒᆞᆫ 糞穢로 認定ᄒᆞ거ᄂᆞᆯ 爾ᄂᆞᆫ 此로써 榮幸이라 謂ᄒᆞᄂᆞᆫ가. 試觀ᄒᆞ라. 地球上에 其國이 文明富强ᄒᆞ고 其民이 愉快安樂ᄒᆞᆫ 者ᄂᆞᆫ 皆仁人志士의 血과 骨로 造成ᄒᆞᆫ 者ㅣ 아닌가. 爾가 此에 對ᄒᆞ야 十分看透치 못ᄒᆞ고 다만 天을 呼ᄒᆞ야 不平을 訴ᄒᆞ니 是ᄂᆞᆫ 兒童의 見이오 ᄯᅩᄒᆞᆫ 人의 思想을 引導ᄒᆞᆷ에 關ᄒᆞ야 크게 害를 貽ᄒᆞᆯ 바 有ᄒᆞ도다. 無耻生이 於是에 惶懍을 不勝ᄒᆞ야 汗出沾背라. 更히 所云을 不知ᄒᆞ더니 帝ㅣ 特別히 溫和ᄒᆞ신 諭旨를 宣ᄒᆞ야 曰爾ᄂᆞᆫ 朝鮮遺民이 아니가. 朝鮮은 朕의 父母之邦이오 其民族은 朕의 同族이라. 朕은 今에 天國에 居ᄒᆞ야 人世의 事ᄂᆞᆫ 直接干涉이 無ᄒᆞ나 陟降在天ᄒᆞᄂᆞᆫ 靈明이 下土를 鑒察ᄒᆞᄂᆞ니 現在 朝鮮民族의 沉淪ᄒᆞᆫ 境遇와 苦痛ᄒᆞᆫ 情況을 見ᄒᆞᆷ이 深切히 惻隱ᄒᆞᆫ 바 有ᄒᆞ나 天은 自奮自强者를 愛ᄒᆞ시고 自暴自棄者를 厭ᄒᆞ시ᄂᆞ니 朕의 所奉은 天意라. 爾朝鮮民族이 終是過去의 罪惡을 反省치 못ᄒᆞ고 自奮自强의 道를 不求ᄒᆞ니 現狀도 極히 慘酷ᄒᆞ거니와 來頭悲運

이 엇지 限量이 有ᄒ리오. 爾가 能히 朝鮮民族을 代ᄒ야 其情을 悉陳ᄒ면 朕이 其過去罪惡을 對ᄒ야 針砭을 與ᄒ고 自奮自强의 方針을 指示코져 ᄒ노니 爾는 少도 嚴畏를 勿懷ᄒ며 張皇을 勿憚ᄒ고 平日思想의 疑點이 有ᄒ 者와 或研究不及處가 有ᄒ거든 一一陳達하라.

無耻生이 感激涕泣ᄒ야 曰上帝는 至大至公ᄒ사 一視同仁ᄒ시니 天의 所覆와 地의 所載로 一切物類의 飛者走者動者植者와 各

〈十一〉

色人種의 黃者白者赤者黑者로 ᄒ야곰 皆并生并育ᄒ야 相殘相害가 無케 ᄒ심이오. 聖人은 此를 則ᄒ야 萬物로 一體를 삼으며 四海로 一家를 삼아 畛域의 區別과 藩籬[12*]의 限隔이 無ᄒ지라. 故로 釋迦牟尼는 初年에 大鳥가 小虫을 啄食ᄒ는 것을 見ᄒ고 크게 悲愍을 發ᄒ야 드듸여 四十九年의 苦行을 修ᄒ며 說法을 演ᄒ야 大慈大悲의 道力으로써 一切衆生의 業識을 打破ᄒ야 競爭을 止息ᄒ고 福樂을 共享코져 ᄒ얏스며 春秋時代에 華元은 弭兵論을 唱ᄒ며 墨子는 非攻篇을 著ᄒ며 孟子는 曰善戰者ㅣ 服上刑이라 ᄒ얏스니 此皆仁人君子의 惻怛[13*]慈愛로써 天下生民의 禍亂을 救코져홈이 아니닛가. 奈何로 世運의 文明이 愈進ᄒ고 人衆의 智識이 增長ᄒᆯ사록 競爭의 機와 殺伐의 聲이 益益劇烈ᄒ야 所謂國家競爭이니 宗教競爭이니 政治競爭이니 民族競爭이니 ᄒ는 許多問題가 層生疊出ᄒ야 世界上 戰爭史가 止息은 勿論이오 愈益高度에 漲進ᄒ야 百年前 大戰紀는 今則兒戲의 歷史가 되고 十年前 大戰場은 今則演戲의 劇場이 되얏스며 許多殺人盈城ᄒ고 殺人盈野의 器具가 精益求精ᄒ고 巧益求巧ᄒ야 所謂 克魯礮[14*]이니 速射砲이니 毛瑟銃이

12* 藩籬(번리): 울타리를 말한다.
13* 惻怛(측달): 불쌍히 여겨 슬퍼함.
14* 克魯礮(극로포): 크루프(Krupp) 대포. 크루프사는 독일의 대표적인 군수기업으로

니 鐵甲艦이니 輕氣毬이니ᄒᆞᄂᆞᆫ 各種器機가 海陸을 震盪ᄒᆞ고 天地를 掀動ᄒᆞ야 人民의 血로 渠를 成ᄒᆞ고 人民의 骨로 山을 積ᄒᆞᄂᆞᄃᆡ 弱肉強食을 公例라 謂ᄒᆞ며 優勝劣敗를 天演으로 認ᄒᆞ야 國을 滅ᄒᆞ며 種을 滅ᄒᆞᄂᆞᆫ 不道不法으로써 政治家의 良策을 삼으되 所謂平和裁判이니 公法談判이니ᄒᆞᄂᆞᆫ 問題ᄂᆞᆫ 不過强權者

〈十二〉

와 優勝者의 利用이오 弱者劣者ᄂᆞᆫ 其苦痛을 訴ᄒᆞ고 抑菀을 伸ᄒᆞᆯ 處가 無ᄒᆞ니 此ᄂᆞᆫ 上帝의 一視同仁과 聖人의 萬物一體를 對ᄒᆞ야 無憾키 不能ᄒᆞᆫ바로소이다.

帝ㅣ 曰爾ᄂᆞᆫ 不聞가. 東洋學家ᄂᆞᆫ 曰天之生物이 必因其材而篤焉ᄒᆞ야 栽者를 培之ᄒᆞ고 傾者를 覆之라 ᄒᆞ얏스며 西洋學家ᄂᆞᆫ 曰物이 競ᄒᆞ면 天이 擇ᄒᆞ야 適者를 生存케 ᄒᆞᆫ다 ᄒᆞ얏스니 盖天의 道ᄂᆞᆫ 一切衆生을 幷生幷育ᄒᆞ야 彼此厚薄의 別이 無ᄒᆞ니 道德家ᄂᆞᆫ 此를 原本ᄒᆞ야 萬物一體의 仁을 發揮ᄒᆞ고 振行ᄒᆞ야 天下의 競爭을 止息케 홈으로써 救世主義를 삼은바라. 然ᄒᆞ나 天이 萬物을 生홈이 皆其倂育ᄒᆞ야 相害가 無케 ᄒᆞᆫ 것이지만은 其物이 自生自育의 力이 有ᄒᆞᄂᆞᆫ 者는 生存을 得ᄒᆞᆯ 것이오 自生自育의 力이 無ᄒᆞᆫ 者ᄂᆞᆫ 生存을 不得ᄒᆞᆯ지라. 父母된 者ᄂᆞᆫ 其子를 愛홈이 賢不肖의 分別이 無ᄒᆞᆫ 故로 生活의 資本을 均히 付予ᄒᆞ얏스나 賢者ᄂᆞᆫ 此를 保守ᄒᆞ고 增殖ᄒᆞ야 生活을 自足케 ᄒᆞ되 不肖者ᄂᆞᆫ 此에 反ᄒᆞ야 其家産은 覆敗ᄒᆞ고 生活을 不能ᄒᆞᆫ 境遇에 父母인들 奈何ᄒᆞ리오. 故로 曰栽者를 培之ᄒᆞ고 傾者를 覆之라홈이오 ᄯᅩ 萬物의 生이

1811년 프리드리히 크루프(Friedrich Krupp)가 설립했다. 아들 알프레드 크루프 (Alfred Krupp)는 강철을 사용한 일명 '크루프 대포'를 개발, 독일 정부로부터 인정을 받고 독일의 근대화를 이끌었다. 백암이 기고한 논설 「孰能救吾國者며 孰能活吾衆者오 實業學家가 是로다」(『서북학회월보』 제7호)에 '克魯朴의 大砲'라는 구절이 나온다. 크루프의 중국말 표기는 克魯伯 내지 克虜伯이다.

반다시 適宜ᄒ 處所가 有ᄒ고 適宜ᄒ 時代가 有ᄒᄒ야 熱帶에 生ᄒ 者가 寒帶에 適지 못홈이 有ᄒ고 春夏에 生ᄒ 者가 秋冬에 適지 못홈이 有홀 지라. 世界人衆의 生活程度가 亦然ᄒ야 上古時代의 程度로 中古時代 에 適지 못ᄒ고 中古時代의 程度로 現今時代에 適지 못ᄒ 故로 曰適者 를 生存케 ᄒ다 ᄒ니라. 萬一 此時代에 在ᄒ야 舊時代의 程度를 變치 못ᄒ

<十三>

고 適宜ᄒ 方法을 求치 아니ᄒ 者는 天地進化의 例를 拒逆ᄒ야 淘汰의 禍를 自求ᄒᄂ 者이니 天이 此에 奈何ᄒ리오. 大抵耳目의 聽視와 手足 의 運動과 心思의 感覺이 有ᄒ 者면 時代의 光景을 察ᄒ야 進化의 例을 隨홈은 自然ᄒ 勢라. 現時代의 光景은 生活程度로 言ᄒ면 農業이 進ᄒ 야 工商時代가 되고 木屋이 進ᄒ야 甓屋石屋의 時代가 되고 交通程度 로 言ᄒ면 驛遞가 進ᄒ야 電信電話의 時代가 되고 車制가 進ᄒ야 銕軌 時代가 되고 競爭程度로 言ᄒ면 弓矢가 進ᄒ야 銃礮時代가 되고 船制 가 進ᄒ야 銕艦時化가 되고 政治程度로 言ᄒ면 專制時代가 아니오 平 等時代이며 思想程度로 言ᄒ면 崇古時代가 아니오 求新時代라. 萬般 光景이 此에 適지 못ᄒ고난 決코 生存을 不得홀지라. 天이 人을 生홈이 性分의 靈能[15*]과 職分의 權利를 賦予ᄒ심은 東西洋과 黃白種이 一般 이니 他人의 能爲ᄒᄂ 事를 我ᄂ 不能홀 理가 無ᄒ지라. 天이 我의게 福을 賜ᄒ신 바 有홀지라도 我가 事業을 做치 못ᄒ면 是ᄂ 天賜의 福을 拒絶ᄒ 者ㅣ라. 三百年前에 李舜臣이 銕甲軍艦을 製造ᄒ얏스니 此時 西洋人이 硏究치 못ᄒ바오 三百年前에 許灌이 石炭採用의 利益을 說 明ᄒ얏스니 此時西洋人이 發明치 못ᄒ바라. 此ᄂ 皇天이 朝鮮民族을

15* 靈能(영능): 영험한 능력.

爲ᄒ야 世界에 雄飛ᄒ를 材料로써 此等人의 手를 假ᄒ야 特別히 指示ᄒ
신 바 有ᄒᆷ이니 萬一朝鮮民族이 李舜臣의 鐵艦製造를 繼續ᄒ야 海軍
力을 擴張ᄒ며 許灌의 石炭說明을 硏究ᄒ야 器械力을 發達ᄒ얏스면
朝鮮國旗가 歐美諸洲에 飛騰ᄒ야도 可ᄒ를지어늘 何故로 此等事

〈十四〉

業은 看作土苴[16*]ᄒ고 優遊歲月에 沉醉不醒ᄒ며 昏蒙天地에 流連忘返
ᄒ다가 今日此境을 當ᄒ얏는가. 是는 天賜의 福을 拒絶ᄒ고 淘汰의 禍
를 自求ᄒᆷ이니 決코 天을 怨키 不能이오. 人世의 所謂平和裁判과 公法
談判으로 言ᄒ를지라도 資格이 相等ᄒ 者라야 是非曲直을 裁判ᄒ고 談判
도 ᄒ는 것이라. 爾는 不聞가. 某處에 一牛가 有ᄒ야 人을 爲ᄒ야 耕作
의 勞를 服ᄒ며 運輸의 役을 供ᄒ다가 人의게 宰殺을 被ᄒᆫ지라. 牛가
其寃을 不勝ᄒ야 冥官의게 呼訴ᄒ니 冥官이 曰畜物이 人類와 裁判ᄒ
는 權이 無ᄒ다ᄒ야 退却ᄒ니라. 嚮者[17*]의 朝鮮政府가 某國과 互惠條
約을 結ᄒ야 兩國이 互相援助ᄒ쟈는 明文이 有ᄒ얏스나 朝鮮合倂을
首認ᄒ 者는 某國이로되 朝鮮政府가 裁判을 請ᄒ를 處가 無ᄒ고 朝鮮人
民이 某國軍行을 爲ᄒ야 鐵路의 役을 代ᄒ며 軍資의 運을 服ᄒ얏스나
朝鮮을 呑噬ᄒᆫ 者는 某國이로되 朝鮮人民이 ᄯ또 裁判을 請ᄒ를 處가
無ᄒ얏스니 故로 我의 資格이 他人과 相等치 못ᄒ고난 如何ᄒᆫ 苦痛과
如何ᄒᆫ 抑菀[18*]이 有ᄒ를지라도 伸訴ᄒ를 處가 無ᄒ니라. 大抵 天이 賦予ᄒ
신 靈能을 修ᄒ야 事業을 做ᄒᆷ이 有ᄒᆫ 者는 權利를 得ᄒ고 其靈能을
不修ᄒ야 事業을 做ᄒᆷ이 無ᄒᆫ 者는 權利를 失ᄒ는디 其稟受ᄒ 靈能은
固有ᄒᆫ 故로 雖今日에 弱者劣者가 되야 權利가 無ᄒᆫ 者라도 能히 自奮

16* 看作土苴(간작토저): 간작은 '~로 간주하다', 토저는 '두엄(퇴비)'을 말한다.
17* 嚮者(향자): 향자(向者). 지난 번.
18* 抑菀(억울): 억울(抑鬱).

自强ᄒ야 事業의 進取가 有ᄒ면 旣失ᄒᆫ 權利를 克復ᄒ야 優者勝者의 地位를 得ᄒᄂ 日이 有ᄒᆯ지니 엇지 上帝의 一視同仁과 聖人의 萬物一體를 對ᄒ야 憾홈이 有ᄒ리오.

〈十五〉

此ᄂ 朕의 歷史로써 足히 証據ᄒᆯ 바 有ᄒ니 朕의 國은 東荒一隅女眞部落이라. 彼遼國의 羈絆을 受ᄒ고 侵索을 被홈이 甚ᄒ얏더니 朕의 兵이 精ᄒ야 力이 齊ᄒ고 將이 勇ᄒ야 志가 一홈으로 二千五百의 兵卒을 擧ᄒ야 遼의 七十萬衆을 破ᄒ고 進ᄒ야 宋을 破ᄒ야 支那版圖를 擁有ᄒ얏스니 此를 天授라ᄒ지만은 엇지 人爲의 力이 아니리오. 故로 曰天은 自助者를 助ᄒ다ᄒ니라.

無耻生이 曰朝鮮은 四千年 禮義之邦이라. 衣冠文物이 皆華制를 從ᄒ며 詩書禮樂이 皆華風을 尙ᄒ야 新羅와 高麗時代에 吾國人士가 中土에 入ᄒ야 進士及第의 榮華를 占ᄒ 者도 多ᄒ고 中土名士로 더부러 學理를 講磨ᄒ며 文藝를 比較ᄒ야 文人學土의 聲譽를 得ᄒ 者도 多ᄒ 故로 曰君子國이라하며 曰小中華라 ᄒ얏고 本朝에 至ᄒ야 더욱 儒敎를 闡明ᄒ며 文化를 發展ᄒ야 風俗이 溫雅ᄒ고 名儒가 輩出ᄒ니 君德을 啓導ᄒᄂ 者ᄂ 堯舜을 必稱ᄒ고 世敎를 主張ᄒᄂ 者ᄂ 漢唐을 不足法이오 學說을 發揮ᄒᄂ 者ᄂ 濂洛關閩의 衣鉢[19]을 相傳ᄒ며 文章을 闡揚ᄒᄂ 者ᄂ 韓柳歐蘇의 門庭을 必由ᄒ얏스니 此ᄂ 世界의 特色이라. 皇天이 斯文[20]을 未喪ᄒ실진ᄃ 朝鮮의 文物이 終焉墜地ᄒᆯ 理가 無ᄒᆯ 것이오. 況世界萬國이 皆異敎新說을 唱ᄒ고 奇技淫巧를 尙ᄒ야 先王의 法服과 先王의 法言이 掃地無餘ᄒ 此時代에 我朝鮮이 獨히 重陰一陽으로 其舊를 不失ᄒ니 所謂周禮가 盡在魯라 今日에 至ᄒ야 비록 時

19* 衣鉢(의발): 스승이 제자에게 전해준 도나 학문이다.
20* 斯文(사문): 유학자나 유교의 도의를 달리 일컫는 말이다.

勢의 風潮를 被ᄒ야 形式上 變遷이 多有ᄒ얏스나 山林巖穴에 大學章句를 講誦[21*]不輟ᄒ며

〈十六〉

崇禎紀元을 特書不廢ᄒᄂ 者ㅣ 多ᄒ니 如此ᄒ 忠義民族이 엇지 終乃泯滅ᄒᄂ 境遇에 至ᄒ리오. 畢竟은 此小中華의 精神으로 夷狄을 攘斥ᄒ고 先王制度를 回復ᄒ 日이 有ᄒᄌ노 思惟ᄒᅌᄂ이다.

帝ㅣ 曰朕은 武人이라. 文字의 初學이 本無ᄒ 中에 西征北伐로 兵馬가 倥傯[22*]ᄒ야 文學의 研究를 暇及지 못ᄒ얏고 且朕의 舊國은 女眞이라. 人民이 다만 弓馬로 爲業ᄒ고 射獵으로 爲俗ᄒ야 漢土의 文化가 邈然不及ᄒ 地라. 是로 以ᄒ야 經傳과 史記의 涉獵이 闕如[23*]ᄒ얏스니 此ᄂ 朕의 缺憾이 되ᄂ 바라. 今에 文士를 相對ᄒ니 於心에 甚慰라. 爾ᄂ 朕을 爲ᄒ야 平日所讀의 大綱을 擧ᄒ야 一誦ᄒ라ᄒ시니 無恥生이 固辭키 不敢ᄒ야 兒時初學의 史略과 通鑑의 首篇을 摘ᄒ야 誦ᄒ니 帝ㅣ 曰此是朝鮮古代史乎아. 對曰否라. 支那古代史로소이다. 帝ㅣ 曰擧國人의 初學敎科가 皆此書乎아. 曰然ᄒ니다. 帝ㅣ 曰然則 朝鮮人民의 精神이 自國歷史가 無ᄒ고 他國歷史만 有ᄒ니 是ᄂ 自國을 愛치 안코 他國을 愛ᄒ이라. 此로써 觀ᄒ면 千餘年來에 朝鮮은 但形式上朝鮮뿐이오 精神上朝鮮은 其亡이 已久ᄒ얏도다. 初學의 敎科가 如此ᄒ즉 幼稚ᄒ 腦髓中에 奴隷精神이 根柢가 되야 平生學問이 皆奴隷學問이오 平生思想이 皆奴隷思想이라. 如此히 卑劣ᄒ 社會에 處ᄒ야 所謂英雄者ㅣ 何며 所謂儒賢者ㅣ 何며 所謂忠臣者ㅣ 何며 所謂功臣者ㅣ 何며 所謂名流者ㅣ 何오 究竟是奴隷地位라. 此劣根性을 拔去치 아니ᄒ고

21* 講誦(강송): 소리 내어 글을 읽고 외는 것을 말한다.
22* 兵馬가 倥傯: '병마공총'은 전쟁 때문에 몹시 바쁨을 뜻한다.
23* 闕如(궐여): 결여(缺如).

난 朝鮮民族의

〈十七〉

自强自立的 精神이 胚胎홀 原因이 無홀지라. 迅速히 此種方法을 改良ㅎ야 朝鮮歷史로 ㅎ야곰 人民腦髓中에 在ㅎ면 其民이 何地에 漂泊홀지라도 朝鮮이 不亡이라 謂홀 것이오. 將來希望의 結果도 此를 由ㅎ야 生ㅎ려니와 萬一不然ㅎ면 現狀은 姑舍ㅎ고 將來希望도 必無홀지니 爾는 十分注意ㅎ야 實行勿怠ㅎ라 ㅎ시고 因ㅎ야 他書를 誦ㅎ라ㅎ시니 無恥生이 更히 小學을 誦ㅎ야 曰鷄初鳴成盥漱云云 大學을 誦ㅎ야 曰物格而后知至云云ㅎ니 帝ㅣ 曰爾가 小學을 讀홀진딕 鷄가 鳴ㅎ면 卽起ㅎ야 盥漱ㅎ는 實事가 有ㅎ며 大學을 讀홀진딕 能히 天下의 物理를 窮格ㅎ야 吾心의 知識을 推極ㅎ는 實事가 有흔가. 爾가 果然 格物致知의 實功이 有홀진딕 天文 地理 各種 動植物의 理를 說明ㅎ깃는가. 對曰 不能이로소이다. 帝ㅣ 曰擧國儒生이 皆如此乎아. 對曰然ㅎ니다. 帝ㅣ 曰然則 所謂儒生이 皆高談無案者오 欺世盜名者로다. 其曰忠曰孝가 都是[24*]虛言이오 曰仁曰義가 不過例套이니 虛言과 例套로써 엇지 人民을 救濟ㅎ고 國家를 扶植[25*]ㅎ는 實效가 有ㅎ리오. 惟其實際를 遺棄ㅎ고 虛僞를 崇尙흠이 如此흔 故로 其表面은 雅美ㅎ나 其內容은 鄙陋ㅎ고 其口頭는 淸爽ㅎ나 其心竅는 穢濁ㅎ야 先正后裔와 喬木世家[26*]로 許身國家라ㅎ며 與國同休戚이라ㅎ며 日로 性理書를 對ㅎ야 學問宰相이라 稱ㅎ던 者ㅣ 皆賣國의 元動이 되며 社會界와 演壇上에 愛國主義를 高唱ㅎ며

24* 都是(도시): 도무지. 전혀.
25* 扶植(부식): 지반을 닦고 세력을 뿌리박음.
26* 喬木世家(교목세가): 대대로 문벌이 높아 나라와 운명을 함께 하는 집안이다.

〈十八〉

公益義務를 說明ᄒ던 者가 皆合倂贊成의 先驅가 되얏도다. 此는 朕이 昔年에 宋人의 情況을 經歷ᄒᆫ 바 有ᄒᆫ 것이니 엇지 朝鮮이 쏘ᄒᆫ 宋人의 遺毒을 傳染ᄒ야 此에 至ᄒᆯ 줄을 料度ᄒ얏스리오. 大抵 趙宋은 彼支那人의 稱道ᄒᄂᆫ 바 禮義文物은 三代以下의 第一이오 性理哲學은 孔孟의 的統을 承接ᄒᆫ 者ㅣ 아닌가. 是時를 當ᄒ야 支那天地에 道德原理를 講論ᄒᄂᆫ 者가 幾千百人이며 忠孝節義를 崇慕ᄒᄂᆫ 者가 幾千百人이며 尊華攘夷의 主義를 提唱ᄒᄂᆫ 者가 幾千百人이며 憂國忘身의 義氣로 自許ᄒᄂᆫ 者가 幾千百人이리오. 此로써 觀ᄒ면 其民이 個個히 忠臣義士오 其國이 世世로 泰山磐石이지만은 及其 大金國銕騎가 中原에 馳突ᄒ야 汴城이 陷落ᄒᄂᆫ 日에 徽欽 二帝가 我의 浮虜가 되고 神州萬里가 我의 版圖에 入ᄒ되 其時에 爲主死節者ᄂᆫ 李若水 一人뿐이라. 彼秦檜 王倫輩ᄂᆫ 姑舍勿論ᄒ고 我의 金을 貪ᄒ고 我의 爵을 受ᄒ야 稽顙稱臣者가 幾千百人인가. 彼의 昨日所謂忠臣은 今日叛巨이 되고 昨日所謂義士ᄂᆫ 今日賊子가 되야 閃忽難測ᄒ고 反覆不常홈은 何故인가. 惟其國家ᄂᆫ 浮文虛式으로 太平을 粉飾ᄒ고 士流ᄂᆫ 高言大談으로 名譽를 盜窃ᄒ야 眞實의 元氣가 消盡ᄒ고 虛僞의 惡風이 滋長ᄒ 所以가 아닌가.

最尤可笑者ᄂᆫ 彼支那人士가 中華의 神聖ᄒ 地位로 自尊自大ᄒ고 外國을 對ᄒ야 曰夷狄이라 蠻貊이라ᄒ야 賤視가 滋甚ᄒ고 慢侮가 不已ᄒ지만은 及其力이 屈ᄒ고 勢가 窮ᄒ 境遇에

〈十九〉

ᄂᆫ 詔諛의 態와 卑屈의 色이 令人可笑러라. 朕이 初次에 兵을 擧ᄒ야 遼를 滅ᄒᆯ이 彼宋人이 卽時使를 遣ᄒ야 德을 頌ᄒ야 曰日出之分에 實生聖人이라ᄒ얏더라. 彼가 平日에 吾國을 夷狄이라 罵ᄒ며 吾人을 犬

羊이라 罵ㅎ다가 朕의 國勢가 勃興ㅎ고 兵威가 强大홈을 見ㅎ야ᄂᆞᆫ 聖
人의 徽號로써 朕의게 上ㅎ니 其飾情行詐로 納媚獻詔이 如此ㅎ더라.
且彼南宋은 朕이 人의 宗社를 珍絶키 不忍ㅎ야 江左一隅로써 與ㅎ고
其君을 冊封ㅎ야 宋帝를 삼으니 彼가 臣을 稱ㅎ고 侄을 稱ㅎ야 其輸
情[27*]納款[28*]이 殆히 一家로 自托ㅎ나 彼國文字에ᄂᆞᆫ 曰金虜金虜라ㅎ야
詬辱이 如故ㅎ니 然則 夷狄의 臣이 된 者ᄂᆞᆫ 夷狄이 아니며 夷狄의 侄이
된 者ᄂᆞᆫ 夷狄이 아닌가. 此도 ᄯᅩᄒᆞᆫ 文字의 僞習으로 實事를 反省치 아니
ㅎᄂᆞᆫ 緣故라.

　彼宋人은 비록 崇華遺實의 弊로 國家와 生民을 救濟ᄒᆞᆫ 宲效ᄂᆞᆫ 無ㅎ
얏스나 其學問文章이 自家의 旗幟를 建立ᄒᆞᆫ 特色은 有ㅎ거니와 朝鮮
人士ᄂᆞᆫ 此를 盲從ㅎ야 自家의 特色을 發表ᄒᆞᆯ 價值도 無ㅎ고 한갓 崇華
遺實의 弊로 虛僞를 增長ㅎ야 國家와 人民으로 ᄒᆞ야곰 如此ᄒᆞᆫ 悲境에
陷溺케 ㅎ고 尙此其失을 改悟치 못ㅎ야 華人의 浮文을 崇拜ㅎ고 陋儒
의 謬習을 固守코져 ㅎᄂᆞᆫ가. 且朝鮮儒家의 所唱ㅎᄂᆞᆫ 尊華攘夷가 又何
說인가. 世界萬國의 普通人情이 皆其自國을 尊홈으로써 義理를 삼ᄂᆞᆫ
故로 華人은 尊華攘夷를 主張ㅎ거니와 今에 朝鮮人士ᄂᆞᆫ 他國을 尊홈
으로써 一大義理를 삼으니 是로 自國精

〈二十〉

神을 消滅케 ㅎᄂᆞᆫ 一大魔力이 아닌가. 壬辰援助의 恩으로 言ᄒᆞᆯ지라도
朝鮮人은 맛당히 其時에 八路를 蹂躪ㅎ고 二陵을 發掘ᄒᆞᆫ 倭仇를 先報
ㅎ고 明의 恩을 酬ㅎᄂᆞᆫ 義擧가 有ᄒᆞᆯ 것이 正當ㅎ거ᄂᆞᆯ 乃明을 爲ㅎ야
仇를 報코져ᄒᆞᆫ다ㅎ면서 自家의 關ᄒᆞᆫ 不共戴天의 讐ᄂᆞᆫ 全然忘却ㅎ얏스
니 於義何居며 過去五十年前부터 日人이 朝鮮을 圖ㅎ얏거ᄂᆞᆯ 此를 不

27* 輸情(수정): 사실을 남김 없이 고백함.
28* 納款(납관): 온 정성을 다 바쳐 성심으로 복종함.

察ᄒ고 惟尊華를 是論ᄒ얏스니 其愚何甚가. 又儒家에셔 孔子春秋의 義를 據ᄒ야 尊華攘夷를 信ᄒ니 孔子春秋의 義로 言ᄒ면 夷狄이 中國에 進ᄒ면 中國으로 待遇ᄒ고 中國이 夷狄이 되면 夷狄으로 待遇홈이니 何嘗地의 內外로써 尊攘의 義가 有ᄒ가. 萬一地의 內外로써 區別이 有ᄒ면 엇지 聖人의 大公無偏的主義리오. 孔子의 居夷浮海코져 ᄒ신 意로 觀ᄒ지라도 其廣大周編ᄒ야 心無內外홈을 可見홀지라. 設或孔子春秋에 尊華攘夷의 意가 有ᄒ지라도 孔子ᄂᆞᆫ 華人이라 此義를 持홈이 猶或可ᄒ거니와 東方海外의 人으로 此義를 持홈은 何事인가. 宋代儒者가 自國의 情況을 慨憤ᄒ야 春秋를 籍托ᄒ야 尊攘의 說을 敷衍增益ᄒ야 其國人을 警醒코져홈은 可ᄒ거니와 朝鮮人이 ᄯᅩᄒᆫ 宋人의 口氣를 盲從홈은 何事인가. 且儒林中 最陋者ᄂᆞᆫ 曰吾儒者ᄂᆞᆫ 孔子를 爲ᄒ야 死홀지언정 國을 爲ᄒ야 死홀 義理가 無ᄒ다ᄒ니 是又何說고 徃者四十年前에 天主敎徒가 政府의 虐殺을 被홈으로 乃法國政府를 向ᄒ야 兵을 乞ᄒ얏더니 其時昔法戰爭으로 以ᄒ야 法國이 遠征을 不能ᄒ 故로 幸히 無事

〈二十一〉

를 得ᄒ지라. 萬一 尊華攘夷의 義를 固執홀진딘 漢의 荀彧 楊僕과 唐의 蘇定方 李世勣이 更來ᄒ면 率先倡導가 되야 其軍을 歡迎ᄒ고 歌誦치 아니ᄒ깃ᄂᆞᆫ가. 朝鮮은 士論의 國이라. 士林의 領袖로 國民의 泰斗된 者가 尊華義理를 唱ᄒᄂᆞᆫ 心力으로 愛國義理를 唱ᄒ얏스면 엇지 今日現狀이 有ᄒ리오. 此도 華人의 文字에 心醉ᄒ야 實際를 不究홈이라. 盖道德의 範圍로 言ᄒ면 天賦의 性은 世界一般이오 其政治敎化의 意도 大略相同ᄒ나 地理와 風俗의 關係로 此에 適ᄒ 者가 彼에 不適홈이 有ᄒ며 彼에 適ᄒ 者가 此에 不適홈이 有ᄒ 故로 政治界와 敎化界에셔 他國文物을 輸入ᄒ야 我의 政敎를 補益ᄒ되 我에 不適ᄒ 者ᄂᆞᆫ 取치 못홀

것이오 또 其善ᄒᆞᆫ 바와 長ᄒᆞᆫ 바를 取ᄒᆞ고 其惡ᄒᆞᆫ 바와 短ᄒᆞᆫ 바 棄ᄒᆞᆯ지어
늘 今에 朝鮮人은 他國의 文化가 自國에 適하며 不適ᄒᆞᆫ 것도 察ᄒᆞᄂᆞᆫ
바 無ᄒᆞ며 其善惡과 長短을 審ᄒᆞᄂᆞᆫ 바 無ᄒᆞ고 漢土의 所産이라ᄒᆞ면 一
一欽羡ᄒᆞ고 一一悅從ᄒᆞ야 他의 糟粕을 醇酒로 認ᄒᆞ고 他의 燕石을 至
寶로 認ᄒᆞ니 此皆奴隷根性이니라.

至若詩賦取人으로 言ᄒᆞ면 隋楊廣의 倡設ᄒᆞᆫ바라. 彼支那帝王이 天
下의 人才를 消滅ᄒᆞᆯ 野心으로 行ᄒᆞᆫ 바어늘 朝鮮이 또ᄒᆞᆫ 此를 倣行ᄒᆞ야
人才를 消滅케 흠이 八百餘年에 至흠은 何故인가. 無耻生이 曰詩의
爲物이 人의 心志를 感發ᄒᆞ며 風俗을 薰陶흠이 가쟝 效力이 靈捷ᄒᆞ고
多大ᄒᆞᆫ 者라. 三百篇은 尙矣어니와 唐宋時代에 詩家가 最盛ᄒᆞ니 臣이
幼時로부터 甚히 嗜好ᄒᆞᆫ

〈二十二〉

바 有ᄒᆞ니다. 帝ㅣ 曰然則 唐宋名家의 佳作을 選ᄒᆞ야 試誦一遍ᄒᆞ라ᄒᆞ
시거늘 乃李白의 襄陽歌와 蘇軾의 獨樂園詩를 誦ᄒᆞ야 曰百年三萬六千
日에 一日須傾三百盃라ᄒᆞ며, 樽酒樂餘春이오 棋局消長夏라ᄒᆞ니 帝ㅣ
此를 聽ᄒᆞ시고 爲之愀然曰此도 朝鮮兒童의 學習ᄒᆞᄂᆞᆫ 詩歌인가. 對曰
然ᄒᆞ니다. 帝ㅣ 曰噫라. 此ᄂᆞᆫ 人民의 生命을 吊送ᄒᆞᄂᆞᆫ 薤露歌로다. 何
者오 人의 身體ᄂᆞᆫ 勤勞로써 健强ᄒᆞ고 人의 心志ᄂᆞᆫ 勤勞로써 鍛鍊ᄒᆞ고
人의 知識은 勤勞로써 增長ᄒᆞ고 人의 生産은 勤勞로써 豊足ᄒᆞ고 人의
事業은 勤勞로써 發展ᄒᆞ고 人의 福祿은 勤勞로써 自至ᄒᆞᄂᆞᆫ 故로 勤勞
의 人은 天이 愛ᄒᆞ시고 神이 助ᄒᆞ니라. 人은 勤勞가 아니면 身體가 疲軟
ᄒᆞ야 疾病이 必生ᄒᆞ고 勤勞가 아니면 心志가 懶散ᄒᆞ야 神氣가 不旺ᄒᆞ
고 勤勞가 아니면 知識이 閉塞ᄒᆞ야 慧寶가 不靈ᄒᆞ고 勤勞가 아니면 生
産이 貧絀ᄒᆞ야 飢寒이 必至ᄒᆞ고 勤勞가 아니면 事業이 退縮ᄒᆞ야 德義
가 日消ᄒᆞ고 勤勞가 아니면 福祿이 日遠ᄒᆞ야 灾禍가 卽至ᄒᆞᄂᆞ니 是故

로 民族의 勝敗存亡은 다만 勤勞와 怠逸로써 判斷이 되는 것이라. 人은 萬物의 最靈者로 斯世에 生ᄒᆞ야 如何ᄒᆞ 職務가 有ᄒᆞ며 如何ᄒᆞ 責任이 有ᄒᆞᆫ가. 昔賢이 云ᄒᆞ되 宇宙間事가 卽職分內事오 職分內事가 卽宇宙間事라ᄒᆞ지 아니ᄒᆞ얏ᄂᆞᆫ가. 大禹의 寸陰을 是惜홈과 文王의 暇食을 不遑홈과 周公의 坐而待朝가 皆其職務를 不廢ᄒᆞ고 責任을 不棄코져 홈이라. 個人의 生活이며 社會의 職務이며 國家의 事業이며 一日의 責과 十年의 計와 百年의 現在와 萬世의 將來를

〈二十三〉

對ᄒᆞ야 皆其擔任ᄒᆞᆫ 바와 目的ᄒᆞᆫ 바로써 進行ᄒᆞ고 成就코져ᄒᆞ면 畫의 行홀 바를 夜에 思ᄒᆞ며 夜에 思홀 바를 畫에 行ᄒᆞ야 一時一刻의 放逸을 不敢ᄒᆞ되 歲月이 如流라. 我를 爲ᄒᆞ야 延期치 아니ᄒᆞᄂᆞᆫ 歎息이 有홀지어늘 奈何로 飮酒度日ᄒᆞ고 圍棋消夏ᄒᆞᄂᆞᆫ 浮誕者의 行爲로써 人民을 敎導ᄒᆞ리오. 今乃幼穉ᄒᆞᆫ 兒童의게 飮酒로 百年을 度ᄒᆞ고 圍棋로 長夏를 消ᄒᆞᄂᆞᆫ 詩歌로써 傳授ᄒᆞ니 是ᄂᆞᆫ 民族을 滅亡케 ᄒᆞᄂᆞᆫ 方法이 아닌가.

朕이 此에 就ᄒᆞ야 ᄯᅩᄒᆞᆫ 實驗ᄒᆞᆫ 經歷이 有ᄒᆞ니 爾를 爲ᄒᆞ야 言及ᄒᆞ리라. 朕의 家法은 祖先以來로 自然的 道德을 根本ᄒᆞ야 淳樸無文ᄒᆞ고 眞實無僞홈으로써 天理에 符合이 되고 人心에 根柢가 되니 是로 以ᄒᆞ야 우리 民族은 質實ᄒᆞ고 勤勵ᄒᆞ야 其衣ᄂᆞᆫ 枲麻의 絲와 狐狸의 皮와 錦綺의 華飾이 無ᄒᆞ고 其食은 鳥獸의 肉과 秫菽의 米라 膏粱의 珍甘이 無ᄒᆞ며 耕作과 牧畜의 業으로 日日不息ᄒᆞ니 賭博을 奚暇이며 騎射와 狩獵의 事로 人人競勸ᄒᆞ니 宴遊를 何論가. 所以로 體力이 强健ᄒᆞ고 志氣가 活潑ᄒᆞ야 猛進의 勇과 健戰의 力이 熊과 如ᄒᆞ고 虎와 如ᄒᆞ야 世界에 無雙ᄒᆞᆫ 强族이 된지라. 彼支那의 錦綺를 衣ᄒᆞ고 膏粱을 飽ᄒᆞ며 博奕29*飮酒로 生涯를 作ᄒᆞ며 花柳風流로 歲月을 送ᄒᆞ며 江湖風月에 詩賦를 唱酬ᄒᆞ며 園林坮榭30*에 宴遊가 張皇ᄒᆞᄂᆞᆫ 民族이 엇지 勝負를

比較ᄒ리오. 我ᄂ 勤勞ᄒ고 彼ᄂ 怠逸ᄒ며 我ᄂ 武强ᄒ고 彼ᄂ 文弱ᄒ며 我ᄂ 眞實ᄒ고 彼ᄂ 虛僞ᄒ니 至公ᄒ신 天心으로 誰를 助ᄒ깃ᄂ가. 應當勤勞者와 武

〈二十四〉

强者와 眞實者를 助ᄒ실지라. 彼世界上 最多數를 佔ᄒ 支那民族도 怠逸과 文弱과 虛僞로 他族의 蹂躪을 被ᄒ얏거든 況朝鮮少數의 民族으로써 怠逸ᄒ며 文弱ᄒ며 虛僞ᄒ며 其危機敗證이 十分極度에 達ᄒ얏ᄂ디 況民族競爭이 至慘極烈ᄒ 今日에 生存의 幸福을 希望홀가. 一言以蔽ᄒ고 朝鮮民族은 從前 怠逸과 文弱과 虛僞의 病根을 拔去ᄒ야 勤勞ᄒ고 武强ᄒ고 眞實ᄒ 新國民을 養成치 아니ᄒ면 實로 蘇生의 機가 無홀지니 豈不痛哉아. 爾ᄂ 深切히 省悟ᄒ야 同胞를 警醒ᄒ라.

無恥生이 曰彼西洋諸國을 觀ᄒ면 數百里의 土地와 數百萬의 人口로 國體의 獨立을 保全ᄒ고 人權의 自由를 享有ᄒᄂ 者ㅣ 多ᄒ거늘 朝鮮은 三千里의 土地와 二千萬의 人口가 有ᄒ즉 亦一大國이어늘 今乃此境에 墮落홈은 何故이닛가. 帝ㅣ 曰噫라. 其民은 曰二千萬이나 持釼荷銃ᄒ야 折衝禦侮者ᄂ 甚少ᄒ니 奈何오. 世界萬國에 國民이 되야 兵役의 義務를 擔치 아니ᄒ 者ᄂ 無ᄒ지라. 東方古代史로 觀홀지라도 三國時代와 高麗時代에 他國과 戰爭이 有ᄒ면 荷戈負羽의 士가 滾滾히 地를 從하야 出홈과 如ᄒ얏스니 此ᄂ 一器도 兵役을 擔치 아니ᄒ 者ㅣ 無홈이오. 現世 各國制度로 言ᄒ면 帝王의 子도 皆兵學의 卒業이 有ᄒ고 貴族과 平民이 軍人의 履歷이 無ᄒ 者ᄂ 人格을 得지 못ᄒ거늘 朝鮮은 仕宦族과 儒生族과 鄕班族과 吏胥族이 皆兵役은 無ᄒ고 貴家의 廊屬과 奴隸가 皆國家의 兵

29* 博奕(박혁): 장기와 바둑.
30* 대사(坮榭): 누대와 정자.

〈二十五〉

役은 無호고 但其家主의 使役을 服홀쑨이라. 此로써 觀호면 仕宦族도 國民이 아니오 儒生族과 鄕班族과 吏胥族과 貴家의 廊屬과 奴隷가 皆 國民이 아닌즉 二千萬中에 國民의 義務를 帶혼 者 ㅣ 幾個人인가. 國民 의 義務를 帶혼 者는 軍籍에 簽載혼 人民쑨이어늘 是는 極甚혼 賤待와 極甚혼 虐政을 偏被호야 軍布의 徵稅로써 王室의 經用도 되고 百官의 祿俸도 되고 吏胥의 廩料도 되는 故로 軍籍에 簽載된 人民은 乳下의 黃口도 軍布를 納호고 地下의 白骨도 軍布를 納호는디 黃口白骨까지 無호면 其族에 徵호고 其里에 徵호얏스니 世界萬國에 如此히 不平不 法의 虐政이 曾有혼가. 五百年來에 一個政治家가 此를 改良혼 者ㅣ 無호고 一朝有事에 敵愾禦侮의 事을 誰의게 責홀가. 乃政體도 不識호 고 時務도 不識호는 迂儒[31*]輩는 曰吾國民은 孝悌忠信의 教化로 親上 死長의 義가 有호야 秦楚의 堅甲利兵을 制혼다호고 至于今日까지 尙 曰銃礮의 利가 弓矢를 不及혼다호니 如此혼 教育下에 또 엇지 敵愾禦 侮홀 能力이 有호리오. 且其國民의 精神界로 言호면 貴族家는 但히 政權을 爭奪호고 民血을 吸收호야 其身家를 肥澤케 홀 精神쑨이오 儒 學派는 但히 禮說과 學說의 異同을 紛紛訟辨호야 各其門戶을 立호고 名譽를 爭홀 精神쑨이오 一般平民은 官吏虐政下에 其荼毒[32*]을 不堪 일시 子弟의 聰俊者가 有호면 詩賦와 簡札의 技로 科宦를 圖호고 權貴 를 事

〈二十六〉

호야 其身家를 保存홀 精神쑨이니 何嘗國家를 爲호야 其義務를 履行 홀 精神이 有호리오. 此로 觀호면 二千萬中에 國民精神이 有혼 者ㅣ

31* 迂儒(오유): 시대 변화에 밝지 못한 선비를 가리킨다.
32* 荼毒(도독): 참기 어려울 정도의 심한 고통 또는 심한 해독(害毒)을 뜻한다.

幾個人인가. 此는 朝鮮의 二千萬衆이 西洋小國의 數百萬衆을 跂及지
못ᄒᆞᄂᆞᆫ 바이니라. 今에 個人의 家로 言ᄒᆞᆯ지라도 一家ᄂᆞᆫ 其子弟가 三四
人에 不過ᄒᆞ나 此三四個子弟ᄂᆞᆫ 皆技能이 具有ᄒᆞ고 職業을 勤修ᄒᆞ야
其家業을 隆昌케 ᄒᆞ고 一家ᄂᆞᆫ 其子弟가 八九人이 有ᄒᆞ나 皆技能도 沒
有ᄒᆞ고 職業도 不修ᄒᆞ야 遊衣遊食ᄒᆞᆫ즉 及히 多口의 累로써 生活이 더
욱 困難ᄒᆞᆯ 쭌이니 此八九兄弟의 家가 彼三四兄弟의 家를 不及ᄒᆞᆷ은 瞭
然ᄒᆞᆫ 事實이 아닌가. 然則 朝鮮의 二千萬衆이 皆其國民의 義務와 國民
의 精神으로 其技能과 職業을 修ᄒᆞ야 獨立의 資格과 自由의 能力이
有ᄒᆞ여야 此人種競爭ᄒᆞᄂᆞᆫ 時代에 淘汰의 禍를 免ᄒᆞ고 生存의 福을 得
ᄒᆞᆯ지니라.

　無恥生이 曰各國歷史를 觀ᄒᆞᆷ이 升平이 日久ᄒᆞ면 政治ᄂᆞᆫ 腐敗ᄒᆞᆯ지라
도 人口ᄂᆞᆫ 增殖되거ᄂᆞᆯ 吾邦은 升平三百年에 戶摠結摠33*이 逐歲減縮
ᄒᆞ고 城邑村落이 觸目蕭條ᄒᆞ야 鐵路沿線에서 山野를 瞻望ᄒᆞ면 森林이
童濯ᄒᆞ고 人烟이 荒凉ᄒᆞ야 便是荒蕪地光景과 無異ᄒᆞ니 此ᄂᆞᆫ 何故이닛
가. 帝ㅣ 曰此도 政治不良의 結果이니라. 政治가 文明ᄒᆞᆫ 國은 其民의
納稅多寡로써 其權利의 優劣을 定ᄒᆞ야 納稅를 不能ᄒᆞᄂᆞᆫ 者는 國民의
資格을 全失ᄒᆞ거ᄂᆞᆯ 朝鮮人은 此에 反ᄒᆞ야 許多ᄒᆞᆫ 忠勳后裔이니 先賢
祀孫이니 孝烈家門이니ᄒᆞᄂᆞᆫ 名目으로 國稅를 脫免ᄒᆞᄂᆞᆫ 것이 有權有

〈二十七〉

力者가 되니 此其戶摠結摠이 逐歲減縮ᄒᆞᆫ 바오. 政治가 佳良ᄒᆞᆫ 國은
官吏된 者가 人民의 生命과 財産을 保護ᄒᆞ기로 專力ᄒᆞ거ᄂᆞᆯ 朝鮮官吏
ᄂᆞᆫ 人民의 生命과 財産을 侵害攘奪ᄒᆞ기로 專力ᄒᆞ얏스니 其民이 生活
困難으로 以ᄒᆞ야 城市와 原野의 樂土ᄂᆞᆫ 棄ᄒᆞ고 食料가 甚惡ᄒᆞ며 醫藥

33* 結摠(결총): 결총(結總). 조선조 토지세 징수 기준이 된 논밭 면적의 전체 수를
　　말한다.

이 素無ᄒᆞᆫ 深山窮谷에 投入ᄒᆞ야 鳥獸生活을 作ᄒᆞ다가 瘴癘의 毒으로 死亡者가 多ᄒᆞ며 曾往에 長山串一路를 開通치 못홈으로 水旱의 災가 一有ᄒᆞ면 西南의 穀이 不能相救ᄒᆞ야 餓殍가 山積ᄒᆞ얏스며, 法律이 不明이라 不法虐刑에 冤死者도 多ᄒᆞ며, 防疫을 不行이라 疾癘流行에 橫斃者도 多ᄒᆞ며, 早婚成俗이라 氣質不足으로 天札[34*]者도 多ᄒᆞ니 此皆人種減少의 原因이라. 今日에 至ᄒᆞ야ᄂᆞᆫ 他族强力下에 産業基址를 次第被奪ᄒᆞ니 幾十年이 不過ᄒᆞ야 自滅의 慘을 誠不忍言이오 至若異國地方에 流離居生ᄒᆞᄂᆞᆫ 人民은 轄治者도 無ᄒᆞ고 敎導者도 無ᄒᆞ니 自活自治의 能力이 아니면 設或他族의 虐待가 無ᄒᆞᆯ지라도 産業權에 屈ᄒᆞᆫ바 되고 知識力에 屈ᄒᆞᆫ 바 되야 泉甘土肥ᄒᆞᆫ 佳處生活을 不得ᄒᆞ고 陰崖寒谷에 惡地居住로 産業이 不殖ᄒᆞ고 疾病이 多生ᄒᆞ야 人口의 減少를 不免ᄒᆞᆫ즉 世界上 朝鮮民族의 名義를 保全키 不得ᄒᆞᆯ지니 엇지 可哀可痛의 甚ᄒᆞᆫ 者ㅣ 아니리오. 爾ᄂᆞᆫ 此意로써 一般同胞의게 至誠으로 勸告ᄒᆞ며 涕泣으로 懇諭ᄒᆞ야 아모조록 우리 同胞ᄂᆞᆫ 朝朝夕夕에 警惕ᄒᆞ고 奮發ᄒᆞ야 耕蚕과 牧畜等 産業을 勤治ᄒᆞ고 或酒를 亂飮ᄒᆞ거나 或雜技를 賭ᄒᆞ거나 或怠惰

〈二十八〉

浪遊로 歲月을 處送ᄒᆞᄂᆞᆫ 事를 行치 勿ᄒᆞ고 幾個年間에 勤勉力作ᄒᆞᆫ 效果로 産業이 增殖되야 好土樂地의 生活을 得ᄒᆞ면 疾病이 不生ᄒᆞ야 子孫이 繁昌홀 것이오 쏘 先聖의 敎訓과 良士의 開導를 服從ᄒᆞ야 子弟를 敎育ᄒᆞ면 知識이 開進ᄒᆞ고 品行이 佳良ᄒᆞ야 他族의 優待를 受ᄒᆞᆯ지며 皇天의 眷佑를 蒙ᄒᆞᆯ바 有ᄒᆞᆯ지니라.

無耻生이 曰現時代의 各民族이 其知識과 勢力의 優劣로써 生存과

34* 天札(요찰): 요절(夭折).

死滅의 機를 判斷ᄒᄂ되 勢力은 知識으로 由ᄒ야 生ᄒ고 知識은 學問
으로 由ᄒ야 生ᄒᄂ 故로 敎育이 發達ᄒ 民族은 生存ᄒ고 敎育이 衰頹
ᄒ 民族은 滅亡홈은 有耳者ㅣ 皆聞이오 有目者ㅣ 皆觀ᄒᄂ 바이나 若
乃窮巷僻村의 生長과 耕耘樵牧의 身分으로 文字의 學識이 本無ᄒ고
足跡이 鄕閭에 不出ᄒ 同胞ᄂ 世界變遷의 情形과 民族競爭의 風潮를
不聞不觀홈으로 感覺이 發生키 難ᄒ며 新時代 敎育問題에 對ᄒ야 初
聞初見이라, 其方法如何와 效力如何를 知得키도 難ᄒ거니와 至若自幼
로 經史를 受讀ᄒ야 古今을 略解ᄒᄂ 儒林同胞ᄂ 世界大勢의 變遷된
情況을 目擊ᄒ 바도 有ᄒ며 各著述家의 新思想을 發表ᄒ 書籍과 各報
舘의 日刊月行ᄒᄂ 新聞雜誌도 手觸ᄒ 바 有ᄒᄒ즉 世界各國이 新學術
의 發明과 新敎育의 發達로 文明富強ᄒ 理由를 覺得홈이 有ᄒᄒ지어늘
乃比輩人이 此를 反對ᄒ고 妨害ᄒ야 一般同胞로 ᄒ야곰 開明程度에
引進치 아니ᄒ고

〈二十九〉

闇昧境界로 驅入코져 홈은 何故인잇가. 帝ㅣ 曰此乃改革時代에 自
然ᄒ 理勢이니라. 何者오 改革時代에ᄂ 下等社會가 上等社會로 進步
ᄒ야 平等社會를 造成ᄒᄂᄂ 此ᄂ 天地進化의 公例로 莫之爲而爲者
라. 彼儒生派ᄂ 過去時代에 上等地位를 占領ᄒ 者라. 若其新時代에
入ᄒ야 新學術과 新敎育의 知識으로 維新事業을 做得ᄒ면 高等權利가
彼等의 手에 在ᄒ야 下等社會가 進步홀 方面이 無ᄒᄒ지니 엇지 平等社
會를 造成ᄒᄂ 新時代가 有ᄒ리오. 故로 今日에 在ᄒ야 兩班二字가 腦
髓에 印着ᄒ 者와 儒生二字가 腦髓에 印着ᄒ 者는 皆新思想과 新知識
이 不入ᄒ니 此ᄂ 天이 其魂을 奪ᄒ야 劣等人類에 墮落케 홈이니라.
無恥生이 曰改革時代에 進化公例ᄂ 如斯ᄒ거니와 現在 下等社會의
同胞로 言ᄒ면 文字의 學識이 全無ᄒᄒ즉 何等方法으로 此를 開導ᄒ야

上等地位에 進步케 ᄒᄂᆞᆫ 效力이 有ᄒᆞ올잇가. 帝ㅣ 曰下等社會를 開導 홈이 上等社會보다 容易ᄒᆞ니라. 何者오 人의 耳目이 本來 聰明ᄒᆞ지만 은 他物이 有ᄒᆞ야 耳目을 蔽塞ᄒᆞ면 其聰明을 失ᄒᄂᆞᆫ 것이오 人의 腦髓 가 本來 虛靈ᄒᆞ지만은 舊習이 有ᄒᆞ야 腦髓에 印着ᄒᆞᆫ 者ᄂᆞᆫ 其虛靈을 失ᄒᆞᆫ 故로 各國歷史를 觀ᄒᆞᆯ지라도 本來 舊文化의 習染이 深ᄒᆞᆫ 者ᄂᆞᆫ 新文化의 發達이 甚히 遲緩ᄒᆞ고 舊文化의 習染이 淺ᄒᆞᆫ 者ᄂᆞᆫ 新文化의 發達이 極히 迅速ᄒᆞ니 此四千年 舊文明의 朝鮮이 今日 新時代에 在ᄒᆞ 야 文明發達이 彼舊時代의 蠻風이 未改ᄒᆞᆫ 島國程度를 不及홈이니라. 個人도 亦然ᄒᆞ

<三十>

야 舊學의 習染이 腦髓에 印着ᄒᆞᆫ 者ᄂᆞᆫ 恒常 新文化를 對ᄒᆞ야 抵抗力이 强ᄒᆞ고 又其平日 高等地位에 處홈으로 自賢自足의 習이 有ᄒᆞᆫ 故로 此 等人의게ᄂᆞᆫ 비록 許多口舌의 力을 費ᄒᆞᆯ지라도 其思想을 轉回키 難ᄒᆞ고 舊學의 習染이 素無ᄒᆞᆫ 者ᄂᆞᆫ 腦髓中 本來 虛靈이 自在ᄒᆞ야 新文化를 灌注[35*]키 不難ᄒᆞ고 又其平日 下等社會에 處ᄒᆞᆫ 故로 自賢自足의 習이 無ᄒᆞ야 人의 勸告의 開諭[36*]를 聽受홈이 容易ᄒᆞ니라. 況現今은 世界大 運이 平等主義로 傾向ᄒᆞᄂᆞᆫ 時代라. 下等社會를 引導ᄒᆞ야 上等地位로 進步케 홈은 卽天地進化의 程度를 順從홈이니 其功效를 奏홈이 쪼ᄒᆞᆫ 自然ᄒᆞ 勢니라. 昔에 摩西氏ᄂᆞᆫ 頑昧險躁ᄒᆞ 猶太民族을 率ᄒᆞ고 沙漠에 彷徨ᄒᆞ지 四十年에 迦南樂土로 引導홈이 有ᄒᆞ얏스니 況我大東民族은 檀君의 神聖後裔라 此를 指導ᄒᆞ야 將來 平等世界에 新樂國으로 引進 홈이 豈其甚難이며 天이 我大東民族의 生命을 絶코져 아니ᄒᆞ신즉 第二 摩西氏의 事業을 建立ᄒᆞᆯ 者가 亦豈無之리오.

35* 灌注(관주): 지식을 주입함.
36* 開諭(개유): 사물의 이치를 깨우쳐 알아듣도록 잘 타이름.

無恥生이 曰現朝鮮社會에 上流社會로 言ㅎ면 賣國求榮ㅎᄂ 賊子輩를 除ㅎ外에ᄂ 所謂 上流人士가 摩西氏와 如ᄒ 同胞救濟의 事業은 尙矣勿論이오 惟是潔身自靖의 義로 離世遠遁ㅎ야 伯夷叔齊의 采薇遺風으로 自托ㅎᄂ 者ㅣ 多ㅎ니다.

帝ㅣ 曰吁라. 後世의 人이 古昔聖賢의 心事를 對ㅎ야 誤解홈이 徃徃如此ㅎ도다. 伯夷叔齊가 周粟을 不食ㅎ고 首陽의 薇를

〈三十一〉

採홈이 潔身主義가 아니오 乃救世主義니라. 何者오 伯夷叔齊ᄂ 聖之淸者로 其國을 讓ᄒ 者라. 如許ᄒ 腦次[37*]로써 周武王의 征伐을 見ㅎ니 揖讓時代의 美風을 不可復見홀지며 天下의 人이 帝王의 權利로써 征伐의 事가 有ᄒ즉 簒奪의 變이 必起홀지라. 伯夷叔齊가 此를 救止ㅎ기 爲ㅎ야 其身을 窮餓에 投ㅎ야 其心事를 天下萬世에 表白ᄒ 者니 此其何等力量인가. 故로 曰聖人이오 仁人이라. 若其 不事二君의 義로 窮餓而死ㅎ얏스면 一個節士에 不過ㅎ니 엇지 聖人이라 仁人이라 稱ㅎ리오. 伯夷叔齊ᄂ 遼東一隅孤竹國의 人이라. 殷의 祿을 食ᄒ 바 無ᄒ즉 殷을 爲ㅎ야 臣節을 守홀 義理가 無ㅎ고 周文王을 徃見ㅎ얏스니 殷을 爲ㅎ야 忠을 盡코져 홈이 아니라 但其武王의 征伐을 對ㅎ야 反抗心이 起ᄒ 故로 叩馬而諫ㅎ고 采薇而餓ᄒ 것이라. 故로 其歌에 曰神農虞夏忽焉沒兮 我安適歸矣오ㅎ얏스니 此ᄂ 神農虞夏의 揖讓時代가 旣遠홈이 適歸홀바 無ㅎ다 홈이라. 若其殷을 爲ㅎ야 節을 守홀 者면 當曰殷商旣淪兮我安適歸矣오ㅎ얏슬지라. 後世一節의 士가 聖人의 救世主義ᄂ 推想치 못ㅎ고 妄히 采薇의 遺風으로 自托ㅎ니 是ᄂ 拳石의 小로써 泰山의 大를 擬홈이니라.

37* 腦次(뇌차): 심정.

無恥生이 曰殷이 亡홈이 箕子씌셔 東出朝鮮ᄒ심이 엇지 自靖의 義가 아니며 周가 衰홈이 孔子씌셔 九夷에 欲居ᄒ며 乘桴浮海코져ᄒ심이 엇지 傷時의 歎으로 遠擧의 志가 有홈이 아니닛가. 帝ㅣ 曰呀라. 朝鮮人이 世世로 箕子를 崇奉ᄒ되

〈三十二〉

箕子의 主義를 解치 못ᄒ며 人人이 孔子書를 讀ᄒ되 孔子의 主義를 解치 못ᄒ니 엇지 可歎홀바 아니리오. 箕子씌셔 紂의 囚를 被ᄒ얏다가 周武의 放釋을 值홈이 六百年 先王宗社가 이믜 邱墟된지라. 四方을 顧瞻ᄒ니 所適을 不知라. 於是에 蓍38*를 揲ᄒ야 其去就를 決홀식 明夷卦를 得ᄒ니 乃曰天이 我로 ᄒ야곰 海外夷族을 文明케 ᄒ심이라ᄒ고 殷의 遺民五千을 率ᄒ고 東出홀식 詩書禮樂巫醫百工이 從來ᄒ얏스니 其時思想이 何如ᄒ가. 맛참ᄂᆡ 檀君子孫의 厚意로 生活基址를 得ᄒ니 政法을 施ᄒ며 敎化를 行ᄒ야 子孫이 繁昌홈이 南으로 洌水에 至ᄒ며 北으로 永平에 至ᄒ야 皆版圖에 歸혼지라. 古者殷周의 盛이 千里에 不過ᄒ거늘 箕氏朝鮮은 四千餘里에 至ᄒ얏스니 實로 海東의 新殷國이라. 然則 箕子의 主義가 엇지 自靖에 止ᄒ얏스며 孔子씌셔 堯舜三王의 道로써 天下를 變易코져홀식 列國에 轍環ᄒ야 席不暇暖ᄒ나 是時는 周末이라. 文弊가 已勝ᄒ야 淳朴의 風이 衰ᄒ고 巧僞의 習이 盛혼지라. 列國政家가 各其私權을 貪愛ᄒ야 聖人의 至誠을 容受치 아니ᄒ니 隨處不合에 道不可行이라. 於是에 思惟ᄒ야 曰海外夷人은 風氣가 淳厚ᄒ고 性情이 質樸ᄒ야 文弊와 巧僞가 無ᄒ니 仁義의 敎로써 開導홈이 適宜ᄒ니 此는 箕子의 東出혼 所以라. 於是乎九夷에 欲居ᄒ며 乘桴浮

38* 蓍를 揲: 시(蓍)는 톱풀의 줄기로 만든 점대(산가지), 설(揲)은 점칠 때 점대를 세어 몇 묶음으로 나누는 것인데, 설시라 하면, 손가락 사이에 점대를 끼워 괘(卦)를 뽑아 점치는 것을 말한다.

海ᄒ야 敎化를 施코져 ᄒ얏스니 其救世主義의 眞至惻怛홈이 如此ᄒ며 心無內外ᄒ야 廣大周遍홈이 如此ᄒ거늘 後世儒家가 自家淺識으로 妄爲解釋ᄒ야 曰此ᄂᆫ 傷時의

〈三十三〉

歎이라, 遠擧의 志라ᄒ니, 聖人은 不怨天 不尤人이라 엇지 時를 傷ᄒ야 遠擧코져 홈이 有ᄒ리오.

無耻生이 曰然則 今日 此境을 當ᄒ야 潔身遠遁ᄒᄂᆫ 者ᄂᆫ 可據홀 義諦39*가 無ᄒ올잇가. 帝ㅣ 曰今日의 義ᄂᆫ 朝鮮臣民이 되야 其祖國과 其同胞를 爲ᄒ야 義務를 效ᄒᄂᆫ 바 無ᄒ고 但히 潔身自靖으로써 本分의 天職을 삼ᄂᆫ 者ᄂᆫ 其罪가 賣國奴로 더부러 差等이 無ᄒ니라. 何也오 盖天下의 事가 不爲利ᄒ면 必爲害오 不爲益이면 必爲損이니 我가 人을 利케 ᄒᆫ 바 無ᄒ면 반다시 害케 ᄒᆫ 바 有홀 것이오 人을 益케 ᄒᆫ 바 無ᄒ면 반다시 人을 損케 ᄒᆫ 바 有홀지니 人을 害케 ᄒᆫ 바 有ᄒ며 損케 ᄒᆫ 바 有ᄒ면 決코 善이 되지 못ᄒ고 惡이 될지라. 若其國家와 民族을 對ᄒ야 利케 ᄒᆫ 바 無ᄒ고 益케 ᄒᆫ 바 無ᄒ면 엇지 害케 ᄒ고 損케 ᄒᆫ 바 無ᄒ리오. 必是 國家와 民族의 蠹虫이오 蟊賊40*이라. 博奕飲酒로 家産을 蕩敗ᄒ야 父母를 凍餒케 ᄒᆫ 者와 遊衣遊食으로 家務를 不幹ᄒ야 父母를 凍餒케 ᄒᆫ 者가 其不孝則一이라. 黃金을 愛ᄒ고 美爵을 愛ᄒ야 其國을 賣ᄒᆫ 者와 其身을 愛ᄒ고 其名을 愛ᄒ야 其國을 亡케 ᄒᆫ 者가 其不忠則一이 아닌가. 賣國禍族을 不顧ᄒ고 貪慾을 是逞ᄒ야 富貴를 盜窃ᄒᆫ 者와 國亡族滅을 不關ᄒ고 淸流로 自處ᄒ야 名譽를 盜窃ᄒᆫ 者가 其爲盜窃則一이라. 冥府에셔 死者의 罪惡을 案治ᄒᄂᆫᄃᆡ 一

39* 義諦(의체): 사물의 근본 뜻.
40* 蟊賊(모적): 뿌리와 마디를 갉아먹는 벌레를 말한다. 세상에 해를 끼치는 간악한 사람이나 백성의 재물을 빼앗는 탐관오리를 비유할 때 사용하는 표현이다.

官吏의 死者가 申辨ᄒ야 曰吾ᄂ 無罪無罪라. 吾가 居官ᄒ야 甚廉ᄒ니다. 冥王이 曰

〈三十四〉

木偶를 庭에 立ᄒ면 冷水까지 不飮ᄒ니 君보다 勝치 아니ᄒᆫ가. 廉을 持ᄒᆫ 外에ᄂ 一善도 所聞이 更無ᄒ니 是ᄂ 君의 罪라ᄒ고 드듸여 炮烙의 形을 施ᄒ니라. 然則 朝鮮國民의 身分이 有ᄒᆫ 者가 其祖國과 其同胞를 爲ᄒ야 義務를 效ᄒᆫ 바 無ᄒ고 飄然遠擧ᄒ야 其身을 獨潔코져ᄒᄂ 者도 應當冥府法律의 炮烙을 免치 못ᄒᆯ지로다. 盖道德은 公德과 私德의 區別이 有ᄒ고 事業은 公益과 私益의 區別이 有ᄒᆫ 것인ᄃᆡ 道德과 事業의 程度도 時代의 進化를 隨ᄒ야 增進ᄒᄂ니 古昔에ᄂ 隣國이 相望ᄒ야 犬鷄이 相聞ᄒ되 不相往來ᄒᄂ 時代인 故로 人이 各其私德을 修ᄒ야 其身을 獨善ᄒ고 私益을 謀ᄒ야 其家를 獨厚ᄒ야도 相生相安이 自足ᄒ얏거니와 現今은 世界人類의 生存競爭이 極大ᄒ고 劇烈ᄒ야 大海의 漲潮와 如ᄒ며 大山의 噴火와 如ᄒ니 此地球上에 國家와 民族의 名義가 有ᄒᆫ 者ᄂ 其團體合力이 아니고ᄂ 決코 生存을 不得ᄒᄂ 故로 公德이 無ᄒ면 私德이 無ᄒ고 公益이 無ᄒ면 私益이 無ᄒᆫ 것이라. 所謂 朝鮮學者界에서ᄂ 道德進化의 程度를 覺察치 못ᄒ고 但히 一身을 修ᄒ며 一家를 治ᄒᆷ으로써 無上ᄒᆫ 道德으로 認ᄒ고 國家와 民族에 對ᄒᆫ 公德心과 公益心은 全無ᄒ지라. 所以로 其末梢結果가 今日 此境에 至ᄒ고도 尙曰我ᄂ 無罪라 我ᄂ 無罪라 ᄒᆷ이 可ᄒᆫ가. 國家와 民族의 陷溺을 對ᄒ야 袖手傍觀ᄒ고 歛身規避ᄒᆫ 罪가 已有ᄒ거ᄂᆯ 況又淸名高節에 自託ᄒ야 首陽山의 采薇歌를 續ᄒ노라ᄒ니 其飾情沽譽의 行爲가 尤極可痛이

〈三十五〉

라. 其罪를 案治ᄒᆯ진ᄃᆡ 엇지 賣國奴와 差別이 有ᄒ리오. 爾ᄂ 決코 此

等 僞善假義者의 塗轍[41]*을 循치 勿ᄒ라.

無恥生이 曰吾國 學者界에셔 公德과 公益을 發表치 못ᄒ 罪ᄂ 無ᄒ다 謂키 難ᄒ나 但過去時代의 齷齪ᄒ 規模를 追想ᄒ면 至今ᄭ지 心이 寒ᄒ고 膽이 栗흠을 不覺ᄒᄂ니다. 政治界의 壓制도 極甚ᄒ고 學問界의 武斷도 惑甚ᄒ야 人民된 者가 敢히 在上者의 不法을 反抗ᄒ면 大逆不道에 處ᄒ고 士流된 者가 敢히 先輩의 言論을 違反ᄒ면 斯門亂賊에 處ᄒ야 身敗家亡의 禍가 不能旋踵[42]*ᄒ니 是時를 當ᄒ야 誰가 敢히 公德과 公益을 爲ᄒ야 生命과 家業을 不顧ᄒ리오. 所以로 人民된 者ᄂ 官府에셔 如何ᄒ 虐政을 施ᄒ지라도 服從而已[43]*라 敢히 一言으로 反抗치 못ᄒ고, 士流된 者ᄂ 世道의 腐敗가 如何ᄒ 境遇에 至ᄒ지라도 舊轍을 膠守ᄒ 而已라 敢히 一理를 發明치 못ᄒ얏스니 其情地를 叅究ᄒ면 容或可恕ᄒ 바 有ᄒ니다. 帝ㅣ 曰然則 如此히 無骨無血ᄒ 人民을 安用가. 自國政府의 虐待를 反抗치 못ᄒᄂ 者가 엇지 他邦의 虐待를 不受하며 如此히 無膽無勇ᄒ 士流를 安用가. 自身의 禍福을 爲ᄒ야 民國의 禍福을 不念ᄒ니 엇지 他族의 奴隷를 得免ᄒ리오. 過去 百年前에 彼西洋諸國의 政治壓制와 宗敎壓制가 極甚ᄒ고 猛烈ᄒ지만은 盧梭ᄂ 百難의 苦를 不憚ᄒ고 民約論을 大呼ᄒ야 革命의 導線을 ᄒ얏스며 克林威爾ᄂ 天下의 惡名을 不拘ᄒ고 暴君의 首를 馘ᄒ야 憲法을 制定ᄒ얏스며 馬丁路得은 敎皇의 威壓을 無視ᄒ고 宗敎

〈三十六〉

革命의 功을 奏ᄒ얏스며 四百年前에 支那學問界ᄂ 朱學의 勢力이 宏大ᄒ고 深固ᄒ지만은 王守仁이 天下의 誹謗을 不顧ᄒ고 良知學을 主

41* 塗轍(도철): 꼭 같은 길.
42* 旋踵(선종): 발길을 돌려 돌아섬.
43* 而已(이이): ~할 따름. ~뿐.

唱ㅎ야 士氣를 振作ㅎ얏스며 五十年前에 日本幕府의 武斷力이 强勁ㅎ고 嚴酷ㅎ지만은 吉田矩方이 一身의 生命을 擲ㅎ고 大和魂을 唱ㅎ야 維新의 基礎를 設ㅎ얏거늘 奈何로 朝鮮에는 如許흔 熱血兒가 不作ㅎ야 政治革命도 못ㅎ고 學術革命도 못ㅎ얏는가. 是로 以ㅎ야 天地의 進化로 新舊가 交換ㅎ는 時代에 處ㅎ면 진실로 果敢性과 自信力이 富한 豪傑男子의 血이 아니면 能히 國家의 命運과 生民의 幸福을 造치 못ㅎ느니라. 若其果敢性과 自信力이 缺乏ㅎ야 是非를 顧畏ㅎ며 禍福을 較計ㅎ야 一言을 不敢發ㅎ고 一事를 不敢做ㅎ는 者는 決코 此時代에 自存홀 能力이 無ㅎ니라.

無恥生이 曰旣往闇黑時代와 腐敗社會에 生斯長斯흔 老朽의 物은 公德이 何者인지 公益이 何者인지 國民의 資格이 何者인지 國民의 責任이 何者인지 本無聞知흔 者이라. 然ㅎ나 習性이 已痼ㅎ야 改悟키 不得이오 魄力이 已衰ㅎ야 鞭策키 不得이라. 責ㅎ야도 無效오 收ㅎ야도 無用이니 祖國과 民族의 前塗로써 엇지 此輩의게 期望ㅎ리오. 惟是靑年子弟를 敎育ㅎ야 新國民을 養成ㅎ기 外에는 他道가 更無흔지라. 臣이 일즉 祖國歷史를 奉ㅎ야 再拜ㅎ고 自問於心ㅎ야 曰此歷史가 무삼 能力과 무삼 福力으로 四千餘年 血脈을 相傳ㅎ야 吾儕가 □44*으로 此國의 土를 食ㅎ며 此國의 水를 飮ㅎ며 此國의 風化를 沐ㅎ며 此國의 文物을 被ㅎ야 祖祖

〈三十七〉

孫孫이 生於斯老於斯ㅎ며 農於斯商於斯ㅎ며 學於斯仕於斯ㅎ야 世界人類를 對ㅎ야 曰吾는 朝鮮國民이라ㅎ며 天地神明을 對ㅎ야 曰吾는 朝鮮國民이라ㅎ얏느뇨. 其恩德의 所由來를 推想흔즉 此半島江山에 人

44* 원문 1자 판독 안됨. '生'자로 보인다.

才가 多出ᄒ야 此國의 元氣가 되며 此國의 腹心이 되며 此國의 干城이 되며 此國의 柱石이 되야 우리 國民을 煦育ᄒ고 우리 國民을 保護ᄒ 恩德이로다. 然則 四千年間에 磊落想望ᄒ 先聖先民을 爲ᄒ야 拜ᄒ며 祝ᄒ며 歌ᄒ며 頌ᄒ려니와 今日에 至ᄒ야는 우리 靑年諸君의게 歷代偉人의 事業으로써 期望ᄒ며 勸勉ᄒ며 策勵ᄒ며 鼓舞ᄒ터인ᄃ 何等方法으로써 우리 靑年諸君으로 ᄒ야곰 果敢性과 自信力을 富케 ᄒ야 無限ᄒ 難關을 突過ᄒ며 重大ᄒ 責任을 堪當케 ᄒ야 四千年 歷史의 先民遺蹟을 趾美[45*]케 ᄒ오릿가. 帝ㅣ 曰天地間에 一大靈物이 有ᄒ야 世界를 範圍ᄒ며 古今을 綜合ᄒ며 海陸을 伸縮ᄒ며 風雲을 吹噓ᄒ며 鬼神을 役使ᄒ며 萬物을 鑄造ᄒᄂ 能力이 有ᄒ 故로 聖人도 此로 以ᄒ야 聖人이 되며 英雄도 此로 以ᄒ야 英雄이 되고 國家도 此로 以ᄒ야 成立되며 社會도 此로 以하야 組織되고 萬般事業이 皆此로 以ᄒ야 成就ᄒᄂ니 此靈物의 宲力과 玅用을 得ᄒ면 天下의 可做치 못홀 者ㅣ 無ᄒ 것인ᄃ 此를 修鍊ᄒ야 活用ᄒᄂ 者ㅣ 少ᄒ지라. 若其修鍊의 原素가 充足하면 果敢性과 自信力이 生ᄒ야 活用의 機關이 沛然無碍ᄒᄂ니 其名曰心이라.

此物의 原質은 虛靈不昧ᄒ고 淸明無瑕ᄒ 者이니라.

〈三十八〉

此物의 本能은 眞實無僞ᄒ고 獨立不倚ᄒᄂ 者이니라.

此物의 眞情은 正直不阿ᄒ고 剛毅不屈ᄒᄂ 者이니라.

此物의 本體ᄂ 公平正大ᄒ고 廣博周遍ᄒᄂ 者이니라.

此物의 能力은 是非를 鑑別ᄒ고 感應이 神捷ᄒ 者이니라.

如斯히 無上ᄒ 寶品과 無盡ᄒ 靈能이 人皆有之언만은 但人이 器世

45* 趾美(지미): 조상의 아름다운 자취를 이음.

間에 墮在ᄒ야 社會의 習染과 肉體의 情慾으로 以ᄒ야 虛靈不昧者로
ᄒ야곰 昏蒙不靈者가 되며 淸明瑕者로 ᄒ야곰 滓穢不潔者가 되며 眞實
無僞者로 ᄒ야곰 巧詐假飾者가 되며 獨立不倚者로 ᄒ야곰 苟且依賴者
가 되며 正直不阿者로 ᄒ야곰 耶曲詔附者가 되며 剛毅不屈者로 ᄒ야곰
柔懦卑劣者가 되며 公平正大者로 ᄒ야곰 偏邪陰譎者가 되며 廣博周遍
者로 ᄒ야곰 狹隘偏僻者가 되며 是非를 鑑別ᄒᄂᆫ 者가 顚倒錯亂ᄒ며
感應이 神捷ᄒᆫ 者가 窒碍不通ᄒᄂᆫ 弊가 有ᄒ니라.

　盖此物은 吾의 神聖ᄒᆫ 主人翁이오 公正ᄒᆫ 鑒察官이니 念慮의 善惡
과 事爲의 是非를 對ᄒ거든 此主人翁과 此監察官을 欺치 勿ᄒ라. 此主
人翁과 此監察官이 許與치 안코 命令치 아니ᄒᄂᆫ 事ᄂᆫ 卽行斷寶ᄒ고
許與ᄒ고 命令ᄒᄂᆫ 事어든 人의 毁譽도 不問ᄒ며 事의 難易도 不較ᄒ
며 身의 禍福도 不收ᄒ며 鋒刃이라도 蹈ᄒ며 湯火라도 赴ᄒ야 必行必
果ᄒ면 卽是果敢性과 自信力이니라. 此果敢性과 自信力이 富ᄒᆫ 境遇
에ᄂᆫ 張子房大鐵椎의 光輝도 閃閃ᄒ고 華盛頓 自由鍾의

<h2 align="center">〈三十九〉</h2>

聲氣도 轟轟ᄒᄂ니라.

　雖然이나 此主人翁과 此監察官의 地位를 尊重케 ᄒ며 能力을 發達
케 ᄒ쟈면 반다시 平日 修鍊의 積工으로 以홀지니 修鍊의 處所ᄂᆫ 憂患
困難이 第一學校라. 此學校에서 卒業을 得ᄒ면 天下의 難事가 無ᄒ고
險塗가 無ᄒ야 重大ᄒᆫ 責任을 擔負하고 曠絶ᄒᆫ 事業을 做得ᄒ나니라.
現在 朝鮮靑年이 第一學校에셔 遊學ᄒ니 正是好消息이라. 此ᄂᆫ 天이
朝鮮靑年을 爲ᄒ야 開設ᄒᆫ 바로다.

　無耻生이 日一切蠢動이 均有生氣로ᄃᆡ 或天然的 壓力이 有ᄒ거나
或外來的 壓力이 有ᄒ면 發達을 不得ᄒᄂ니 故로 曰奴隸의 種은 聖賢
이 不生이오 踐餘의 草ᄂᆫ 萌孼이 不長이라. 現在 朝鮮의 情況으로 言ᄒ

면 六七年來에 社會의 思想도 稍히 感觸되고 靑年의 志氣도 稍히 奮發되야 國中에 學塾設立과 海外에 遊學程度가 頗히 發達ᄒᆞᄂᆞᆫ 影響이 有ᄒᆞ더니 其奈雷霆의 威와 泰山의 壓이 益益增加ᄒᆞ야 陵轢摧折이 更無餘地일ᄉᆡ 於是乎天傾地塌에 一點生氣가 不存ᄒᆞ고 水盡山窮에 一線生路를 不得이라. 此를 以ᄒᆞ야 一般輿情이 皆絶望되고 落膽되ᄂᆞᆫ 狀態가 有ᄒᆞ니 困難이 비록 天設學校나 如此히 極甚ᄒᆞᆫ 境遇에ᄂᆞᆫ 實로 天賜의 福으로 認키 難ᄒᆞ니다.

帝ㅣ 曰物의 動力은 壓力으로 因ᄒᆞ야 生ᄒᆞᄂᆞ니 朝鮮人은 壓力을 被홈이 極度에 達치 아니ᄒᆞ면 動力이 生치 못ᄒᆞᆯ지니라.

無恥生이 曰何로 以ᄒᆞ야 然ᄒᆞ닛가. 帝ㅣ 曰朝鮮은 本來小國人

〈四十〉

으로 自小自奴ᄒᆞᆫ 者ㅣ 아닌가. 國의 大小가 엇지 天劃으로 一定ᄒᆞᆫ 者가 有ᄒᆞ리오. 成湯은 七十里의 小國이오 文王은 百里의 小國으로 天下의 大를 有ᄒᆞ얏고 秦은 西戎의 僻小로 四海를 倂呑ᄒᆞ얏스며 越은 會稽의 敗殘으로 强吳를 戰勝ᄒᆞ얏고 現時代에 가쟝 强大雄傑ᄒᆞᆫ 國으로 觀ᄒᆞᆯ지라도 英과 俄의 舊國歷史ᄂᆞᆫ 皆歐洲小國이라. 今에 英은 四萬里의 屬地를 開拓ᄒᆞ며 俄ᄂᆞᆫ 三萬里의 領土를 擴張ᄒᆞ지 아니ᄒᆞ얏ᄂᆞᆫ가. 朝鮮의 地理形便으로 觀ᄒᆞ면 前面은 大洋이오 後面은 大陸이라. 萬一 英雄其人이 有ᄒᆞ야 活動의 能力을 養ᄒᆞ고 進取의 長策을 行ᄒᆞ얏스면 太平洋이 卽朝鮮海오 北方大陸이 亦朝鮮土라. 海上權과 陸地權이 皆朝鮮人의 所有가 되야도 可ᄒᆞᆯ지어늘 奈何로 朝鮮人의 思想은 國의 大小를 天定으로 認ᄒᆞ야 曰我ᄂᆞᆫ 小國小國이라ᄒᆞ야 敢히 大國의 服事를 恪謹[46]치 아니ᄒᆞ리오ᄒᆞ며 敢히 面外의 一步地를 妄想ᄒᆞ리오ᄒᆞ야 惟是事大의 主

46* 恪謹(각근): 마음가짐과 몸가짐을 조심함.

義를 恪守ᄒ며 鎖國의 政策을 固執ᄒ야 他國을 事ᄒ되 天을 事홈과 갓치 一言一字를 不敢疎忽ᄒ며 豆滿과 鴨綠과 對馬海峽을 天限으로 認ᄒ야 其民이 或踰越ᄒᄂ 者ㅣ 有ᄒ면 潛商犯越의 罪로 誅戮을 輒行ᄒ얏스니 慘哉悲哉라. 朝鮮人民은 長久히 牢獄生活을 不免ᄒ얏스니 엇지 産業의 發展과 時勢의 感覺이 有ᄒ리오. 如此ᄒ 小朝廷小山河에 비록 管葛의 政略이 有ᄒᆯ지라도 施ᄒᆯ바 無ᄒ고 孫吳의 將材가 有ᄒᆯ지라도 用ᄒᆯ바 無ᄒᆫ즉 다만 政界에 在ᄒ 者는 政權爭奪이 大事業이오 黨論主張이 大義理라 其人民을 對ᄒ야ᄂ 魚가 同

〈四十一〉

類를 食ᄒ며 狗가 殘骨을 爭홈과 如ᄒ야 互相侵奪ᄒ고 互相殘害홈이 最優手段이라. 此ᄂ 自小的 根性으로 以ᄒ야 自奴的 根性이 되고 自奴的 根性으로 以ᄒ야 頑鈍嗜利로 沒有廉恥者의 根性이 된 바니 此에 對ᄒ야 極甚ᄒ 壓力이 아니면 其根性을 變移ᄒ야 動力이 生키 不能이오. 且其對外競爭이 無ᄒ고 向外進取가 無ᄒ 故로 優遊歲月에 一事를 做ᄒᆯ 바 無ᄒ고 一謀를 發ᄒᆯ 바 無ᄒ지라. 於是에 恬嬉[47*]姑息[48*]의 習과 怠惰安逸의 風과 流連荒淫의 事가 全體社會에 傳染되고 沉痼[49*]되야 志氣를 鎖鑠ᄒ고 四肢를 疲薾케 홈으로 戶外의 徵風을 敢히 觸冒치 못ᄒ며 頭上의 飛蠅을 能히 撲逐치 못ᄒ야 活動精神이 全無ᄒ고 奄奄垂死의 狀態를 作홈에 至ᄒ얏스니 此도 또한 極甚ᄒ 壓力이 아니면 其惰氣를 振作ᄒ야 動力이 生키 不能이라. 昔支那戰國時代에 墨子는 宋人이라. 宋은 弱小의 國으로 晋楚交爭의 衝에 居ᄒ야 凌壓을 被홈이 最甚ᄒ지라. 墨子가 此에 觀念으로 救國主義가 切摯ᄒ야 摩項放踵이

47* 恬嬉(염희): 맡은 직무를 게을리 함.
48* 姑息(고식): 눈 앞의 편안함만을 취하는 것을 말한다.
49* 沉痼(침고): 고질병.

라도 利天下則爲之ᄒᆞᄂᆞᆫ 主義를 發表흠이 有ᄒᆞ고 楚가 宋을 攻코져흘ᄉᆡ 墨子門人이 此를 諫止⁵⁰*ᄒᆞ기 爲ᄒᆞ야 楚에 往ᄒᆞ야 死者가 七十餘人이라. 故로 戰國時代에 抑强扶弱의 主義를 實行흘 義俠風氣가 最强흠은 皆墨子의 敎化니라. 朝鮮은 自前으로 永久히 他國의 附庸待遇를 受ᄒᆞ야 平等地位를 失흔 餘에 今日 現狀의 罔極흔 恥辱과 無限흔 苦痛을 遭遇ᄒᆞ얏스니 맛당히 熱血男子가 激烈흔 救國主義로 祖國同胞를 對ᄒᆞ야 世界人道의 平等

〈四十二〉

主義를 大聲疾呼ᄒᆞ야 其同胞로 ᄒᆞ야곰 下等地位를 棄却ᄒᆞ고 上等地位로 前進흘 思想을 激發케 흘지며 又世界各社會를 對ᄒᆞ야 同情을 要求흘지로다. 朝鮮同胞로 ᄒᆞ야곰 世界上 優等民族을 對ᄒᆞ야 平等知識이 有ᄒᆞ고 平等資格이 有ᄒᆞ면 不道不法의 强力壓制를 脫ᄒᆞ고 平等地位를 占得흘 能力도 有흘지며 況平等主義ᄂᆞᆫ 皇天이 許ᄒᆞ시고 時代의 氣運이 趨向ᄒᆞᄂᆞᆫ 바오 又世界文明社會의 同情ᄒᆞᄂᆞᆫ 바라. 自由主義가 發達ᄒᆞᄂᆞᆫ 時代를 因ᄒᆞ야 華盛頓의 獨立旗가 凱歌를 奏ᄒᆞ얏슨즉 今日은 平等主義가 發達ᄒᆞᄂᆞᆫ 時代라 若其熱血男子가 有ᄒᆞ야 平等主義로써 同胞를 警醒ᄒᆞ고 世界에 發表ᄒᆞ면 엇지 大好結果가 無ᄒᆞ리오. 此ᄂᆞᆫ 目下困難이 實로 朝鮮靑年의 大有爲大有望흔 機會러라.

無耻生이 曰臣이 일즉 敎育界에 周旋흔 바 有흠이 우리 朝鮮靑年이 聰明才慧흠은 實로 他國人보다 超勝흔 姿質이 有ᄒᆞ야 學問成就ᄂᆞᆫ 有望흔 者ㅣ 多ᄒᆞ나 其人格이 雄偉磊落⁵¹*ᄒᆞ며 剛毅堅忍ᄒᆞ야 龍騰虎躍의 氣象과 風馳電掣의 手腕으로 事業上 能力이 具足흔 者ᄂᆞᆫ 鳳毛麟角보다 稀貴ᄒᆞ니 此是最大缺點이라. 故로 精神敎育이 第一必要ᄒᆞ고 精

50* 諫止(간지): 어떤 행동을 하지 못하도록 간하여 말리는 것이다.
51* 磊落(뇌락): 뜻이 커서 작은 일에 구애하지 않는 모양. 굳세고 장대함을 뜻한다.

神教育의 材料는 古代偉人의 歷史가 必要ᄒ지라. 大抵 天地開闢 以來로 我東洋世界의 英雄歷史를 論ᄒ는 者는 大金太祖皇帝와 蒙古帝 成吉思汗을 稱ᄒᄂ니 陛下는 東方一隅에 小部落으로 崛起ᄒ야 少數의 民族과 少數의 兵力으로 數年을

〈四十三〉

不逾ᄒ야 遼를 滅ᄒ며 宋을 取ᄒ야 海內를 征服ᄒ얏스니 此는 天下 萬古의 未有ᄒᆫ 功業이오 成吉思汗은 北漠荒地에 一小國으로 南征北伐에 所向無敵ᄒ야 亞細亞歐羅巴兩大陸을 蹂躪ᄒ얏스니 此는 亞歷山大와 拿破侖의 比擬ᄒᆯ 바 아니라. 然ᄒ나 成吉思汗은 彼蒙古族의 英雄이어니와 陛下는 我高麗族의 英雄이시니 陛下의 一生歷史로써 우리 靑年子弟의 腦魂을 警發케 ᄒ면 크게 效力이 有ᄒ가 ᄒ노이다.

帝ㅣ 日白頭山이 屹立大荒ᄒ고 豆滿江이 長流萬古ᄒ니 此는 朕의 發迹地라. 我東方民族이 此에 對ᄒ야 엇지 朕의 舊蹟을 想像ᄒ는 念이 無ᄒ리오. 然ᄒ나 時勢가 不同ᄒ면 事業이 亦異ᄒᄂ니 卽今時代가 八百年前과 逈然不同ᄒ지라. 八百年前은 家族時代어니와 卽今은 民族時代오 八百年前은 陸戰時代어니와 卽今은 海戰時代오 八百年前은 弓矢時代어니와 卽今은 銃礮時代라. 朕은 家族의 强力으로 天下를 征服ᄒ얏거니와 卽今은 民族의 强力이 아니면 不能이오 朕은 陸戰의 無敵으로 天下를 征服ᄒ얏거니와 卽今은 海戰의 無敵이 아니면 不能이오 朕은 弓矢의 神藝로 天下를 征服ᄒ얏거니와 卽今은 銃礮의 神藝가 아니면 不能인즉 朕의 歷史가 엇지 今日 靑年의게 適合ᄒᆷ이 有ᄒ리오. 然ᄒ나 朕의 精神的 歷史는 或後人의 腦力을 助長ᄒᆯ바 有ᄒᆯ지니 試ᄒ야 推想ᄒ라. 朕의 舊國은 女眞이라. 初에 遼의 藩屬이 되야 世世로 節度使職을 受ᄒᆯ지라. 遼使가 至ᄒ면 君臣이 皆迎拜舞蹈의 式이 有ᄒ되 朕이 幼時에 在ᄒ야 此를 不肯ᄒ니 遼使가 大怒ᄒ야 欲殺ᄒ되 朕이

不懼

〈四十四〉

ᄒᆞ얏고 遼의 無禮侵索을 赫然奮怒ᄒᆞ야 兵을 擧ᄒᆞ얏스니 此其精神的 歷史의 推想ᄒᆞᆯ 者ㅣ 一이오, 朕이 初次에 兵을 擧ᄒᆞ야 傍近各部를 征討ᄒᆞᆯᄉᆡ 甲士七十餘人을 得ᄒᆞ고 곳 天下에 橫行ᄒᆞ야 宇內에 進取ᄒᆞᆯ 志가 有ᄒᆞ얏스니 此其精神的 歷史의 推想ᄒᆞᆯ 者ㅣ 二이오, 遼ᄂᆞᆫ 天下의 强大ᄒᆞᆫ 國이오 宋은 世界의 文明ᄒᆞᆫ 國이어ᄂᆞᆯ 此를 곳 枯를 摧ᄒᆞ며 朽를 拉홈ᄋᆞ로 認ᄒᆞ얏스니 此其精神的 歷史의 推想ᄒᆞᆯ 者ㅣ 三이라. 萬一 其時에 朕ᄋᆞ로 ᄒᆞ야곰 遼의 强大를 恐畏ᄒᆞ며 宋의 文明을 崇拜ᄒᆞ얏스면 東荒 一隅小部落의 生活도 保全키 難ᄒᆞᆯ지니 엇지 世界歷史에 大金國榮譽가 有ᄒᆞ리오. 惟其目中에 强大者도 無ᄒᆞ고 文明者도 無ᄒᆞᆫ 故로 如許ᄒᆞᆫ 結果가 有ᄒᆞᆫ바니 此ᄂᆞᆫ 朕의 一副精神이라. 今에 朝鮮靑年도 其膽勇을 養ᄒᆞ고 腦衿을 拓ᄒᆞ되 彼我의 大小强弱이 無ᄒᆞ야 何等强大者를 對ᄒᆞᆯ 지라도 畏他의 念은 不存ᄒᆞ고 勝他의 志를 決ᄒᆞ며, 何等文明者를 對ᄒᆞᆯ 지라도 羨他의 念은 不存ᄒᆞ고 取他의 志를 決ᄒᆞ여야 可히 靑年의 資格 이 有ᄒᆞᆫ 者며 將來의 希望이 有ᄒᆞᆫ 者라 謂ᄒᆞᆯ지니라.

　無恥生이 曰金史에 云ᄒᆞ얏스되 陛下ᄭᅴ셔 兵을 率ᄒᆞ고 夜에 黑龍江 을 渡ᄒᆞᆯᄉᆡ 鞭으로 兵士를 指ᄒᆞ야 曰予의 馬首를 是瞻ᄒᆞ라ᄒᆞ심이 兵士 가 隨ᄒᆞ야 渡ᄒᆞ얏더니 及其 渡後에ᄂᆞᆫ 水深不可測이라ᄒᆞ얏스니 此等事 ᄂᆞᆫ 近世科學者가 往往不信ᄒᆞᄂᆞ 臣은 以爲ᄒᆞ되 此乃陛下精神力의 所 致라ᄒᆞ노이다. 帝ㅣ 曰然ᄒᆞ다. 人의 精神이 一到ᄒᆞ면 天地가 爲ᄒᆞ야 感格ᄒᆞᄂᆞ니 何事를 不成

〈四十五〉

ᄒᆞ리오.

　無恥生이 曰陛下의 用兵이 如神ᄒᆞ야 所征必克ᄒᆞ거ᄂᆞᆯ 何必코 如此히

危險을 冒홈이 有ᄒ닛가. 帝ㅣ 笑曰天이 朕을 命ᄒ야 天下를 濟케 ᄒ시
니 엇지 一帶江水의 險을 畏ᄒ야 破賊의 機를 失ᄒ리오. 惟其冒險的
精神이 如此ᄒ 故로 天下를 弘濟ᄒ 結果가 有ᄒ니라. 然ᄒ나 此等事는
實로 尋常科學者의 思議홀바 아니로다. 無耻生이 曰冒險二字는 人의
事業을 購得ᄒ는 代價物이라. 故로 世界偉人의 歷史를 槪言ᄒ건디 隻
身萬里에 四度航海ᄒ야 舟人의 謀殺을 不怖ᄒ고 有進無退的 精神으
로 阿美利加 新大陸을 發見ᄒ 者는 哥倫布 其人이오(西班牙人), 一個
僧侶의 身分으로 各國君主를 足底에 匍匐게ᄒᄂ 敎皇의 威力을 反抗
ᄒ야 信敎自由의 旗을 倡立ᄒ 者는 馬丁路得 其人이오(日耳曼人), 一
葉扁舟로 地球를 一周ᄒ야 萬死를 冒ᄒ지 三年에 太平洋航路를 得ᄒ
야 東西兩半球의 交通ᄒᄂ 路를 開鑿ᄒ 者는 麥志尼 其人이오(葡萄牙
人), 探險思想으로 數萬里 沙漠을 越ᄒ야 亞非利加 內地를 踏査ᄒ야
瘴氣[52*]와 戰ᄒ며 土蠻과 戰ᄒ며 猛獸와 戰ᄒ지 數十年에 全非洲를 開
通ᄒ야 白人의 殖民地를 拓得ᄒ 者는 立漫斯敦 其人이오(英國人), 歐
洲十六七世紀에 新舊敎徒 戰爭으로 日耳曼人이 新敎徒를 勦滅ᄒ야
殆히 遺類가 無ᄒ거늘 蕞爾[53*]ᄒ 小國의 兵力으로 螳螂拒轍[54*]의 勢를
不顧ᄒ고 人類를 爲ᄒ야 命을 請ᄒ야 人民의 塗炭을 拯濟ᄒ고 一身의
犧牲을 不悔ᄒ 者는 亞多法士 其人이오(瑞典國王), 國勢의 積弱을 挽
回ᄒ고 民智의 愚陋를 開

〈四十六〉

導ᄒ기 爲ᄒ야 萬乘[55*]의 尊으로 外國에 旅行ᄒ야 親히 傭作[56*]者가 되

52* 瘴氣(장기): 축축하고 더운 땅에서 생기는 독기.
53* 蕞爾(최이): 아주 작음.
54* 螳螂拒轍(당랑거철): '사마귀가 수레바퀴를 막는다'는 뜻으로, 제 역량을 생각하지
　　않고 강한 상대나 되지 않을 일에 덤벼드는 무모한 행동거지를 비유적으로 이르는
　　표현이다.

야 技術을 學ㅎ야 國民을 教援홈으로 世界雄國[57*]을 造成흔 者는 大彼
得 其人이오(俄羅斯 皇帝), 國君의 專制不法을 反抗ㅎ야 義旗를 擧ㅎ
야 國會軍과 血戰흔지 八年에 弑君의 名을 不拘ㅎ고 立憲政體를 制定
ㅎ야 世界憲法의 師範이 된 者는 克林威爾 其人이오(英國人), 美洲人
民이 英國의 覊絆을 被ㅎ야 租稅의 煩重과 人權의 蹂躪을 不堪홈이
一個 窮峽農夫로 獨立의 旗幟를 揭ㅎ야 苦戰흔지 八年에 國의 獨立을
成ㅎ고 人의 自由를 復ㅎ야 地球上一等各國의 榮譽와 福利를 享흔 者
는 華成頓 其人이오(美國人), 法國의 革命風潮가 擾亂ㅎ야 大陸이 震
驚ㅎ고 擧國이 鼎沸ㅎ는 日에 軍隊中 一小將校로 奮起ㅎ야 四方을 征
伐ㅎ야 全歐를 席捲하는 者는 拿破侖 其人오(法國人), 荷蘭人은 久히
西班牙의 服屬이 되야 宗教의 壓制와 虐政의 憔悴가 極甚ㅎ더니 一個
亡命志士로 日耳曼地方에서 義旅를 募集ㅎ야 血戰흔지 三十七年에 國
權을 回復ㅎ고 身은 刺客의 手에 斃ㅎ되 悔恨이 無흔 者는 維廉額門
其人이오(荷蘭人), 美國이 數十年前에 奴隷販買의 風으로 人道가 滅絶
되고 南北分裂의 機가 危凜ㅎ더니 一個舟人의 子로 此局을 當ㅎ야 正
理로 宣戰ㅎ고 民義로 決勝ㅎ야 一身을 草芥ㅎ야 國民의게 獻홈으로
平等의 理想을 實行ㅎ야 天下의 法則이 된 者는 林肯 其人이오(美國人),
意大利 民族이 久히 奧國人의게 奴隷待遇를 受ㅎ더니 一個 翩翩少年이
異域에 逃竄ㅎ야 國魂을 唱ㅎ고 青年教育을 務ㅎ야 맛참니 其

〈四十七〉

國으로 ㅎ야곰 獨立의 地位를 回復흔 者는 瑪志尼 其人이라(意大利

55* 萬乘(만승): 천자(天子). '승'은 수레를 세는 단위로 주나라 때, 전시에 천자는 만승
　　을, 제후는 천승을 내도록 되어 있었다.
56* 備作(용작): 고용되어 일함.
57* 雄國(웅국): 매우 강한 나라.

人).

此皆 冒險的 精神으로 百難不屈ᄒ고 萬死必徃ᄒ야 其事業의 目的을 得達흠은 確的[58*]ᄒ 事實이라. 然ᄒ나 此冒險二字에 對ᄒ야 能言ᄒᄂ 者ㅣ 多ᄒ되 實行ᄒᄂ 者ㅣ 少ᄒ니 엇지 可歎흘 者ㅣ 아니닛가. 帝ㅣ 曰此를 實行치 못흠은 他故가 아니라 其人이 事業上 志望은 有ᄒ되 但危險의 機가 目下에 橫在흔 故로 且前且卻ᄒ야 其目的地에 得達치 못ᄒ니라. 故로 人이 如何흔 事業을 目的ᄒ얏슬진디 惟一精神으로 但히 此目的만 見ᄒ고 其他를 不見ᄒ여야 冒險의 實行을 得흘지니라. 朕이 兵을 率ᄒ고 黑龍江을 渡흘 時에도 眼前에 敵을 取흘 形便만 見ᄒ고 水의 深淺을 不見흠이라. 此를 推ᄒ야 行ᄒ면 萬事가 皆然ᄒ니 今에 朝鮮靑年도 眼前에 다만 祖國과 民族을 見ᄒ고 其他一切ᄂ 都無所見ᄒ면 冒險을 㝎行키 不難ᄒ니라.

無耻生이 曰陛下ᄭ셔 家族의 强力으로 天下를 征服흠은 歷史上 事案이라. 當時 征伐의 擧가 有ᄒ면 父兄子弟가 一體從軍ᄒ야 大將이 되며 偏將이 되며 前鋒이 되며 後勁이 되며 將校가 되며 兵卒이 되야 家族의 血로써 軍團의 體를 成흔지라. 是로 以ᄒ야 其兵은 精ᄒ야 力이 齊ᄒ고 其將은 勇ᄒ야 志가 一ᄒ니 此其天下의 無敵흔바라. 卽今은 世界各國이 皆其全體民族의 力으로 競爭ᄒᄂ 時代인즉 民族團體의 力이 아니면 他族을 對ᄒ야 觝敵키 不能이오 取勝키 不能이라. 故로 現世界에 優等地位를 占흔 民族은 皆團結의 精神과 團結의 勢力으로써 競爭의 準備

〈四十八〉

를 完固케 흘시 政治界와 宗敎界와 敎育界와 㝎業界와 軍事界가 皆其

58* 確的(확적): 틀림없다는 뜻이다.

團體의 機關으로써 衆智를 合ᄒ야 一團의 智가 되고 衆力을 合ᄒ야 一團의 力이 되ᄂᆫ 故로 其基礎가 鞏固ᄒ고 其實力이 健全ᄒ야 所籌을 必獲ᄒ며 所爲를 必成ᄒ고 他를 對ᄒ야 競爭ᄒᄂᆫ 境遇에도 失敗가 必無ᄒ고 勝利를 必得ᄒᄂᆫ 바오, 若其團結의 精神과 團結의 勢力이 無ᄒᆫ 者ᄂᆫ 萬般事業이 皆他族의게 屈服ᄒᆫ 바 되고 失敗ᄒᆫ 바 되야 一切政治權과 宗敎權과 敎育權과 家業權과 軍事權이 皆他人의 所有를 作ᄒ고 自己ᄂᆫ 一毫自由權이 無ᄒ야 生存을 不得ᄒᄂᆫ 悲境에 至ᄒᄂᆫ지라. 吾邦人士도 此에 感觸되야 如此히 競爭이 劇烈ᄒᆫ 時代에 自保自存의 方策으로 國民團體의 必要的 主義를 提倡ᄒ고 說明ᄒᄂᆫ 者ㅣ 有ᄒ나 年來에 目擊ᄒᆫ 狀況으로 以ᄒ건ᄃᆡ 國民全體의 團合은 尙矣勿論이오 幾個人數로 組織ᄒᆫ 小團體라도 一團의 內에서 互相權利를 爭ᄒ고 互相勢力을 爭ᄒ야 籠中의 鷄鬪와 如ᄒ며 筒中에 蜂戰과 如ᄒ야 畢竟 分離潰決[59*]로 他人의 嗤笑[60*]를 貽ᄒᄂᆫ 者ㅣ 多ᄒ고 其中 所謂多數團體ᄂᆫ 더욱이 自立的 精神은 無ᄒ고 依賴的 行動으로 他人의 利用을 作ᄒ야 祖國을 販賣ᄒ고 同胞를 殘害홈으로써 世界上 極醜極劣의 本色을 現出ᄒ얏스며 至若[61*]海外各地에 移住ᄒᆫ 同胞ᄂᆫ 流離漂泊ᄒᆫ 踪跡으로 互相親愛의 情도 特異홀지며 殊方異族을 對ᄒ야 外禦其侮의 思想도 有홀지며 困難苦楚ᄒᆫ 中에 天賦ᄒᆫ 良心도 發生홀지어늘 乃其 무삼 權利와 무삼 勢力을 爭ᄒᄂᆫ지 互相猜忌ᄒ고 互相擠排ᄒ야 黨派의 分裂이 多有ᄒ며 最其可痛者ᄂᆫ

〈四十九〉

個人的 行動으로 外人의 狎近ᄒᆫ 奴隷가 되며 狐假虎威로 揚揚自

59* 潰決(궤결): 무너져 터짐.
60* 嗤笑(치소): 빈정거리며 웃는 것을 말한다.
61* 至若(지약): ~으로 말하면.

得62*ᄒᆞ고 無罪ᄒᆞᆫ 同胞를 死地에 擠陷ᄒᆞ기로 活計를 作ᄒᆞᄂᆞᆫ 者ㅣ 甚多ᄒᆞ니 虎狼도 同類를 不食ᄒᆞ거ᄂᆞᆯ 似此劣種은 人類ᄂᆞᆫ 姑舍ᄒᆞ고 獸類에도 無ᄒᆞᆫ 者라. 大抵 一切人類가 皆天地의 氣를 受ᄒᆞ야 身體가 되고 天地의 靈을 受ᄒᆞ야 心性이 된 故로 曰四海의 人의 皆吾同胞오. 至若 一祖의 孫은 血脈關係가 有ᄒᆞᆫ즉 相愛의 情이 尤當親切ᄒᆞᆯ바라. 我大東民族은 何鄕의 産과 何姓의 派를 勿論ᄒᆞ고 均是檀祖의 血孫이라 誰가 吾의 親切ᄒᆞᆫ 兄弟가 아니리오. 此를 顧念ᄒᆞᄂᆞᆫ 바 無ᄒᆞ고 自相殘害가 如此ᄒᆞᆫ즉 畢竟은 同歸澌滅63*ᄒᆞᆯ ᄲᅮᆫ이니 此에 念及ᄒᆞ면 拊膺痛哭을 實不能已라. 此에 對ᄒᆞ야 如何ᄒᆞᆫ 方法으로 其極劣極惡ᄒᆞᆫ 性根을 拔去ᄒᆞ고 仁愛心과 公德心을 培養ᄒᆞ야 相親相愛의 情으로 相殘相害의 事가 無ᄒᆞ고 國民團體의 神聖ᄒᆞᆫ 主義와 鞏固ᄒᆞᆫ 勢力으로 自保自存을 得ᄒᆞ야 天地間에 我檀祖血統이 終乃泯滅ᄒᆞᄂᆞᆫ 境遇에 至치 아니ᄒᆞ릿가. 帝ㅣ 曰爾言이 可悲오 爾心이 良苦로다. 此乃民族의 存滅機關이오 根本問題라. 其言이 安得不悲며 其心이 安得不苦리오. 朕이 其根本問題에 就ᄒᆞ야 明以言之호리라. 盖人의 心事가 只有善惡二字ᄒᆞ니 善惡의 幾ᄂᆞᆫ 不容一髮이라. 故로 曰忠臣義士와 亂臣賊子가 一念의 差에 在ᄒᆞ다 ᄒᆞ니라. 盖朝鮮은 自古로 稱ᄒᆞ야 曰君子國이라ᄒᆞ며 禮義之邦이라ᄒᆞ야 四千年 神聖后裔의 歷史가 有ᄒᆞᆫ 民族이 아닌가. 其民이 溫和忠順ᄒᆞ야 麤暴頑惡者가 아니오 聰明敏慧ᄒᆞ야 愚蠢野昧者가 아니어ᄂᆞᆯ 何故로 今日에 至ᄒᆞ야 極劣極惡ᄒᆞᆫ

〈五十〉

種類에 墮落ᄒᆞ얏ᄂᆞᆫ가. 此ᄂᆞᆫ 無他라 由來自小自卑의 習慣이 流傳ᄒᆞ야 一種鄙陋의 性質을 養成ᄒᆞᆫ 緣故라. 盖過去歷史로 言ᄒᆞ면 高句麗時

62* 揚揚自得(양양자득): 뜻대로 되어 몹시 뽐내며 꺼드럭거림을 말한다.
63* 澌滅(시멸): 소멸(消滅).

代가 오직 武强의 風氣와 獨立의 性格이 有ᄒ고 新羅 中葉에 至ᄒ야
一時政策으로 他國을 依賴ᄒ 行動이 有ᄒ얏스나 猶能 自衛的 精神은
不失ᄒ야 對外競爭의 事가 有ᄒ얏고 高麗末에 至ᄒ야 비록 蒙古의 非
常ᄒ 壓制를 被ᄒ얏스나 自强의 風이 全不墜地ᄒ얏고 崔瑩갓흔 好個男
兒가 域外의 經營으로 征遼의 擧를 倡ᄒ 者도 有ᄒ얏더니 伊後五百年
間은 純是附庸時代오 閉鎖時代라. 對外競爭과 向外進取는 夢想者도
初無흔즉 血氣의 類가 何者를 競爭ᄒᆯ가. 惟是 私權私利로 自內競爭ᄒᆯ
쑨이라. 於是乎政黨의 競爭과 學派의 競爭이 生ᄒ야 互相攻擊이 紛紜
不已ᄒ얏스니 彼輩思想은 此等競爭의 勝利로써 鉅鹿大戰에 項羽가 秦
兵을 破ᄒ며 赤壁一役에 周瑜가 曹操를 破ᄒ듯 ᄒ나 此에 對ᄒ야 稍히
磊落[64*]흔 男子의 眼孔으로 觀ᄒ면 彼等의 所爭이 不過是 蠅頭微利오
蝸角處名이라. 如此히 鄙陋흔 行爲로써 不世의 事業으로 認ᄒ고 一等
의 義理로 做ᄒ니 所以로 其國民이 皆鄙陋흔 風化에 薰染ᄒ야 各其
自己分內에 私權私利를 競爭홈으로써 第二天性을 成ᄒ얏슨즉 엇지 國
家를 顧念ᄒ고 同族을 親愛ᄒ는 公德心과 義俠心이 有ᄒ리오. 然則
今日에 至ᄒ야 賣國禍族ᄒ는 極劣極惡의 行動이 卽是 鄙陋二字의 結
果오 社會界에 處ᄒ야 公體를 不顧ᄒ며 公義를 不存ᄒ고 但其私意私
見으로 猜忌ᄒ

〈五十一〉

고 爭鬪ᄒ야 團合이 不成ᄒ고 潰裂이 相續흔 者도 쏘흔 鄙陋二字의
結果라. 鄙陋의 歸處는 禽獸오 禽獸의 歸處는 人의 驅逐과 屠殺을 當
홀쑨이라. 然ᄒ나 此는 人類의 天然的 性質이 아닐쑨더러 朝鮮人民은
原來 神聖種族이라. 但過去時代의 卑劣塵陋흔 風習으로 以ᄒ야 愈下

64* 磊落(뇌락): 기개가 넓고 작은 일에 거리낌 없음.

愈落으로 此에 至흠이니 엇지 可哀可矜혼 者ㅣ아니리오. 朕이 朝鮮民族의 普通敎育을 爲ᄒ야 海上普通學校와 大陸普通學校를 建設ᄒ기로 經營ᄒ노니 海上學校 敎師는 西班牙人 哥倫布를 延聘ᄒ야 航海術을 敎授ᄒ면 其眼目이 開廣ᄒ야 狹隘혼 心腦을 洗滌홀것이오 大陸學校 敎師는 蒙古大臣 耶律楚材를 延聘ᄒ야 亞歐大陸에 馳聘ᄒ던 精神으로 敎授ᄒ면 其身體가 鍛鍊ᄒ야 軟弱혼 性質을 改良홀지라. 如此ᄒ면 由來鄙陋혼 風習이 自然淨盡ᄒ고 新知識과 新道德으로 同胞를 親愛ᄒ는 思想도 有홀지며 他民族을 對ᄒ야 人格을 不失홀 效果도 有홀지니라. 無耻生이 曰陛下씌셔 우리 民族의 生命을 救活ᄒ실 主義로 此等敎育의 經營이 有ᄒ시니 願切히 感激涕泣흠을 不勝이로소이다. 然ᄒ나 凡物의 種이 原質이 不好ᄒ면 비록 他處에 移植홀지라도 佳種이 되지 못ᄒᄂ니 우리 民族이 本來 神聖后裔이지만은 過去 幾百年間에 鄙陋혼 風習이 生育界에 遺傳性이 되얏슨즉 卽是出胎以前에 病根이라. 所以로 年來에 우리 民族이 或海外各地에 移住ᄒ야 異國山川에 眼目도 開ᄒ고 他族風潮에 感化도 有

〈五十二〉

홀지나 終是 同胞社會의 團合程度는 期望이 渺然ᄒ니 此是原質이 不好혼 緣故인지 帶來혼 病根이 不去혼 緣故인지 臣이 此에 對ᄒ야 더욱 恐懼危凓의 情이 切至혼 바로소이다. 帝ㅣ曰此ㅣ엇지 原質의 罪리오. 必是 病根이 不去ᄒ야 然흠이니라. 비록 海外에 移住혼 者라도 佳良혼 敎育의 精神이 腦髓中에 入혼 바 無ᄒ면 卽是舊日朝鮮의 人이라. 엇지 新國民의 資格이 有ᄒ리오. 此는 朕이 宏大혼 學校를 建設ᄒ고 高等敎師를 延聘ᄒ야 佳良혼 敎育을 施코져 흠이라. 萬一 朝鮮民族이 均히 此等敎育을 被ᄒ야 個個히 發達ᄒ고 飛騰ᄒᄂ 境遇이면 其强壯活潑혼 氣象과 恢弘闊達혼 器量이 彼三島中種族의 跂及홀 바 아닐지라. 彼는

다만 海上舟楫65*의 生活로 冒險活動ᄒᄂᆫ 力이 有ᄒ거니와 我民族은 海上에 活動과 大陸에 飛騰ᄒᄂᆫ 資格을 兼備ᄒ면 엇지 彼보다 優勝치 아니ᄒ리오. 爾ᄂᆫ 其成蹟如何를 姑待ᄒ라.

無恥生이 曰以上天設學校ᄂᆫ 時代의 關係로 靑年의 資格을 鑄造하ᄂᆫ 處所오 海上普通學校와 大陸普通學校ᄂᆫ 地理의 方面으로 國民의 性質을 改良ᄒᄂᆫ 處所인즉 敎育機關이 宏大ᄒ다 謂ᄒᆯ지니 從此로 우리 民族의 前途ᄂᆫ 크게 希望ᄒᆯ바 有ᄒ거니와 此外도 다시 精神敎育의 必要ᄒᆫ 學校가 有ᄒ오닛가. 帝ㅣ曰檀君大皇祖의 建設로 四千餘年 傳來ᄒᆫ 學校가 有ᄒᄒ야 其位置가 佳麗ᄒ고 規模가 完全ᄒ니라. 無恥生이 曰 伏願ᄒ건ᄃᆡ 陛下의 特愛를 蒙ᄒ야 우리 神祖의 建設ᄒ신 學校를 拜觀 케 ᄒ오면 實로 格外의 恩賜로소이다. 於是에 特旨로 大臣宗望等을 命 ᄒ야 指導케 ᄒ

〈五十三〉

시니 其位置가 白頭山下에 在ᄒ야 西으로 黃海를 面ᄒ며 北으로 滿洲 를 枕ᄒ며 東으로 碧海를 帶ᄒ며 南으로 玄海를 界ᄒ엿더라. 檀木下에 一條大路가 坦坦平平ᄒ야 學校를 直達ᄒᄂᆫᄃᆡ 無窮花와 不老草가 爛漫 輝映ᄒ야 風景도 佳麗ᄒ고 一般學徒의 衛生ᄒᆯ 處가 極히 良好ᄒ더라 無數ᄒᆫ 小學校가 星羅棋鋪ᄒ얏스나 一一히 視祭키 不遑ᄒ고 第一著名 ᄒᆫ 大東中學校를 訪ᄒ니 大門外에 金剛石으로 學校建設ᄒᆫ 歷史를 刻 ᄒ야 立ᄒ얏ᄂᆫᄃᆡ 開校日은 距今四千二百四十四年前 戊辰十月三日이 러라. 進ᄒ야 校長室을 拜ᄒ니 後朝鮮太祖文聖王箕子ᄭᅴ셔 校長이시니 室內에 洪範圖와 八條敎를 揭ᄒ얏고 校監은 高麗安裕氏러라. 講室은 數千間인ᄃᆡ 天文學 敎師ᄂᆫ 新羅 善德女王ᄭᅴ셔 瞻星臺의 制度를 說明

65* 舟楫(주즙): 배와 삿대라는 뜻으로, 배 전체를 이르는 말이다.

ㅎ시고 百濟 王保孫氏ᄂ 天文學을 日本國에 傳授키 爲ㅎ야 前往ㅎ얏더라. 地文學敎師ᄂ 彭吳氏인디 檀祖時代에 國內山川을 開通ㅎ던 歷史를 說明ㅎ고 倫理學敎師ᄂ 後朝鮮 少連大連氏와 新羅 朴堤上氏오 體操敎師ᄂ 高句麗 泉蓋蘇文泉氏가 三尺蚪髥의 凜凜ㅎ 風采로 身에 數十個長刀를 佩ㅎ고 運動場에셔 口令을 發ㅎ며 또 釖術을 敎授ㅎ고 國語敎師ᄂ 新羅 薛聰氏오 歷史敎師ᄂ 新羅 金居柒夫氏와 高句麗 李文眞氏와 本朝 安鼎福氏오 化學[66*]敎師ᄂ 新羅 崔致遠氏와 本朝 楊士彦氏오 音樂敎師ᄂ 伽倻 于勒氏와 新羅 玉寶高氏오. 圖畵敎師ᄂ 新羅 率居와 高句麗 曇徵 兩禪師인디 曇徵은 日本圖畵學 敎授로 應聘ㅎ얏더라. 算術敎師ᄂ 新羅 夫道氏

〈五十四〉

오 物理敎師ᄂ 本朝 徐敬德氏오 修身敎師ᄂ 高麗 崔冲氏러라. 講室側에 活字機械室이 有ㅎ야 萬卷書籍을 印出ㅎ니 此ᄂ 本朝 太宗大王끠셔 創造ㅎ신 바인디 世界各國中에 最先發明ㅎ 活字러라.

　中學校 西南偏에 極히 宏壯ㅎ 學校가 有ㅎ니 一은 陸軍大學校인디 校長은 高句麗 廣開土王이시오 敎師ᄂ 高句麗 乙支文德氏와 高麗 姜邯贊氏인디 乙支文德氏ᄂ 薩水大戰에 隋兵百萬을 鏖殺ㅎ던 事實을 說明ㅎ며 姜邯贊氏ᄂ 興化鎭에셔 契丹兵 數十萬을 擊破ㅎ던 事實을 說明ㅎ고 一은 海軍大學校인디 校長은 新羅 太宗大王이시오 敎師ᄂ 高麗 鄭地氏와 本朝 李舜臣氏인디 鄭地氏ᄂ 湖南海道에셔 倭船百二十艘를 大破ㅎ 事實을 說明ㅎ며 李舜臣氏ᄂ 鐵甲龜船을 創造ㅎ야 倭船數百艘를 盡滅ㅎ 事實을 說明ㅎ더라.

　因ㅎ야 各專門大學校를 拜觀ㅎ니 政治大學校 校長은 渤海 宣王이

66* 化學: 문학(文學)의 의미다.

시고 敎師는 本朝 柳馨遠氏와 丁若鏞氏러라. 法律大學校 校長은 新羅 法興王이시오 敎師는 新羅 孝昭王朝에 律學博士 六人이러라.

農業專門學校 校長은 百濟 多婁王이시니 稻田耕作의 法을 廣布ᄒᆞ고 敎師는 新羅 智證王의셔 牛耕의 便利를 說明ᄒᆞ시고 養蠶과 績麻는 新羅 百濟의 王宮夫人이 敎授를 任ᄒᆞ고 茶産은 新羅 大廉氏가 支那의 種을 求ᄒᆞ야 智異山에 種植ᄒᆞ고 木綿은 高麗 文益漸氏[67*] 支那南方의 産을 移ᄒᆞ야 國中에 多種ᄒᆞ더라.

〈五十五〉

工業專門學校 校長은 百濟 蓋鹵王이시오 敎師는 新羅 智證王과 百濟 威德王과 新羅 異斯夫氏와 百濟 高貴씨라. 高句麗의 革工과 百濟의 陶工과 冶工과 鞍工과 漆工과 美術工과 新羅의 鍊工과 盤工과 繡工과 佛像鑄造工과 織機工과 造船工의 各種業이 크게 發達ᄒᆞ야 各國에 冠絶[68*]ᄒᆞ고 又各工師가 日本國의 敎師로 住ᄒᆞᆫ 者가 甚衆ᄒᆞ고 高麗 崔茂宣氏는 火砲의 製造로 倭船을 聲破ᄒᆞᆫ 事實을 說明ᄒᆞ더라.

醫學專門學校 校長은 百濟 聖王이시오 敎師는 新羅 金波鎭氏와 漢記武[69*]氏와 高句麗 毛治氏와 本朝 許浚氏인ᄃᆡ 毛治氏는 日本敎師로 住ᄒᆞ얏더라.

哲學專門科는 支那哲學과 印度哲學의 兩科를 分置ᄒᆞ얏ᄂᆞᆫᄃᆡ 支那哲學敎師는 高麗 鄭夢周氏와 本朝 李滉氏와 李珥氏오 印度哲學敎師는 高句麗 順道와 新羅 元曉와 高麗 大覺禪師러라.

文學專門科 校長은 本朝 世宗大王이시니 國文을 始製ᄒᆞ야 國民의 普通學識을 啓發ᄒᆞ시고 漢文敎師는 百濟 高興氏와 新羅 任强首氏와

67* 文益漸氏: 원문에 조사 '가'자가 탈자되어 '文益漸氏가'가 옳다.
68* 冠絶(관절): 뛰어나 견줄 사람이 없음, 관절전후(冠前絶後)의 준말이다.
69* 漢記武(한기무): 한기무(漢紀武)의 잘못이다.

高麗 李齊賢氏와 本朝 張維氏오 百濟 王仁氏는 日本敎師로 徃ᄒ얏더라.

　宗敎學은 大皇祖의 神敎와 東明聖王의 仙敎와 支那의 儒敎와 印度의 佛敎가 次第興旺ᄒ야 學堂이 宏麗ᄒ고 敎理가 昌明70*ᄒ듸 儒敎와 佛敎는 日本國에 波及되얏더라.

　右各學校의 拜觀을 畢了ᄒ고 卽返ᄒ야 復命ᄒ니 帝ㅣ 曰爾

〈五十六〉

의 觀察ᄒᆫ 狀況을 據ᄒ건듸 其程度가 若何ᄒ던가. 對曰大皇祖의 敎化가 隆昌ᄒ심으로 第一兒童을 敎育ᄒ신 規模가 宏大ᄒ야 小學校의 設立이 星갓치 列ᄒ며 林갓치 立ᄒ얏스나 此를 視察ᄒ기는 不遑ᄒ얏ᄂ니다. 帝ㅣ 曰小學校는 國民敎育의 根本이라. 國家의 進步ᄒᄂ 能力이 專히 此에 在ᄒ거늘 今에 視察치 못흠은 一大遺憾이로다. 第一 著名ᄒ 中學校의 狀況이 若何ᄒ던가. 對曰中學校는 文聖王 箕子씌셔 校長이 되셧ᄂᄃ 洪範學은 天人의 極致오 八條敎는 法律의 祖라. 其至理와 妙用을 一時觀覽으로 窺測지 못흘바오 至若 天文 地文 倫理 歷史 國語 化學71* 物理 算術 圖畵 音樂 修身等 各科敎師는 皆明睿72*ᄒ 天才와 精深ᄒ 學術로 講演이 滔滔ᄒ야 江河의 傾瀉흠과 如ᄒ며 時雨의 浹治73*흠과 如ᄒ야 人으로 ᄒ야곰 手舞足蹈를 不覺케 ᄒ오며 第一 泉蓋 蘇文의 體操와 釖術敎育이 活潑勇捷ᄒ야 龍騰虎躍의 奇觀이 有ᄒ더이다. 帝ㅣ 曰各科敎師가 皆其適當ᄒ 人才를 得ᄒ얏스니 好箇靑年을 養成ᄒ 實效가 多大흘지로다. 各大學校의 程度는 若何오. 對曰政學 法學 兵學 農學 工學 醫學 哲學 文學 各專門科가 皆高尙ᄒ 地位를 占ᄒ얏

눈딘 最其良好흔 者는 軍事敎育과 工事敎育이 實로 世界의 特色이오
나 但商業敎育의 發達치 못흔 것이 一大缺憾이러이다. 帝ㅣ 曰此는 由
來朝鮮人이 海上貿易에 注意치 아니흔 所以라. 現今世界는 航海을 勉
勵ᄒ야 海權을 占領ᄒ고 商業을 擴張ᄒ는 것이 最先問題라. 如斯히 人
種이 盛滿ᄒ고 競爭이 劇烈흔 時代에 陸地生活로난 愉快흔 滋味를 得
지 못홀 것이오. 國家

〈五十七〉

權利로 言ᄒ야도 海洋으로써 疆土를 삼고 舟船으로써 家屋을 삼지 아니
ᄒ면 活動홀 舞臺가 狹窄ᄒ야 競爭의 勝利를 得키 難ᄒ니 故로 現時代
의 雄飛活躍ᄒ는 國民의 競爭點은 一曰海上權이오 二曰陸地權이라.
此는 朕이 朝鮮民族의 敎育을 爲ᄒ야 海上普通學校를 建設코져ᄒ는
主義니라. 無恥生이 曰檀君大皇祖끠셔 建校ᄒ신 基礎가 如斯히 鞏固
ᄒ며 規模가 如斯히 完備흔 中에 第一良好흔 者는 軍事敎育과 工事敎
育이라. 故로 世世子孫이 其福利를 享受ᄒ야 人格의 完全홈과 國體의
健强홈을 得ᄒ야 四千餘年 歷史의 光輝가 爀爀ᄒ며 海外殊族이 皆其
風化를 漸被ᄒ야 我를 敬畏ᄒ고 師範ᄒ더니 奈何로 過去 幾百年間은
指導者의 方針이 失當ᄒ야 然홈인지 一般人心이 皆浮榮을 是慕ᄒ고
虛文을 是尙ᄒ야 性理의 皮膚로써 名譽를 釣弋ᄒ며 文詞의 雕琢[74]으
로써 心術을 破壞홀 ᄲᅮᆫ이오 政學 法學 兵學 農學 工學 醫學 各專門科
에 學種을 撤廢ᄒ고 門庭이 冷落ᄒ니 士는 可用의 宲才가 無ᄒ고 國은
自立의 能力이 無홈으로 究竟結果가 四千餘年 祖國歷史로 ᄒ야곰 九
地下에 沉淪케 흔 現狀이 有ᄒ지라. 前日은 我를 先生으로 稱呼ᄒ던
者가 今日은 我를 奴隸로 稱呼ᄒ고 前日은 我를 神聖으로 待遇ᄒ던

74* 彫琢(조탁): 문구(文句)를 지나치게 수식함.

者가 今日은 我를 獸畜으로 待遇ᄒ니 天荒地老인딜 此耻가 何涯며 海
渴山崩인딜 此痛이 何極이리오. 今에 何等方法으로써 우리 大皇祖의
建設ᄒ신 學校를 雙手로 高奉ᄒ야 九天上에 置ᄒ고 四千餘年 歷史의
光明을 一層神聖케 ᄒ야 此耻를 雪ᄒ며 此痛을 洩ᄒ올잇가. 帝ㅣ曰這
方法을 엇지 他에 求ᄒ리오. 耻

〈五十八〉

를 知ᄒ고 痛을 知ᄒᄂ 것이 卽是動力의 原因이니 故로 歷史學이 精神
敎育의 必要ᄒ 者가 되ᄂ니라. 前日에ᄂ 我의 文明이 彼보다 勝ᄒ 故로
彼가 我를 先生으로 稱呼ᄒ며 神聖으로 待遇ᄒ얏고 今日은 彼의 文明
이 我보다 勝ᄒ 故로 我를 奴隷로 稱呼ᄒ며 獸畜으로 待遇ᄒᄂ니 今日
이라도 我의 文明이 進步ᄒ야 彼보다 勝ᄒ면 奴隷의 稱呼가 變ᄒ야 先
生이 될 것이오 獸畜의 待遇가 變ᄒ야 神聖이 될지니 엇지 耻를 雪치
못ᄒ며 痛을 洩치 못ᄒ을 慮ᄒ리오. 故로 現在 天設學校中에서 一般靑
年의 果敢性과 自信力과 冒險心을 鍛鍊ᄒ고 朕의 經營ᄒᄂ 바 海上普
通學校와 大陸普通學校中에서 一般人民의 團合心과 活動心을 啓發ᄒ
고 四千餘年 歷史學校中에셔 知耻心과 知痛心을 激發ᄒ야 各科敎育
이 一致發達ᄒᄂ 日이면 九地下에 沉淪ᄒ 朝鮮國旗가 更히 九天上에
逍遙ᄒ을 得ᄒ을지니라. 無耻生이 曰往昔大金國歷代에 特別히 父母의
邦과 同族의 誼를 爲ᄒ야 恒常親愛의 情을 發表ᄒ음은 兩國史籍에 歷歷
可證ᄒ을 바오 至今은 陛下의 陟降在天ᄒ신 靈明이 同族의 人民을 眷念
ᄒ사 現在에 苦痛을 拯濟ᄒ시기 爲ᄒ야 窈窈冥冥ᄒ 中에 神化玅用으
로 指導開牖ᄒ심이 有ᄒ 것은 實로 受恩感激ᄒ야 所云을 不知ᄒ거니와
臣의 區區發願은 陛下끠셔 斯世에 再現ᄒ야 赫赫神武로 宇內에 馳騁
ᄒ야 所謂二十世紀에 滅國滅種으로 公例를 삼ᄂ 帝國主義를 征服ᄒ고
世界人權의 平等主義를 實行ᄒᄂ딕 우리 大東民族이 先倡者가 되고

主盟者가 되야 太平의 幸福을 世界에 均施ᄒᆞ얏스면 無量ᄒᆞᆫ 恩澤이오 無上ᄒᆞᆫ 光榮이로소이다. 帝ㅣ

〈五十九〉

曰昔者列國의 競爭이 不息ᄒᆞᆷ이 墨子의 非攻論이 出ᄒᆞ고 敎皇의 壓制가 甚ᄒᆞᆷ이 馬丁路得의 自由說이 昌ᄒᆞ고 君權의 專制가 極ᄒᆞᆷ이 盧梭의 民約論이 行ᄒᆞ고 强國의 壓力이 重ᄒᆞᆷ이 華盛頓의 自由義가 振ᄒᆞ얏더니 此가 一變ᄒᆞ야 達爾文이 强權論을 倡ᄒᆞᆷ으로부터 所謂帝國主義가 世界에 獨一無二ᄒᆞᆫ 旗幟가 되야 國을 滅ᄒᆞ고 種을 滅ᄒᆞᆷ으로써 當然ᄒᆞᆫ 公例를 삼아 競爭의 禍가 益益慘劇ᄒᆞᆷ이 極度에 達ᄒᆞ얏슨즉 進化의 常例로 推ᄒᆞ건ᄃᆡ 平等主義의 復活ᄒᆞᆯ 時期가 不遠ᄒᆞᆫ지라. 然則 今日은 强權主義와 平等主義가 交換ᄒᆞᄂᆞᆫ 際會이니 此際會를 當ᄒᆞ야 最終點에 極甚ᄒᆞᆫ 壓力을 被ᄒᆞᆫ 者는 우리 大東民族이오 壓力에 對ᄒᆞᆫ 感情이 最烈ᄒᆞᆫ 者도 ᄯᅩᄒᆞᆫ 우리 大東民族이라. 將來에 平等主義의 旗幟를 高揭ᄒᆞ고 世界를 號令ᄒᆞᆯ 者가 우리 大東民族이 아니오 其誰리오. 朕이 斯世에 再現ᄒᆞᆯ지라도 其目的의 履行者ᄂᆞᆫ 此主義에 不出ᄒᆞᆯ지니 此主義를 履行ᄒᆞᄂᆞᆫ 境遇에ᄂᆞᆫ 一個 阿骨打(金太祖의 名)의 能力을 要求ᄒᆞᆷ보다 우리 民族中에서 百千萬身의 阿骨打가 出現ᄒᆞ야 斯義를 主倡ᄒᆞᄂᆞᆫ 것이 더욱 有力ᄒᆞᆯ지니 爾ᄂᆞᆫ 朕의 此意로써 一般靑年界에 傳囑ᄒᆞ야 個個히 英雄의 資格을 自造ᄒᆞ고 英雄의 事業을 自任ᄒᆞ야 平等主義의 先鋒이 되기로 自强하면 朕이 上帝ᄭᅴ 特請ᄒᆞ야 其目的을 得達케 ᄒᆞᆯ지니 爾는 十分銘念ᄒᆞ라.

無恥生이 感激益切ᄒᆞ야 俯伏涕泣ᄒᆞ다가 更히 仰首而請ᄒᆞ야 曰陛下ᄭᅴ셔 上帝의 命으로 人間의 善惡을 監察ᄒᆞ야 禍福의 柄을

〈六十〉

司ᄒᆞ시니 目下吾邦에 就ᄒᆞ야 賣國賊黨의 罪案과 愛國士의 善行을

對ᄒ야 이믜 決定ᄒ신 바 有ᄒ오닛가. 帝ㅣ 曰此事ᄂ 不問可知라. 賣國賊黨의 惡籍과 愛國志士의 善籍은 이믜 上帝의 裁可를 承ᄒ야 賣國賊黨은 阿鼻地獄에 永投ᄒ야 剉燒春磨의 極刑을 施ᄒ고 愛國志士ᄂ 生生世世[75]에 無量福樂를 賜予ᄒ기로 決定ᄒ니라. 於是에 無恥生이 天道와 神理에 就ᄒ야 恍然[76]히 覺悟가 有ᄒ지라. 乃默念ᄒ야 曰余의 無似로 濫히 帝의 召命을 被ᄒ야 訓諭를 蒙홈이 此에 至홈은 實로 我同胞의 生命前塗를 開導코져ᄒ심이니 余가 엇지 至恩을 敢私ᄒ리오. 以上數萬言의 訓論로써 一般同胞의게 迅速히 宣布홈이 可ᄒ다ᄒ고 退出ᄒ기를 乞ᄒ니 帝ㅣ 曰少遲ᄒ라. 朕이 爾를 爲ᄒ야 特別히 寄托홀바 有ᄒ다ᄒ시고 左右를 命ᄒ야 金花箋一幅을 取ᄒ야 揭前에 奉進홈이 御筆로 六個大字를 書ᄒ야 宣賜ᄒ시니 卽太白陰陽一統六字라. 無恥生이 稽首謝恩ᄒ고 殿門外에 趍出ᄒ니 時에 金鷄가 三唱ᄒ고 海天에 日升이라. 大夢을 誰先覺고. 將來를 我自知니 惟我同胞兄弟ᄂ 此를 夢이라 謂ᄒᄂ가 眞이라 謂ᄒᄂ가. 夢이라 謂홀진딕 所言이 皆眞情이오 眞이라 謂홀진딕 所遊ᄂ 乃夢境이라. 此를 對ᄒ야 夢境에 眞情을 取ᄒ면 吾의 靈明이 天地神明으로 더부러 感應이 不差홈을 可히 見得홀지니 故로 曰三界萬物이 惟心所造라. 大哉此心이여. 其眞摯의 精神은 感格치 못ᄒᄂ바 無ᄒ고 造成치 못ᄒᄂ바 無ᄒᄂ니 曰我同胞兄弟여.

夢拜金太祖　終

75[*] 生生世世(생생세세): 세세생생(世世生生). 불교에서 몇 번이고 다시 환생함을 이르는 말이다.
76[*] 恍然(황연): 문득. 갑자기.

┃ 옮긴이 조준희

조현균 애국지사(대한광복회 평안도지부장·대한독립단 정주군지단장)의 현손으로서, 연세대학교를 졸업하고 국학인물연구소 소장 겸 한국민족운동사학회 이사로 재임 중이다. MBC뉴스데스크, 울산MBC 출연 및 MBC이제는 말할 수 있다(독립투쟁의 대부-홍암 나철 편)에 정보를 제공하는 등 국학 문헌과 사적을 발굴하는 연구를 진행하고 있다. 박은식의 스승인 박문일 영정을 최초로 발굴·복원하였다. 주요 저서에『이극로의 우리말글연구와 민족운동』(공저)이 있다.

대통령이 들려주는 우리 역사

초판인쇄 2011년 10월 1일
초판발행 2011년 10월 12일

지 은 이 박은식
옮 긴 이 조준희

발 행 처 도서출판 박문사
발 행 인 윤석현
책임편집 조성희 한새벽 정지혜
등록번호 제2009-11호

우편주소 (132-702) 서울시 도봉구 창동 624-1 북한산현대홈시티 102-1206
대표전화 (02) 992 - 3253
전   송 (02) 991 - 1285
홈페이지 http://www.jncbms.co.kr
전자우편 bakmunsa@hanmail.net

ISBN 978-89-94024-66-0 93900   정가 28,000원

* 이 책의 내용을 사전 허가없이 전재하거나 복제할 경우 법적인 제재를 받게 됨을 알려드립니다.
** 잘못된 책은 구입하신 서점이나 본사에서 교환해 드립니다.